제2판

소셜네트워크를 활용한

전자상거래

- E-COMMERCE에서 S-COMMERCE까지 -

구교봉 · 이종호

탑북스

개정판 머리말

컴퓨터와 스마트폰을 사용하지 않고는 업무처리와 일상생활에 상당한 어려움에 직면하는 시대가 되었다. 아울러 인터넷과 SNS가 정보전달에 주된 역할을 담당하고 있고, 전자상거래가 우리 생활에 있어서 쇼핑의 중요한 영역으로 되었다.

그리고 최근에는 스마트폰 사용이 대중화되면서 커다란 변혁을 가져왔고, 2G시대에서 3G, LTE-A, 5G시대를 열어가고 있다. 특히 스마트폰을 이용하여 처리할 수 있는 일이 많아졌고, 휴대가 간편한 태블릿 PC, 노트북의 사용 증가로 PC사용이 줄어들 수 있다고 할 수 있다. 또한 휴대용 저장매체가 USB 중심에서 이제는 Cloud 서비스의 제공으로 휴대용 저장매체의 역할을 대신하고 있는 실정이다.

이에 본서에서는 여러 형태의 커머스의 변화과정과 인터넷 쇼핑몰 창업과 운영전략에 대한 내용을 수록하고 있다.

본서는 전자상거래와 관련된 이론적인 내용들을 충실하게 정리하여, 이와 같은 이론적 토대를 바탕으로 인터넷 쇼핑몰을 실제로 창업하여 운영코자 할 경우 실무에 도움이 될 것으로 판단되는 자료를 수록함과 동시에 무선 인터넷, Cloud 컴퓨팅, SNS(트위터, 페이스북 등)에 관한 내용을 담고 있다.

따라서 본서는 13장으로 구성되어 있으며, 각 장별 내용을 정리하면 아래와 같다.

제 1 장 무선인터넷으로 웹의 변화와 더불어 무선인터넷의 사용이 증가되고, 와이 파이 사용증가로 이에 대한 세부적인 내용 등으로 구성되어 있다.

제 2 장 클라우드 컴퓨팅으로 클라우드 컴퓨팅의 의미, 클라우드 컴퓨팅의 종류, 클라우드 컴퓨팅의 문제점과 활성화 방안 등으로 구성되어 있다.

제 3 장 E-Commerce로 전자상거래의 개념, 전자상거래의 동향, 전자상거래의 문제점과 개선방안 등으로 구성되어 있다.

제 4장 M-Commerce로 마케팅의 개요, 모바일 커머스의 발전단계, 모바일 커머스의 장애요인과 활성화 방안 등으로 구성되어 있다.

제 5장 T-Commerce로 TV의 변화, T-Commerce, T-Commerce의 시장동향 등으로 구성되어 있다.

제 6장 U-Commerce로 유비쿼터스의 개요, U-Commerce 등으로 구성되어 있다.

제 7장 S-Commerce로 트위터, 페이스북, 블로그, 소셜커머스 등으로 구성되어 있다.

제 8장 전자결제로 전자결제의 개요, 전자결제시스템의 문제점과 개선책으로 구성되어 있다.

제 9장 전자상거래 보안으로 보안의 개요, 전자상거래에 보안의 중요성, 전자서명과 인증으로 구성되어 있다.

제10장 전자상거래법으로 소비자보호, 개인정보보호, 전자상거래 법규 등으로 구성되어 있다.

제11장 물류배송으로 물류관리의 중요성, 전자상거래와 물류와의 관계, 배송 등으로 구성되어 있다.

제12장 인터넷쇼핑몰 창업으로 창업의 개념, 전자상거래 쇼핑몰 창업으로 구성되어 있다.

제13장 인터넷 쇼핑몰로 인터넷 쇼핑몰, 인터넷 쇼핑몰 구축과정, 인터넷 쇼핑몰 관리, 인터넷 쇼핑몰 성공요인 등으로 구성되어 있다.

전자상거래 관련 내용들은 스마트폰의 보급과 더불어 급변하고 있으며, 통계자료의 업데이트가 신속히 진행될 필요성이 있다 보니 집필과정에서 상당히 어려운 점을 느꼈고, 전자상거래 관련 전공하신 여러분들의 수많은 진심어린 질책과 충고를 받아들여 많은 수정과 보완이 필요하다고 생각한다.

끝으로 본서가 발간되기까지 어려운 여건 속에서도 배려해 주신 탑북스 김광식 사장님과 원고 교정에 많은 도움을 주신 분들께 감사의 글을 전하는 바이다.

2014년 8월
저자들 드림

차 례

제1장 무선인터넷의 개요

제2장 클라우드 컴퓨팅

제3장 Electronic Commerce

제4장 M-Commerce

제5장 T-Commerce

제6장 u-Commerce

제7장 S-Commerce

제8장 전자결제

제9장 전자상거래 보안

제10장 전자상거래법

제11장 물류배송

제12장 인터넷 쇼핑몰 창업

제13장 Internet shopping mall

제1장 무선인터넷의 개요

제1장
무선인터넷의 개요

제1절 무선인터넷(Wireless Internet)

1. Web의 변화

WWW(World Wide Web)은 Web이라고 부르기도 하며, 인터넷의 기본적인 서비스이다. 이는 웹브라우저라는 프로그램을 통해 멀티미디어 데이터(텍스트, 이미지, 사운드, 동영상 등)를 사용할 수 있는 환경을 제공하는 것이다.

그리고 Web의 변화는 Web 1.0에서 Web 3.0까지의 변화와 특징을 비교해 보면 다음과 같다.

1) Web 1.0

Web 1.0은 월드와이드웹(WWW)의 형태로 이용되던 것으로 대부분의 웹사이트가 이런 유형 이었으며, 디렉터리 검색이 가장 주된 기능을 담당하였다. 웹상에서 제공되는 정보를 체계적으로 분류하여 검색이 용이하게 하는 것이 주된 요소였다.

Web 1.0의 특징은 웹 사이트 운영자가 주축이 되어 중앙 집중화된 환경에서 정적으로 운영하였으며, 사용자의 취향 및 의도에 맞게 조정이 불가능 하였다. 또한 기술 중심으로 운영체제와 브라우저에 종속되어 있었다.

2) Web 2.0

일반적으로 Web 2.0이란 용어는 제2세대의 웹기반 커뮤니티 및 서비스를 의미하는 것으로 해석된다. 이 용어가 널리 전파하게 된 것은 2004년 오라일리 미디어 Web 2.0 컨퍼런스가 개최 되고 부터였다.

Web 2.0은 인터넷 환경으로의 이전이 본격화되면서 생겨난 컴퓨터 산업의 비즈니스 혁명이며, 새 환경에서의 성공을 위한 규칙들을 이해하기 위한 시도라고 할 수 있다.

Web 2.0은 월드와이드웹이 개선된 형태라는 의미를 내포하며 단방향 웹사이트에 비해 보다 개선된 기능을 제공한다. 이는 현실이라기보다는 사람들의 머리에 있는 아이디어로 사용자와 콘텐츠 제공자 간의 상호 보완성이 강조된다는 아이디어인 것이다.

Web 2.0의 특징은 단지 정보를 받아볼 수 있는 것 이외에 다양한 기능들을 이용할 수 있다. 사용자들은 사이트에 존재하는 데이터를 소유할 수 가 있으며, 데이터에 대한 통제권도 가질 수 있다.

그리고 Web 1.0은 정보원으로서의 기능에 초점을 두었다면, Web 2.0은 참여를 유도하는 기능이 핵심인 것이다. 이 환경에서는 정보를 제공하는 데 기여하지 않는 집단 구성원들에 대해 이익을 취하지 못하도록 제재할 수가 없기 때문에 합리적인 구성원들은 기여하려는 노력 없이 무임승차할 수 있다는 우려가 제기되었다.

3) Web 3.0

Web 3.0은 Web 2.0을 통해 상호간 정보 공유가 사용자의 참여 확대로 정보량의 증가와 네트워크의 정체로 인해 한계점에 이르게 되어 등장하게 되었다.

Web 3.0은 공유를 통해 방대한 정보를 상호간 네트워킹을 사용하여 개인화된 정보를 사용자에게 제공하는 형태이다.

Web 3.0의 특징은 사용자 개인에게 적합한 맞춤형 서비스를 제공할 수 있는 개인화, 시멘틱 기술을 활용하여 자료 검색이 가능하게 하는 지능화, 데이터를 분석하고 가공해서 상황에 따라 제공할 수 있는 상황인식이 가능하다. 아울러 포털 제공업체 들의 서버 여유 공간을 사용자에 제공하여 활용케 하는 클라우드 컴퓨팅 서비스의 특징이 있다.

표 1-1 Web 1.0, Web 2.0, Web 3.0의 비교

구 분	Web 1.0	Web 2.0	Web 3.0
시 기	~ 2000	2000 ~ 2010	2010 ~ 2020
키워드	-공유 -Web Site, Home Page 등장	-공유, 참여 -블로그, SNS	-공유, 참여, 개인화 -시멘틱 웹
특 징	-사이트 운영자에 의해 중앙 집중화된 환경하에서 정적으로 운영 -포털 상에서 사용자 취향 및 의도에 맞게 조정이 불가능 -기술 중심으로 대부분이 OS/브라우저에 종속성	-서비스는 사용자 참여에 의해 자율적 분산 환경에서 운영 -플랫폼 상에서 운영되고 있는 서비스들은 사용자가 원하는 의도에 맞게 조정 -사람이 중심이 되는 참여와 공유의 컨셉을 바탕으로 OS/브라우저에 상관없이 기능 구현	-개인에게 적합한 맞춤형 서비스를 제공할 수 있는 개인화 -시멘틱 기술을 활용하여 자료 검색이 가능한 지능화 -데이터를 분석하고 가공해서 상황에 따라 제공할 수 있는 상황 인식이 가능

2. 무선인터넷의 이해

무선인터넷은 정보통신환경에서의 주요한 두 흐름이 결합되어 발생한 것으로서 무선으로 음성/데이터/영상정보를 송·수신할 수 있는 서비스로 정의할 수 있다. 즉, 사용자가 이동 중 무선망을 이용하여 장소와 시간에 구애받지 않고 인터넷 서비스를 제공 받을 수 있는 환경과 기술을 의미한다.

무선인터넷과 유선인터넷은 전화선 또는 케이블과 같이 고정된 선을 사용하는지 또는 눈에 보이지 않는 공중망을 사용하는지의 차이점이 존재한다. 무선인터넷의 기능은 유선인터넷의 기능과 비교가 힘들지만 시간과 공간의 제약 없이 인터넷 사용이 가능하다는 것이다.

그리고 무선인터넷 시장은 유선망을 중심으로 한 인터넷비즈니스의 범위만

큼이나 다양한 형태의 데이터 제공 및 서비스가 가능하며, 현존하는 다양한 정보통신 기술과도 접목되며 각종 비즈니스 패러다임과도 밀접한 관련을 지으며 발전하고 있다.

[그림 1-1] 모바일인터넷 구성도

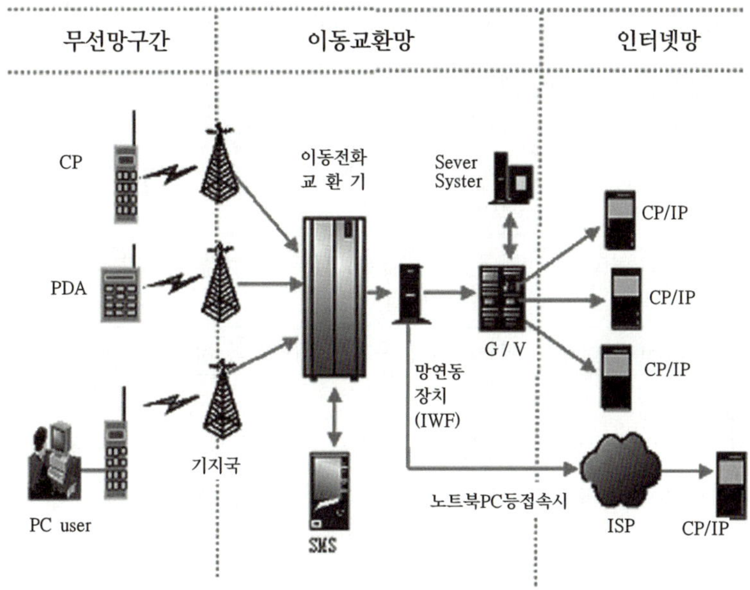

* 자료: 산자부, "모바일커머스", 2000.12
* G/W(Gate Way) : 인터넷망과 접속시 정보제공이 가능토록 프로토콜 변환 기능
* 망연동장치(IWF) : 이동전화망과 인터넷망을 접속 연결하는 장치(모뎀과 유사)
* 서버시스템(이동전화사업자용) : 무선인터넷 이용자 관리 및 등록 기능

3. 무선인터넷의 특징

무선인터넷은 언제, 어디서나 실시간 정보검색이 가능한 이동성(mobility), 사용자의 위치파악이 가능한 위치기반(localization), 고객/그룹별로 차별화된 서비스 제공이 가능한 고객 차별성(Customization), 개인전용 단말기 이용에 따른 개인성(personality), 통신도구의 간편화로 증대된 편리성(convenience)

이라는 특징을 갖고 있다. 무선인터넷이 갖고 있는 특성을 정리하면 〈표 1-2〉와 같다.

표 1-2 무선인터넷 환경의 특징

특 징	내 용
Ubiquity(편재성)	어디에서나 실시간 정보 검색 가능
Reachability(접근성)	언제, 어디서나 인터넷 접속 가능
Security(보안성)	개인전용 단말기 이용에 따른 보안 기능
Convenience(편리성)	간단한 통신 도구 이용
Localization(위치성)	특정 시점에 사용자의 현 위치가 어디인지 분명하게 보여 주는 방법
Instant Connectivity (즉시연결성)	빠른 시간 내에 필요한 정보를 탐색할 수 있도록 보여 주는 방법
Personalization(개인화)	이동통신 사용자의 개인화와 차별화된 고객 서비스

그리고 유선인터넷과 무선인터넷 사용자의 특성을 접근방법, 이용시간, 이용형태, 서비스 이용료 지불의사 측면에 따라 비교해 보면 〈표 1-3〉과 같다.

표 1-3 유선인터넷과 무선인터넷 사용자 특성 비교

구 분		유선인터넷	무선인터넷
사용자 특 성	접근방법	이동성이 배제된 PC를 이용한 접근	무선단말기를 가지고 공간적인 제약 없이 사용
	이용시간	이용시간에 부담을 느끼지 않는 범위에서 장시간 사용	필요한 경우에만 짧게 사용하고 빠른 의사결정이 요구됨
	이용형태	장시간 동안 여러 사이트를 돌아다님	하루에 여러 번 접속하며 한번에 1-2사이트 접속
	서비스 이용료 지불의사	대부분의 서비스에 지불의사 없음	사용서비스에 따른 지불의사 있음

그리고 유선인터넷과 무선인터넷을 기술적 특성, 비즈니스 특성, 사용자 특성 측면에서 상호간 비교하면 다음과 같다.

표 1-4 유·무선인터넷 비교

구 분		유선인터넷	무선인터넷
기술적 특 징	화 면	17-21인치	2-8인치
	인 터 페이스	키보드, 마우스, 모니터, 프린터 등	액정화면, 소프트 버튼
	통 신 에러율	낮음	높음
	휴대성	불편함	편리함
	프로토콜	TCP/IP	TCP/IP, WAP
	콘텐츠 형 태	HTML	C-HTML, S-HTML, WML
	애플리케이션	다양, 추가변경 용이	한정, 추가변경 불편
	저장성	데이터 저장용이	데이터 저장에 제한
비즈니스 특 성	기업의 관 점	적극적인 판매가 아니라 고객이 찾아와 팔리는 정적인 서비스 기업 홍보 방식	유선인터넷의 형태를 포함한 기업이 고객을 찾아가는 모바일 서비스가 강조된 다양한 홍보방식
	진입장벽	표준기술의 대중화에 따른 진입장벽	서비스 방식의 복잡과 표준화의 미확립에 의해 높은 진입장벽
	대표적인 사업분야	광범위한 전자상거래, 다양한 콘텐츠 제공, 서비스 검색, 지불, 보안의 기반 기술 소유	예약, 금융, 영업 속보 제공, 오디오 서비스, 위치/시간 기반 정보서비스, 오락, 영상압축 기술보유
	전송속도	초고속 데이터 서비스	저속의 데이터 서비스
	정보의 제 공	멀티미디어를 포함한 다양한 정보의 제공	텍스트 기반의 간단 정보 제공
	디스플레이 및 입력장치	대형화면, 편리한 인터페이스	소형화면, 제한되고 불편한 키패드
사용자 특 성	이용행태	장시간 여러 사이트 서핑	하루에 여러 번 접속, 1회 1-2사이트 접속
	이 용 료 지불의사	대부분의 서비스에 지불의사 없음	사용서비스에 대한 지불의사 있음

자료: 무선인터넷 백서 2001, 일부수정

4. 무선인터넷의 장 · 단점

무선인터넷은 유선인터넷에 비해 장점으로는 첫째, 장소에 관계없이 접속하여 인터넷을 사용할 수 있는 이동성이 있다.

둘째, 유선인터넷은 일정한 공간에 고정된 형태로 휴대가 불가능 하지만 무선인터넷은 휴대가 간편하다는 것이다.

셋째, 위치기반 기술을 사용하여 고객이 있는 위치에 적합한 정보를 제공하여 그 정보를 활용이 가능하게 된다. 즉, 백화점에 근처에 고객이 위치하고 있다면 백화점 세일정보를 제공하여 쇼핑이 가능하게 된다는 것이다.

넷째, 무선인터넷 기기는 개인이 보유하고 있는 것으로 그 개인에게 적용할 수 있는 개인 맞춤형 정보를 제공할 수 있다.

단점으로는 첫째, 가독성이 떨어진다는 것이다. 즉, 유선인터넷 디스플레이 장치는 큰 화면을 사용하므로 한 화면에 볼 수 있는 정보의 양이 많지만 무선인터넷 기기는 디스플레이 장치의 화면 크기가 작으므로 많은 내용을 한 번에 볼 수 있는 형태가 아니므로 한 번에 볼 수 있는 가독성이 떨어진다고 할 수 있다.

둘째, 전송속도가 느리다는 것이다. 유선인터넷의 경우 100Mbps급의 속도가 가능하지만 무선인터넷의 경우 그 속도가 현저하게 느리다는 것이다.

셋째, 콘텐츠의 부족을 들 수 있다. 점차 무선인터넷 콘텐츠가 다양화되고 있으나 다양한 콘텐츠의 개발이 요구되고 있다.

넷째, 이용요금이 유선인터넷에 비해 비싸다는 단점이 있다. 유선인터넷은 일정액을 지불하면 무한정으로 정보를 이용할 수 있으나 무선인터넷의 경우 정보이용료와 통신요금이 이중으로 부과되는 문제가 있다. 최근 들어 정액제 도입으로 다소 개선되고 있으나 과다한 요금이 사용자에게 걸림돌이라고 할 수 있다.

5. 무선인터넷의 진화과정

무선인터넷의 경우 음성위주의 아날로그 시대로부터 디지털, 와이파이, 와이브로 포함하는 시대로의 변화과정을 정리해 보면 다음과 같다.

1) 1세대

무선인터넷 1세대의 경우 70년대 말부터 90년대 중반까지 진행된 것으로 음성위주의 아날로그를 기반으로 이루어진 세대이다. 대표적인 카폰을 통해 통화하는 형태를 예로 들 수 있고, 1988년 휴대폰이 서울과 수도권, 일부 광역시에 서비스를 통해 전국 확대되어 2000년까지 서비스가 이루어졌다.

2) 2세대

이 세대는 아날로그에서 디지털로 전환되어 음성과 데이터가 같이 사용되어진 세대이다. 이용한 통신기술은 CDMA를 이용하였으며, 문자, 메일과 같은 데이터를 송수신 가능하게 되었고, 주파수는 황금주파수인 800MHz를 통해 주파수 도달거리가 멀고, 통화품질이 우수하여 장애물을 통과하여 질 좋은 통신품질을 제공하게 되었다.

그리고 이 세대는 대표적 통신기술이 CDMA*(미국식)과 GSM**(유럽식)이 사용되었는데 국내의 경우 3대 통신사가 CDMA식을 사용하게 되었다.

3) 3세대

이 세대에는 WCDMA***, 와이브로 기술이 도입되어 멀티미디어 서비스가 가능해져 다양한 형태의 서비스가 등장하게 되었다. 특히 유심카드를 사용했고, 영상통화가 가능했다. 2000년 초 일본을 시작으로 유럽과 미국을 거쳐 국내까지 기술이 도입되게 되었다. 이 시점부터는 범세계적 로밍서비스도 가능해 졌고 무선인터넷의 기술이 급격하게 바뀌게 된다.

그리고 이 세대는 CDMA(미국식)가 리버전 A로 변환되어 국내의 경우 LG U+가 서비스를 시작했고, GSM(유럽식)이 WCDMA가 국내 SKT와 KT에 사용되었다. 아울러 국내에 독자적인 와이브로(한국식)이 개발되어 KT와 SKT에

---

* CDMA(Code Division Multiple Access: 코드분할 다중접속)

** GSM(Global System for Mobile telecommunication)

*** WCDMA(Wideband Code Division Multiple Access:와이드밴드 코드분할 다중접속기술)

서비스가 도입되었다.

3세대의 대표적 서비스 형태인 WCDMA, EV-DO 리버전 A, WiBro를 상호 간의 특징과 기능을 비교하면 〈표 1-5〉와 같다.

표 1-5 WCDMA, WiBro, EV-DO 리버전 A의 비교

구 분	WCDMA	WiBro	EV-DO 리버전A
특 징	-음성, 화상통화 가능 -CDMA가 3G로 업그레이드	-정지 이동 중 인터넷가능 -무선광대역 인터넷 -2.3GHz 휴대인터넷	-CDMA2000형태 표준화 -1.25MHz 주파수
상용화 시 기	2006년 5월	2006년 8월	2007년 10월
기술방식	GSM(유럽식)	한국식	CDMA(미국식)
국 내 통신사	KT, SKT	KT, SKT	LG U+
서비스 속 도	14.4Mbps	24Mbps	3.1Mbps
개발업체	노키아	삼성전자	퀄컴사
4세대 변 화	LTE (Long Term Evolution)	WiBro Evolution	UMB (Ultra Mobile Broadband)

* WCDMA(Wideband Code Division Multiple Acess)
* WiBro(Wireless Broadband Internet)

4) 4세대

4세대의 경우 3세대보다 통신 속도, 데이터 전송속도가 빠르게 되었고, 3세대보다 10배 이상 빠르지만 아직까지 실질적 서비스는 여기에 미치지 못하는 실정이고, 휴대 할 수 있는 IT기기의 형태가 커다란 변화를 가져오게 된다. 즉, 스마트폰의 대중화, 태블릿 PC, 노트북 등을 통해 시간적 장소적 제약 없이 언제든지 무선인터넷을 통해 다양한 정보와 콘텐츠를 사용과 쇼핑, 주식거래, 예약 등이 가능해 지게 된다.

이 세대의 통신기술은 리버전 A가 UMB로 바뀌고, WCDMA가 LTE로, 와이브로가 와이브로 에볼루션으로 전환되면서 2012년 본격적인 서비스가 이루어

지면서 통신사간 경쟁이 격화되기 시작하고 있다.

그리고 세대별 특징을 표준기술, 전송속도, 서비스 형태, 상용화시기 측면에서 비교해 보면 〈표 1-6〉과 같다.

표 1-6 세대별 무선통신기술 특징 비교

구 분	1세대	2세대	3세대	3.5세대	3.9세대	4세대
표준기술	아날로그	디지털 (CDMA GSM)	WCDMA	HSDPA*	LTE, WiBro	LTE-Adv WiBro-Adv
전송속도	10Kbps 이하	14.4~ 64Kbps	144Kbps~ 2Mbps	~14.4Mbps	~100Mbps	~600Mbps
서비스 형 태	단순 음성	음성, 문자	음성, 문자, MMS, 영상통화			멀티 미디어
상용화 시 기	1995년	1996년	2006년			2012년

제2절 무선인터넷(Wireless Internet)의 방식

1. 무선인터넷의 서비스 방식

1) WAP(Wireless Application Protocol)

WAP은 무선단말기와 기지국간의 무선 전파환경에서 데이터를 효율적으로 전송 할 수 있는 프로토콜로서 망이나 단말기의 종류에 관계없이 다양한 무선 환경(GSM**, TDMA***, CDMA****, CDPD*****)에서 동작이 가능하다. WAP은 휴

* HSDPA(High Speed Downlink Packet Access: 고속하향패킷접속)
** GSM(Global System for Mobile communications)
*** TDMA(Time Division Multiple Access: 시분할 다중 액세스)
**** CDMA(Code Division Multiple Access: 코드 분할 다중 액세스)

대폰제작을 우선시 하는 규격으로 단말기 크기를 변화시키지 않고도 그 기능을 추가할 수 있는 이점이 있다.

무선데이터 사용자들이 쉽고 간편하게 인터넷에 접속할 수 있도록 고안된 표준규격으로서 인터넷의 정보를 빠르게 검색 및 표시할 수 있도록 인터넷망과 이동전화망 사이에 게이트웨이를 설치하여 서비스 한다.

WAP은 통신 프로토콜을 사용하고 있기 때문에 HTTP*, TCP** 등 기존 인터넷 표준 프로토콜인 HTML***과 WAP 전용 프로토콜인 WML(Wireless Markup Language)로 변환하기 위해 게이트웨이(서버)가 반드시 필요하다.

WAP은 무선데이터서비스 사용자들이 쉽고 간편하게 인터넷에 접속할 수 있도록 고안된 표준규격으로 인터넷상의 정보를 빠르게 검색, 표시하게 하기 위해 이동전화망과 인터넷 망 사이에 게이트웨이를 두어 서비스 한다.

WAP은 97년 에릭슨, 노키아, 모토로라, 폰닷컴 등이 주축이 되어 결성한 WAP 포럼에서 개발되었으며, 포럼에 참여하는 업체들이 세계 이동전화가입자의 90%를 차지하고 있다는 점, 표준화 활동 및 관련 애플리케이션(Application)

[그림 1-2] WAP 서비스의 구조

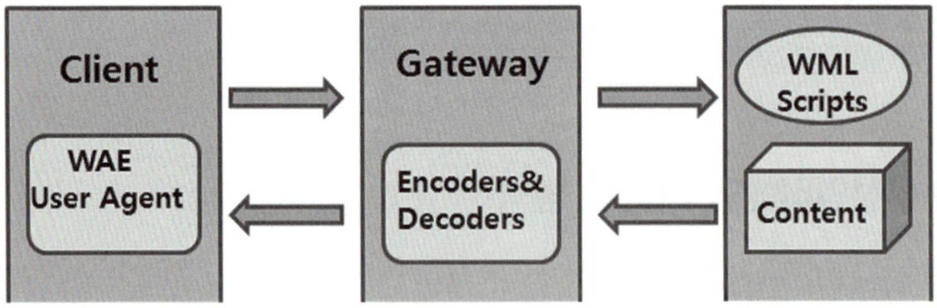

※ WAE(Wireless Application Environment): HTML과 같은 Markup Language를 무선환경으로 적합화시킨 WML, 자바 스크립트

※ WML(Wireless Markup Language): WAP포럼에서 무선전화기, 페이저 그리고 PDA와 같은 이동단말기 상에서의 입력과 표시를 목적으로 개발

***** CDPD(Cellular Digital Packet Data: 무선 패킷 데이터 통신 규격)

* HTTP(Hyper Text Transfer Protocol: 하이퍼텍스트 전송 규약

** TCP(Transmission Control Protocol: 전송 제어 프로토콜)

*** HTML(HyperText Markup Language: 월드와이드 웹 작성 언어)

개발이 가장 활발하게 이루어지고 있다는 점 등을 고려할 때 현 단계에서 사실상의 표준 가능성이 가장 높다.

2) ME(Mobile Explorer)

모바일 익스플로러(ME)는 마이크로소프트사가 무선단말기를 통해 유선인터넷을 접속하기 위해서 만든 접속 프로토콜이다. 모바일 익스플로러는 다양한 데이터 기기를 지원하기 위하여 개발되었다.

모바일 익스플로러에서는 WAP 게이트웨이가 할 일을 무선단말기 내의 브라우저가 처리한다. 단말기 내부적으로는 기존의 HTTP 방식과 호환이 되도록 하고 있으며, HTML을 축약한 m-HTML을 사용한다. ME는 게이트웨이가 필요없다는 것과 기존의 HTML 콘텐츠의 사용이 가능하다는 점에서 WAP의 단점을 보완하고 있다.

이동통신 사업자는 투자비가 절감됨과 동시에 기존의 HTML 콘텐츠를 그대로 이용할 수 있다는 점에서 콘텐츠 제공업자에게 편의를 제공하고 있다. 또한 동시에 브라우저의 오버헤드가 크다는 점과 소스 프로그램이 공개되지 않아서 브라우저에서 지원하지 않는 파일에 대해서 서비스를 제공할 수 없다.

그리고 마이크로소프트의 커다란 장점은 브라우저 자체보다는 PC의 브라우저와 운영체제 경쟁에서 얻은 경험과 표준주도 능력을 갖고 있다.

3) i-mode

NTT DoCoMo의 i-mode는 일본에서 인기 있는 모바일 인터넷 서비스의 하나이다. i-mode 사용자들에게 e-mail, 스포츠 결과, 기상예보, 게임, 금융, 티켓 구매 등과 같은 다양한 서비스를 액세스 할 수 있게 한다.

i-mode는 1999년 2월 22일 일본에서 NTT DoCoMo사가 개발하였다. i-mode가 사용하는 언어는 하이퍼텍스트에 기초한 축약된 c-HTML을 사용하며, 기존 웹사이트를 자유자재로 접속 가능하게 한다.

이 방식은 c(Compact)-HTML를 기반으로 하기 때문에 별도의 게이트웨이 구성없이도 사용가능하고, 기존 인터넷 콘텐츠 업체가 손쉽게 무선인터넷 콘텐츠를 제공할 수 있다는 점에서 사업 확대에 유리하다.

접속 방법도 웹 사이트 주소를 일일이 입력하는 대신 단축 버튼을 사용하므로 간편하다. 다만 다른 통신 방식과는 작동되지 않고 같은 서비스 장비에서만 가능하다.

그리고 시장상황은 2011년 10월 31일 현재 i-mode(i-mode 스마트폰 가입자 포함) 일본 내에 5천백만 명을 상회하고 있다. 라이선싱 계획에 따라 세계 여러 나라를 포함하여 NTT DoCoMo사의 파트너들을 통해 i-mode가 제공하고 있다.

표 1-7 WAP과 ME, I-mode 비교

구 분	WAP	ME	I-mode
표현 언어	WML	m-HTML	c-HTML
브라우저	WAP	Mobile Explorer	Compat Net Font
전송프로토콜	WAP/WTP/WDP	HTTP	HTTP
보안메커니즘	WTLS	SSL	SSL
특 징	-세계 주요 통신업체 -사실상 표준 -데이터 변환속도 느림	-인터넷 연동용이 -데이터 변환속도 빠름	-일본 내 국한되어 있지만 최대 사용자 -데이터 변환속도 빠름
개발주도기업	WAP 포럼	마이크로 소프트	W3C, 서비스망 NTT DoCoMo
장 점	-높은 확장성 -사업자별로 차별화된 서비스	-현 HTML 콘텐츠의 즉시 사용	-수익창출 모델
단 점	-WAP 게이트웨이의 비용 과다 -HTTP와의 호환성	-단말기 브라우저의 오버헤드 과다	-일본 내 서비스
국내의 상용화	SKT, LG U+등	KT 등	NTT DoCoMo

자료: 2003 한국인터넷백서, 한국전산원, 2003, p. 187 (일부수정)

2. 무선인터넷의 서비스

무선 단말기를 통한 인터넷 접근은 시간적 공간적 차원을 초월하여 정보접근이 가능하지만 단말기 자체의 한계와 무선망 성능상의 제한으로 유선인터넷과 같은 다양한 정보전송이 어렵다.

무선인터넷의 서비스는 무엇이 무선 인터넷 환경에서 구현 가능한 일들인지를 먼저 고려해야 할 것이다. 이런 관점에서 무선인터넷 서비스의 예를 제시하면 다음과 같다.

1) 쇼핑(Shopping)

전자상거래가 무선 인터넷 환경으로 확장되어 무선 상거래가 고정된 위치가 아닌 이동 중에 이동통신 단말기를 이용하여 상품을 구매하게 되었다. 이는 신뢰성과 안전한 접속 제공이 요구되며, 아울러 서비스 활성화를 위해 인증과 부인방지를 위한 정보보호와 인터페이스 구축이 필수적이다. 대표적인 상거래 서비스 형태로는 경매 서비스가 있다.

2) 주식거래

주식거래 관련 서비스는 이동통신 단말기를 활용해 인터넷에 접속 후 주식정보를 획득하고 주식을 매매가 가능하게 하는 서비스 형태이다. 주식거래 서비스에서 거래 관련 정보는 표준화 되어 있으며, 단순하고 제한된 화면을 통해 주식거래가 이루어지는 서비스를 의미한다.

3) 은행업무

이 업무는 이동통신 사업자들이 우선적으로 고려하는 서비스 형태이다. 서비스 형태는 입출금, 잔액조회, 계좌이체 등과 같이 비교적 간단하면서 거래량이 많은 업무를 고객이 이동통신 단말기를 활용하여 이용하게 하는 것이다. 은행은 이를 통해 대고객 서비스개선과 비용절감 효과를 통하여 경쟁력 확보가 가능하고, 고객은 시간과 장소에 구애 없이 저렴한 비용으로 은행 업무를 수행하게 된다.

4) e-cash

e-cash는 온라인상에서 화폐가치를 전자지불 수단으로 재화나 서비스를 구매하고 대금결제를 위해 사용되는 지불메커니즘이다. 이 서비스는 화폐발행과 관리의 문제점, 휴대의 불편성, 분실의 위험 등 기존 화폐의 단점을 보완해 편리성과 안정성을 확보하게 된다.

5) 광고

이 서비스는 이동통신 단말기에 광고가 전송되도록 하고 광고에 따른 효과분석이 이루어지게 하는 서비스이다. 이 광고형태는 불특정 다수에 대한 무차별적인 광고와 다르게 개인의 기호, 지역적 특성에 따라 차별화된 광고를 행하게 된다. 아울러 광고서비스는 고객 분석을 통한 광고효과 극대화가 가능하게 된다.

3. 와이파이(Wi-Fi)

랜(LAN)은 근거리통신망으로 한 건물이나 제한된 지역 내의 컴퓨터를 연결하여 정보와 프로그램을 공유할 수 있도록 네트워크를 연결한 것이다. LAN의 주요 기능은 컴퓨터간의 파일전송, 전자우편, 프로그램과 정보의 공유가 가능하며, 1970년대 개발되어 1990년대 대중화 단계에 접어들게 되었다.

그러나 휴대용 컴퓨터 보급이 증가하면서 LAN으로는 한계성에 부딪히게 되었다. 이런 관계로 LAN을 무선화 시도가 이루어지게 되었다.

1) 무선화(IEEE 802.11)

초기에는 무선랜 규격이 일치하지 않아 호환성이 떨어져 제대로 사용되지 못했다. 이를 극복하기 위해 미국의 전기전자기술자협회(IEEE: Institue of

Electrical and Electronics Engineers)에서 무선랜 표준을 제정 1997년 최초 이 경우는 "wireless fidelity"라는 기술규격 브랜드가 줄여져 Wi-Fi(와이파이) 라고 지칭하게 되었다. Wi-Fi(와이파이, Wireless Lan(WLAN))는 무선 접속 장치(AP: Access Point)가 설치된 곳에서 전파나 적외선 전송 방식을 이용하여 일정 거리 안에서 무선 인터넷을 할 수 있는 근거리 통신망을 칭하는 기술이다. 초기에는 주로 PC에 주로 사용되었으나 특히 노트북을 무선으로 사용했으며, 최근에는 스마트폰, 태블릿 PC, 프린터 등 용도가 다양해지게 되었다.

2) Wi-Fi의 방식

와이파이는 사용 모드에 무선 공유기의 일정한 반경 내에 있는 복수기기에 데이터를 송수신 할 수 있는 인프라스트럭처(infrastructure)모드와 단말기간의 데이터를 주고받을 수 있는 애드혹(Ad hoc)모드로 구분할 수 있다.

인프라스트럭처의 경우 대중적인 방식으로 시판되는 무선공유기를 통해 전달되는 인터넷 신호가 집안에 있는 노트북이나 스마트폰에 무선인터넷 접속이 가능하게 한다.

[그림 1-3] 인프라스트럭처(Infrastructure) 방식

[그림 1-4] 애드혹(ad hoc)방식

Ad-hoc의 경우 제한적인 용도로 사용되며, 이의 경우 휴대용 게임기나 MP3 플레이어에 주로 사용되는 형태이다.

그리고 와이파이는 근거리 네트워크를 무선화 하였기 때문에 가정용의 경우 20-30M 범위가 가능하고, 기업용의 경우 100-200M 까지 가능하다.

3) 와이파이 버전

와이파이는 발표 된 이후 버전 바뀌면서 전송속도가 개선되게 되었다. 1997년에 발표된 경우는 최대 2Mbps 속도였지만, 1999년 나온 IEEE 802.11b는 최대 11Mbps 속도까지 지원하며, 2003년 발표된 IEEE 802.11g는 최대 54Mbps 속도를 지원하게 되었다. 2009년 발표된 IEEE 802.11n은 기본적으로 최대 150Mbps 속도를 지원하게 되었으며, AP나 단말기를 사용할 경우 600Mbps의 데이터 전송속도를 지원까지 가능하게 된다. 2011년 발표된 IEEE 802.11n의 경우 최대 300Mbps까지 속도를 가능하게 된다.

4) 와이파이 보안 문제

여러 기기를 동시에 접속할 수 있는 특성을 가지고 있는 이점이 있지만 그에 비해 같은 AP에 접속한 기기간의 정보유출이나 해킹 가능한 문제가 있다. 아울러 무선공유기를 다른 사용자의 무단 접속으로 인하여 통신 속도 저하를 초래할 수 있다. 그러므로 공용 와이파이를 이용 시 보안대책을 마련할 필요가 있으며, 개인 무선공유기는 접속 시 패스워드를 통해 접속할 수 있도록 하여 무단 접속을 방지할 필요가 있다.

5) 와이파이와 와이브로 비교

최근에 스마트폰 사용 확대로 인해 와이파이와 와이브로에 대한 관심이 높아진 상태이다. 특히 와이파이는 스마트폰 사용 시 3G에 비해 속도가 빠르고 와이파이존을 이용 시 요금이 부과되지 않은 특징을 가지고 있어 이용자들이 와이파이존을 선호하고 있다.

일반적으로 와이파이와 와이브로에 대한 뚜렷한 차이점을 인지하지 못하는 경우가 있어 이를 비교하면 다음과 같이 정리해 볼 수 있다.

표 1-8 와이파이와 와이브로 비교

구 분	Wi-Fi	Wibro
의 미	-Wireless Fidelity -1997년 IEEE 802.11 -무선랜 규격 원형	-Wireless Broadband Internet -무선광대역 인터넷 무선초고속 인터넷
특 징	-무선접속장치(AP)필요 -무선주파수 이용 -전용선 불필요 -사용요금 저렴 -이동성, 보안성 있음	-이동중 초고속 인터넷 사용 -스마트폰과 무선랜의 중간영역 -한국이 국제표준 주도 -2005년 12월 IEEE 802.16e표준
속 도	-전송속도 4 ~ 11Mbps	-다운로드 19Mbps -업로드 5Mbps
전 망	-주요도시 전체 와이파이 존 -VoIP와 이동통신 결합	-삼성전자가 해외 시장 개척

✦ 와이맥스(WiMAX, World Interoperability for Microwave Access):
미국 인텔사가 개발한 IEEE 802.16d 규격의 무선 통신 기술로 전송 속도는 빠르지만 사용반경이 좁은 와이파이 단점을 보완한 기술로 전송거리는 30마일(48km)이고 전송속도는 75Mbps지만 실제로는 5~10Mbps 정도로 서비스 되고 있다.

4. 와이브로(WIBRO)

1) 와이브로 개념

와이브로(WIBRO)는 Wireless Broadband Internet으로, 우리말로는 휴대 인터넷, 무선 광대역 인터넷, 무선 초고속 인터넷 등이라고 할 수 있다. 이동전화처럼 언제 어디서나 이동하면서도 초고속으로 인터넷을 이용할 수 있는 서비스로, 이동전화와 무선 LAN의 중간 영역에 위치한다. 한국정보통신기술협회(TTA)를 중심으로 2003년 6월부터 표준화를 추진하는 한편, 국제전기전자기술협회(IEEE)에도 이러한 서비스를 도입하도록 하는 등 한국이 국제 표준화를 주도하고 있는 3.5세대 이동통신 서비스이자 국책사업이다.

2) 와이브로 서비스 특징

와이브로 서비스의 특징은 정지 및 보행뿐만 아니라 시속 60Km 정도의 중저속 이동성 및 ADSL과 유사한 수준인 1Mbps 이상의 데이터 전송률을 지원하는 것이다. 와이브로의 이동성은 시속 60Km의 속도에서 원활한 전송을 보장한다. 이는 와이브로 자체가 도심지 위주의 서비스로 개발되었기 때문이며 지하철, 버스 등의 대중교통과, 도심지에서 승용차의 속도제한이 대부분 60Km/h 내외인 것을 보면 큰 문제는 없어 보인다. 하지만 고속도로나 열차를 이용할 경우 문제가 발생하며, 경쟁기술이라고 볼 수 있는 HSDPA의 경우 250Km/h 정도의 속도를 보장하기 때문에 개선이 요구된다.

서비스 범위는 AP를 기준으로 약 1Km의 범위를 커버할 수 있다. 이는 무선랜 AP의 범위인 약 100m에 비해 훨씬 넓은 커버리지를 제공하게 된다.

표 1-9 와이브로의 특징

항 목	특 징
사용주파수	2.3GHz 대역
이동성	60Km/h(실제 120Km/h 이동속도 지원)
서비스 범위	약 1Km
다중화 방식	TDD*
다중접속 방식	OFDMA**
채널대역폭	9MHz
최고 전송속도	10 Mbps
평균 전달 속도	2 Mbps

자료: 홍대형 · 강충구 · 조용수, 2.3 GHZ 휴대인터넷 기술의 국내표준화, TTA저널 제92호 pp. 109-114

3) 와이브로 서비스 형태

기본서비스는 와이브로에서 완벽한 제공은 어렵지만, 다른 경쟁기술에서 제공되는 서비스를 말하며 와이브로의 성공을 위해서 기본적으로 제공되어야 한다. 기본서비스는 많은 이용자가 이용하는 서비스이기 때문에 와이브로 자체적으로 제공이 가능할 경우 전략서비스로 진입이 가능하며, 수익을 극대화시킬 수 있다.

(1) 음성통화

와이브로는 자체적인 음성통화를 제공하지 않는다. 따라서 음성통화를 위해 다른 이동통신 업체와의 제휴가 필요하며, 만일 음성통화가 제공되지 않을 경우 고객들은 와이브로 가입에 회의적일 수밖에 없다. 훗날 와이브로에서 VoIP***가 제공될 경우 저렴한 이용자 요금이라는 매우 중요한 차별 특성이 될 수 있다.

* TDD(Time Division Duplex): 기지국 송수신

** OFDMA(Orthogonal Frequency Division Multiple Access): 직교 주파수분할 다중 접속 방식

*** VoIP(Voice over internet Protocol: 인터넷전화 음성패킷망)

(2) 모바일방송(IPTV)

이미 위성 DMB를 통해 언제라도 공중파 방송을 볼 수 있는 시대가 열렸다. 만약 IPTV가 허용될 경우 초고속인터넷과 와이브로를 통해 모든 방송을 볼 수 있어 DMB의 입지가 좁아질 것으로 보인다. 와이브로에서 IPTV가 제공될 경우 양방향성이 매우 중요한 차별특성이 될 수 있다. DMB에 비해 와이브로는 완전한 양방향성으로 이용자의 요구에 맞는 다양한 콘텐츠를 선보일 수 있다. 또한 IPTV는 VOD 서비스와 결합하여 하나의 통합 서비스로 제공될 수 있으며, IPTV가 정책적으로 허용될 경우 전략서비스의 분류로 이동될 것이다.

그리고 취약서비스의 경우 와이브로 보다 경쟁기술에서 원활한 서비스가 가능하며, 와이브로의 기술적 한계나 정책지원이 늦어져 제공하기 어려운 서비스를 말한다. 하지만 취약서비스도 수요가 계속 증가할 경우 기본 서비스로 진입할 것으로 예측된다.

(3) 위치기반 서비스

이미 전 세계적으로 이용하고 있는 GPS 위성을 통한 위치정보 시스템은 미터단위 이하의 정밀한 서비스가 가능하다. 또한 이동통신으로 제공하는 위치기반 서비스의 경우 전국적인 커버리지를 가지고 있어 산간, 도서지방에서도 인식이 가능하다.

와이브로의 경우 처음부터 도심지 위주의 서비스로 계획되었기에 도심지 외부에서의 서비스는 기대하기 힘들며, 이로 인해 전국적인 위치정보 자체가 불가능하다. 따라서 위치기반 서비스는 와이브로의 비즈니스 모델로 제공하기 힘들 것이다. 다만 GPS 위성의 유료화 이후 도심지역에 특화된 위치기반 서비스(전송속도의 이점을 살린 멀티미디어 정보)를 제공할 수 있을 것이다.

현재 위치기반 서비스는 텔레매틱스 등과 연계되어 많은 사람들이 이용하고 있다. 이러한 수요의 증가는 위치기반 서비스를 취약 서비스에서 기본 서비스로 진입하게 만들 수 있다.

(4) 텔레매틱스

향후 모든 자동차에는 텔레매틱스 시스템이 기본적으로 설치될 것이라 전망되고 있다. 텔레매틱스 시스템은 위치기반 서비스와 연계된 서비스와 자동차

내부정보를 제어하는 부분으로 나뉠 수 있다. 위치기반 서비스 자체가 이동성, 지역성의 제한이 있는 와이브로에 적용되기 어려운 서비스이기 때문에 텔레매틱스 서비스 또한 와이브로를 통해 원활한 서비스 제공에는 무리가 따른다.

텔레매틱스는 정부가 추진하는 IT839 정책의 하나로 큰 관심을 받고 있다. 현재 많은 사람들이 이 서비스를 이용하고 있으며 차후 모든 차량에 텔레매틱스 서비스는 기본적으로 장착될 것으로 보인다. 이러한 수요의 증가는 텔레매틱스 서비스를 취약 서비스에서 기본 서비스로 진입하게 만들 것이다.

4) 와이브로 활성화 방안

와이브로 서비스 도입을 통한 소비자 편익증진과 시장 활성화를 위해서는 사업자간 경쟁 촉진이 담보되어야 하는데, 사업자간 바람직한 경쟁 환경 조성을 위해서는 시장에 적정 사업자수가 경쟁하는 유효경쟁체제가 형성되어야 한다.

원론적으로, 소비자가 다양한 선택권을 갖고 저렴한 요금으로 서비스를 이용할 수 있고, 관련 산업의 활성화를 통해 국민경제에 기여하기 위해서는 자원 및 기술적 제약 하에서 수용할 수 있는 한 다수 사업자를 선정하는 것이 바람직하다. 와이브로 서비스의 경우, 향후 수요 예측 및 주파수 사용량 등을 고려 시 3개 사업자가 적정한 것으로 분석된다. 독점 체제의 기업들은 사업자간 담합 가능성이 높아, 경쟁 회피를 통한 초과 수익을 누리고, 효율성 향상을 위한 동기 유인이 약하며, 서비스 경쟁·품질 경쟁의 약화로 바람직하지 못한 결과를 초래하여 3개 사업자 선정시 보다 소비자 편익이 저해될 가능성이 높기 때문이다.

와이브로 서비스는 주파수를 이용하는 휴대형 무선단말기를 통하여 서비스를 제공하고, 와이브로에 적용되는 기술적 특성이 이동성, 핸드오버(기지국과 기지국 사이에서 끊김 없이 서비스가 가능한 기술), 셀 단위 엔지니어링 등으로 이동통신의 기술적 특성과 동일하므로, 기존 이동통신망의 운영경험과 노하우를 가진 사업자가 소비자에게 최상의 서비스를 제공할 수 있어 기존 이동통신 사업자를 와이브로 사업자로 선정 시 서비스 및 시장 활성화가 촉진될 수 있을 것이다.

또한, 이동통신 사업자는 기존 인프라를 최대한 활용함으로써 망 구축비용을 절감하여 저렴한 서비스 제공이 가능하고, 기존 이동전화 망의 인프라 공동 활용을 통해 중복투자 방지 및 투자비 절감도 가능할 것으로 예상된다.

핵심 정리

- 무선인터넷은 사용자가 이동 중 무선망을 이용하여 장소와 시간에 구애받지 않고 인터넷 서비스를 제공 받을 수 있는 환경과 기술을 의미한다.
- 무선인터넷의 특징은 Ubiquity(편재성), Security(보안성), Convenience(편리성)Localization(위치성),InstantConnectivity(즉시연결성), Personalization(개인화) 등이다.
- 무선인터넷의 장점은 이동성, 휴대 간편, 위치에 적합한 정보제공, 개인 맞춤형 정보 제공 등이 있다.
- 무선인터넷은 가독성이 떨어짐, 전송속도 문제, 콘텐츠 부족 문제, 이용요금 비싸다는 단점이 있다.
- 무선인터넷의 진화과정은 1세대 아날로그로 단순 음성 제공을 하였고, 2세대는 디지털 시대로 음성과 문자가 가능했으며, 3세대의 경우 음성, 문자, MMS, 영상통화가 가능했고, 4세대는 멀티미디어가 가능하게 되었다.
- 무선인터넷 서비스 방식에서 WAP방식의 경우 특징은 세계주요 통신업체가 사용하고 있으며, 사실상 표준이고 높은 확장성을 지니고 있다.
- 무선인터넷 ME방식은 인터넷과 연동이 용이하고, 데이터 변환속도가 빠르며, 현재 인터넷 HTML 콘텐츠를 즉시 사용할 수 있다.
- 무선인터넷 I-mode 방식은 일본 내 국한되어 있지만 최대 사용자와 데이터 변환속도가 빠르며, 수익창출을 하고 있는 모델이다.
- 무선인터넷 서비스는 쇼핑, 주식거래, 은행업무, e-Cash, 광고 등이 가능하다.
- 와이파이는 무선 접속 장치(AP: Access Point)가 설치된 곳에서 전파나 적외선 전송 방식을 이용하여 일정 거리 안에서 무선 인터넷을 할 수 있는 근거리 통신망을 칭하는 기술이다.
- 와이파이 방식의 인프라스트럭처의 경우 대중적인 방식으로 시판되는 무선 공유기를 통해 전달되는 인터넷 신호가 집안에 있는 노트북이나 스마트폰에 무선인터넷 접속이 가능하게 한다.
- 와이파이방식의 Ad-hoc의 경우 제한적인 용도로 사용되며, 이의 경우 휴대용 게임기나 MP3플레이어에 주로 사용되는 형태이다.
- 와이파이 버전은 IEEE 802.11a, IEEE 802.11b, IEEE 802.11g, IEEE 802.11n 등이 있다.
- 와이파이와 와이브로를 비교해 보면 와이파이는 무선접속장치(AP)가 필요, 무선주파수 이용, 전용선 불필요, 사용요금 저렴한 특징을 가지고 있으며, 와이브로의 경우 이동 중 초고속 인터넷 사용, 스마트폰 무

선랜의 중간영역, 한국이 국제표준 주도하는 특징을 보이고 있다.

- 와이브로는 이동전화처럼 언제 어디서나 이동하면서 초고속으로 인터넷을 이용할 수 있는 서비스로 정지 및 보행뿐만 아니라 차량 이동 중에도 데이터 송수신이 가능하다.
- 와이브로 서비스 형태는 음성통화, 모바일방송, 위치기반서비스, 텔레매틱스 등을 제공한다.
- 와이브로 서비스 도입을 통한 소비자 편익증진과 시장 활성화를 위해서는 사업자간 경쟁 촉진이 담보되어야 하는데, 사업자간 바람직한 경쟁 환경 조성을 위해서는 시장에 적정 사업자수가 경쟁하는 유효경쟁체제가 형성되어야 한다.

제2장 클라우드 컴퓨팅

제2장
클라우드 컴퓨팅

제1절 클라우드 컴퓨팅의 개요

1. 클라우드 컴퓨팅의 개념

클라우드 컴퓨팅은 2006년 9월 구글의 크리스토퍼 비시글리아가 모교인 워싱턴대 후배들이 좀 더 많은 정보를 이용할 수 있는 방법을 생각하다가, 여분의 컴퓨터 용량을 파악하고 클라우드 컴퓨팅 개념을 구상하게 되었다.

클라우드(Cloud)라는 것은 단어 그 자체가 사전적 의미로 "구름"을 나타내게 된다. 즉, 과거에 컴퓨팅 설명을 구름모양 통해 설명하였고, 커다란 구름모양의 집합체와 연결하여 필요한 자원을 이용하게 된다는 의미라고 할 수 있다.

클라우드 컴퓨팅(Cloud Computing)이란 모든 소프트웨어 및 데이터는 클라우드(IDC 등 대형 컴퓨터의 연합체)에 저장되고 네트워크 접속이 가능한 PC나 휴대폰, PDA 등의 다양한 단말기를 통해 장소에 구애받지 않고 원하는 작업을 수행할 수 있는 컴퓨팅 기술을 말한다.

지금까지 PC를 사용할 경우 보안에 대한 문제, 바이러스 감염을 통해 데이터의 삭제, 또는 프로그램의 업데이트 문제 등이 존재하여 컴퓨터 사용에 그만큼 문제가 유발되기도 하였다. 따라서 이런 문제를 해결할 수 있는 방법은 대형컴퓨터에 여유 있는 공간에 개인 또는 기업의 데이터를 저장해 두고 필요시 인터넷만 연결되어 있는 컴퓨터, 스마트폰, 태블릿 PC 등을 통해 언제나 문서작업도 할 수 있고, 저장된 데이터를 활용할 수 있는 편리하고 새롭고 획기적인 컴퓨터 사용법의 하나라고 할 수 있다.

[그림 2-1] 클라우드 컴퓨팅 개념도

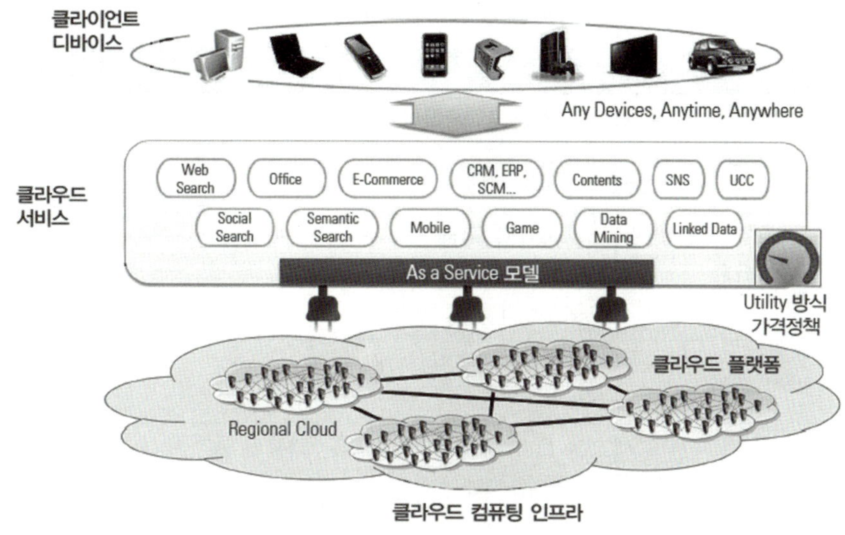

자료: 김진택, 클라우드 컴퓨팅 기술 및 표준화 동향, IT Standard & Certification TTA Journal, September October 2009

그리고 컴퓨터 발전과정을 살펴보면 최초의 컴퓨터는 1940년대 에니악이 탄생하게 되었는데, 이는 규모가 현재의 컴퓨터와 비교시 상상을 초월할 정도의 크기였지만, 성능은 컴퓨터라고 하기에 곤란할 정도였다.

1960년대에 접어들어 컴퓨터의 모습을 갖춘 메인 프레임 컴퓨터가 사용되기 시작하여 1970년대까지 이어지게 되었다. 1970년대 까지 일반 사용자들은 컴퓨터를 접하기 어려웠고 주로 컴퓨터 전문가들만이 사용하게 되었다.

1980년대 접어들어 현재 사용되고 있는 PC가 등장하여 컴퓨터의 개인사용이 가능하게 되었고, 아울러 기업체에 사용 가능한 클라이언트 서버 시스템이 도입되게 되었다. 특히 90년대 중반 DOS운영체제에서 윈도우즈 운영체제로 전환되면서 PC 보급이 확대되기 시작하였고, 컴퓨터간의 네트워킹이 가능한 인터넷이 확산되어 인터넷에 기반을 둔 컴퓨터 사용이 되기 시작하였다.

2000년대 접어들어 PC의 처리능력이 고성능으로 바뀌게 되었고, 무선 기능이 강화되어 노트북, 넷북, 스마트폰, 태블릿 PC 등의 보급으로 컴퓨터 자원에 대한 새로운 모습을 보여주게 되는 클라우드 컴퓨팅이 등장하게 되었다.

표 2-1 컴퓨터의 변화과정

연 도 별	내 용
1940년대	- 최초의 컴퓨터 (에니악) 등장
1960년대 ~1970년대	- 메인프레임 시대
1980년대	- Client/Server 시대 - PC 등장 - TCP/IP 인터넷
1990년대	- 인터넷 기반 컴퓨팅 시대 - Network
현 재	- 새로운 IT기기 등장(스마트폰, 태블릿 PC, 넷북 등) - 클라우드 컴퓨팅 시대

클라우드 컴퓨팅에 대한 가트너, 포레서터리서치, 위키피디아, IBM 등의 정의를 요약해 보면 다음과 같다.

표 2-2 다양한 클라우드 컴퓨팅 정의

구 분	내 용
Gartner	인터넷 기술 활용으로 다수의 고객에게 확장성을 통해 가진 자원을 서비스로 제공하는 컴퓨팅의 한 형태
Forrester Research	사용량이나 광고를 근거로 하여 비용을 지불하고, 웹 또는 프로그램적인 인터페이스를 제공하는 형태
Wikipedia	인터넷 기반을 두고 개발한 것으로 컴퓨터 기술 활용을 의미하며, 인터넷을 통해 자원들이 제공되는 형태
IBM	웹 기반 응용 소프트웨어를 활용하여 대용량 데이터베이스를 인터넷 가상공간에서 분산 처리하고, 이 데이터를 컴퓨터나 휴대전화, PDA 등 다양한 단말기에 불러오거나 수정할 수 있게 하는 환경

자료: 민옥기 외 3인, 훤히 보이는 클라우드 컴퓨팅, 전자신문사, 2009, p. 43

2. 클라우드 컴퓨팅의 특징

클라우드 컴퓨팅의 다양한 정의와 서비스적인 특성을 바탕으로 포레스터 리서치에서 제시한 클라우드 컴퓨팅의 주요 특징은 첫째, 표준화된 IT 기반 기능을 통해 컴퓨팅, 메모리장치, 네트워크, SW 등의 IT자원 제공과 서비스 제공자의 표준에 따른다.

둘째, IP 망을 통한 접근으로 사용자 인터페이스를 위해서 OS에 중립적인 표준 웹 브라우저와 웹 표준을 지원한다.

셋째, 인터넷에 상시 접속되어 있고, 수요에 따른 확장성 지원으로 서비스 제공자는 24시간 컨넥팅과 고객수요의 변화에 따라 이에 대응하여 컴퓨팅 자원을 가변성 있게 지원 한다.

넷째, 사용량과 광고를 기반으로 하여 무료 혹은 사용기반에 따른 과금하기 때문에 장기계약이나 초기 설치비용 등이 없다.

마지막으로 사용자 셀프 서비스로 서비스 제공자의 간섭 없이 고객 스스로 필요한 서비스를 설치, 관리하고 사용자는 웹 인터페이스나 프로그램 콜을 통해 서비스 API*에 접근이 가능하다.

3. 클라우드 컴퓨팅의 장 · 단점

클라우드 컴퓨팅을 통하여 사용자에게 주어지는 이점은 첫째, 인터넷이 연결되어 있으면 컴퓨터 기종에 상관없이 실시간으로 데이터와 정보, 프로그램을 사용할 수 있다는 것이다. 예를 들어 장소와 시간에 관계없이 네트워킹이 가능하다면 클라우드 컴퓨팅을 통해 저장된 데이터를 가져와 사용할 수 있고, 여행을 하거나 출장을 갈 경우도 소지하고 있는 기기를 사용하여 시간과 장소에 관계없이 정보를 저장하고 불러와 사용할 수 있다는 것이다.

둘째, 클라우드 컴퓨팅을 통해 여러 사람이 동시에 작업이 가능하다는 것이다. 공

---

* API(Application Programming Interface: 운영체제와 애플리케이션 사이의 통신에 사용되는 언어나 메시지의 형식)

동으로 프로젝트를 수행할 경우 서로가 만나지 않더라도 얼마든지 공동 프로젝트 수행에 필요한 데이터와 정보를 공동으로 활용하여 작업을 진행할 수 있다. 셋째, 경제적 이점, 유연성, 스피드한 구현, 애플리케이션 저장 불필요 등의 이점이 있다.

그리고 클라우드 컴퓨팅의 단점은 ① 클라우드 컴퓨팅 서비스 제공의 안정성 문제, ② 클라우드 컴퓨팅을 통해 저장된 데이터와 정보에 대한 보안성 문제, ③ 재해나 테러로 인한 손상시 복구곤란, ④ 이용자의 사용 제약 및 서비스 중단으로 인한 손해발생, ⑤ 클라우드 컴퓨팅 표준화가 되어 있지 않는 것이다.

표 2-3 클라우드 컴퓨팅의 장단점

구분	장 점	단 점
내용	-사용빈도가 낮은 IT자원 구매 비용 절감 -IT자원의 수용변화에 대한 신속 대응 -필요한 자원의 선택적 구매 -운영비용 절감으로 재무적 유연성 확보 -외부 침입 및 공격에 데이터 보호	-서비스의 안정성 확보에 대한 우려 -데이터와 정보저장에 보안상 우려 -표준 부족으로 인한 클라우드로의 전환 곤란 -기존 인프라 전환에 따른 기회비용 및 정확한 투자편익 계산 어려움

자료: 전자정보센터(www.eic.re.kr), Cloud Computing 개념 및 동향, 2009. 06

제2절 클라우드 컴퓨팅의 종류와 보안의 문제

1. 유사 컴퓨팅의 종류

1) 그리드 컴퓨팅

그리드 컴퓨팅은 대용량의 컴퓨팅 리소스를 필요로 하는 문제해결을 위해 인터넷상에 분산된 컴퓨팅 리소스들을 연결하여 가상의 슈퍼컴퓨터와 같이 사용하는 컴퓨팅 모델로 주로 과학, 수학 등 학술적인 분야에서 활용된다.

2) 유틸리티 컴퓨팅

유틸리티 컴퓨팅은 사용자가 컴퓨팅 자원을 전기나 수도처럼 필요할 때마다 연결하여 사용하고 사용량에 따라 대가를 지급하는 과금 모형으로 볼 수 있다.

3) 서버기반 컴퓨팅

서버기반 컴퓨팅은 서버에 애플리케이션과 데이터를 두고 필요할 때마다 접속하여 사용하는 방식이다. 따라서 모든 처리가 100% 서버에서 이루어지고, 클라이언트는 단순히 입출력만을 처리하는 역할을 담당한다.

4) 네트워크 컴퓨팅

네트워크 컴퓨팅은 서버에 애플리케이션을 저장하여 사용한다는 점에서는 서버기반 컴퓨팅과 유사하나, 애플리케이션을 서버로부터 로드하여 로컬에서 실행하기 때문에 자신의 컴퓨팅 자원을 상당부분 사용하게 된다는 점에서 차이가 난다.

표 2-4 클라우드 컴퓨팅과 다른 컴퓨팅 기반 서비스 비교

서비스 구분	유 사 점	차 이 점
그리드 컴퓨팅 (Grid Computing)	-분산 컴퓨팅 구조 사용 -가상화된 컴퓨팅 지원 제공	-그리드가 인터넷상의 모든 컴퓨팅자원을 사용하는 반면 클라우드는 사업자 소유의 클라우드 사용
유틸리티 컴퓨팅 (Utility Computing)	-과금 방식 동일	-기술적인 문제 연관성 부재
서버 기반 컴퓨팅 (Server Based Computing)	-데이터 및 응용을 아웃소싱 형태로 운용	-서버 기반 클라우드가 클라이언트에서 입출력만 처리하는 반면, 클라우드는 데이터 자체를 제공할 경우, 클라이언트자원 활용 가능
네트워크 컴퓨팅 (Network Computing)	-데이터 및 응용을 아웃소싱 형태로 운용	-네트워크 컴퓨팅은 사용자의 컴퓨팅자원을 사용하여, 클라우드 컴퓨팅은 서버가 컴퓨팅 능력 제공

자료: 민옥기 외, '훤히 보이는 클라우드 컴퓨팅', 전자신문사, 2009. 10.

2. 클라우드 컴퓨팅의 구성요소

1) 내용에 따른 분류

(1) IaaS(Infrastructure as a Service)

IaaS는 IT인프라 자원을 제공하는 서비스를 의미하며, 과거에는 컴퓨터 저장에 필요한 인프라를 구입하여 운용해 왔다. 이는 많은 비용을 지불하여 여유 있게 필요한 용량 이상을 구입하여 사용했으나 여유분의 용량을 사용하지 않아 비용대비 효율성이 떨어지게 되었다. 하지만 클라우드 컴퓨팅을 활용할 경우 필요한 만큼 제공받아 사용하게 됨으로써 비용절감이 가능하게 된다. IaaS의 모델의 경우 아마존의 EC2, S3, SimpleDB, IBM의 Blue Cloud 등이 있다.

(2) PaaS(Platform as a Service)

PaaS는 사용자가 필요한 소프트웨어를 개발할 수 있는 환경을 제공해 주는 서비스라고 할 수 있다. 즉, 소프트웨어 개발에 필요한 프로그램을 구입하지 않고 클라우드 서비스 사업자가 소프트웨어 개발에 필요한 요소들을 제공하게 된다.

소프트 웨어 개발을 위해 필요한 프로그래밍 언어와 개발 플랫폼의 제공을 통해 자기 기업에 필요한 새로운 애플리케이션을 개발하여 테스트까지 가능하다. PaaS 부분에서 모델은 구글의 앱엔진, 마이크로소프트의 Windows Azure, 세일즈포스닷컴의 Force.com, 번지랩스의 Connect, 페이스북 F8 등이 있다.

(3) SaaS(Software as a Service)

SaaS는 컴퓨팅 사업자가 인터넷을 통해 사용자에게 필요한 소프트웨어를 제공하고, 사용자는 네트워킹이 가능한 컴퓨터를 통해 접속하여 소프트웨어를 통해 데이터를 수정하고 저장이 가능하다는 것이다. 즉, 사용자가 자신의 데이터를 클라우드 컴퓨팅을 통해 저장하고, 필요시 불러와서 작업이 가능하다는 것이다. 예를 들어 자신의 컴퓨터에 오피스 프로그램이 없더라도 저장된 데이터를 가져와 Word, Excel, Power Point 등의 프로그램을 통해 언제든지 작업할 수 있는 환경을 제공한다.

SaaS의 모델은 Salesforce.com, 마이크로소프트의 Software+Services, 구글 앱스, Netsuite와 Workday 등이 있다.

(4) HaaS(Hardware as a Service)

HaaS는 특정 하드웨어가 필요시 클라우드 제공 업체로부터 하드웨어를 빌려서 사용이 가능하다. 특정한 하드웨어를 자체적으로 구입이 곤란할 경우 서비스를 받을 수 있다. 경우에 따라 PaaS와 HaaS를 동시에 서비스가 되기도 한다.

2) 서비스 대상에 따른 분류

(1) Public Cloud

퍼블릭 클라우드란 서비스 업체에 의해 운영되는 사용기업 외부에 위치된 서버에 다양한 기업에서 다수의 사용자가 동시에 접속하여 서비스를 이용할 수 있는 것을 말한다.

(2) Private Cloud

프라이빗 클라우드는 기존의 퍼블릭 클라우드가 가지고 있었던 가장 큰 우려사항인 데이터 보안 및 서비스 품질 보장을 해결할 수 있는 방안으로 제시되고 있다. 프라이빗 클라우드란 클라우드 사용 기업이 클라우드 컴퓨팅서버를 직접 소유하여 소프트웨어의 실행 장소와 실행 여부를 결정하는 체계를 말한다.

(3) 엔터프라이즈 클라우드 컴퓨팅

엔터프라이즈 클라우드 컴퓨팅이란 기존의 개인용 웹 메일, 웹 하드, 웹 호스팅 등의 개인용 클라우드 개념을 포함한 기업의 정보처리, 데이터 저장, 기업용 웹 관리, 애플리케이션 개발, 통합된 사무 자동화 환경, 협업을 위한 그룹웨어 기능 등을 포함한 기업용 클라우드 컴퓨팅 서비스를 의미하며, 기존의 정보시스템을 대체할 것으로 기대를 모으고 있다.

(4) 하이브리드 클라우드(Hybrid Cloud)

퍼블릭 클라우드와 프라이빗 클라우드를 혼용하여 사용하는 방식이다. 데이터 보안의 중요성을 강조하거나 컴퓨터 자원에 대한 컨트롤이 필요한 서비스나 시스템의 경우 프라이빗 클라우드를 사용할 수 있고, 그렇지 않으면 퍼블릭 클라우드를 사용한다.

그리고 국내의 경우 클라우드 컴퓨팅 서비스는 외국 업체에 비해 초기 단계로 새로운 시스템을 개발하기 보다는 기존 시스템과 연계된 형태의 서비스가 이루어지고 있다. 아울러 대표적인 국내 업체의 경우 삼성SDS의 USEFLEX와 Mobiledesk가 있으며, 클루넷, 행정안전부 정부통합전산센터 등이 있다.

표 2-5 클라우드 컴퓨팅 서비스별 분류

구 분	특 징	사 례
SaaS	-클라우드 컴퓨팅 저장과 불러와서 작업가능 -애플리케이션의 기능을 인터넷을 경유해 이용할 수 있는 서비스	Salesforce.com, 마이크로소프트의 Software+Services, 구글앱스, Netsuite와 Workday
PaaS	-사용자에게 SW 개발 기반 제공 -애플리케이션을 호스팅 하는 플랫폼 기능이 인터넷을 경유해 이용할 수 있는 서비스	구글의 앱엔진, 마이크로소프트의 Windows Azure, 세일즈포스닷컴의 Force.com, 번지랩스의 Connect, 페이스북 F8
IaaS	-IT 인프라 자원을 제공 -비용 절감 -서버나 저장장치 등의 인프라 설비를 인터넷을 경유해 이용할 수 있는 서비스	아마존의 EC2, S3, SimpleDB, IBM의 Blue Cloud
Public Cloud	-다수의 사용자 동시 접속	
Private Cloud	-데이터 보안 및 서비스 품질 보장 -클라우드 컴퓨팅서버를 직접 소유	
엔터프라이즈 클라우드	-그룹웨어 기능 포함 -기업용 클라우드 컴퓨팅 서비스	
Hybrid Cloud	-퍼블릭 클라우드와 프라이빗 클라우드를 혼용	

자료: 야코 도모노리, 김정환 역, 클라우드, 새로운 제안, 2011. p. 22. 일부수정

3. 클라우드 컴퓨팅의 보안 문제

클라우드 컴퓨팅의 보안에 대한 문제를 살펴보면 다음과 같다. 첫째, 직접 관리했던 보안영역이 클라우드로 이용하며 기업들은 보안 부분을 외부기업을 통해 관리를 받게 되는 상황이 되었다. 따라서 클라우드 컴퓨팅의 이해관계자들이 신뢰관계의 구축이 중요하게 된다.

둘째, 클라우드 컴퓨팅 활용을 위해서 보안에 대한 표준과 호환성이 체계적이고 구체적으로 확보되어야 한다.

셋째, 기업의 정보와 기밀의 보호에 대한 문제이다. 사용자의 입장에서 민감한 정보 분류, 정보구분 하는 능력이 부족함으로 효과적으로 관리가 곤란하다면 보안기능을 수행할 수 없게 된다.

넷째, 효과적 데이터 액세스 제어가 필요하다. 사용자와 기업은 접근에 있어서 투명성과 용이성을 요구하고 있으므로 클라우드하에서 지나친 보안기반의 정보 접근을 원치 않을 것이다.

다섯째, IT부서 내외 정보의 관리능력이 떨어지는 것을 방지하기 위해서 규정 준수가 요구된다.

여섯째, 정보의 수준에 관계없이 보안 서비스는 수준을 설정할 필요가 있다. 그러므로 정보의 중요도에 맞는 다양한 보안서비스 필요성이 요구되며 최소한 비용을 통한 보안수준이 필요하게 된다.

그리고 클라우드 장애 사고로 인하여 발생되었던 사례를 살펴보면 다음과 같다. 첫째, 구글의 경우 2009년 9월 서비스 장애로 Gmail이 2시간 서비스 장애가 반복 발생하였으며, 2011년 2월 50만명의 메일 이용자의 메일내용 및 주소록이 삭제되는 데이터 손실이 발생하였다.

둘째, 마이크로소프트사의 경우 2009년 10월 서비스 장애가 발생되어 스마트폰 서비스가 중단되었으며, 2010년 12월 서비스 환경설정 오류로 인하여 기업정보가 타인에게 공개되는 데이터 유출 사례가 발생하였다.

셋째, eBay사의 경우 2009년 8월 페이펄 지불결제시스템 에러로 2시간 서비스가 중단되는 서비스 장애가 발생하였다.

넷째, 아마존의 경우 2011년 4월 아마존 EC2 서비스를 이용하는 190여개 서비스가 11시간 장애가 발생하였으며, 2011년 8월 벼락으로 인한 정전사고로 아마존 EC2 서비스 장애가 발생하였으며, 유럽지역의 경우 수많은 기업이 최대 2일간 접속장애를 유발하였다.

제3절 클라우드 컴퓨팅의 시장규모 및 제공업체

1. 클라우드 컴퓨팅의 시장규모

2009년 전 세계 클라우드 컴퓨팅 시장규모는 796억 달러로 연평균 34.0%의 높은 성장률을 기록하며 2014년에는 3,434억 달러에 이를 것으로 전망된다.

가트너는 IT서비스 업체의 클라우드 컴퓨팅 도입 속도가 빠르게 진행되고 있으며, Merrylinch는 클라우드 컴퓨팅 시장이 30% 연평균 성장률을 기록하고 2011년

[그림 2-2] 클라우드 컴퓨팅 시장 현황 및 전망치(해외)

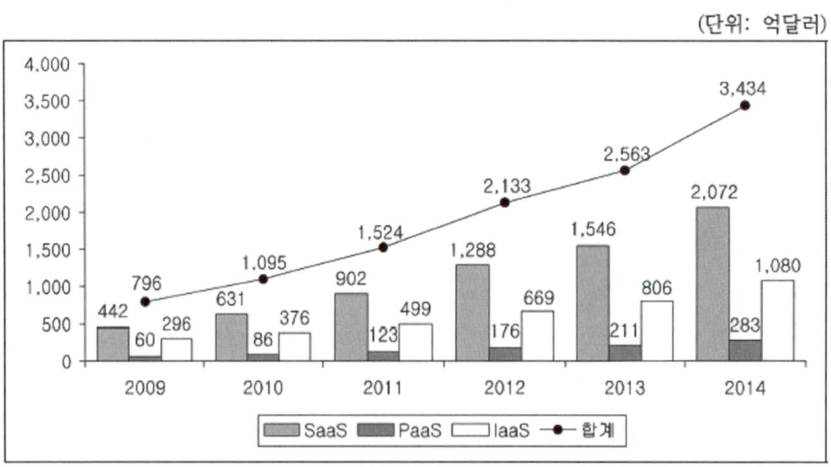

자료: 이상동, "Visions on Clouds 2010: 2010년도 클라우드 컴퓨팅 전망분석", 한국과학기술정보연구원, 2010.

전망치를 약 210조원으로 발표하였다.

아울러 IDC는 클라우드 컴퓨팅이 IT 지출 및 성장의 중요한 역할을 수행하고 클라우드 컴퓨팅 지출이 2015년 92조원으로 성장할 것으로 예측하였다.

[그림 2-3] 클라우드 컴퓨팅 시장 현황 및 전망치(국내)

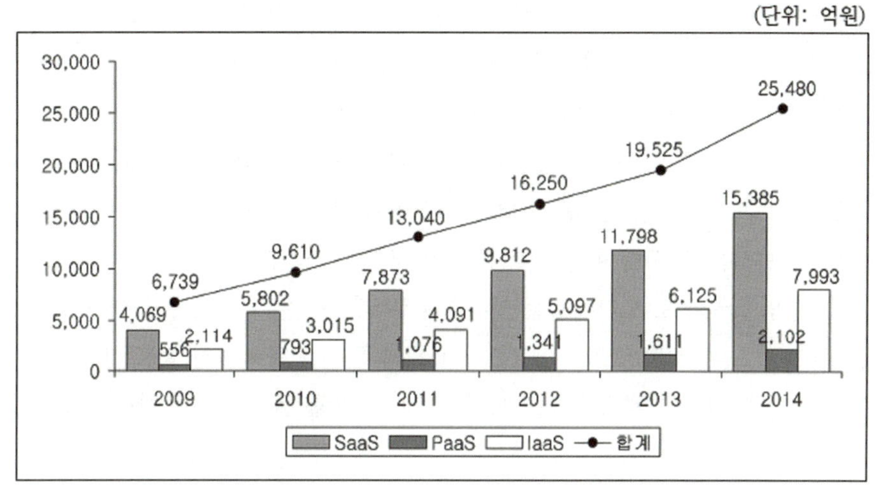

자료: 이상동, "Visions on Clouds 2010: 2010년도 클라우드 컴퓨팅 전망분석", 한국과학기술정보연구원, 2010.

국내 클라우드 컴퓨팅 시장규모는 2009년 6,739억 원을 토대로 2014년 2조 5,480억 원을 예측하며, 연평균 성장률이 30.5%로 예상하고 있다.

하지만 국내기업들의 클라우드 컴퓨팅 수준은 선진국에 비해 약 4-5년 정도 기술격차를 가지고 있으며, 아직까지 핵심기술은 미미한 상태이다. 해외 기업들의 경우 기술수준이 상용화 단계에 진입했지만, 국내기업들의 경우 시범단계 내지 상용화 준비 단계에 머물고 있다.

2. 클라우드 컴퓨팅의 제공업체

1) 해외 클라우드 컴퓨팅 제공업체

(1) 아마존

아마존은 새로운 클라우드 서비스 시장을 선점하기 위해 “클라우드 드라이브(Cloud Drive)”와 이에 연계된 클라우드 “플레이어”(Cloud Player) 서비스를 출시하였다. 개인 하드 드라이브의 하나인 아마존의 클라우드 드라이브는 이용자가 음악, 사진, 비디오, 서류 등을 개인의 컴퓨터틀 통해 아마존의 클라우드 드라이브로 업로드 시켜 저장한 후, 인터넷으로 연결 가능한 다양한 단말기를 통해 원하는 파일을 다운로드하여 이용할 수 있는 구조를 가지고 있다.

아마존의 클라우드 드라이브는 기본적으로 5GB의 온라인 저장 공간을 무료로 제공하고 있으며, MP3 스토어에 1,500만 개의 음원을 등록시켜 놓고 이용자들이 콘텐츠를 구입과 동시에 클라우드 드라이브에 저장해 주는 기능을 제공하고 있다.

(2) 구글(Google)

구글은 2009년 10월 클라우드 음악 서비스 업체인 심플리파이 인수를 하여 클라우드 컴퓨팅 기술로 음악관련 시장 진출의 계기를 마련했으며, 2010년 5월 음악 검색 서비스가 가능한 원박스를 출시하였다. 구글의 경우 저작권 협상의 어려움을 겪으면서 클라우드 기반 음악 스토리지 및 스트리밍 서비스의 하나인 뮤직베타를 공개하였다. 아울러 구글은 안드로이드 마켓을 통해 영화 대여 서비스를 제공할 예정이다.

그리고 구글에서는 “클라우드 프린트 (Google Cloud Print)”라는 웹 서비스를 시작했는데, 이는 설정을 통해 장소와 시간에 구애받지 않고 구글 웹 서비스를 이용해 프린트가 가능하다. 즉, 구글 클라우드 프린트 서비스에 컴퓨터의 프린터를 설정해 놓고 프린트가 필요할시 프린팅이 가능하다는 것이다.

[그림 2-4] 구글 클라우드 프린트

(3) 애플

아이클라우드는 애플의 최근의 클라우드 서비스 브랜드명이다. 이 서비스는 과거 2000년에 iTools, 2002년에 Mac, 2008년에 모바일 미라는 브랜드명으로 서비스 된 적이 있다. 애플 지원 페이지에 의하면, 모바일 서비스는 기존 유료고객의 연장된 만료 기한인 2012년 6월 30일 이후 중단될 예정이라고 밝혔다. 2011년 10월 12일, iOS 5의 공개와 함께 개발자 테스트를 끝내고 정식 서비스를 시작하였다.

아이클라우드는 기본적으로 5GB의 저장 공간을 제공하며, 응용프로그램, 책, 사진 스트림 등은 저장용량의 카운트에서 제외한다. 10GB, 20GB, 50GB 로 용량을 업그레이드 할 수 있으며, 각각 1년에 $20, $40, $100 을 지불하여야 한다.

애플의 클라우드 서비스는 iCloud로 애플이 제공할 클라우드 서비스의 핵심은 온라인 유료 저장 공간이 모바일미의 기능 강화, 아이튠즈를 통한 콘텐츠 스트리밍, 메모리를 없앤 미니 아이폰 등 세 가지로 구분할 수 있다.

그리고 애플의 경우 클라우드 "에어프린트" 기능을 통해 클라우드 프린트 서비스를 제공하고 있다. 이 서비스의 경우 에어프린트를 지원하는 HP사의 최신 복합기 제품을 이용해 문서를 인쇄하는 기능으로 무선 프린트 솔루션이라고 할 수 있다.

[그림 2-5] 애플과 HP사의 에어프린트

아이폰과 아이패드에서 이 기능을 이용하기 위해서 에어프린트 기능을 지원하는 HP사의 무선 네트워크 프린터가 필요하고, 무선 공유기가 설치되어 있다면 아이폰이나 아이패드의 에어프린트가 자동으로 감지하게 된다.

표 2-6 외국의 개인용 클라우드 업체 간 서비스 비교

구 분	Amazon	Google	Apple
서비스명	클라우드 드라이브 & 클라우드 플레이어	뮤직 베타	iCloud
출시일 지역	2011년 3월 미국	2011년 5월 미국	2011년 10월 미국
단말기	Mac, PC, 안드로이드 단말	PC나 안드로이드 단말	PC 및 iOS 단말
요금체계	-기본 5GB 저장 공간 무료 -연 20~1,000달러로 20GB~1,000GB 추가	무료(향후 유료화)	기본 5GB 제공, 용량에 따라 20달러~100달러
저작권	저작권 문제를 해결하지 않고 출시	저작권 문제를 해결하지 않고 출시	메이저 음반사 모두와 저작권 협상 타결 가능
기타	-콘텐츠(음원, 영화 등) 대상 -최대 8개의 단말기를 통해 액세스 가능	-음원 2개 업로드 가능 -안드로이드 마켓 영화 대여 서비스 출시	-모바일기기와 클라우드 버전의 iTunes 간 병합 -소형, 경량, 저가 단말 출시 가능

2) 국내 클라우드 컴퓨팅 제공업체

(1) Daum 클라우드

다음 클라우드의 경우 웹과 내 PC 그리고 스마트폰을 통해 문서나 사진을 저장하고 관리 가능한 형태를 갖추고 있다.

다음 클라우드의 특징은 여러 개의 파일 그리고 폴더를 신속하게 업로드 가능한 스마트 업로드를 이용할 수 있으며, 마우스로 파일을 끌어다 올릴 수 있는 기능도 제공하고 있다. 친구들과 사진을 공유하거나 협업시 클라우드 공유가 가능하고, 잘못 삭제하였거나 파일의 버전을 확인하고 이전으로 돌릴 수 있다. 또한 클라우드에서 업로드, 삭제, 편집 등 진행한 내역을 확인할 수 있다.

그리고 다음 클라우드는 저장용량을 50GB를 제공하고, 문서, 사진, 음악, 영상별 자동분류가 가능하고, 트위터, 페이스북, 요즘, 카페, 메일보내기 등의 소셜 계정과의 연동이 가능하다.

(2) N 드라이브

N 드라이브는 네이버에서 제공하는 클라우드 컴퓨팅 형태로 특징은 다음과 같다. 첫째, 뛰어난 파일 접근성으로 온라인이라면 어디에서든 파일을 업로드가 가능하고 필요한 순간에 편리하게 사용할 수 있게 되어 있다. 둘째, 편리한 N 드라이브 탐색기 기능이 있다. 내 컴퓨터에 있는 파일을 N:으로 드래그 앤 드롭하면 올리기, N:에 있는 파일을 내 컴퓨터로 드래고 앤 드롭하면 내려 받기를 통해 데이터 관리가 매우 편리하다. 셋째, 네이버 서비스와 연동이 가능하다. 이는 메일, 블로그, 카페 등 네이버 서비스와 연동하여 파일을 쉽게 활용할 수 있다.

그리고 N 드라이브의 경우 저장 공간을 30GB를 제공하고, 네이버 블로그, 카페, 메일보내기 등 소셜 계정 연동이 가능하다. 아울러 네이버 사용자간 파일 공유가 가능하다.

(3) 올레 u클라우드

KT 올레 U클라우드는 KT 가입자에 한해 무려 50GB의 저장 공간을 할당하며, 파일 전송 용량의 제한이 없다는 점이 특징이다. 또한 스마트폰 등은 물론 PC용 프로그램도 제공하여 두 대의 PC끼리도 데이터 동기화가 가능하다.

u클라우드의 특징은 다음과 같다. 첫째, 매직폴더로 데이터는 다수의 PC 및 클라우드 공간에 동일한 데이터로 보관되어 동기화된 어떤 PC에서 작업하더라도 동일한 데이터로 동기화되어 저장된다. 둘째, 클라우드 폴더로 사용자가 수동으로 클라우드 공간에 자료를 업로드 및 다운로드할 수 있는 폴더이다. 셋째, u클라우드 매니저로 매직폴더, 백업폴더 등의 기능을 사용하기 위해 PC에 설치되는 프로그램이다. 넷째, 모바일 포토로 사용자의 모바일 기기에 저장된 사진을 클라우드 공간으로 업로드가 가능한 폴더이다.

그리고 u클라우드 경우 저장 공간을 50GB를 제공하고, 문서, 사진, 음악, 영상별 자동분류가 가능하고, 트위터, 페이스북, 메일보내기 등 소셜 계정 연동이 가능하다.

(4) T 클라우드

T 클라우드는 개인의 콘텐츠(사진, 음악, 동영상, 문서 등)을 언제 어디서나 어느 장치에서든 쉽게 이용하도록 관리해 주고, 주소록, 메시지 등을 안전하게 보관해 주며, 타 서비스와 연동으로 콘텐츠 활용 확장성을 제공해 주는 서비스이다.

그리고 T 클라우드의 주요 기능은 다음과 같다. 첫째, 사진, 음악, 동영상 등 내 콘텐츠를 언제 어디서나 스트리밍 하여 바로 보고, 어느 디바이스에서든 이어보기가 가능하다. 둘째, 폰 주소록 기반의 T 클라우드 친구와 사진 및 문서 파일을 언제 어디서나 쉽고 빠르게 파일 공유 및 전송이 가능하다. 셋째, 싸이월드와 연동하여 싸이월드의 사진을 T 클라우드로 저장하고 T 클라우드의 사진을 싸이월드에 바로 포스팅이 가능하다. 넷째, 주소록, 다이어리 등 개인정보를 안전하게 보관하고 모든 디바이스에서 쉬운 동기화, 관리기능을 제공하고 있다.

T 클라우드는 저장 공간을 10GB를 제공하고 용량추가는 불가능하며, 파일당 2GB 업로드, 사용자간 파일 공유가 가능하다.

(5) LG 클라우드

LG전자는 스마트 기기 간 콘텐츠를 공유 가능한 “LG 클라우드”를 서비스가 시작되었는데, LG 클라우드는 동영상 · 음악 · 사진 같은 콘텐츠를 개인 서버에 저장해 두고 스마트TV · 스마트폰 · PC를 통해 다운로드하여 이용할 수 있는 서비스이다.

LG전자 클라우드는 콘텐츠 공유 서비스 범위가 모바일 기기에서 스마트TV까지 확대시켰고, 저장 공간에 충실성을 둔 공유서비스를 구성하게 되었다. LG 클라우드는 출시 초기 6개월간 50GB를 제공한 이후에는 5GB를 무료로 제공하고, LG전자 제품 사용치 않은 고객에게는 2GB를 제공한다.

그리고 사용법은 LG스마트월드 웹사이트, LG스마트폰 전용 앱스토어, 안드로이드마켓에서 "LG클라우드"앱을 내려받은 후 콘텐츠를 업로드하여 다양한 기기에서 공유하면 된다.

표 2-7 클라우드 제공업체간 서비스 비교

구 분	다음 클라우드	N 드라이브	u 클라우드	T 클라우드
저장 공간	50GB	30GB	50GB	10GB
용량추가	추가 못함	추가 못함	무제한(유료)	추가 못함
파일별 용량제한	4GB	2GB	무제한	2GB
파일 문서 자체 실행	지원	지원	지원	지원
라이브러리 파일관리	문서, 사진, 음악, 영상 별 자동분류	사진만 자동분류	문서, 사진, 음악, 영상 별 자동분류	문서, 사진, 음악, 영상 별 자동분류
소셜 계정 연동	트위터, 페이스북, 요즘, 다음블로그, 카페, 메일보내기	네이버 블로그, 카페, 메일보내기	트위터, 페이스북, 메일보내기	싸이월드 사진첩, 메일보내기
PC동기화 기능	다음 클라우드 폴더	N 드라이브 탐색기 폴더	매직폴더	미지원
동기화 폴더추가	추가 못함	최대 3개 폴더	추가 무제한	미지원
폴더 공유	다음 사용자간 파일공유	네이버 사용자간 파일공유	없음	T 클라우드 사용자간 파일공유

제4절 클라우드 컴퓨팅의 문제점과 활성화 방안

1. 클라우드 컴퓨팅의 문제점

클라우드 컴퓨팅이 컴퓨터 사용에 커다란 편의를 제공하고 있지만 업체들 간에 경쟁이 치열해 지고 있다. IBM의 경우 "PC시대의 종말"을 선언하고, PC가 담당했던 역할은 태블릿이나 소셜 관계가 맡을 것이라는 주장하고 있으며, 반면 마이크로소프트(MS)는 PC시대 종말 선언에 강하게 반발했다. "PC 플러스"시대가 시작됐다며 섣부른 "종말론"에 쐐기를 박았다. 이와 같은 논쟁의 이면에는 이제는 PC의 사용보다는 네트워킹이 가능한 기기가 있으면 언제든지 클라우드 컴퓨팅이 가능하다는 것이다.

그러나 클라우드 컴퓨팅이 활성화되기 위해서는 해결해야 할 문제점이 제기되고 있다.

첫째, 플랫폼에 대한 표준화 제정이 요구된다. 현재는 개별 사업자의 클라우드 간 데이터와 애플리케이션의 상호호환성이 없으므로 클라우드 간의 호환성과 자유로운 데이터의 공유를 위한 시스템 구축이 요구되고 있다.

그리고 이미 클라우드 업체에서 정해진 플랫폼으로 인해 이용자가 자신에게 맞는 환경을 선택할 수 없다는 것이다.

둘째, 시스템 안정성 확보를 들 수 있다. 거대한 클라우드 컴퓨팅 업체가 시스템 오류가 발생하여 서비스 중단이 될 경우 개인 사용자나 기업의 경우 중요한 데이터 처리가 불가능하게 되어 이로 인해 피해가 발생되어 손실을 초래할 수 있다는 것이다.

셋째, 정보에 대한 보안의 문제가 중요하다. 사용자는 자신의 데이터가 저장과 관리에 대해 제대로 파악하기 어렵다. 사용자 입장에서는 자신의 데이터나 정보에 대한 불안감과 경쟁기업에 기업정보유출 우려가 생길 수 있다. 클라우드 컴퓨팅을 반대하는 가장 큰 이유는 서비스 신뢰성 문제와 서비스 수행과정에서 중단을 통해 발생할 수 있는 피해 발생이 문제라고 할 수 있다.

넷째, 클라우드 컴퓨팅을 통해 얻을 수 있는 편익 즉, 비용절감의 산정이 곤란하다. 클라우드 컴퓨팅을 통해 얻을 수 있는 상대적인 편익을 정확하게 계산하기 어렵다는 점도 기업의 선택을 어렵게 하는 요소이다. 아울러 시스템구축과 운영을 통해 발생되는 비용대비 효과가 미미한 문제가 있다.

다섯째, 클라우드 컴퓨팅 업체 간에 상호이익을 위한 협의체 구성이다. 경쟁자의 제품 품질을 낮게 평가하고, 자사 제품을 좋게 평가 하여 클라우드 컴퓨팅 시장 자체에 대한 신뢰도를 낮추는 결과를 초래하고 있다. 따라서 업체 상호간 공동의 이익을 위해 협력할 수 있는 협의체 구성이 요구된다.

2. 클라우드 컴퓨팅의 활성화 방안

다양한 IT기기의 도입으로 이제는 기기간의 실시간 공유가 발생하고 저장장치의 경우 클라우드 이용할 경우 휴대할 필요성이 없는 시대가 도래 하였다. 하지만 업체에서 제공하고 있는 클라우드 서비스를 이용할 경우 시스템의 안정성, 보안성, 호환성 등에 대한 문제점이 제기되고 있다. 이와 같은 클라우드 컴퓨팅의 문제점을 해결할 수 있는 방안은 다음과 같이 고려해 볼 수 있다.

첫째, 클라우드 제공업체간 상호 호환성이 없으므로 이를 위해 사용자가 자유롭게 자신이 이용하고 있는 클라우드 업체 간에 표준화와 호환성이 가능한 시스템을 구축하는 것이 바람직하다.

둘째, 저장되어 있는 사용자의 데이터에 대한 보안성 확보를 위해 암호와, 방화벽 등의 기술 솔루션 보완을 통해 사용자의 불안감에 대한 해소가 필요하다. 그리고 항시 모니터링을 강화하고 사고가 발생을 미연에 방지하는 것도 중요하지만 사고 발생 시 대처 매뉴얼을 마련해 놓은 필요성이 있다.

셋째, 클라우드 컴퓨팅 시스템을 도입할 경우 비용 대비 효익을 정확하게 산출할 수 있는 체계적인 ROI(Return On Investment)를 통한 연구가 필요하다.

넷째, 클라우드 컴퓨팅 업체 간에 상호 이익을 위한 협의체 구성을 통해 서비스 운영에 대한 성공과 시범사례를 공유하여 클라우드 컴퓨팅 노하우 축적 및 활성화 방안을 모색할 필요가 있다.

핵심정리

- 클라우드 컴퓨팅(Cloud Computing)이란 모든 소프트웨어 및 데이터는 클라우드에 저장되고 네트워크 접속이 가능한 PC나 휴대폰, PDA 등의 다양한 단말기를 통해 장소에 구애받지 않고 원하는 작업을 수행할 수 있는 컴퓨팅 기술을 말한다.
- 클라우드의 특징은 인터넷이 연결되어 있으면 컴퓨터 기종에 상관없이 실시간으로 데이터와 정보, 프로그램을 사용 가능, 여러 사람이 동시에 작업이 가능하다는 것이다.
- 클라우드 컴퓨팅과 유사컴퓨팅은 그리드 컴퓨팅, 유틸리티 컴퓨팅, 서버기반 컴퓨팅, 네트워크 컴퓨팅 등이 있다.
- 클라우드 컴퓨팅의 종류는 IaaS (Infrastructure as a Service), PaaS (Platform as a Service), SaaS(Software as a Service), Public Cloud, Private Cloud, 엔터프라이즈 클라우드 컴퓨팅, Hybrid Cloud 등이 있다.
- 클라우드 컴퓨팅의 보안문제는 클라우드 컴퓨팅 이해관계자들의 신뢰관계 구축 중요성, 보안 표준과 호환성이 체계적이고 구체적 확보, 기업의 정보와 기밀의 보호문제, 효과적 데이터 액세스 제어 필요, 규정준수, 보안수준 설정 등이 필요하다.
- 2009년 전 세계 클라우드 컴퓨팅 시장규모는 796억 달러로 연평균 34.0%의 높은 성장률을 기록하며 2014년에는 3,434억 달러에 이를 것으로 전망된다.
- 클라우드 해외제공 업체로는 아마존, 구글, 애플 등이 있으며, 국내업체로는 Daum 클라우드, N 드라이브, 올레 u클라우드, T-클라우드, LG클라우드 등이 있다.
- 클라우드 컴퓨팅의 문제점은 플랫폼에 대한 표준화 제정, 시스템 안정성 확보, 정보에 대한 보안의 문제, 비용절감 산정 곤란, 업체 간의 상호 협의체 구성 문제 등이 있다.
- 클라우드 컴퓨팅의 활성화 방안은 업체 간에 표준화와 호환성 시스템 구축, 기술 솔루션 보완을 통해 사용자의 불안감 해소, 비용 대비 효익을 정확하게 산출 가능한 체계적인 ROI 연구 필요, 서비스 운영에 대한 성공과 시범사례 공유가 필요하다.

제3장 Electronic Commerce

제3장
Electronic Commerce

제1절 전자상거래의 개요

1. 전자상거래의 의의

전자상거래(Electronic Commerce: EC)라는 용어는 1989년 미국 로렌스 리버모어 연구소에서 미국의 군사프로젝트 수행과정이 시초이고, 1993년 미국 연방정부의 구매 조달프로그램을 통하여 공식 채택되면서 전자상거래라는 개념이 태동하게 되었다.

그리고 전자상거래라는 용어는 3가지 개념으로 사용되고 있는데, 첫째, 과거부터 인터넷과는 무관하게 추진되어온 EDI를 통한 기업 간 상거래 활동을 말하고, 둘째, 제품의 설계, 개발, 생산에 의거 물류, 폐기에 이르기까지 라이프사이클 전반에 관련된 데이터 복수 기업이 공유 교환함으로써 원가절감 및 리드타임 단축을 꾀하는 CALS(Commerce At Light Speed), 셋째, 인터넷에 홈페이지, 인터넷 쇼핑몰을 개설하여 소비자를 대상을 마케팅과 판매활동을 수행하는 사이버비즈니스(Cyber Business)이다.

일반적으로 전자상거래에 대한 정의는 먼저 넓은 의미로는 전자적인 매체를 활용하여 판매자와 구매자간에 거래되는 제반적인 업무전체를 통칭한다고 할 수 있다. 좁은 의미로는 소비자와 기업 간의 거래가 이루어지는 인터넷 쇼핑몰(Internet Shopping Mall)을 지칭한다고 할 수 있다.

그리고 전자상거래의 다양한 정의를 정리해 보면 〈표 3-1〉과 같이 정리해 볼 수 있다.

표 3-1 전자상거래의 정의

정의 기관	정의 내용
미국방부(1996)	종이로 된 문서를 사용하지 않고 EDI, E-mail, 전자게시판, 팩스, 전자자금이체 등과 같은 정보기술을 이용한 상거래
OECD(1997)	텍스트, 음성, 화상 등을 포함한 디지털 자료의 처리 및 전송에 기초한 조직과 개인을 포함하는 상업적 활동과 관련된 모든 형태의 거래
한국전산원(1997)	전자적 방식을 이용하여 전자공간상에서 이루어지는 상거래와 이에 필요한 제반 정보를 교환하는 방식
전자거래기본법(1997)	전자거래라 함은 재화나 용역의 거래에 있어서 그 전부 또는 일부가 전자문서에 처리되는 행위

자료: 안중호 · 박철우, 인터넷과 전자상거래, 홍문사, 2006.

2. 전자상거래의 특징

전자상거래는 전통적인 상거래와는 다르게 시간 공간적인 제약이 사라지게 되었다. 구체적인 특징은 첫째, 중간의 유통채널이 단축되었다. 판매자와 구매자를 인터넷으로 직접 연결하여 거래가 형성되므로 도매상, 소매상 등의 중간 유통채널이 필요 없게 되었다.

둘째, 시간과 공간의 제약이 사라지게 되었다. 24시간 지구촌 어디서나 상품 전시와 판매가 가능하다.

셋째, 판매거점이 불필요하다. 상품 전시, 영업, 고객 응대 등을 위한 판매 공간이 필요했던 과거와 달리 가상공간인 인터넷상에서 매매가 이루어지 때문에 판매거점이 불필요하게 되었다.

넷째, 고객정보 획득이 용이하다. 디지털을 통해 이루어지기 때문에 마케팅 및 거래과정에서 확보된 고객정보는 별도의 가공 없이 바로 자사의 DB에 저장이 가능하다.

다섯째, 보다 효율적인 마케팅이 가능하다. 축적된 DB를 통해 상품에 대한 정보를 고객에게 맞춤형 1:1 마케팅이 가능하여 효율적이다.

여섯째, 고객의 요구에 동적이며 즉각적인 대응이 가능하다. 네트워크상에서는 실시간 서비스가 가능하기 때문에 고객의 불만사항 및 문의사항에 대해 즉각적인 대응이 가능하고 고객의 요구 변화를 신속히 포착하여 즉각적인 대응을 할 수 있다.

일곱째, 소액 자본으로 창업이 가능하다. 토지 및 건물 임대나 구입비용, 다수의 종업원도 불필요하므로 적은 창업자금으로 사업이 가능하다.

여덟째, 전자상거래는 네트워크를 이용한 거래를 하기 때문에 특히 거래과정에 발생되는 고객의 정보 및 카드정보에 대한 암호화 기술의 중요성이 대두된다.

표 3-2 전자상거래와 전통적인 상거래의 비교

항 목	전자상거래	전통적인 상거래 방식
유통 채널	기업→소비자	기업→도매상→소매상→소비자
거래대상지역	전 세계가 판매대상	일부적인 판매 국한
거래 시간	24시간 영업	제약된 영업시간
판매거점방법	물리적 판매거점 불필요	물리적 판매 공간 필요
고객정보획득	온라인으로 수시 획득 재입력이 필요 없는 데이터	영업사원이 획득 정보 재입력 필요
마케팅활동	쌍방향 통신을 통한 1:1 인터액티브 마케팅	구매자의 의사에 상관없는 일방적인 마케팅
고객 대응	고객 불만에 즉시 대응 고객 니즈를 신속히 포착	고객 불만에 대응 지연 고객 니즈 포착이 느림
소요자본	인터넷서버 구입, 홈페이지 구축 등에 상대적 적은 비용소요	창업에 따른 거액 자금 필요
제조업자	가상점포, 인터넷을 통한 마케팅 커뮤니케이션	직접 판매, 대리점, 광고
소 비 자	사용자 집단, 물물교환 & 네트워크 참여자	수동적 참가자

자료: 삼성경제연구소, 인터넷라운드와 기업의 대응, CEO Information, 102호, 1997. 8.

3. 전자상거래의 발전과정

전자상거래는 1970년대 EDI, EFT(전자자금이체)와 같은 기술이 시초라고 할 수 있다. 1980년대 EC 관련 신기술이 확산되기 시작하였고 1990년대에 PC 보급의 확산과 인터넷이라는 인프라가 확산되었다. 2000년대 접어들어 초고속 인터넷의 보급 확산과 스마트폰의 보급으로 커머스의 변화가 시작되었다.

표 3-3 전자상거래의 발전과정

연 대	내 용
1970년대	- 은행 간 전자자금이체의 출현 - 송금정보를 전자적으로 제공하는 전자지불 가능성 제시 - 전자자금이체수단(신용카드)출현
1970년 후반~ 1980년대 초반	- EDI, E-mail 등 전자메시징 기술 출현 및 확산 - 종이에 의한 작업감소, 자동화 확산
1980년대 중반	- EC 관련 신기술(Online 서비스)의 확산 - 대화형 통신기술의 등장 - 가상사회의 창출, 글로벌 빌리지 개념의 태동 - 인터넷 사용에 의한 세계시장에서의 경제교류 가능성 제시
1980년대 후반~ 1990년대 초반	- 전자메시징 기술의 워크플로우 또는 그룹웨어 기술과 통합
1990년대	- WWW의 출현으로 인터넷의 쉬운 사용법 제공 - EC활용의 보다 체계적인 수단과 다양한 기업응용 제공 - 범세계시장에서 동등한 경쟁력 제공
2000년대	- 초고속 통신망 확대로 EC 시장의 급속한 성장 - M-Commerce, U-Commerce, T-Commerce 등의 다양한 전자상거래 등장 - 스마트폰의 보급 확대로 모바일 커머스 확대

자료: 한국전자거래진흥원, 전자상거래관리사 교재, 2002.

4. 전자상거래의 장 · 단점

1) 전자상거래의 장점

전자상거래는 전통적인 상거래에 비해 판매자와 구매자간의 동시만족이 가능하므로 구매자와 판매자의 측면에서 장점을 살펴보면 다음과 같다.

(1) 구매자 측면

첫째, 저렴한 가격으로 구매가 가능하다. 오프라인 매장의 경우는 유통단계가 길어져 중간상의 마진확보가 이루어지므로 판매가격이 상승할 수밖에 없다. 이에 비해 전자상거래는 유통단계가 판매자와 구매자간의 단축으로 가격상승 요인이 배제되어 저가의 제품을 소비자가 구매가능하게 된다.

둘째, One-Stop 쇼핑이 가능하다. 즉, 소비자가 인터넷 쇼핑몰에 접속하여 자신이 필요로 하는 상품에 대한 정보를 바탕으로 구매하고자 하는 제품을 일괄적으로 구매가 가능하다는 것이다.

셋째, 비교구매가 가능하다는 것이다. 자신이 구매하고자 하는 상품에 대한 정보를 인터넷 쇼핑몰업체별로 가격 및 품질 등의 비교를 통해 합리적이 상품구매를 함으로써 충동구매를 줄일 수 있다.

넷째, 상품구매에 시간적 공간적 제약을 극복할 수 있다. 오프라인 매장의 경우 영업시간이 제한되어 있어 직장인의 경우 상품쇼핑 시간이 제약을 받게 되고 아울러 쇼핑매장에 가려면 시간과 비용이 많이 소비될 수밖에 없다. 하지만 인터넷 쇼핑몰을 이용할 경우 퇴근 후에도 얼마든지 여유 있게 쇼핑이 가능하다는 이점이 있다.

다섯째, 장바구니 기능을 활용할 수 있다. 인터넷 쇼핑몰에도 오프라인 매장에 있는 카터기와 같은 장바구니 기능을 활용하여 자기가 구매하고자 하는 상품을 장바구니에 담아서 일괄적으로 결제할 수 있는 편리한 기능을 활용할 수 있다.

(2) 판매자 측면

첫째, 오프라인 매장처럼 상품전시 공간 확보에 많은 비용이 발생하지 않는다. 오프라인 매장의 경우 점포임대비, 인테리어비용 등이 발생하지만 온라인 공간을 활용하여 상품전시를 하게 되므로 적은 비용으로 가능하다는 것이다.

둘째, 광고비용이 저렴하다는 것이다. 일반적으로 광고매체(TV, 신문, 잡지 등)를 활용하여 광고할 경우 매체에 따라 또는 광고시간대에 따라 매우 비싼 광고료를 지불해야 하지만 인터넷 광고를 활용하게 되면 24시간 365일 저렴한 비용으로 광고가 가능하다는 것이다.

셋째, 오프라인 매장에 비해 상황의 변화에 덜 민감하다는 것이다. 즉, 교통체증, 폭우, 폭설 등의 변화가 발생하더라도 매출에 덜 영향을 미친다는 것이다. 오히려 이런 날씨 변화에 매출이 상승하는 효과 즉 날씨마케팅의 효과를 볼 수도 있다는 의미이다.

넷째, 고객 분석을 통한 마케팅 활동이 가능하다. 이는 회원으로 가입한 고객의 구매성향 즉, 구매제품, 구매가격대, 구매수량 등의 고객구매 패턴을 분석하여 여기에 적합한 맞춤형 고객마케팅 전략을 수립하고 실행할 수 있다 것을 의미한다.

2) 전자상거래의 단점

전자상거래는 여러 가지 장점도 있지만 부수적으로 발생되는 단점이 산재하고 있다. 첫째, 판매자와 구매자간의 신뢰성 확보문제이다. 전자상거래는 비대면 판매방식을 통해 이루어지니까 서로간의 신뢰가 문제가 될 수 있다. 대형 인터넷쇼핑몰의 경우 크게 문제가 되지 않지만 중소형 쇼핑몰의 경우 결제 후 제품이 도착되지 않거나 구매시와 다른 제품이 발송되거나 심지어 이물질을 넣어 발송하는 경우도 생기게 된다.

둘째, 거래되는 상품에 대한 표준화 제정이 필요하다. 유사 상품이 많이 있으며, 이를 위한 상품규격과 고객요구를 표현하는데 쇼핑지원 기준이 필요하다.

셋째, 대금 결제시 기술적인 문제가 발생할 수 있다. 일반적으로 대금 결제시 온라인 송금, 계좌이체, 카드결제 등으로 대금결제가 이루어지는데 특히 카드결제시 고객의 카드정보가 전송되는 과정에 가로채어 사용되지 않도록 철저한 결제보안이 되도록 기술적인 인프라 구축이 필요하다.

넷째, 고객정보 유출의 문제이다. 인터넷쇼핑몰을 통해 상품 구입 시 마일리지, 포인트 등의 혜택을 제시하며 회원으로 가입을 유도하는데, 이를 통해 축적된 개인의 신상정보가 인터넷상에 유포되거나 심지어 고객정보를 타 업체에 판매하는 문제가 발생될 수 있으므로 이를 방지하기 위해서는 철저한 보안시스템의 구축과 담당자의 윤리적인 마인드를 주지시켜야 한다.

다섯째, 철저한 물류배송체계의 확보가 관건이다. 과거에 비해 물류배송이 시간적으로 단축되었으나, 구매자에게 배송되기 이전에 전화 통화 후 배송이 이루어져할 필요가 있다. 심지어 어떤 경우에는 구매자에게 통보도 없이 일방적으로 배송이 편리한 곳에 배송한 후 구매자는 도착여부도 모르는 경우가 발생되는 사례도 있다.

여섯째, 구매자 주문정보 표기문제가 발생되고 있다. 발송되는 박스의 표면에 부착된 구매자 성명, 주소, 전화번호 등이 노출되어 범죄에 이용되는 사례가 발생되므로 택배업체들이 고객정보가 유출되지 않도록 대안이 제시될 필요가 있다.

그리고 전자상거래의 장단점을 정리하면 아래의 표와 같다.

표 3-4 전자상거래의 장 · 단점

장 점	단 점
-사용 편리성과 시간과 공간 제약 없음 -원하는 상품 구매용이 -판매시장 글로벌화 -저비용으로 지속적 광고 -세금절약 효과 -결제시스템 사용 편리 -유통단계 축소 및 유통비용 절감 -생산성 향상 및 기업경영의 실현	-세금회피 우려 -사기 및 허위로 인한 소비자 피해발생 -개인정보 유출 및 선의의 피해 우려 -품질확신 곤란 -전자자금결제 수단 확충 미비 -독점력 행사 우려

제2절 전자상거래의 유형

전자상거래를 유형별로 구분하면 기업 간 거래, 기업과 소비자간 거래, 기업과 정부 간 거래, 개인과 정부 간 거래, 개인과 기업 간 거래, 개인과 개인 간 거래 등으로 구분 지을 수 있다.

1. BtoB(Business to Business)

기업 간의 전자상거래는 주로 EDI를 통해 기업 간의 거래를 의미하며 거래 규모가 다른 유형에 비해 크다. 주요 업무는 EDI를 활용한 기업 간의 문서처리와 기업과 금융기관 또는 금융기관간의 전자적인 자금이체, 인터넷을 활용한 무역서비스 등을 의미한다. 기업 간 거래의 경우 가치 창출이 이루어지는 활동으로서 원재료나 부품이 조달활동이 주축을 이룬다.

그리고 기업 간 전자상거래의 유형은 카탈로그형, 경매형, 역경매형, 익스체인지형 등 4가지로 분류가 가능하다.

1) 카탈로그형

판매자가 상품의 가격, 특징 등 상세정보를 사이트에 게시하면 가격이 사전에 협상되어 있어 바로 구매가 발생하는 형태이다.

2) 경매형

경매의 특성이 반영되어 최적의 매칭을 통해 거래가 형성되는 것으로 기업이 제품을 공시하면 구매자들이 가격 입찰을 하게 되고 최적 가격을 제시하고 있는 구매자에 판매되는 방식이다.

3) 역경매형

경매형의 반대 개념으로 구매자가 자신이 원하는 사양과 거래조건을 제시하면 다수의 판매자가 제시한 가격 중에 최적 가격과 거래조건이 맞는 업체와의 거래가 발생되는 것이다.

4) 익스체인지형

이 형태는 일반적인 주식시장과 동일한 거래방식을 통해 이루어지는 것이다.

2. BtoC(Business to Consumer)

기업과 소비자 간의 거래는 웹의 출현으로 인터넷 사용 인구가 증대되고 아울러 인터넷쇼핑몰에 대한 소비자들의 관심 증대로 소비층이 두터워지고 있다. 특히 현대인들의 바쁜 일상으로 백화점이나 할인점을 방문하지 않고 자신의 책상위에 있는 컴퓨터를 통해 마우스를 클릭함으로써 구매와 결제가 이루어지므로 거래 빈번도가 증대되고 있는 이제는 다양한 형태의 상품들이 판매되고 있다.

3. BtoG(Business to Government)

기업과 정부 간의 거래 형태로 행정기관에서 필요한 물자들을 구매 시 오프라인 형태로 입찰을 통해 이루어졌으나 최근에는 정부에서 필요한 조달물자를 전산망을 통해 입찰을 실시하고 구매가 이루어지고 있다. 즉, 정부가 필요한 조달물품을 인터넷으로 공시하고 이에 대해 기업들이 전자적으로 입찰하는 형식이다. 또한 세금부과나 징수 세금에 대한 환급과 각종 민원관련 업무를 전자적으로 처리하는 형태를 의미한다.

4. CtoG(Consumer to Government)

개인과 행정기관과의 전자상거래는 전자정부를 통해 개인이 필요로 하는 민원서류를 웹을 통해 발급받고 국세청 홈페이지를 통해 세금 관련 서류를 전자적으로 작성하고 자진신고가 가능하다. 이 형태는 앞으로 더욱 활성화가 예상되고 보편화로 가고 있는 추세이다.

5. CtoB(Consumer to Business)

개인과 기업 간의 전자상거래는 소비자 개인이 필요로 하는 제품사양과 가격을 제시하면 이에 적합한 제품을 제공할 수 있는 제품의 공급업자나 제조업체가 합의점을 찾게 되면 거래가 형성되는 형태이다.

6. CtoC(Consumer to Consumer)

개인과 개인 간의 전자상거래는 주로 개인이 소유하고 있는 사용하던 제품이나 신제품을 인터넷상에 개인 간에 매매가 되거나 교환이 이루어지는 형태를 주로 지칭한다. 이는 오프라인 대표적인 형태는 벼룩시장(신문)을 통해 개인의 상품정보를 올려놓고 교환 또는 매매가 이루어지는 형태라고 볼 수 있고 인터넷상에서는 주로 인터넷 경매 사이트를 활용한 교환 및 매매행위를 예로 들 수 있다. 이는 인터넷에 실시간으로 정보가 공유됨으로써 일반적인 가격형성을 벗어난 거래를 지향하고 있다.

7. PtoP(Peer to Peer)

PtoP는 데이터나 서비스를 서버 등의 중개기기를 거치지 않고, 직접 컴퓨터끼리 교환하는 기술을 뜻한다.

PtoP는, 인터넷에서 검색엔진을 거쳐 정보를 찾아야 하는 기존 방식과 달리, 인터넷에 연결된 모든 개인 컴퓨터로부터 정보 검색은 물론 다운로드까지 받을 수 있는 서비스이다. 이 서비스는 같은 랜(LAN)에서, PC끼리 파일을 공유하는 기법을 전체 인터넷으로 확대시킨 것으로 볼 수 있다.

제3절 전자상거래의 동향 및 전망

1. B2C 전자상거래의 시장동향

1990년대 중반부터 인터넷이 본격적으로 활용되기 시작함에 따라 일반 소비자를 대상으로 상거래 서비스를 제공하는 B2C 전자상거래는 빠른 속도로 성장하며 전자상거래 시장의 초기 단계를 주도하였다. 특히 B2C 전자상거래는 B2B 전자상거래보다 프로세스가 간단하고, 간편하게 적용할 수 있어 급속도로 확산되었다.

하지만 1990년대 후반부터 전자상거래의 빠른 확산으로 형성된 많은 닷컴 기업들이 수익기반을 확보하지 못하고 경영환경이 악화됨에 따라 닷컴 기업의 위기론이 대두되기 시작하였다. 1999년에는 Buy.com, Egghead.com 등의 닷컴 기업들이 100억 달러 이상의 순손실을 기록하였으며, B2C 전자상거래는 시장조정 단계에 돌입하였다.

현재 시장조정 단계를 거친 B2C 전자상거래는 시장안정화 단계에 있다. 경쟁도 완화되었으며, 비즈니스 모델을 확보한 기업들이 B2C 전자상거래 시장의 주류를 이루고 있다. Amazon.com 등 경영난을 겪은 대규모 B2C 전자상거래 기업들은 2001년부터 수익성을 확보하기 시작하였다. 특히 B2C 전자상거래 기업들은 개인화(personalization) 기능으로 고객 만족도를 향상하고 있으며, SCM 시스템의 통합으로 관련 프로세스의 효율성을 향상시키고 있다. 또한 기존의 오프라인 벤더들의 온라인 시장에의 참여가 두드러지게 나타나고 있다.

1) 국내 전자상거래 동향

국내의 경우 통계청 발표에 따르면 "전자상거래 및 사이버쇼핑 동향"에 따르면 2013년 전자상거래 총 거래액은 1,204조 900억 원으로 전년대비 1,146조 8,060억 원, 5.06% 성장했다. 특히 전체 거래액의 91.3%를 차지해 거래비중이 가장 높았던 기업 간 전자상거래(B2B)는 전년대비 4.2%의 증가세를 나타냈다.

기업, 정부 간 전자상거래(B2G)규모도 70조 6,490억 원으로 무려 13%가 증가했다.

그리고 거래주체별 전자상거래 규모의 변화추이를 살펴보면 〈표 3-5〉와 같다.

표 3-5 거래주체별 전자상거래 규모

(단위: 10억 원)

거래주체별	2008	2009	2010	2011	2012	2013
B2B	560,255	592,965	747,090	912,883	1,051,162	1,095,696
B2G	52,266	59,455	52,772	58,378	62,478	70,649
B2C	11,359	12,045	16,005	18,533	21,160	24,331
기타	6,207	8,012	8,524	9,788	12,006	13,414
합계	630,087	672,478	824,392	999,582	1,146,806	1,204,090

자료: 국가통계포털 국내통계: 〈도소매 · 서비스〉 전자상거래동향조사.

2) 기업 · 정부 간 전자상거래(B2G)

기업 · 정부 간 전자상거래(B2G)를 보면 조달품 및 공사거래 내역을 보면 전년대비 건설공사 계약이 8%, 재화 및 서비스 구매액 16.6% 모두 증가하였다.

표 3-6 기업 · 정부 간 전자상거래

(단위: 10억 원)

구 분	2012		2013		증 감 률
	거래액	구성비	거래액	구성비	전년대비
재화 및 서비스 구매	36,726	58.8%	42,837	60.6%	16.6%
건설공사 계약	25,752	41.2%	27,812	39.4%	8.0%
총 거래액	62,478	100%	70,649	100%	13.1%

자료: 통계청, 전자상거래 및 사이버쇼핑 동향, 수정.

3) 사이버쇼핑(B2C) 동향

2012년 사이버쇼핑 거래액은 24조 3,310억 원으로 전년 대비 15% 증가하였고 소비자간 거래액(C2C)은 9.7% 증가하였다.

표 3-7 사이버쇼핑 거래액 동향

(단위: 10억 원)

구 분	2012		2013		증 감 률
	거래액	구성비	거래액	구성비	전년대비
B2C	21,160	62.1%	24,331	63.2%	15.0%
C2C	12,908	37.9%	14,163	36.8%	9.7%
총 거래액	34,068	100.0%	38,494	100.0%	13.0%

자료: 통계청, 전자상거래 및 사이버쇼핑 동향, 수정.

4) 상품군별 거래액 및 구성비

2013년 상품군별 거래액 구성비는 전년대비 스포츠・레저용품(27.9%), 아동・유아용품(21.6%), 농수산물(18.2%), 생활・자동차용품(16.4%) 등이 증가하였으나 서적은 -0.6%가 감소하였다.

표 3-8 상품군별 거래액 구성비

구 분	2012	2013	증 감 률
	구성비(%)	구성비(%)	전년대비(%)
여행 및 예약서비스	16.4	16.7	15.6
의류・패션 및 관련상품	16.3	16.3	12.7
생활・자동차용품	10.7	11.1	16.4
가전・전자・통신기기	11.0	10.6	8.7
음・식료품	8.5	8.4	12.2
컴퓨터 및 주변기기	9.0	8.0	0.4
화장품	5.7	5.4	7.5
아동・유아용품	4.9	5.2	21.6
스포츠・레저용품	3.9	4.4	27.9
서적	3.7	3.1	-6.0
농수산물	2.8	2.9	18.2
사무・문구	1.2	1.2	13.4
음반・비디오・악기	0.4	0.4	7.4
소프트웨어	0.2	0.2	1.0
꽃	0.1	0.1	2.0
종서비스 및 기타	5.1	5.8	29.8
합 계	100.0	100.0	13.0

자료: 통계청, 전자상거래 및 사이버쇼핑 동향, 수정

5) 취급상품범위 및 운영형태별 거래액

2013년 연간 취급상품범위별 사이버쇼핑 거래액은 전년에 비해 종합몰은 15.3%, 전문몰의 경우 5.9%가 증가 하였다

2013년 연간 운영형태별 사이버쇼핑 거래액은 전년에 비해 online업체는 11.3%, on/offline병행업체는 16.2%가 증가하였다.

표 3-9 취급상품 및 운영형태별 거래액 동향

(단위: 10억 원)

구 분	2012		2013		증 감 률
	거래액	구성비(%)	거래액	구성비(%)	전년대비
종합몰	25,858	75.9	29,804	77.4	15.3
전문몰	8.210	24.1	8,691	22.6	5.9
online	22,131	65.0	24,624	64.0	11.3
on/offline병행	11,938	35.0	13,870	36.0	16.2
총 거래액	34,068	100.0	38,494	100.0	13.0

자료: 통계청, 전자상거래 및 사이버쇼핑 동향, 수정

6) 배송수단별 구성비

2013년 연간 배송수단별 거래액 구성비는 택배 89.5%, 자체배송 5.2%, 오프라인 제휴 1.7%로 배송의 대부분을 택배업체가 차지하고 있는 실정이다.

표 3-10 배송수단별 구성비

구 분	2012	2013	증 감 률
	구성비(%)	구성비(%)	전년대비
자체배송	5.2	5.2	0.0
택 배	89.3	89.5	0.2
우 편	1.2	0.5	-0.7
offline제휴	1.7	1.7	0.0
기 타	2.6	3.0	0.4
합 계	100%	100%	

자료: 통계청, 전자상거래 및 사이버쇼핑 동향, 수정

2. B2B 전자상거래의 시장동향

B2B 전자상거래는 기업 간 거래가 주류를 이루기 때문에 통합 프로세스가 복잡하고, 초기단계에서 활용이 난해하기 때문에 B2C 전자상거래보다 늦게 시장을 형성한 반면, 1990년대 후반부터 기업들이 Marketplace, 전자조달 시스템 등 B2B 전자상거래 시스템을 본격적으로 도입함에 따라 전자상거래 시장을 주도하기 시작하였다. B2B 전자상거래는 2001년 전체 전자상거래 시장의 80% 이상을 차지하였으며, 2006년에는 전체 시장의 87%를 차지할 것으로 보인다.

B2B전자상거래의 진화과정을 살펴보면 초기 단계에서 B2B 전자상거래는 EDI(Electronic Data Interchange)의 형태로 구성되었다. 상당한 투자를 요구하는 EDI는 거래에 소요되는 시간과 비용 그리고 오류를 최소화 한다는 장점이 있다. 하지만 EDI는 동태적인 시장 환경 변화에 유연하게 대응하지 못하며, 유지비용이 높다는 단점이 있다.

B2B 전자상거래의 다음 단계는 특정 중개인 없이 구매자와 판매자간에 전자상거래가 이루어지는 것으로, 전자상거래의 채택자들은 인터넷 사이트를 판매채널로 이용하였다. 인터넷을 이용한 상거래는 고객이 인터넷 사용에 무리가 없기 때문에 빠르게 성장할 수 있었으며, 이 단계에서 주류를 이루었던 제품 카탈로그 콘텐츠 등은 현재까지도 활용되고 있다.

세 번째 단계에서 B2B 전자상거래는 상거래 공동체(Communities of Commerce), 즉 Vortex를 형성하기 시작하였다. Vortex는 거래 참여 기업들을 하나의 공동체로 집합시키는 제3자의 인터넷 사이트로, Marketplace시스템이 대표적인 예이다. Vortex에 참여하는 기업들은 B2B 전자상거래 시스템을 지속적으로 이용하면서 구매자와 판매자의 제품, 가격, 그리고 수요 정보에 대한 투명성을 창출하게 된다.

현재 B2B 전자상거래는 Vortex의 기능을 강화하는 동시에 참여 기업들이 단순한 제품 및 서비스의 거래뿐만 아니라 비즈니스의 통합 형태인 C-Commerce (Collaborative Commerce) 로 발전하고 있다. C-Commerce는 주문에서 배달까지 관련 기업의 전 비즈니스 프로세스를 SCM 등의 시스템을 기반으로 통합하여 지원하는 시스템이다.

국내의 기업 간 전자상거래(B2B)에 대한 동향은 2013년 4/4분기 기업 간 전자상거래(B2B)중에서 거래액을 보면 구매자중심형 거래액은 142조 9,570억 원으로 전년 동 분기에 비해 5.0% 증가하였으며, 판매자중심형 거래액은 124조 5,040억 원, 중개자중심형 거래액은 11조 8,470억 원으로 각각 증가했다. 산업별로 보면 전년 동 분기에 비해 운수업이 73.6%, 출판・영상 산업외 24.3% 등은 증가하였고, 건설업은 -3.9% 감소하였다.

표 3-11 기업 간(B2B) 부문별 전자상거래 내역

(단위: 10억 원)

구 분		2012년 4/4분기		2013년 4/4분기		증 감 률
		거래액	구성비	거래액	구성비	전년동분기
거 래 주도별	구매자 중심형	136,170	50.7%	142,957	51.2%	5.0%
	판매자 중심형	120,741	44.9%	124,504	44.6%	3.1%
	중개자 중심형	11,849	4.4%	11,847	4.2%	0.0%
산업별	제조업	193,946	72.2%	197,329	70.6%	1.7%
	전기・가스・수도업	1,983	0.7%	2,364	0.8%	19.2%
	건설업	21,627	8.0%	20,787	7.4%	-3.9%
	도・소매업	39,352	14.6%	41,796	15.0%	6.2%
	운수업	3,748	1.4%	6,505	2.3%	73.6%
	출판・영상 산업외	5,257	2.0%	6,534	2.3%	24.3%
	기타	2,847	1.1%	3,993	1.4%	40.2%
총 거래액		268,761	100.0%	279,308	100.0%	3.9%

자료: 통계청, 전자상거래 및 사이버쇼핑 동향, 2013년 4/4분기, 수정.

3. 전자상거래 거래의 시장현황 및 전망

IDC는 2002년 발표한 자료에서 전자상거래 거래 시장은 2001년 6,077억 달러의 매출을 기록하였으며, 2006년까지 60.6%의 매출을 기록할 것으로 전망했다.

거래유형에 따른 전자상거래 거래 시장을 살펴보면, B2B 전자상거래가 시장을 주도하고 있다. B2B 전자상거래는 2001년 4,958억 달러의 매출을 기록하여 전체시장의 81.6%를 차지하였으며, 지속적으로 시장에서의 비중을 높일 것으로 보인다. 2006년 B2B 전자상거래는 87.6%의 시장점유율 기록할 것으로 예측되는 반면, B2C 전자상거래는 12.4%의 시장점유율을 기록할 것으로 전망된다. 특히 B2B 전자상거래는 기술과 시장이 발전되어 있는 북미지역에서 빠른 성장을 나타낼 것으로 보인다. B2B 전자상거래는 아직까지 시장초기 단계에 머무르고 있는 남미 지역 등에서 강세를 나타낼 것으로 예측된다.

지역별 시장을 살펴보면 2001년 2,591억 달러의 매출을 기록한 북미지역이 43%의 시장점유율로 시장을 선도하고 있으며, 2006년까지 57.2%의 CAGR (Compound Annual Growth Rate: 연평균성장률)을 나타내어 2006년 2조 4,875억 달러의 매출을 기록할 것으로 보인다. 서유럽, 아시아/태평양 지역은 각각 세계 시장의 24% 정도를 차지하고 있다. 성장률 측면에서는 서유럽 지역이 가장 높은 성장률을 나타낼 것으로 보인다. 서유럽 지역은 2006년까지 67.8%의 CAGR을 나타내어 2006년에는 전체시장의 32%를 확보할 것으로 예측된다.

제4절 전자상거래의 문제점과 개선방안

1. 전자상거래의 문제점

1) 소비자 인식의 문제

소비자들의 상품을 직접 구매를 원하는 구매 관습이 변화되지 않거나, 인터넷 쇼핑몰을 통해 판매되는 제품이 질적인 측면에 문제가 있다고 인식하고 있다. 아울러 이러한 인식이 나이가 많을수록 인식이 변화 되지 않으므로 다양한 소비층을 확보를 하지 못하는 문제가 있다.

2) 배송의 문제

인터넷 쇼핑몰을 통해 구매한 제품이 소비자가 원하는 시간, 장소에 배송되어야 하는데 배송과정에 문제가 발생하고 있다. 전자상거래 관련 소비자 피해는 증가하고 있고 피해 유형은 배송지연 및 미 배달, 허위과장 광고 및 계약불이행, 기능 및 품질 하자, 과다 및 부당요금 청구 등이 발생하고 있다.

3) 영업비밀의 침해와 보안 문제

법인의 거래비밀 또는 영업비밀의 보호는 전자상거래의 활성화를 위한 요건이 되므로 조세징수 등의 목적을 위한 거래비밀 또는 영업비밀의 무단 노출은 전자상거래의 이용을 제약하는 요인으로 작용할 수 있다.

한편 전자상거래를 안전하게 행하기 위해서는 우선적으로 보안이 확보되어야 하는바, 전자상거래에서 전자문서의 교환과정에서 보안기능을 수행하고 있는 암호화, 전자서명, 인증 등의 기술을 활용이 필요하다고 할 수 있다.

개인정보의 누출가능성과 관련된 보안문제가 소비자들로부터 신뢰성을 확보하지 못하고 있다. 즉, 정보가 온라인상에서 전달되는 과정에서 유출되거나 제3자가 의도적으로 가로챌 가능성이 있다.

특히 네트워크상에서 전송되는 각종 개인정보와 결제관련 정보가 일반적으로 SSL에 의해 처리되지만, 키 길이가 상대적으로 짧아 해독이 쉬운 측면이 존재하므로 안전성에 문제가 있다.

4) 법적 · 제도적 장치 미비

무역업무와 관련한 법들이 전자거래에 대해 규정하고 있으나, 상업적 성격의 전자상거래와는 거리가 있어 인터넷 전자상거래를 활성화하고 지원하는 것에는 미비한 상태이다. 특히, 전자 지불, 지적재산권, 소비자 보호, 인증체계 등 전자상거래에 관한 법적 · 제도적 장치가 마련되어야 한다.

5) 전문 인력의 부족

인터넷 거래에서 시장 환경 변화에 적극적이고 창의적인 대응 방안 마련과 핵심 기반기술의 개발 등 시스템을 운영할 수 있는 전문 인력이 부족하다. 이런 문제점은 우리나라의 전자상거래 활성화를 위해 인적자원에 대한 투자를 확대하여 창의적인 아이디어와 첨단기술력을 보유한 전문 인력 확보가 중요하다.

6) 프라이버시의 침해문제

인터넷이 활성화 되고 정보의 활용이 용이함에 따라 기업의 입장에서 소비자에 대한 인적정보 이용시 개인정보의 누출과 오남용의 가능성이 커지게 된다. 따라서 전자상거래 상에서 수집된 개인 거래정보의 축적은 프라이버시 침해 요인으로 작용할 수 있다.

사생활권과 안전에 대한 보장이 없이는 전자상거래에 대한 신뢰성 확보가 어려워 장기적인 발전측면에 어려움이 따르게 될 것이다. 즉, 인터넷 사용자들이 통신내용이나 자료가 외부로부터의 부정침입 등의 위험이 있어 안전하다는 믿음을 얻지 못하면 사용상 문제가 발생하게 될 것이기 때문이다.

따라서 전자상거래과정에 있어서 소비자 개인정보의 집적과 누출·악용 등에 대한 우려는 전자상거래 활성화를 저해하는 주요한 요인이 된다.

7) 사기나 절도의 문제

최근에 전자상거래에서 발생하고 있는 것은 사기라고 할 수 있다. 이는 현재 그렇게 많지는 않지만 시간이 흐를수록 늘어날 가능성이 크다. 거짓표시나 사기가 문제가 되는 이유는 아주 쉽게 원하는 아무것으로 형태를 갖출 수 있다는 것이다.

또 다른 형태는 자신의 몫으로 서버에서 공간을 차지하거나 암호파일로 칩입하여 시스템 접근권한을 얻어내거나 누군가의 전용 웹사이트 접근 코드를 훔쳐 그 사람으로 로그인하여 데이터를 가로채는 것이다.

8) 국가 간의 법·제도의 불일치 문제

가장 큰 문제점은 국가 간의 인터넷이나 전자상거래에 관한 내용 들이 불일치 하고 있는데, 국제적인 규범을 제정하는 것은 복합적인 요인들이 존재하고 있어 곤란한 상황이다.

따라서 전자상거래에 대한 포괄적인 법체계는 아직 미흡한 실정으로 국제상거래법규의 제정을 전제할 때, 국내법과의 관계를 파악하고 국내법의 개정이나 제정의 필요성을 검토하여야 하고, 전자상거래에서 발생할 수 있는 각종의 분쟁을 효율적으로 해결하기 위한 것이 검토되어야 할 것이다.

9) 전자화폐의 활용에 따른 문제

전자상거래에서의 대금결제방식은 일반적으로 비자 캐시와 몬덱스와 같은 카드를 이용하는 경우와 사이버 코인(Cyber Coin), 전자화폐와 같은 인터넷을 이용하는 경우가 있다. 비자 캐시형의 은행지로방식이 있는데, 이는 안전하기는 하지만 네트워크상 대금결제를 하는 데는 불편하다는 점에서 전자결제의 방식이 등장 하게 되었다. 그러나 신용카드에 의한 전자결제는 소액결제에는 부적합한 점이 있고, 카드를 보유하고 있지 않은 소비자가 이를 이용하는 것을 불가능하다는 점 등의 제약이 지적되고 있다.

한편, 현재 외국에서 나타나고 있는 전자화폐들이 일정한 틀 안에서 발행되는 것이 아니어서 운용방식이 제각각이고 국가마다 법체계가 가르기 때문에 전자화폐를 고려할 때 과연 전자화폐와 유사한 명칭을 가지고 있는 것 모두를 전자화폐로 보아야할 지 아니면 일정 조건을 충족하는 것만을 전자화폐라고 해야할 판단하기 어려운 문제가 있다.

그리고 전자화폐는 우리나라에서 정식화폐가 아닌 자유 화폐이다. 따라서 전자화폐가 법 규정이 특별히 규제되지 않는 상태에서 중앙은행만이 전자화폐를 발행할 수 있는 것이 아니라 아무라도 전자화폐를 발행할 수 있다. 따라서 전자화폐가 쉽게 발행되고 소비자가 이를 이용하는 경우 전자화폐의 위조·변조 및 전자정보의 도용가능성, 소비자의 보호문제, 전자화폐의 신뢰성 문제 등이 발행하기 때문에 이에 대한 구체적인 안전대책의 수립이 절실히 요청되고 있다.

2. 전자상거래의 개선방안

1) 법적·제도적 장치 보완

소비자보호법, 방문판매 등에 관한 법률, 정보통신망 이용촉진 등에 관한 법률, 전자금융거래 기본약관, 전자 화폐 회원 표준약관, 소비자 피해 예방 및 구제기능, 전자상거래관련 불공정 거래행위 규제, 사업자의 자율적인 소비자 보호, 등에 관한 법적 제도적 장치를 보완 및 마련해야 한다.

2) 부당거래 및 불법행위 규제 강화

전자상거래의 불공정 거래 행위 유형을 DB화하고 이에 기초하여 부당거래 방지 기준 제정할 필요가 있으며, 전자상거래 사업자의 허위·과장광고, 사기거래로 인한 소비자 피해를 사전에 예방하기 위해 인터넷 동호회, 소비자 단체 등이 참여하는 협의체가 구성되어 강력한 단속과 규제가 필요하다.

3) 전자결제 수단 보완

미국의 경우 제대로 정비된 온라인 결제시스템을 확보되어 있기 때문에 가능하다. 보안장비와 해커들에 대한 위험성이 줄었기 때문에 활성화가 가능하게 되었다. 이러한 전자결제 시스템의 편리성, 안전성을 확보할 수 있는 결제수단의 보완이 필요하다.

4) 소비자 피해예방 및 구제기능 강화

전자상거래 이용 상의 소비자불만 및 피해실태에 대한 종합적인 조사와 분석을 통해 소비자 피해를 줄일 수 있는 적극적 자세가 필요하다.

특히 소비자피해를 구제할 수 있는 법을 통해 개인정보 오·남용을 방지하고 개인정보 침해, 개인정보 매매행위에 대하여 강력한 형사 처벌 및 과징금을 부과할 필요가 있다.

5) 정보제공 및 교육의 확대

전자상거래 관련 소비자 의견수렴 및 정책을 홍보하고 소비자의 상품 선택시 필요한 종합적인 정보를 제공해야 한다. 아울러 전자상거래 관련한 피해사례를 수집 분석하여 소비자에게 피해 방지 및 대처방안을 교육을 실시해야 한다.

6) 국제협력의 강화

국제협력기구에서 전자상거래 관련하여 협의에 적극적인 참여를 통해 국제규범 제정과 상호간 협조가 필요하다. 아울러 우리나라와 전자상거래가 확산되고 있는 국가와 협력채널을 위한 전담 정부기구가 필요하고, 국제적 새롭게 논의 되고 있는 과제에 대한 철저한 준비가 필요하다.

핵심정리

- 전자상거래는 전자적인 매체를 활용하여 판매자와 구매자간에 거래되는 제반적인 업무전체를 통칭하면 좁은 의미로는 인터넷 쇼핑몰을 지칭한다.
- 전자상거래의 특징은 유통채널 단축, 시공간적 제약 없음, 판매거점 불필요, 고객정보 획득용이, 효율적 마케팅, 고객의 요구에 즉각적인 대응, 소액 자본으로 창업 가능 하다.
- 전자상거래의 구매자 측면의 장점은 저가 구매, One-Stop 쇼핑 가능, 비교구매 가능, 시공간적 제약 극복, 장바구니 기능 활용 등이 있다.
- 전자상거래 판매자 측면의 장점은 상품전시 공간 비용 없음, 광고비 저렴, 상황변화에 덜 민감, 고객 분석을 통한 마케팅이 가능하다.
- 전자상거래의 단점은 신뢰성 확보문제, 상품에 대한 표준 제정 필요, 고객정보 유출문제, 철저한 물류배송체계의 확보, 구매자 주문정보 표기문제 등이 있다.
- 전자상거래의 유형은 BtoB, BtoC, BtoG, CtoB, CtoC, PtoP 등이 있다.
- 2011년 3/4분기 사이버쇼핑 거래액은 7조 2,770억 원으로 전년 동분기 대비 16.3% 증가하였고 소비자간거래액(C2C)은 15.6% 증가하였다. 2011년 3/4분기 상품군별 거래액은 전년 동분기에 비해 음식료품 28%, 컴퓨터 및 주변기기 26.3%, 농수산물 21.8%, 여행 및 예약서비스 21.1% 등이 증가하였으나 소프트웨어 -25.3%, 꽃 -8.7%가 각각 감소하였다.
- 전자상거래의 문제점은 소비자 인식의 문제, 배송의 문제, 영업비밀 침해와 보안문제, 법적 제도적 장치 미비, 전문 인력의 부족, 프라이버시 침해문제, 사기나 절도의 문제, 국가 간의 법·제도의 불일치 문제, 전자화폐의 활용에 따른 문제 등이 있다.
- 전자상거래 개선 방안은 법적 제도적 장치 보완, 부당거래 및 불법행위 규제 강화, 전자결제 수단 보완, 소비자 피해예방 및 구제기능 강화, 정보제공 및 교육의 확대, 국제협력의 강화 등이 필요하다.

제4장 M-Commerce

제4장
M-Commerce

제1절 인터넷 마케팅

1. 개 념

마케팅은 미국마케팅학회의 정의에 따르면 "마케팅은 개인이나 조직의 목적을 달성하기 위한 교환을 만들어내기 위해 아이디어, 상품 및 서비스들의 개념화, 가격결정, 프로모션 및 유통경로를 계획하고 실행하는 과정이다"라고 정의하고 있다. 즉 마케팅(marketing)은 기업의 유지 성장을 위해 소비자의 욕구를 충족시킬 제품(product), 가격(price), 유통(place), 촉진(promotion) 활동을 실행하는 과정을 의미한다.

더불어 인터넷 마케팅(Internet Marketing)은 오프라인 형태를 바탕으로 기업과 소비자 사이를 인터넷이라는 매개체를 활용하여 실시간으로 쌍방향 마케팅 활동을 수행하는 과정을 지칭한다.

2. 인터넷 마케팅의 특성

인터넷 마케팅은 시공간적인 제약을 두지 않고 고객과 기업 상호간의 정보를 주고받고 아울러 효율적인 광고와 고객관리를 할 수 있다. 이런 관점에서 인터넷 마케팅이 갖고 있는 특성을 정리하면 다음과 같다.

1) 시공간적인 편리성

인터넷 마케팅은 고객이 직접 매장을 찾아 상품을 구매할 필요 없이 편리한 시간대로 인터넷 쇼핑몰에 접속하여 구매가 가능하다. 아울러 오프라인 매장의 경우 일정한 공간을 확보하여 상품을 진열할 필요성이 있지만 인터넷 마케팅은 인터넷이라는 사이버공간을 통해 다양하고 수많은 종류의 상품을 진열할 수가 있다.

2) 저렴한 마케팅 비용(Low cost)

일반적으로 인터넷 마케팅에 소요되는 비용은 전통적 마케팅에 비하여 60(%) 이상 저렴하다고 알려져 있다. 인터넷 마케팅에서는 기존의 우편판매, 텔레마케팅, 신문방송의 경우와 비교하면 거의 부대비용이 수반되지 않는다. 즉, 인터넷은 기존의 상당한 비용을 수반했던 TV, 라디오 매체상의 광고와 같은 진입 장벽을 허물었다. 이제 기업들은 인터넷을 통하여 전 세계의 고객을 상대로 저렴한 비용으로 자사의 제품과 서비스를 광고하고 판매할 수 있게 되었다.

3) 유통구조 단축

인터넷 쇼핑몰을 통한 상품 판매시 중간상의 개입이 배제되어 유통구조가 판매자와 구매자간의 직거래 형태로 이루어지게 된다. 이로 인해 판매가격이 저렴하고 소비자는 저가의 제품을 구매가 가능하게 된다.

4) 시장의 글로벌화

인터넷 쇼핑몰의 경우 국내시장에 국한하지 않고 전 세계 시장을 대상으로 상품을 판매할 수 있는 시장이 확대되었다. 그러므로 인터넷 쇼핑몰 구축시 언어장애로 인해 문제가 발생하지 않도록 가급적 영어, 일본어, 중국어 등으로 접속할 수 있는 서비스가 필요하다.

5) 고객관리 용이성

오프라인 형태의 시장에서 고객관리는 주로 영업사원을 통해 고객정보를 수집하고 관리하므로 정확한 정보취득에 문제가 생길 수 있다. 하지만 인터넷이라는 매체가 활성화되어 이제는 실시간으로 고객의 직접적인 연결을 통해 고객정보, 불만과 아이디어 등을 수집하여 고객 DB를 구축해 마케팅 활동을 전개할 수 있다.

6) 상호 작용성(Interactive)

마케팅 활동의 전제가 되는 고객의 요구사항을 파악하는 것은 쉬운 일이 아니다. 인터넷마케팅의 상호작용성은 인터넷을 활용한 고객과의 긴밀한 관계 구축과 활발한 커뮤니케이션을 통하여 기업들이 신속하고 유연하게 고객의 욕구를 파악하도록 해준다. 기업은 고객들의 프로파일, 라이프스타일, 욕구파악을 위한 기초 자료를 만들거나 불만 사항, 의견 등을 신속하게 접수할 수 있다. 이러한 상호작용은 고객이 적극적으로 마케팅 활동에 참여할 수 있게 해주며 기업이 고객과의 신뢰관계를 형성하여 공통의 가치를 탐색할 수 있도록 하여 준다.

7) 개인화(Personalization)

인터넷은 쌍방향 커뮤니케이션(Communication)이 가능한 매체이기 때문에 웹사이트를 방문하는 고객 개개인의 욕구와 선호도를 고려하는 정보나 서비스를 개별적으로 제공해 줄 수 있다. 또한 고객과의 대화나 게시판을 통해 고객과의 상호작용이 가능하다. 이를 바탕으로 고객 개개인의 특성에 알맞은 맞춤 제안을 할 수 있고 고객과의 장기적 관계를 강화하기 위해 이 정보를 활용 할 수 있다. 개인화는 개인의 기호와 관심이 같은 개인 정보를 바탕으로 개인화 마케팅 전략을 추구하는 것이다. 이를 위한 고객 데이터베이스 마케팅이 필요하다. 데이터베이스 마케팅(Database Marketing)이란 기업이 갖고 있는 고객의 정보(기본정보, 구매 물품 내역, 방문기록 등)를 토대로 전개하는 일대일 마케팅을 의미한다.

8) 합리적 효과 측정

인터넷의 다양한 기술들을 활용함으로써 마케팅 효과를 실시간으로 정량화 할 수 있게 됨에 따라 비용에 대한 효과 측정이 용이해졌다. 즉, 인터넷상에서 광고가 고객에게 얼마나 노출되었는가와 어느 정도 효과가 있었는지가 측정 가능해진다. 광고주들은 고객이 배너 광고를 몇 번이나 보았는지의 관련된 통계 정보를 손쉽게 얻을 수 있다. 또한 방문 횟수, 이동 경로 등 기본적인 고객의 정보를 획득하기가 수월하며 마케팅 코스트(Cost)의 산출이 기존 미디어보다는 합리적이라고 할 수 있다.

3. 인터넷 마케팅으로 인한 변화

1) 고객의 변화

커다란 변화는 전통적인 마케팅과 달리 판매자와 구매자의 구별이 애매모호하다는 것이다. 소비자도 쇼핑몰에 자신의 상품이나 정보를 제공하고 그 대가를 지불 받을 수 있게 된다. 특히 경매 사이트를 통해 자신이 사용하던 물건이나 신제품을 전시하여 매매가 이루어지게 되는데 이런 형태는 특히 비대면방식의 기업화되지 않은 개인과 개인 간의 거래이므로 상호간 신뢰성 확보의 문제가 발생할 수 있다.

2) 시장역할의 변화

쇼핑몰은 구매자에게 상품에 대한 충분한 정보를 제공하고 고객은 그 정보를 통해 구매가 이루어지게 된다. 그러므로 인터넷은 오프라인 시장보다 무한한 잠재력을 가진 시장으로 변모하였다. 또한 전통적인 시장과 비교하면 정보비용이 저렴하고 반면 정보의 질을 높여 시장의 효율성을 증대시킬 수 있다.

3) 가격의 변화

인터넷에서 가격전략의 형태는 저가화, 무료화, 역가화, 무가화 등으로 구별

할 수 있다.

(1) 저가화

중간상이 배제된 직거래를 바탕으로 유통마진이 최소화하게 되어 소비자들은 저가의 제품을 구매하게 되었다. 또한 웹상에서 가격비교를 통해 가장 저가에 판매되는 사이트를 찾아 구매하게 되고, 중간상들 간의 가격경쟁으로 인해 소비자들은 더욱 저가의 제품을 구매하게 된다.

(2) 무료화

웹상에서 제공되는 상당수의 서비스가 무료로 제공하고 있으며, 업체 간의 경쟁으로 무료 메일, 무료 정보 등을 통해 고객확보에 높은 관심을 갖게 된다.

(3) 역가화

기존의 전통적 마케팅에서는 가격설정이 기업의 고유권한이었지만 인터넷마케팅에서는 소비자중심의 가격설정모델이 늘어나고 있다. 그 예로는 역경매를 들 수 있는데 이 경우는 소비자가 원하는 사양의 제품과 가격을 제시하면 여기에 부응하는 업체들 간의 협상을 통해 소비자는 가장 적합한 가격을 제시하는 업체와 매매가 이루어지게 된다.

(4) 무가화

무료화와 다른 의미이며, 가격의 무료화 경쟁이 치열해지면서 가격이 사라지고 제품을 이용하는 만큼 부가적인 포인트를 제공하는 가격전략 구사하는 형태를 말한다.

(5) 유료화

기업은 경쟁사와의 차별화된 독특한 콘텐츠나 서비스를 제공하여 유료화 전략을 구사하고 고객 한 사람의 니즈에 부합하는 맞춤형 서비스의 제공, 경쟁사가 따라갈 수 없는 차별화된 콘텐츠 생산능력의 확보 등이 유료화의 관건이다.

4. 인터넷 마케팅의 성공전략

1) 가격의 차별화

가격은 소비자들을 인터넷 쇼핑몰로 유인하는 가장 중요한 요인이라고 할 수 있다. 실제 인터넷 쇼핑몰의 대다수가 젊은 층이고 고학력자들이므로 제품 구매 시 여러 쇼핑몰을 통해 가격을 비교해 본 뒤 합리적으로 계획구매하고 있기 때문에 동일한 가격에 제품이나 서비스를 제공하고 있는 쇼핑몰이 많다면 고객에게는 모든 쇼핑몰에 대하여 차별을 두지 않을 것이다. 따라서 자신의 쇼핑몰만의 차별화된 가격정책이 요구된다.

2) 제품과 서비스의 다양성

한 종류 제품을 판매하거나 약간의 서비스를 제공한다면 인터넷 쇼핑몰 방문자가 제품을 구입할 가능성은 매우 낮은 반면 다양한 종류의 제품을 판매하고 다양한 서비스를 제공할 경우 소비자가 제품을 검색하는데 드는 시간과 비용을 감소시키기 때문에 제품을 구매하거나 서비스를 이용할 가능성은 매우 높아진다. 또한 많은 제품을 판매하거나 다양한 서비스를 제공하는 것이 비용측면에서 많은 비용을 요구하지 않기 때문에 적은 노력으로 많은 이익을 창출할 수 있을 것이다.

3) 쇼핑의 편리성

현실적으로 구매력을 가지고 있는 40대 이상 세대는 컴퓨터와 인터넷의 환경에 익숙지 않을 수 있다. 따라서 인터넷 쇼핑의 편의를 제공하는 것이야 말로 기성세대를 유인하는 측면에서 꼭 필요한 요인이다. 그러기 위해서는 먼저, 용이하고 간편해야 한다. 어렵거나 복잡하면 방문자들은 금방 다른 쇼핑몰을 클릭할 것이다. 쉽게 이용할 수 있도록 편리한 사용자 인터페이스를 제공하는 것이 중요하다.

4) 신뢰성 확보

신뢰성이란 소비자가 제품을 안심하고 구매할 수 있는 환경을 조성하는 것이다. 품질에 대한 브랜드 이미지 제고와 신뢰도 구축을 통한 기업의 신뢰도 확보가 여기에 해당된다. 인터넷 쇼핑몰은 가상에 존재하는 공간이기 때문에 더욱이 고객의 신뢰성을 확보하는 것이 필수적이다. 브랜드 인지도가 높은 대기업이 인터넷 쇼핑몰을 오픈(open) 할 경우 쉽게 성공할 수 있는 요인 중의 하나가 바로 기업이 가지고 있는 브랜드 가치에 대한 신뢰성 때문이다.

이는 일반 소비자들이 상품의 선택 폭은 넓지만 선택할 시간이 충분하지 않거나 시장의 선택 상황이 복잡할 경우 신뢰도가 높은 브랜드를 택하기 때문이다. 따라서 각종 홍보를 통해 기업의 브랜드 이미지를 제고 시키고 이를 통해 고객의 신뢰도를 확보해야 하며, 또한 기업은 나름대로 품질 관리를 철저히 하여 소비자가 신뢰하고 구매할 수 있는 환경을 조성해 주어야 한다.

5) DB마케팅 활용

마케팅의 흐름을 살펴보면, 매스 마케팅(Mass Marketing)에서 표적 마케팅(Target Marketing)을 거쳐 이제는 일대일 마케팅(One to One Marketing)으로 전환되고 있다. 마케팅의 대상도 대중에서 표적 집단을 거쳐, 이제는 개인이 그 대상이다.

그 이유는 컴퓨터의 보급의 활성화로 데이터베이스 관리를 개인별로 할 수 있으며, 소비자욕구의 다양화와 라이프스타일의 변화로 집단이 아닌 개인으로서의 고객 대응이 필요하며, 공급과잉현상과 할인판매경쟁으로 개별브랜드의 상표충성도가 떨어지고 있으며, 매스광고의 효과가 상대적으로 떨어짐에 따라 보다 측정가능하고, 보다 고객의 반응을 직접적으로 유발할 수 있는 새로운 커뮤니케이션 수단이 요구된다. 시장의 성숙과 경쟁이 치열해지게 되어 신규고객의 창출보다 기존고객과의 관계유지가 보다 중요하게 인식되어 데이터베이스 마케팅을 요구되게 되었다.

인터넷의 쌍방향적인 특징으로 인해 일일이 정보를 수집해 데이터베이스화 하는 전통적인 상거래에 비해 고객의 데이터베이스를 쉽게 획득할 후 있으며,

일단 획득되어진 정보도 고객이 사이트에 들어와 취한 의사표현이나 구매활동, 정보수집을 통해 실시간으로 업데이트(Up-date)할 수 있다.

따라서 DB마케팅은 고객의 취향 구매정보 등 다양한 정보를 데이터베이스로 구축하고 이를 바탕으로 한 개별 고객에 맞춤 정보를 제공해 줌으로써 고객들과의 지속적인 관계를 유지시켜 나간다는 측면에서 중요한 성공요인이 되는 것이다.

6) 제품과 서비스정보제공의 충분성

일반점포에서 제품을 구매할 경우는 제품에 대한 정보를 직접 확인 할 수가 있으나 인터넷 쇼핑몰은 제품에 관한 정보를 보고 들을 수도 없다는 문제점이 있다. 따라서 인터넷 쇼핑몰들은 단순히 판매하고자 하는 제품을 진열을 해 놓은 것이 아니라 제품과 관련된 각종 정보나 조언 또는 전문적인 지식의 제공을 통해 고객들이 제품 구매 결정 이외에 제품에 대한 새로운 부가가치를 획득할 수 있도록 제품정보 제공자로서의 역할을 충실해야 한다.

7) 지속적인 회원관리

장기적인 마케팅을 위해서는 소비자들의 관심사항을 일시적으로 확보해 놓은 것이 아니라, 소비자들로 하여금 인터넷 쇼핑몰을 끊임없이 되찾아 오게 할 수 있는 방법이 필요하다. 따라서 같은 관심사를 지닌 사람들이 커뮤니티를 통해 서로 정보를 교환하고 실질적인 고객으로 전환 되도록 해야 한다. 정보제공자로서의 역할이 기업과 회원 간의 정보제공 공유 활동이라고 한다면, 가상공동체는 회원과 회원 간의 정보 공유라는 측면에서 더 자유롭고 활발하게 나타날 수 있는 공간이다. 기업은 이런 면을 주시할 필요가 있다.

8) 실시간 고객 대응

인터넷상에서의 고객 요구사항에 대한 실시간 대응은 기업체에 대한 고객의 신뢰성을 형성하는데 중요한 요인이다. 전통적인 상점에서는 고객의 불만 사항이나 요구사항이 있을 때 직접 방문하여 해결하거나 또는 전화 팩스 등의 유선을 통해 문제를 해결한다. 이럴 경우는 직접 대면방식으로 또는 서신을 통해 이루어지는 행위이기 때문에 고객은 확실한 신뢰를 갖게 된다.

9) 전략적 제휴

전통적인 기업과 마찬가지로 기업 간의 전략적 제휴는 인터넷 업체에서도 중요한 성공 요인으로 부상하고 있다. 시장 도입기에는 사이트 개설 자체로만으로도 시장을 선점할 수 있으나. 수많은 인터넷 쇼핑몰이 오픈되고 있는 성장기 시장에서는 각 업체들과의 전략적 제휴를 통한 협력관계가 긴밀하게 유지되어야 한다. 인터넷 쇼핑몰 업체의 전략적 제휴는 제품의 생산, 재고, 판촉, 주문처리, 배송, 금융 가치사슬상 업체들과의 제휴와 다른 웹사이트와의 연결을 통해 마케팅 시너지 효과를 높이는 제휴로 구분하여 제고해 볼 수 있다.

제2절 모바일 마케팅

1. 모바일 마케팅의 개념

모바일 마케팅은 휴대폰이 대중화로 모바일 비즈니스 시장에 활기를 불어넣었다. 특히 휴대폰의 대중화에 이어 3G, 4G 스마트폰과 기존 미디어를 연계한 마케팅 활동을 수행시키는 것이 모바일 마케팅이라고 할 수 있다.

2. 모바일 마케팅의 특징

1) 1:1 마케팅

기업은 모바일 기기의 휴대성 One-to-One Communication 특성을 이용하여 소비자를 만족시킬 수 있는 개인의 성향을 파악하여 이것에 적합한 자사상품에 대한 정보와 이벤트 제공을 통해 구매 욕구를 불러일으키는 것이다. 즉, 개인이 가지고 있는 특성을 파악하여 개인에 맞춤형 마케팅이 가능하다고 할 수 있다.

2) 적시(適時) 마케팅

마케터는 소비자에게 적절한 타이밍을 토대로 상품이 가진 특성을 기반으로 고객의 관심유발을 시킬 수 있게 해야 한다. 상품의 특성에 따른 시간대를 적절히 활용하여 서로 다른 메시지를 통해 상품이나 서비스의 장점을 적절하게 제공할 수 있어야 한다.

이는 소비자가 원하는 시점을 파악하여 적합한 정보 제공이 중요하고, 특히, 소셜커머스를 통해 구매 욕구를 자극할 수 있는 마케팅 기법의 활용이 필요하다.

3) LBS(Location Based Service: 위치기반서비스)마케팅

모바일 고객 DB가 구축된 점포의 경우 소비자가 매장 근접해 있을 경우 자사의 세일정보, 이벤트 등의 정보를 제공하여 구매 욕구를 불러일으키는 것이다. 아울러 쿠폰을 제공하여 고객이 구매에 이용할 수 있게 하는 마케팅 수단이 필요하다.

이는 무선인터넷이 가지는 위치기반 서비스를 활용하여 소비자에게 현 위치에 적합한 구매정보를 제공할 수 있는 기능을 최대한 활용할 필요가 있다.

4) 문자 메시지 마케팅

스마트폰으로 메시지를 전달하면서 원하는 제품을 버튼만 누르면 연결되어 구매 정보 서비스를 이용하게 하는 것이다.

이 경우는 가장 간편하고 신속한 방법이지만 특히 무분별한 스팸성 문자메시지로 전락할 수 있으므로 주의가 요망된다.

5) 휴대성 마케팅(portabilitybasedmarketing)

휴대폰(스마트폰)은 우리 생활의 필수품으로 자리 잡았다. 따라서 이런 휴대성의 장점을 토대로 마케팅의 도구로 활용되고 있다. 특히 트위터, 페이스북 등을 토대로 수시로 제품정보가 전달되고 구매가 유발되고 있는 실정이다.

3. 인터넷 마케팅과 모바일 마케팅의 차이점

인터넷 마케팅의 경우 첫째, 인터넷 마케팅은 PC를 이용할 수 있는 사람이 주체가 되며, 모바일 마케팅은 휴대폰, 스마트폰, 태블릿 PC를 소유자가 주체가 된다.

둘째, 인터넷 마케팅은 고객이 PC에 접속한 상태에 마케팅 활동이 가능하고, 모바일 마케팅의 경우 항시 켜져 있는 상태로 시간적 요인에 간섭 없이 언제든 마케팅 활동이 가능하다.

셋째, 인터넷 마케팅의 경우 고객이 PC를 이용할 수 있는 장소에 마케팅 활동이 가능한 반면에 모바일 마케팅의 경우 장소에 영향을 받지 않고 위치까지 확인하여 고객에게 적합한 마케팅 활동이 가능하다.

넷째, 인터넷 마케팅의 경우 주로 PC를 이용하여 메일, 쇼핑몰 방문, 인터넷 정보 획득 등이 가능하고 모바일 마케팅의 경우 PC를 이용하여 할 수 있는 기능 외에 전화를 통해 직접적인 마케팅이 가능하다.

다섯째, 인터넷 마케팅은 소비자가 쇼핑몰을 방문을 통해 판매가 가능하고 광고가 가능하다. 모바일 마케팅의 경우 다양한 모바일 서비스를 통해 광고 및 판매가 가능하게 되었다.

여섯째, 인터넷 마케팅의 경우 장시간 쇼핑몰, 웹사이트를 서핑이 가능하고, 모바일 마케팅의 경우 이용요금 및 배터리 문제로 짧은 접속을 통해 필요한 부문을 이용하게 된다.

일곱째, 인터넷 마케팅의 경우 통신 속도가 빠르고 화면 크기가 크고 다양한 콘텐츠로 구성되어 있다. 모바일 마케팅의 경우 통신 속도가 유선인터넷에 비해 느리고 화면크기가 작고 콘텐츠가 부족한 상황이다.

4. 모바일 마케팅의 성장 동인

모바일 마케팅의 성장요인은 시간과 장소에 상관없이 실시간 접속이 가능한 것과 휴대가 간편한 단말기를 이용한다는 점이다. 아울러 성장요인은 다음과 같다.

첫째, 휴대용 단말기의 이용가치가 증대하고 있다. 소비자의 개별적인 요구에 적합한 상호작용 커뮤니케이션에 근거를 두고 있으며, 휴대용 단말기가 기존 커뮤니케이션 매체와 결합하여 사용이 효율적이라고 할 수 있다. 휴대용 단말기는 상품인지를 통해 구매행동으로 연결시킬 수 있는 마케팅의 중요한 툴이 될 수 있다.

둘째, 이동통신 서비스의 대중화를 들 수 있다. 이동통신 사용자가 증가하고 있어 모바일 마케팅의 하부구조가 구축되어 있다. 무선인터넷을 통한 활발한 데이터 통신과 기업에서는 이를 마케팅의 적극적인 수단이 가능하다.

셋째, 인터넷망의 개방성이 존재한다. 이는 무선인터넷망을 이용하여 정보제공업자가 이동통신사와 협약을 통해 무선 포탈을 통한 정보를 제공할 수 있다.

제3절 M-Commerce

1. M-Commerce의 개념

통상적으로 M-Commerce는 무선 단말기를 통해 전자상거래를 수행하는 것을 말한다. 그러나 보다 엄밀히 표현한다면 이동 중에 무선 단말기, 즉, 휴대폰, 스마트 폰, PDA, 노트북 등을 통해 인터넷에 접속하여 상거래를 수행하는 행위라고 할 수 있다. 즉, 기존의 유선을 통한 전자상거래는 주로 PC를 이용하여 인터넷에 접속하고 고정된 온라인상에서 상거래를 행하는 것인 반면 M-Commerce는 언제, 어디서나 무선단말기를 이용하여 인터넷에 접속하고 전자적 상거래를 수행할 수 있다는 것을 의미한다.

M-Commerce란 이동통신 단말기와 통신네트워크를 이용하여 이루어지는 각종 정보, 서비스, 재화에 대한 금전적 거래로 정의할 수 있다. M-Commerce는 기술발달에 따라 그 적용영역이 점점 확대될 전망이며, 활용대상에 따라 BtoC, BtoB 및 MtoM으로 구분되고 있다.

[그림 4-1] 모바일커머스의 개념 정의

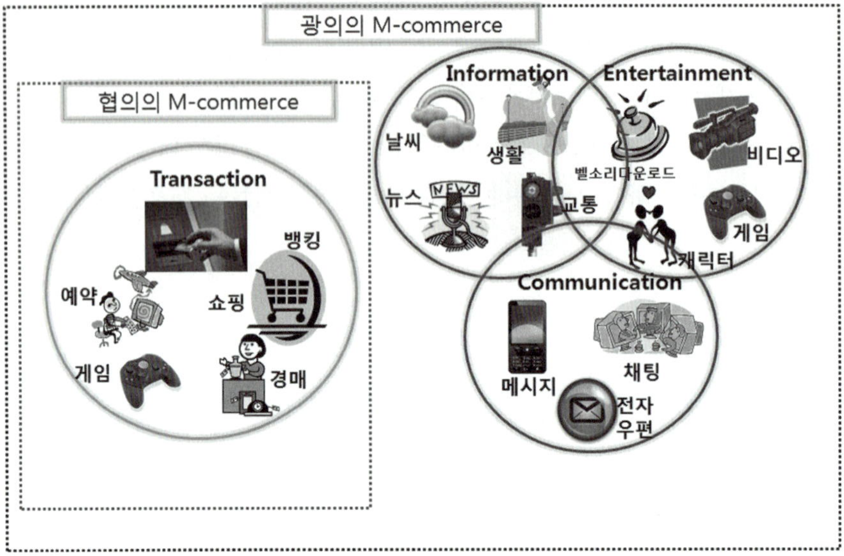

자료: 매경, “Wireless & Mobile Communications 2002 - 이동통신사의 m-Commerce 추진 전략”, 2002.7

2. M-Commerce의 특징

무선인터넷은 언제, 어디서나, 실시간 정보검색이 가능한 이동성, 사용자의 위치파악이 가능한 위치기반, 고객/그룹별로 차별화된 서비스 제공이 가능한 고객차별성, 개인전용 단말기 이용에 따른 개인성, 통신도구의 간편화로 증대된 편리성이라는 특징을 갖고 있다.

M-Commerce 애플리케이션은 기존의 전자상거래 서비스와 무선통신의 이점을 결합시킨 것이지만 무선 통신의 특성을 살린 새로운 서비스가 개발될 것이며 모바일 시장의 특징을 살펴보면 다음과 같다.

1) 편재성(Ubiquity)

편재성은 무선 단말기의 가장 명백한 이점이다. 스마트폰이나 커뮤니케이터 종류의 무선단말기는 사용자의 위치에 관계없이 실시간으로 필요한 정보를 검색하고 통신이 가능하게 지원해 준다.

2) 접근성(Reachability)

무선단말기를 가진 사람은 언제 어디서나 연결이 가능하다. 제4세대 폰의 등장으로 사용자들은 언제 어디서나 인터넷, 인트라넷, 그리고 기타 모바일 디바이스에 손쉽게 접속하여 모바일 서비스를 이용할 수 있게 되었다.

3) 보안(Security)

무선보안기술은 폐쇄적인 SSL(Secure Socket Layer)형태로 구체화 되고 있다. 단말기 내에 부착되는 스마트카드, SIM(Subscriber Identification Module) 카드는 소유자 인증을 제공하고 고정 인터넷망에서의 형태보다 높은 수준의 보안이 가능하게 하고 있다.

4) 위치확인(Localization)

서비스와 애플리케이션의 위치확인은 무선장치에 중요한 가치를 부가하게 된다. 특정시점에 이용자가 위치한 곳을 알게 되면 이용자가 거래하고 싶은 마음이 일어나도록 적절한 서비스를 제공할 수 있게 된다. 예를 들면 고객들이 무선으로 인터넷 쇼핑몰에 접속했을 때 판매자는 고객의 신상과 구매 정보를 참고로 하여 해당 고객에게 적절한 광고와 콘텐츠를 제공할 수 있다.

5) 개인화(Personalization)

개별고객이 모바일 기기를 이용하여 제공한 정보나 설정 내용을 바탕으로 사용자 개인의 특성에 맞는 콘텐츠를 제공하는 것이 개인화이다. 그러나 무선포탈은 개인화된 정보와 거래처리 등은 새로운 수준으로 올릴 수 있어 궁극적으로는 무선단말기가 일상생활의 지불수단으로 필요하게 될 것이다.

6) 즉시 연결성(Instant Connectivity)

무선단말기를 통해 즉시 인터넷에 접속하는 것이 현실화 되어 있고 패킷방식의 통신서비스가 도입되면 인터넷에 접속하기 위해 사전에 통신연결을 할 필요 없이 보다 쉽고 빠르게 무선 인터넷 이용이 가능해진다.

3. M-Commerce와 E-Commerce의 차이점

전자상거래의 경우 이제는 보편적으로 사용되는 개념이지만 M-Commerce의 경우 다소 거리감이 있어 전자상거래와 M-Commerce를 네트워크, 단말기, 브라우저, 사용되는 장치적인 측면에서 비교해 보면 다음과 같은 차이점이 있다.

표 4-1 M-Commerce와 E-Commerce 비교

구 분	E-Commerce	M-Commerce
네트워크	- 이동성 없음 - 고속 가입자 회선 - 풍부한 애플리케이션 - 비교적 안정적인 통신품질	- 이동성 제공 - 저속 가입자 회선 - 단순한 애플리케이션 - 상대적 불안정한 통신품질
단 말 기	- 큰 화면 - 대용량 메모리 - 높은 처리속도 - 편리한 입출력 장치	- 작은 메모리 - 작은 화면 - 낮은 처리속도 - 불편한 입출력 장치
브라우저	- 익스플로러	- 노키아 브라우저, MS 익스플로러
장 치	- PC	- 스마트 폰, 페이저, PDA
기타사항	- 가정이나 사무실에 위치 - 고정위치 - 개인적이거나 공동적	- 위치파악 가능 - 가변위치 - 개인적

자료: 박중기 · 김중배 · 손덕주, M-Commerce 기술 개요 및 시장 전망, 정보통신연구 진흥, 통 5권 제1호, 2003.

4. M-Commerce의 범위

그리고 M-Commerce의 서비스 유형을 거래, 정보, 엔터테인먼트, 커뮤니케이션을 사례를 통해 구분하면 〈표 4-2〉와 같다.

표 4-2 M-Commerce의 서비스 유형

서비스 유형	사 용 사 례
거 래 (Transaction)	뱅킹, 티켓구매, 전자지갑, 거래인증 및 ID발급 쇼핑, 예매 및 예약, 경매 등
정 보 (Information)	뉴스, 증권시세, 개인일정, 교통정보, 전화번호 주소, 날씨 등
엔터테인먼트 (Entertainment)	비디오, MP3, 온라인게임, 운세, 전화벨, 아이콘 다운 등
커뮤니케이션 (Communication)	단문메시징(SMS), 통합메시징, E-mail, 채팅 비디오 컨퍼런싱 등

자료: 김병철, Mobile Commerce의 수용에 영향을 미치는 요인과 서비스 유형 선택에 관한 연구, 국민대학교 대학원 석사학위논문, 2002.

M-Commerce의 정확한 범위를 설정하기는 곤란하지만 일반적으로 쇼핑, 티켓예매, 주식거래, 뱅킹, 요금청구 등으로 구분할 수 있다.

1) 쇼핑(Shopping)

쇼핑은 전자상거래와 마찬가지로 가장 이해가 쉽고 보편적인 것이다. 사용자는 가정과 사무실에서 고정된 위치가 아닌 이동 중에 이동통신 단말기를 이용하여 재화를 구입할 수 있게 되었다. 물론 이 경우 신뢰성이 있고 안전한 접속을 제공해야 한다. 모바일 기기에 의한 쇼핑은 고객들로 하여금 신속한 검색, 가격비교, 주문 그리고 배송현황을 그들의 휴대폰을 이용하여 파악하게 된다.

그러나 모바일 쇼핑은 프로세스가 신속해야 하고, 다량의 정보 입력 지양, 제품에 대한 상세한 설명은 피하고 간결하게 제공할 필요가 있다.

2) 티켓예매

티켓예매 및 예약은 구조화된 정보를 이동통신 단말기로 조회하여 극장표를 예매하거나 식당, 공연을 예약하거나 교통수단인 비행기, 버스, 기차 등의 좌석 예매에 사용할 수 있다. 이는 사용자에게 시간과 장소에 구애 받지 않고 승차권이나 예약권을 확보하는 편리성을 제공하고 사업자에게는 비용을 절감시켜 준다.

3) 주식거래

주식거래는 이동통신 단말기를 활용해 인터넷에 접속하여 주식정보를 획득하고 주식을 매도, 매수할 수 있도록 하는 것이다. 주식거래에서 거래되는 정보는 표준화되어 있으며, 비교적 간단하므로 제한된 디스플레이 화면을 가진 이동통신 단말기를 활용하는데 적합하다.

4) 뱅킹(Banking)

뱅킹은 은행에서 입출금, 잔액조회, 그리고 계좌이체와 같이 비교적 간단하면서 거래량이 많은 업무를 고객이 이동통신 단말기를 활용하여 직접 수행할 수 있도록 하여 번거롭게 은행창구를 찾지 않도록 해준다. M-Commerce상의 뱅킹은 고객 서비스 개선과 비용절감 효과를 통해 해당 은행의 경쟁력을 향상시킬 수 있으며, 아울러 고객은 장소와 시간에 구애 받지 않고 저렴한 비용으로 은행 업무를 수행할 수 있다.

5) 요금청구

우편으로 요금청구서를 보내는 대신에 이동통신 단말기에 요금청구서를 보내고 고객은 서비스 이용내역을 조회할 수 있도록 하는 것이다. 기업은 이동 통신 단말기를 통한 과금으로 청구서 발송 비용과 지불 처리 과정의 비용을 절감하는 효과도 있다.

6) 모바일 게임(Game)

온라인 게임은 고객이 이동통신 단말기를 통하여 어디서나 쉽고 편하게 게임을 즐길 수 있도록 하는 것으로 법 규제 및 정보보호의 문제로 인해 활성화되지 못하고 있다. 모바일 게임은 사용자(user)가 모바일 기기에 기반을 둔 무선 인터넷 서버에 접속하여 신속하고 용이하게 자신이 원하는 프로그램을 다운로드 하거나 네트워크상에서 게임을 이용하게 된다.

7) 모바일 광고(Advertising)

M-Commerce의 광고는 지금까지 행해져 왔던 무차별적인 광과와는 달리 개인의 기호, 지역적 환경에 따라 개인화된 광고를 수행할 수 있도록 할 수 있다. 특히 모바일 광고는 캠페인 관리기능을 이용한 고객 분석을 통해 광고의 효과를 극대화할 수 있다. 모바일 광고는 잠재적인 구매자가 있는 가게나 백화점 그리고 식당에 위치한 고객들에게 다양한 판매정보를 알릴 수 있다. 이때 전달되는 광고의 수와 양은 제한되어야 하는데 정보가 집중되고 무선 네트워크의 혼잡을 피하기 위해 필요하다.

8) 모바일 음악(Music)

모바일 음악은 가장 성공적인 모바일 비즈니스 애플리케이션 중의 하나이다. 이동용 MP3 플레이어의 효과는 모바일 폰에 의한 음악 디바이스의 개발을 촉진하고 있다. 이러한 모바일 디바이스 생산업체는 고객 세분화의 중요성을 인식하고 있다. 왜냐하면 소비자들은 구매결정을 할 때 색다른 형태의 모바일 디바이스를 찾는 경향이 있기 때문에 고객 개개인의 특성을 고려한 제품 생산 및 판매가 중요하다.

5. M-Commerce의 발전 단계

1) 도입기(2000 - 2001년 상반기)

이동통신망과 단말기의 성능제약으로 인해 단순한 형태의 서비스가 시장에 도입되는 시기이며, 통신망 용량과 단말기 연산능력 한계로 인하여 기존 유선망 수준의 암호화 및 인증을 제공할 수 없기 때문에 보안수준이 상대적으로 낮게 요구되는 단순서비스부터 시장에 등장했다. 그리고 실제 상거래보다는 제조업체나 솔루션업체를 중심으로 서비스 확대를 위해 인프라 구축이 집중되었다.

2) 2단계(2001년 하반기 - 2003년)

패킷망 서비스, 단말기 성능 향상, 보안 인증시스템 채택 등 제반 기술적 인프라가 보강되었으며, 간단한 BtoC 거래를 벗어나 BtoB 등 다양한 서비스 제공을 위한 콘텐츠 산업이 활성화 되었다.

3) 3단계(2004년 이후)

IMT-2000서비스가 본격적으로 개시되면서 다양한 형태의 무선인터넷 서비스가 시장에 도입되었고, 음악, 동영상, 방송 등 현재 PC에서 제공되는 서비스 대부분이 무선단말기를 통해 지원이 가능하게 되었다. 아울러 유무선 통신, 방송, 인터넷 등이 융합되어 치열한 경쟁과 제휴를 통해 산업전반에 M-Commerce가 확산되고 있다.

6. 모바일 비즈니스 확산의 장애요인

모바일 비즈니스는 지식 정보화 사회의 핵심 영역으로 빠르게 확산되고 있으나 몇 가지 장애요인은 다음과 같다.

1) 사용의 편리성 문제

현재의 모바일 디바이스는 사용자에게 제한된 화면 크기, 입력의 불편성, 제한된 메모리와 처리 용량 등으로 낮은 사용의 편리성을 제공하고 있다. 더불어 제한된 저장용량과 액세스 속도 등으로 인하여 큰 용량의 파일을 다운로드 받기가 어렵다. 그러므로 편리성을 위해서는 많은 양의 정보제공보다는 고객이 선호하는 핵심적인 정보만을 제공하고, 개인화된 서비스를 제공하는 것이 중요하다. 즉, 고객들이 모바일 비즈니스를 접속 시 고객이 선호할 수 있는 고객지향적인 콘텐츠를 제공하는 것이다.

2) 기술적 측면의 제약

모바일 기반의 웹 사이트에서 통용 가능한 보안방식에 대한 표준과 합의가 이루어지지 않았다. 낮은 보안은 모바일 폰이나 PDA를 사용하는 고객의 신뢰를 떨어뜨리고 있다. 그러므로 모바일 비즈니스 확산시키기 위해서는 보안에 대한 신뢰를 제고시켜야 한다.

그리고 모바일 비즈니스에 관련된 기술적 표준과 보안, 그리고 지불 등과 관련되어 계속적인 기술적 개발이 요구된다. 또한 기업과 소비자간 모바일 비즈니스는 이동통신사업자 주도로 비약적인 성장을 하고 있지만 기업과 기업 간 모바일 비즈니스는 모바일 인터페이스 기술 부족, 높은 통신비 부담, 그리고 기업의 활용도 저하 등으로 성장이 지체되고 있다.

3) 잠재적인 건강상의 위험

모바일 폰 디바이스로부터 발생하는 전자파가 암을 유발할 수 있다는 논쟁이 일고 있다. 또한 휴대폰을 사용하는 운전자들이 교통사고에 빠지게 될 가능성이 높다. 운전 중에 한 손으로 전화기를 들고 다른 한 손으로 핸들을 잡고 있는 상황이므로 만일 돌발 상황이 발생하였을 경우 신속히 대응하지 못할 경우가 발생할 수 있기 때문이다.

7. 모바일 비즈니스의 활성화 방안

1) 고객 지향적인 모바일 비즈니스 모델

소비자들이 즐겨 사용하는 서비스를 보면 단문메시지, 벨소리와 캐릭터 다운로드, 게임 등이 주류를 이루고 있다. 이에 비해 세계 일류의 인프라를 보유하고 있음에도 불구하고 과실을 수확할 수 있는 기업에서의 모바일 비즈니스 도입은 상대적으로 부진하다. 따라서 모바일 비즈니스의 계속적인 확산을 위해서는 무선인터넷 환경에 기반 한 고객 지향적인 다양한 유형의 모바일 비즈니스 모델이 제시되어야 한다.

그리고 무선 환경에 적합한 위치, 시간, 개인화, 사용자 상황, 명확한 의미 전달 등이 가능한 비즈니스 유형으로서 일방적인 콘텐츠 제공형이 아닌 상황에 따라 신축적으로 대응할 수 있는 고객 지향적 비즈니스 모델의 출현이 요구된다.

2) 모바일 미디어와 매스미디어의 융합

일반적으로 미디어는 정보를 대량생산하여 불특정 다수의 사람들에게 대량 전달하는 기구 및 전달시스템을 말한다. 모바일 미디어와 매스미디어의 가장 큰 차이는 모바일 비즈니스 마케팅에 있어서는 인지도에 영향을 미친다. 매스미디어는 모바일 미디어에 비해 보다 광범위한 인지도를 확보하는 데 있어 유리한 반면에 모바일 미디어는 인지도 측면에서는 다소 떨어지지만 때와 장소에 관계 없이 고객들의 특성에 맞게 접근하여 모바일 비즈니스의 장점을 반영한 고객 지향적 비즈니스가 가능하다는 특징이 있다.

3) 무선 네트워크 기반구조 고도화

모바일 비즈니스의 주요 기반 구조인 무선인터넷의 경우 초고속인터넷과 비교하여 비싼 요금과 느린 속도, 그리고 협소한 단말환경 등으로 인하여 사용자들이 제대로 된 인터넷 서비스를 이용하지 못하고 있다.

그리고 외형적으로만 성장하고 있는 국내 무선인터넷 산업을 활성화시키기 위해서는 사용자들의 특성에 맞는 네트워크 인프라 측면에서의 고도화가 필요하다. 즉, 초고속인터넷에 익숙한 사용자들이 불편을 느끼지 않을 수 있을 만큼의 속도와 품질을 구현할 수 있도록 네트워크를 고도화하고, 요금을 인하하며, 유무선 복합 인터넷 비즈니스가 모델 개발을 촉진하는 등 유선인터넷과 동등한 무선 네트워크 기반 구조의 고도화가 요구된다.

4) 소비자 신뢰

무선 인터넷과 모바일 기기에 기반을 둔 모바일 거래에서 신뢰는 모바일 비즈니스의 핵심적인 성공요인 중의 하나이다. 모바일 비즈니스는 사용자들이 필요한 경우 언제 어디서나 사이버 상에서 이루어지는 비즈니스이기 때문에 소비자 신뢰가 중요하다고 할 수 있다.

그리고 성공적인 모바일 비즈니스의 확산은 참여하는 파트너들 사이의 신뢰와 협력 정도에 달려 있다. 그러므로 모바일 비즈니스에서 어떤 기업도 단독으로 통합 비즈니스 모델을 제공하기 어렵기 때문에 이동전화사업자, 단말기제조업자, 솔루션업체, 금융기관 등의 상호 협력이 요구된다.

8. M-Commerce의 시장동향

유선에서 무선통신으로의 변화를 통한 시장이 급성장 함에 따라 무선인터넷 사용자가 증가하여 M-Commerce에 대한 활용과 시장 잠재력은 아래와 같은 측면에서 살펴 볼 수 있다.

첫째, 무선인터넷을 활용할 수 있는 휴대폰, 스마트폰, 태블릿 PC, 넷북 등이 폭발적으로 성장하고 있다. 특히 스마트폰의 경우 전 세계가 폭발적인 관심을 통해 삶 자체의 변화를 가져오고 있으며 생활의 중요한 수단이 되었다. 휴대폰에 비해 화면크기가 커짐으로써 이를 통한 M-Commerce의 성장기반이 되었다고 할 수 있다.

둘째, 다양한 인터넷서비스를 통한 인터넷의 시장이 확대되었다. 인터넷 서비스가 1990년대 중반으로 기점으로 보급되기 시작하여 이제는 전 세계적으로 이용자수가 폭발적인 증가를 하고 있고, 더욱 확산일로에 있으며 이를 통한 다양한 지식과 정보를 공유하게 되고, 아울러 M-Commerce를 확산 시킬 수 있는 구조적 틀을 만들게 되었다.

현재까지는 개인 컴퓨터 등 유선단말기를 이용하여 유선 네트워크로 전자상거래 서비스를 제공하는 유선 전자상거래 시장이 전자상거래 시장을 주도하고 있지만, 향후에는 휴대폰, PDA 등 이동통신 단말기를 이용하여 무선 네트워크를 중심으로 상거래 서비스를 제공하는 M-Commerce가 점차 비중을 확대할 것으로 보인다. 특히 2005년부터 무선인터넷 사용자 수가 유선인터넷 사용자 수를 초과함에 따라 M-Commerce관련 수요가 급속도로 증가할 것으로 보이며, 자동차 내비게이션, 트래킹(Tracking), 위치별 광고(Advertisement Position) 등 위치정보 기술을 활용하는 위치기반 서비스(Location Based Service)가 본격적으로 도입됨에 따라 M-Commerce 시장은 크게 성장할 것으로 전망된다.

그리고 M-Commerce 시장현황 및 전망을 살펴보면 국내 M-Commerce의 시장규모는 2009년 1,500억 원, 2010년 3,500억 원으로 성장했다. 2011년 6,274억 원, 2012년 9,900억 원, 2013년 1조 4,374억 원, 2014년 1조 9,696억원, 2015년 2조 6,494억 원으로 성장할 것으로 KT경제경영연구소가 예측했다.

지역별로 살펴보면 현재 무선통신이 활발하게 이루어지고 있는 유럽 및 일본 지역이 시장을 주도하고 있으며, 향후에는 미국, 중국, 한국 등 그 외 지역이 높은 성장률을 나타낼 것으로 예측된다.

미국의 경우 미 시장조사기관인 eMarketer에 의하면 M-Commerce의 시장이 2011년 67억 달러 규모로 성장했으며, EC시장의 3.4%에 해당된다고 분석했다.

중국의 경우 2012년 1,255억 위안(21조원) M-Commerce 시장규모가 형성되었으며, 2015년에는 7,123억 위안(120조원)에 달할 것으로 예측하고 있다.

핵심 정리

- 인터넷 마케팅(Internet Marketing)은 오프라인 형태를 바탕으로 기업과 소비자 사이를 인터넷이라는 매개체를 활용하여 실시간으로 쌍방향 마케팅 활동을 수행하는 과정을 지칭한다.
- 인터넷 마케팅의 특성은 시공간적인 편리성, 저렴한 마케팅 비용, 유통구조 단축, 시장의 글로벌화, 고객관리 용이성, 상호작용성, 개인화, 합리적 광고효과 측정 등이 있다.
- 인터넷 마케팅으로 인한 변화는 고객의 변화, 시장역할의 변화, 가격의 변화 (저가화, 무료화, 역가화, 무가화, 유료화) 등이 있다.
- 인터넷 마케팅의 성공전략은 가격의 차별화, 제품과 서비스의 다양성, 쇼핑의 편리성, 신뢰성 확보, 데이터베이스 마케팅 활용, 제품과 서비스 정보제공의 충분성, 지속적인 회원관리, 실시간 고객 대응, 전략적 제휴 등이 필요하다.

- 모바일 마케팅은 휴대폰의 대중화로 모바일 비즈니스 시장에 활기를 불어넣었다. 특히 휴대폰의 대중화에 이어 3G, 4G 스마트폰과 기존 미디어를 연계한 마케팅 활동을 수행시키는 것이 모바일 마케팅이라고 할 수 있다.
- 모바일 마케팅의 특성은 1:1 마케팅, 적시 마케팅, LBS 마케팅, 문자메시징 마케팅, 휴대성 마케팅 등이 있다.
- 모바일 마케팅의 성장 동인은 첫째, 휴대용 단말기의 이용가치가 증대하고 있다. 둘째, 이동통신 서비스의 대중화를 들 수 있다. 셋째, 인터넷망의 개방성이 존재한다.
- M-Commerce란 이동통신 단말기와 통신네트워크를 이용하여 이루어지는 각종 정보, 서비스, 재화에 대한 금전적 거래로 정의할 수 있다.
- M-Commerce의 특성은 편재성, 접근성, 보안, 위치확인, 개인화, 즉시 연결성 등이 있다.
- M-Commerce의 정확한 범위를 설정하기는 곤란하지만 일반적으로 쇼핑, 티켓예매, 주식거래, 뱅킹, 요금청구 등으로 구분할 수 있다.
- M-Commerce의 발전단계는 도입기(2000-2001년 상반기), 2단계(2001년 하반기-2003년), 3단계(2004년 이후)의 단계를 거쳐 발전하여 왔다.
- 모바일 비즈니스 확산의 장애요인 사용의 편리성 문제, 기술적 측면의 제약,잠재적인 건상상의 위험 등이 있다.
- 모바일 비즈니스 활성화 방안으로는 고객지향적인 모바일 비즈니 모델이 필요하고, 모바일 미디어와 매스미디어의 융합, 무선 네트워크 기반구조 고도화, 소비자 신뢰 등이 필요하다.

제 5 장 T-Commerce

제5장
T-Commerce

제1절 TV의 진화

1. IPTV

1) IPTV의 개념

방송위원회(2005)는 IPTV를 텔레비전 등 방송프로그램을 인터넷망(IP망)을 이용하여 공중에게 보내주는 다채널방송으로 정의하였다. 정보통신부(2005)는 IPTV는 초고속인터넷망을 통해 양방향으로 다양한 멀티미디어 콘텐츠를 제공하는 신규 융합서비스로 정의하였다

IPTV란 Internet Protocol Television의 약자로서 초고속 인터넷을 이용하여 정보 서비스, 동영상 콘텐츠 및 방송 등을 TV로 제공하는 서비스를 말한다. 다시 말해 IPTV란 인터넷 비디오의 일종으로 초고속 인터넷을 통해 영화나 기존의 드라마 등의 방송프로그램을 직접 다운로드받는 형태와 향상된 TV기능인 DVR/PVR의 기능을 겸비한 서비스, 초고속 인터넷을 기반으로 동영상 압축 기술을 이용해 TV를 인터넷을 통해 제공하는 서비스를 통틀어 말한다.

2) IPTV의 특징

IPTV의 특징을 살펴보면 다음과 같다. 첫째, 기존 방송서비스는 방송국에서 전송되어진 채널 프로그램을 시청자가 시청할 수밖에 없었지만, IPTV는 시청자가

원하는 방송프로그램을 선택하여 볼 수 있고, 실시간으로 자신 의견과 주문이 가능하다.

[그림 5-1] IPTV의 개념도

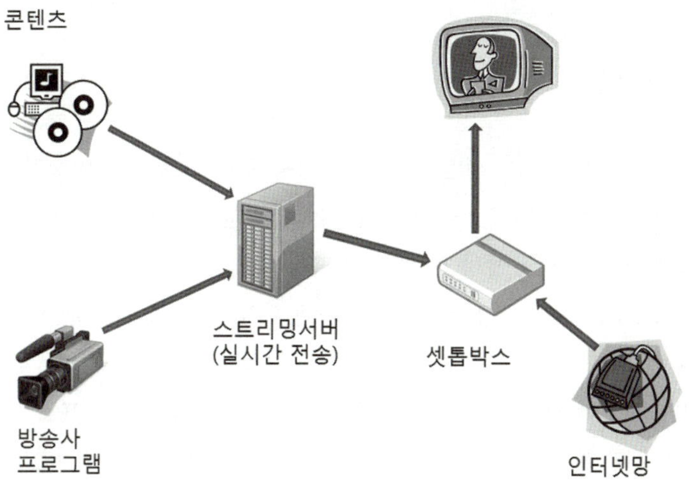

둘째, 기존 TV 홈쇼핑과 연계하여 전자상거래가 가능하다. TV를 시청하면서 정보검색도 가능하고 자신이 원하는 상품을 구매도 가능하다.

셋째, 홈 네트워크 서비스가 가능하다. 즉, IPTV는 인터넷망을 통해 인터넷, 인터넷전화, IPTV 서비스를 동시에 가능하게 하고 있다.

3) IPTV의 장단점

(1) IPTV 장점

기존 TV시청 형태와는 다르게 자신이 원하는 편리한 시간대에 TV시청이 가능한 형태이다. 콘텐츠 구성을 살펴보면 인터넷검색, 홈쇼핑, 홈뱅킹, 영화감상, 온라인 게임 등 인터넷으로 가능한 다양한 콘텐츠뿐만 아니라 부가 서비스를 제공받을 수 있다.

(2) IPTV 단점

기존 TV와 달리 인터넷이 연결되지 않으면 TV를 시청할 수 없다. 고화질 프로그램이 대중화되면서 화질이 떨어지거나 끊김 현상이 발생할 수 있다. 또한 TV와 인터넷을 동시 이용 시 스피드가 떨어질 수 있다.

아울러 TV 시청만 원할 경우도 인터넷을 동시에 신청해야 하는 단점이 존재한다.

4) IPTV의 전망

IPTV는 낮은 인지도와 제반적 어려운 상황에도 2009년 서비스가 시작된 후 2013년 가입자 수가 700만 명을 돌파하여 연평균 47.6%씩 성장하여 현재 전 세계 IPTV 서비스 시장에서 6.7%를 차지하고 있다.

그리고 IPTV업계는 경쟁사보다 차별화된 서비스를 통해 콘텐츠와 서비스를 제공에 나서고 있다. 아울러 시장 활성화를 위해 단말기 벤더와 서비스 제공업자간의 기술표준에 대한 확립이 필요하고, 콘텐츠 제공업자가 프로그램 제작과 배포가 용이하도록 채널을 일원화하고 프로세스가 간단하게 할 필요성이 있다.

2. 스마트 TV

1) 스마트 TV의 개념

스마트 TV는 컴퓨터 운영체제가 탑재되어 TV시청과 인터넷 접속이 동시에 가능한 TV라고 할 수 있다. 즉, TV 시청하면서 필요한 정보를 인터넷 검색이 가능하며, 기존 TV에 비해 사용자 입장의 TV보다 대형 PC 기능이 혼합된 차세대 TV라고 할 수 있다.

일반적으로 스마트 TV는 웹 영상물 및 애플리케이션 등 각종 콘텐츠를 제공하는 OS기반 TV로 정의될 수 있다. 물론 기존에 주로 시청하던 지역기반의 지상파 및 케이블 영상물도 볼 수 있으며, 이러한 영상물의 시청권도 국가와 지역, 생산자와 수용자 간 경계가 허물어지게 된다. 항상 네트워크와 연결되어 IPTV와 유사하지만 지속적으로 업데이트 되는 수많은 애플리케이션을 상시 활용하는 측면의 차이점이 존재하고 있다.

그리고 스마트 TV의 구성과 관련하여 방송서비스, 인터넷 서비스, 부가적 서비스 등에 대한 내용을 정리해 보면 아래의 그림과 같다.

[그림 5-2] 차세대 스마트TV의 개념도

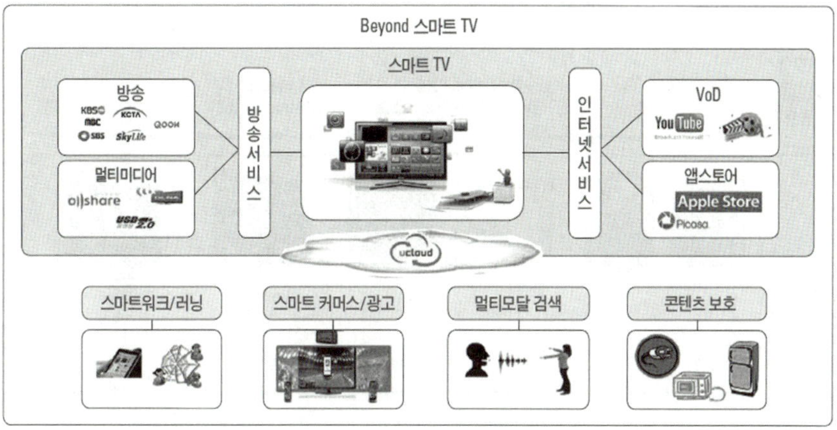

자료: 류원 외 2인, 차세대 스마트TV 발전 방향, TTA 저널135호, 2011. 5.

2) 스마트 TV의 특징

기존의 지상파 방송이 위성방송, 케이블 TV, IPTV, 스마트 TV 등의 다양한 형태로 변모하게 되었다. 아울러 방송자체가 매체간의 융합을 통해 새로운 형태의 방송매체로 만들어지게 되었다.

스마트 TV는 IPTV와는 다른 형태라고 할 수 있다. 스마트 TV의 스마트는 고객맞춤형 혹은 소셜네트워크를 내포하는 개념이다. 즉, TV의 다양한 프로그램을 시청자가 원하는 형태로 실행 및 접속을 통해 다양한 정보와 콘텐츠를 공유할 수 있게 된다. 그러므로 스마트 TV는 다양한 콘텐츠 및 각종 응용 프로그램을 제작・수집・배포・유통・과금 하는 모든 서비스를 포함하여 생각하는 것이 필요하다.

그리고 스마트 TV가 기존 TV와는 차이점이 있는데 첫째, 스마트폰과 같이 TV도 개인화를 통해 사용자 자신에 맞는 TV를 만들 수 있다는 것이다. 자신이 좋아하는 장르의 드라마, 영화, 오락 프로그램을 선별하여 TV시청이 얼마든지 가능하다는 것이다. 둘째, PC와 스마트폰의 대중화를 통해 스마트폰, PC, 스마트TV가 서로간 연동이 되어 실시간으로 정보를 주고받으며, 드라마, 영화, 쇼핑 등이 가능해 지고 있다는 것이다.

[그림 5-3] 융합 관점에서의 TV의 진화과정

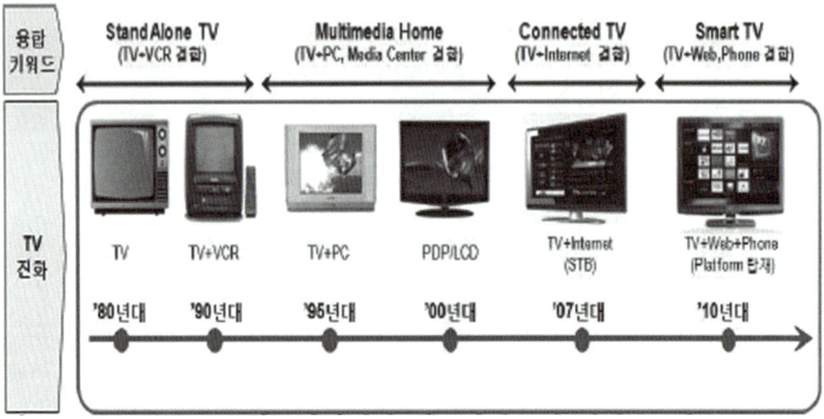

자료: 정보통신산업진흥원, "스마트 TV 시장 진입을 둘러싼 IT 기업들의 전략," 주간기술동향, 1464호, 2010. pp. 28-34.

스마트 TV의 가장 큰 장점은 다양한 애플리케이션 프로그램을 시청자한데 맞춤형으로 설치 및 실행할 수 있고, 소셜 네트워크를 통해 다양한 정보와 콘텐츠를 공유할 수 있다는 점이다.

스마트 TV는 OS가 기본으로 탑재되어 인터넷의 모든 콘텐츠와 애플리케이션을 이용할 수 있고, PC, 모바일 등 타 단말기와의 연동이 가능하다. 자유로운 웹서핑을 지원하지 않는 기존 TV에 비해 한 단계 진화된 TV의 개념이다.

그리고 스마트 TV의 특징을 타 TV와의 차이점을 살펴보면 〈표 5-1〉과 같다. 우선 전달방식과 양방향성, 콘텐츠, 응용프로그램 면에서 차이가 난다.

표 5-1 스마트 TV와 기존 TV 서비스의 구분 및 비교

구 분	전통 TV	케이블 TV/IPTV	Boradband TV/Web TV	스마트 TV
전달방식	전파	케이블/인터넷망	인터넷망	인터넷망
양방향성	불가	부분적	가능	가능
콘텐츠	지상파 방송사가 제작/확보한 콘텐츠	케이블/통신 사업자가 확보한 콘텐츠	온라인상에 유통되는 대부분의 콘텐츠	온라인/오프라인상의 모든 콘텐츠
애플리케이션	없음	사업자가 자체 제작한 소수의 프로그램	TV 수상기/셋톱박스 제조업체가 제작 공급 하는 프로그램	불특정 소비자/전문 개발자가 제작 공급하는 다수의 프로그램
요금체계	TV 시청료	유료	부분적 유료	유/무료 혼합
방송사	-KBS/MBC/SBS -ABC/CNN/NBC	-GS강남방송 CJ헬로비전 -myLGtv/Qook -Cable Vision Comcast	-LG/삼성의 인터넷 TV -OTT -애플TV	-구글TV -애플iTV

자료: 한영수, "구글 TV와 애플 TV로 미리본 스마트 TV 시장의 경쟁", LG Business Insight, 2010. pp. 2-15.

그리고 인터넷 TV, IPTV2.0, 차세대 스마트 TV를 상호간 비교해 보면 아래의 표와 같이 정리해 볼 수 있다.

표 5-2 인터넷 TV, IPTV, 스마트 TV 비교

구 분	인터넷 TV	IPTV 2.0	차세대 스마트TV
추구가치	고품질	참여화, 개방화	지능화, 개인화
수익모델	가입비, 판매마진	중계수수료, 광고	중계수수료, 광고
전달방식	인터넷망	인터넷망, 이동통신망	방송망, 인터넷망, 이동통신망, 홈네트워크
콘텐츠	케이블/통신사업자가 확보한 콘텐츠	온라인/오프라인 상의 모든 콘텐츠	온라인/오프라인 상의 모든 콘텐츠
양방향 서비스	부분적으로 있음	있음	있음
미디어 서비스	실시간 방송, VOD	실시간 방송, VOD 웹기반 멀티미디어	실시간 방송, VOD 웹기반 멀티미디어, 증강방송
인터넷 서비스	제한적 서비스 제공	인터넷 접속, 화상전화 T-Commerce, 클라우드 서비스	인터넷 접속, 화상전화 T-Commerce, 클라우드 서비스, 지능형비서 서비스
애플리케이션	제한적 서비스 제공	IPTV사업자 중심의 애플리케이션 제공	TV앱스토어 중심의 애플리케이션 제공
소비 콘텐츠 결정권한	플랫폼 사업자	콘텐츠 생산자	사용자
요금체계	유료	유료	유/무료 혼합
플랫폼 평가기준	제공 콘텐츠 양	사용자 참여 규모	추천 만족도

자료: 김효근 · 문남미, T-Commerce 전략과 기술, 서울: 시그마 인사이트, 2002.

3) 스마트TV 현황

스마트TV 현황을 살펴보면 애플, 구글, 삼성, LG 등의 업체가 스마트TV를 출시하여 시장을 형성하고 있다.

(1) Apple

애플은 2007년 3월 40GB 하드디스크 드라이브와 셋톱박스가 탑재된 애플TV를 출시했지만 TV시장에서 뚜렷한 성과를 보이지 못했으며, 뒤이어 2010년 9월 콘텐츠를 볼 수 있는 셋톱박스 형태의 애플TV를 다시 출시하게 되었다. 이때 출시된 애플TV는 영화, TV프로그램, 음악 등을 HD방식을 시청이 가능하고 사진을 슬라이드 형태로 볼 수 있는 기능이 포함되어 있다.

그러나 애플 TV는 기존 TV를 대체하는 것이 아니었고, 기존TV에 셋톱박스를 연결하는 형태로 접근하다 보니 애플 마니아 입장에서 새로운 매체에 대한 기대감의 상실로 성공가능성이 희박했다.

애플TV의 성공을 위해서는 TV의 개방성이 필요하고 콘텐츠 업체와의 제휴를 통해 TV에 다양한 콘텐츠 서비스를 제시해야 할 것이다.

애플TV의 사업모델은 VOD 대여 형태이지만, 아이패드, 아이폰, iTunes와 연동이 가능하게 되었다.

[그림 5-4] Apple 스마트TV의 화면 구성

(2) Google

구글은 TV와 셋톱박스 같이 제공하고 있으며, 하드웨어를 생산하지 않은 구글은 하드웨어와 소프트웨어를 많은 부분을 외부업체와 제휴를 통해 문제를 해결하고 있다. 구글은 안드로이드 운영체제가 탑재된 TV를 출시하였으며, 웹브라우징, 애플리케이션, 검색 기능 등을 제공하고 있다.

즉, 애플이 아이폰 출시를 통해 스마트폰 세상을 만들어 주었다면, 구글은 개방형 운영체제를 기반으로 구글TV를 만들어 진정한 스마트TV 세상을 구현해 줄 것으로 기대하고 있다.

구글의 사업모델은 광고를 통하여 수익을 창출하고 있으며, 방송 콘텐츠는 CNN, TBS, CNBC 등에 콘텐츠를 제공하고 있다.

구글 스마트TV의 특징은 첫째, '구글TV 2.0' OS(운영체제)를 탑재하여 사용자환경(UI), 검색 기능, 전용 앱 등이 대폭 강화됐다. 둘째, 앱을 사고파는 온라인 장터인 구글 플레이(Google Play)도 이용할 수 있다. 또 멀티태스킹이 가능하고 및 초기 화면은 개인설정 할 수 있다. 셋째, 통합 검색기능으로 원하는 콘텐츠를 인터넷이나 여러 온라인 동영상 사이트로부터 쉽게 검색해 즉시 재생토록 했다. 넷째, 음성인식 · 제스처 명령 · 쿼티(QWERTY) 입력 기능을 갖춘 매직 리모컨 기능이 있다.

[그림 5-5] Google 스마트TV의 화면 구성

(3) Samsung

삼성은 2007년 TV와 인터넷 연동이 가능한 스마트TV를 서비스하기 시작하였고, 2008년 콘텐츠 제공 문제를 해결하지 못하여 인터넷 TV 형태와 유사하게 진행되었다. 삼성은 바다 OS를 탑재해 앱스토어를 운영하고 있으며, 국내서비스는 SBS와 EBS의 방송용 콘텐츠를 무료로 제공하고 있다.

그리고 삼성은 시스템 자체가 표준화가 되어 있지 않았으며, 미국의 애플리케이션 확보에 주력하고 있다. 2011년 9월 애플리케이션 1,000개, 1,000만 다운로드를 달성했으며, 전 세계적으로 1,053개의 애플리케이션을 확보했다.

삼성 스마트TV의 특징은 첫째, 음성으로 TV를 on/off가 가능하고 채널과 볼륨도 자유롭게 조절이 가능하다. 둘째, 손을 이용하여 리모컨 역할을 수행하며, TV 조작과 아이콘 클릭, 스크롤이 가능하다. 셋째, 사진 공유가 가능하고, 스마트폰, PC를 통해 확인 가능하다.

[그림 5-6] 삼성 스마트TV의 화면 구성

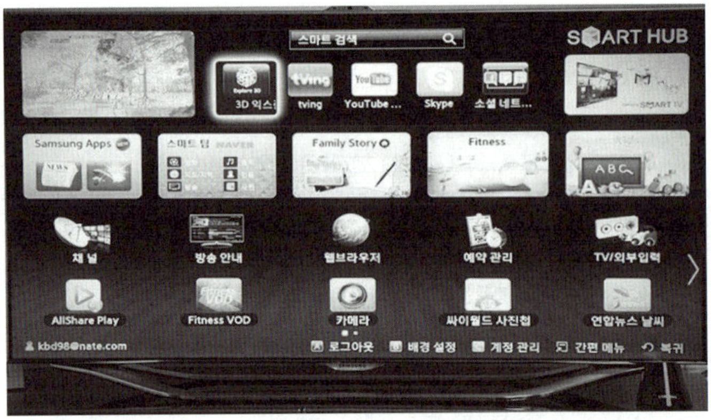

(4) LG

LG는 스마트TV의 전문가를 확보하여 자체 스마트TV 플랫폼인 넷캐스터 2.0을 기반으로 하여 쉽고, 더 많고, 재미있게, 더 수준 높은 콘텐츠와 서비스가 이용 가능한 스마트TV 특징을 내세우고 있다.

[그림 5-7] LG 스마트TV의 화면 구성

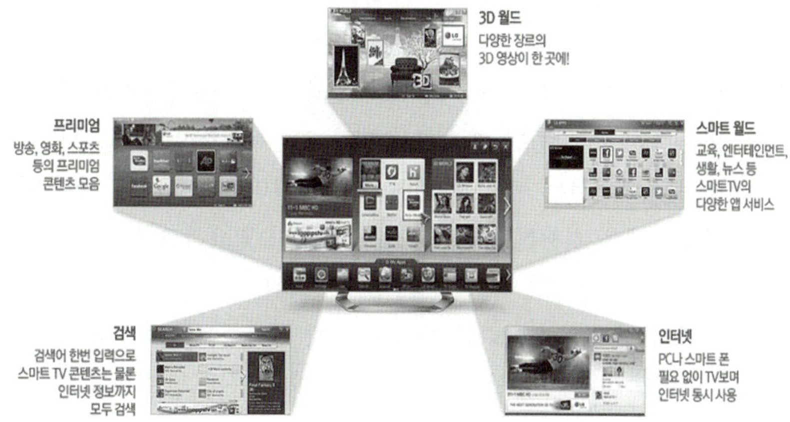

LG는 독자적인 앱스토어 LG앱스TV를 운영하고 있으며, 시장에 공급하고 있는 스마트TV용 애플리케이션이 1,000개를 넘어서고 있다.

LG 스마트TV의 특징은 첫째, 휠 기능으로 인터넷 페이지와 채널을 간편하게 이동할 수 있다. 둘째, 클릭기능으로 PC마우스처럼 보면서 바로 클릭할 수 있다. 셋째, 음성인식 기능으로 인터넷 검색이나 SNS도 음성으로 손쉽게 입력할 수 있다.

표 5-3 출시된 스마트TV 특징 비교

구 분	AppleTV	GoogleTV	삼성 스마트TV	LG 스마트TV
출 시 일	2010. 9	2010. 10	2010. 9	2011. 1
판매가격	$99	$1,299~2,799	160~300만원	150~450만원
기 능	동영상	Web browsing Application 동영상	Web browsing Application 동영상	Web browsing Application 동영상
디스플레이	-	Sony	Samsung	LG
set top 형태	셋톱형태	TV 내장형 set top box	TV 내장	TV 내장 set top box

4) 스마트TV를 위한 기술

스마트TV를 위한 필요한 기술은 콘텐츠, 플랫폼, 단말기, 네트워크 측면에서 살펴볼 수 있다.

첫째, 콘텐츠의 경우 스마트TV 사용자가 인공지능형 에이전트와 검색이 가능한 기술이 필요하고, 양방향 송수신을 위한 TV 서비스 기술이 필요하다.

둘째, 플랫폼 측면에서는 광고 콘텐츠 생성과 관리가 용이하며, 사용자 개인에게 맞춤형으로 제공 가능한 응용서비스 플랫폼이 필요하고 보안성의 강화가 요구된다.

셋째, 단말기의 경우 음성이나 몸동작을 통해 인식하고 분석하여 활용할 수 있게 TV 사용자가 이용하기 쉽고 편리한 기술이 제공될 필요가 있다.

넷째, 네트워크 측면에서 다양한 매체와의 연동이 가능한 기술과 네트워크의 중요성이 요구되고, 스마트폰, 태블릿 PC, 노트북 등과 융합된 서비스가 가능해야 한다.

5) 국내외 스마트TV 시장 전망

스마트TV의 시장에 대한 전망을 보면 2010~2013년까지 연평균 38%의 고성장을 하여 2013년 2억 8천만 대의 누적 판매량을 추정하고 있다. 전 세계 TV 판매 중에서 스마트TV의 비중은 2010년 17.2% 차지하고, 2013년에는 33.3%로 성정할 것으로 추정하고 있다.

국내 스마트TV의 경우 신규 TV판매에 스마트TV가 차지하는 비중이 2010년 13% 점유율을 통해 2013년에는 50%에 넘어설 것으로 전망치를 내놓고 있다. 아울러 스마트TV 서비스 이용자 수는 2010년 14만 명, 2011년 39만 명, 2012년 77만 명, 2013년에 139만 명에 달할 것으로 추정하고 있다.

✦ OLED(Organic Light Emitting Diodes)TV: 유기발광다이오드 TV로 LCD와 달리 스스로 빛을 낼 수 있으며, 구부리기 쉽고 색 재현력이 뛰어나지만 패널 생산이 곤란함

✦ UHD(Ultrs High Definition)TV: 기존 LCD패널을 쓰면서 화질을 높인 초고화질 TV 로 화소수가 200만 화소에서 800만 화소로 선명한 화질의 TV임

제2절 T-Commerce

1. T-Commerce의 개요

T-Commerce는 디지털 TV의 특성을 살린 새로운 커머스 한 유형이다. T-Commerce란 Two-way Communication이 가능한 디지털 TV 매체를 이용해 상품정보 탐색과 소비활동이 발생하는 것이다. T-Commerce는 TV의 친숙성, 사용편의성, 인터넷의 즉시성이 결합된 것으로 소비자에게 상품, 서비스에 대한 정보검색, 구매가 가능하게 된다.

T-Commerce는 우리에게 친숙한 TV를 이용한 커머스로 이는 전자상거래 기술과 상호작용적인 TV과의 컨버전스가 되어진 형태이다. 이는 텔레비전 시청자가 미래의 수익창출이 가능한 단골고객으로의 대상이 된다.

T-Commerce는 간단하게 정리하면 TV라는 매체를 이용한 전자상거래의 하나라고 할 수 있다. 하지만 전자상거래와 다른 커머스와 제반적인 차이점을 가지고 있다.

T-Commerce란 "Television Commerce" 또는 "E-Commerce on TV"를 줄인 말로 우리가 인터넷을 통해 상품을 주문하는 것과 같은 일련의 활동을 TV라는 매체를 통해 수행하는 것을 말한다. 그러나 여기서 TV의 경우 양방향 디지털 TV를 지칭하고 방송의 개념을 포함하며, T-Commerce의 경우 상거래 행위시 재화와 서비스의 구매와 제품 정보검색이 포함됨을 의미 한다.

T-Commerce는 가정에서 상품 및 서비스의 이용을 용이하게 하는 인터넷과 텔레비전 세트, 그리고 리모컨과 무선 키보드 및 마우스 등의 입력장치가 융합된 단말 시스템으로 정의할 수도 있다.

2. T-Commerce의 특성

T-Commerce의 특성은 단말이 TV라는 데에서 찾아야 한다. 그 어느 시장보

다도 규모가 큰 상거래 창구이자 커뮤니케이션 장이기도 하다. 뿐만 아니라 TV는 가장 친숙하고 보급이 많이 되어 있으며, 무방비상태로 노출되는 성격의 미디어인 것이다. 따라서 T-Commerce는 충동적인 구매를 야기할 가능성이 높다.

그리고 아직까지 개인화되지 않는 단지 시간대상으로 개인 시청환경이 주어지는 불특정 다수가 접하게 되는 미디어이다. 따라서 긍정적인 측면의 시장잠재력만큼이나 부작용에 대한 우려도 상존하는 영역이라고 할 수 있다.

T-commerce 의 가장 큰 장점은 누구나 쉽게 이용할 수 있는 TV 매체를 이용한다는 것이다. TV 는 매체의 사용자 인터페이스인 리모컨의 간단한 조작만으로 필요한 기능을 수행할 수 있다. 이러한 TV의 사용편리성으로 인해 사용자는 T-commerce를 통해 간편하게 제품에 대한 정보를 요구하거나 구매할 수 있다. 또 다른 T-commerce 의 장점은 TV 라는 대표적인 감성 매체를 이용한다는 것이다. 소비자는 남보다 먼저 사고 싶은 욕구에서 더 나은 제품을 구매하려는 욕구로, 더 나아가 제품의 사용편의성과 감성 만족을 높이려는 욕구로 변화하고 있다.

TV 는 인간의 감성과 관련하여 충동구매 및 관심유발 면에서 PC 나 휴대폰 등의 다른 플랫폼에 비해 잠재 고객을 리드할 수 있다. 이러한 이점은 T-commerce 가 고부가가치 시장으로의 진입이 가능하다는 것을 입증해주고 있다. 이 밖에도 TV 의 높은 신뢰도와 이용 시 즐거움, 흥미 유발의 용이성 등은 T-commerce 의 성공 가능성을 높여주는 요소라고 할 수 있다.

1) 친숙함 사용의 편리성

우리 생활 속에서 매일 사용하고 친숙한 매체라는 것이다. 가정에서는 거실에 두고 편리한 리모컨을 통해 인터페이스가 간단하고 조작이 용이하다는 것이다. 즉, 방송을 시청하다 상품광고를 실시간으로 보고 구매와 결제가 이루어지게 된다. 아울러 인터넷에 친숙하지 못했던 계층도 친숙한 TV매체를 통해 수요층이 형성될 수 있다

2) 다양한 콘텐츠의 전달

타 매체와 비교하여 전달력이 강하다고 할 수 있다. 즉, 스마트폰 글자 크기가 작고 PC의 경우 부팅시간이 길다는 것에 비해 TV의 경우 화면의 크기도 크

고 상품정보를 텍스트나 동영상을 통해 광고전달이 높다. 또한 상품정보를 보기에 편리한 매체라고 할 수 있다.

3) 높은 매체 신뢰도

소비자가 다른 매체에 비해 신뢰도가 높아 광고효과가 높다는 것이다. E-Commerce 경우 많은 자본을 투자하지 않고 인터넷 쇼핑몰을 구축하다 보니 소비자가 거래에 대한 신뢰 및 불만이 문제지만 TV의 경우 대기업체를 통해 신뢰도가 높다고 할 수 있다.

4) 매체의 인터액티브

스마트 TV를 통해 실시간 정보 전달이 가능하고, 전파속도가 스피드하게 처리된다. 광고를 통해 실시간으로 소비자의 반응과 구매 동향을 파악하게 하여 여기에 적합한 부가적인 활동이 이어질 수 있다. 더불어 실시간 리서치와 고객과 시장특성을 기업의 마케팅에 접목할 수 있고, 개인에게 맞춤식 서비스도 가능하다.

표 5-4 T-Commerce의 장점

장 점	내 용
친숙함 사용의 편리성	- 친숙한 매체 - 조작용이 - 실시간 구매와 결제 가능
다양한 콘텐츠의 전달	- 매체 전달력이 강함 - 상품정보 텍스트 동영상 광고전달 우수 - 상품정보 보기 용이
높은 매체 신뢰도	- 매체 신뢰도 높음 - 광고효과 높음
매체의 인터액티브	- 전파속도 빠름 - 실시간 구매동향 파악 가능

3. TV 홈쇼핑, T-Commerce, E-Commerce, M-Commerce의 비교

1) TV 홈쇼핑과 T-Commerce의 개념 비교

TV 홈쇼핑은 홈쇼핑 업체가 홈쇼핑 전문 방송 채널을 통해 홈쇼핑 광고를 TV를 통해 시청한 후 전화를 통하여 상담자와 상품정보를 확인 후 주문 및 결제가 이루어지게 된다.

[그림 5-8] TV 홈쇼핑과 T-Commerce의 개념도 비교

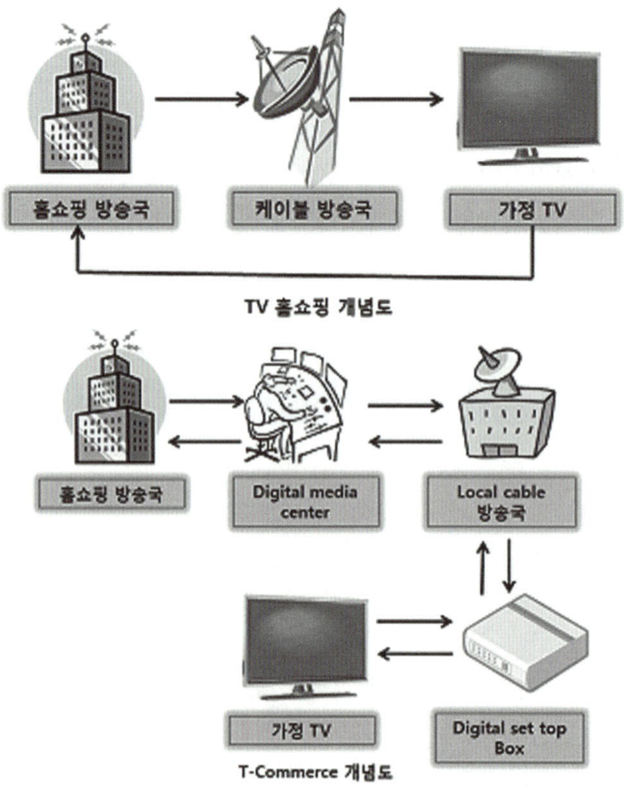

자료: 김진혁, TV홈쇼핑의 신 성장 동력, T-Commerce, 삼성경제연구소, 2006. p. 5

이에 반해 T-Commerce의 경우 가정에서 상품 및 서비스의 이용을 용이하게 하는 인터넷과 텔레비전 세트, 그리고 리모컨과 무선 키보드 및 마우스 등의 입력 장치가 융합된 단말 시스템을 통하여 거래가 이루어지게 된다.

2) T-Commerce, E-Commerce, M-Commerce의 비교

먼저 T-Commerce, E-Commerce, M-Commerce를 매체, 서비스, 특성, 커머스 측면에서 상호간 비교하며 다음과 같다.

표 5-5 T-Commerce, E-Commerce, M-Commerce의 비교

구 분	T-Commerce	E-Commerce	M-Commerce
매 체	TV	PC	모바일 단말기
서 비 스	쇼핑몰, 뱅킹, 게임	온라인 쇼핑몰	M-Banking, 콘텐츠 예매
특 성	적극적 특정 이용자	소비자의 이용 편의성 증대	이동성, 개인성
Commerce	일부 제한적인 서비스제공	저가정책, 옥션 등 다수의 비즈니스모델 존재	통신사업자 중심의 자체 포털을 통한 일부 상품의 제한적 판매

자료 : 신기섭 · 류성경, "T-커머스의 성장가능성과 금융기관에의 시사점", 전자상거래학회지, 제7권 제3호, 한국전자상거래학회, 2006, p. 75

3) TV홈쇼핑, T-Commerce, E-Commerce의 비교

TV 홈쇼핑은 소비자가 TV를 통해 광고를 시청하면서 자신이 원하는 제품을 전화를 통해 주문하고 결제과정을 거치는 형태이다. 특히 TV홈쇼핑은 소비자가 원하는 정보를 쉽게 획득할 수 없고, 홈쇼핑 편성에 따라 수동적으로 접근하게 되므로 소비자는 제한된 시간에 정보를 통해 주문을 할 수 밖에 없는 구조를 가지고 있다.

이에 반해 T-Commrce의 경우 TV홈쇼핑이 가진 특징을 통해 소비자가 자신의 의사를 능동적으로 반영하여 상품정보를 통해 주문하게 된다.

그리고 E-Commerce의 경우 시간과 공간을 제약을 두지 않고 언제든지 자

신이 원하는 상품을 검색하고 주문자들의 구매후기와 다양한 정보를 바탕으로 주문이 가능하다. 아울러 중간상이 배제되어 저렴한 가격으로 구매할 수 있는 특징을 가지고 있다.

이와 같은 TV홈쇼핑, T-Commerce, E-Commerce의 비교를 해보면 〈표 5-6〉 과 같이 정리해 볼 수 있다.

표 5-6 TV홈쇼핑, T-Commerce, E-Commerce의 특성 비교

구 분	TV 홈쇼핑	T-Commerce	E-Commerce
매 체	TV	TV	PC
커뮤니케이션	단방향 전달	쌍방향 소통	쌍방향 소통
대 상	불특정 다수(수동적)	자발적 소비자(능동적)	자발적 소비자 (능동적)
서비스 특성	Push 형태를 통한 소비	서치 기능을 통한 상거래	서치 기능을 통한 상거래
감성자극	자극	자극	자극 안 됨
상품다양성	다양성 없음	다양성	다양성
사용편의성	편의성 있음	편의성 있음	편의성 없음

자료: 삼성경제연구소, TV 홈쇼핑의 신 성장 동력 T-Commerce, 2006, p. 6 재정리

4. T-Commerce의 유형

1) 상품판매형 T-Commerce

상품판매형 T-Commerce란 상품의 광고 또는 판매 형태로 TV 홈쇼핑과 비슷하지만 상품판매형은 상품검색, 뱅킹 등을 통해 대금결제도 가능하다. 이는 T-Commerce 서비스의 가장 기본적인 유형으로, 전체 매출의 상당 부분이 직접 판매가 차지할 것으로 예상되고 있을 정도로 중요성을 가진다.

2) 용역제공형 T-Commerce

용역제공형 T-Commerce란 소비자의 편의를 위해 무형재화를 소개 및 판매목

적으로 광고를 하는 것이다. 이는 주로 주식거래 예약, 예매 등의 서비스가 해당된다. 용역제공형 T-Commerce의 경우 E-Commerce와 유사하다보니 차별성을 두기 어렵고 경쟁이 불가피 하다.

3) 콘텐츠제공형 T-Commerce

디지털 TV의 상용화는 초고속디지털회선을 통한 통신망을 갖추고 양방향 커뮤니케이션이 가능하게 되었다. 초고속디지털통신망을 통하여 디지털 TV는 다양한 콘텐츠는 다운로드가 가능하게 되었다.

텔레비전을 통한 다운로드에 적합한 디지털 콘텐츠로는 동영상 데이터와 음악파일, 텍스트 정보, 텔레비전용 게임, SMS 등이 있으며, 특히 엔터테인먼트와 교육용 콘텐츠의 판매가능성이 높을 것으로 보인다.

표 5-7 T-Commerce 유형별 비교

유형	상품 판매형	용역 제공형	콘텐츠 제공형	TV홈쇼핑
특 성	-TV홈쇼핑과 유사 -가장 기본적 유형	-EC와 유사 -서비스 소개 및 판매목적	-다양한 콘텐츠 다운로드 가능	-즉흥적 구매 유발 -쇼핑호스트 출연
서비스	-상품검색 -뱅킹 -다품종 복합 상품	-주식거래 예약 예매 -주문 배달	-음악파일 -게임 -SMS	-다품종 복합 상품 -동영상
등 록 승 인	-심사위원회 구성 -완화된 승인기순	-상임위원회 의결 -약식 승인	-등록 -이용요금 약관승인	-심사위원회 구성 -엄격한 승인기준

그리고 T-Commerce를 쇼핑(Shopping), 뱅킹(Banking), 프로그램 다운로드(Program Download), 게임(Game), 정보제공 등의 서비스 측면에서 분류해 보면 다음과 같다.

1) 쇼핑(Shopping)

먼저 가상 쇼핑몰을 통한 쇼핑은 가상채널을 통해 제공되는 브랜드들이 제공하는 서비스 및 재화를 검색하여 예약, 주문 및 구매를 할 수 있는 서비스로서, 사업자가 몇 개의 브랜드에 대한 별도의 브라우저를 이용한 서비스를 제공하는 경우이다.

AV화면 클릭을 통한 쇼핑은 화면상에 제품을 클릭하여 해당 물품을 구매하는 쇼핑도 가능하다.

2) 뱅킹(Banking)

TV와 리턴채널을 이용하여 가정에서도 편안하게 은행 업무를 처리할 수 있는 서비스로서, 현재 잔액조회부터 대출까지 거의 모든 은행 서비스가 제공되고 있다. 이는 일반적으로 가장 많이 시도되고 있는 서비스이면서, 시청자들에게도 다른 쌍방향 서비스보다 인기 있는 서비스이다.

3) 프로그램 다운로드(Program Download)

리턴채널을 이용하여 특정 프로그램을 선택하여 셋톱박스에 다운로드하는 경우, 재화의 이동이 일어나고 요금청구도 가능하므로 주요한 T-Commerce 서비스이다.

4) 게임(Game)

현재는 리모컨을 이용한 쌍방향 서비스에 친숙해질 수 있도록, 무료로 간단한 게임을 제공하는 수준이나, 향후 현재의 온라인 게임처럼 종량제 등에 기반을 둔 서비스로 발전할 경우 중요한 비중을 차지할 것으로 기대된다.

5) 정보제공

T-Commerce는 TV의 쌍방향 정보교류를 통한 재화나 서비스의 거래를 의미하여 재화나 서비스의 예약, 주문, 구매 등을 포함하지만 이에는 거래를 목적으로 하거나 단순 정보추구의 정보검색 행위도 포함된다.

그리고 소비자가 T-Commerce 선호하는 품목들은 주로 가정용 물품 및 기기, 가구, 화장품, 목욕실 용품, 의류, 공연티켓(영화, 콘서트, 연극 등), TV뱅킹 등으로 구성된다.

제3절 T-Commerce의 시장 동향

1. T-Commerce의 국내 동향

국내의 경우 2003년 말에 위성방송을 통한 상품판매를 시범적으로 실시했으나 시청가구와 상품 종류 부족, 기술적 준비 부족으로 실패하게 되었다.

그러나 2009년 4개 홈쇼핑사 모두 T-Commerce 방송을 실시중이고 아날로그 방송이 종료되면 시장 확장이 가능할 것으로 예상하고 있다. 하지만 TV홈쇼핑 전체 매출액에서 T-Commerce가 차지하는 비중은 미미한 수준으로 1-2%에 불과하다고 할 수 있다.

1) S업체

2003년 본 방송 실시하였고, 단방향 서비스 위주로 게임, 영어교육 게임, 유아교육, 날씨, 교통, 영화, SMS 서비스 등을 실시 중이다. 아울러 용역 제공형 서비스의 하나인 피자주문, T-Banking 등에 대한 서비스와 골프장 예약, 선거방송 등의 양방향 데이터방송 서비스 초기 상태이다.

2) C업체

2005년 12월 Tmall 서비스 시작하여 600여개의 상품을 방송중이고, 독립형 데이터 방송인 SMS 송수신, 극장예약 및 예매 서비스, 게임, 운세 등의 양방향 서비스와 생활정보 등에 대한 서비스 실시 중이다.

추후 T-Banking과 T-Commerce를 확대할 예정으로 인프라 구축 및 준비 중에 있다.

3) G업체

Tshop 서비스를 개시할 예정이고, 주 타깃으로 30-40대 여성과 인터넷 소외

계층을 위해 홈쇼핑과 인터넷 쇼핑몰의 인기 판매상품을 T-Commerce의 품목으로 제공 하게 된다.

2. T-Commerce의 해외 동향

1) 영국

영국은 세계 최초 데이터 방송을 실시하였고, 데이터 보급률도 최고이다. 지상파의 경우 T-Commerce, 인터넷과 전화, 투표, 드라마 등을 제공하고, 위성의 경우 축구독점 중계권을 이용한 스포츠배팅 서비스, 게임, SMS 서비스, T-Commerce 등을 제공하고 있다.

2) 이탈리아

이탈리아의 경우 강력한 정부지원을 통해 T-Commerce, T-Banking 등 주문형 방송에 주력하고 있다.

3) 미국

미국의 경우 솔루션 사업자, 플랫폼 사업자들이 활발하게 방송에 참여중이며, 주로 독립형 데이터방송 위주이다. 주로 스포츠, 날씨정보, 증권정보, 생활정보, 경제정보, 건강정보 등의 서비스를 제공 중이다. 업체로는 DirectTV, Echostar, Cable Vision, Charter 등이 이다.

3. T-Commerce의 발전 전망

T-Commerce 시장의 경우 아날로그 방송 종료로 TV 방송형태가 디지털로 전환됨에 따라 디지털방송 가입자 수가 증대할 상황이다. 하지만 디지털 TV가 가지는 강점을 보여주지 않으면 인터넷 쇼핑몰의 쇼핑형태를 벗어나지 못할 우려도 존재하게 된다.

하지만 TV홈쇼핑에 기반을 두는 고객을 T-Commerce로 전환시키기 위해서는 상품에 대한 정보 제공, 주문과정 용이, 다양한 상품 제공이 관건이 된다고 볼 수 있다.

그리고 정부가 T-Commerce의 활성화를 위해 걸림돌이 될 수 있는 각종 법적, 제도적 문제를 해결하여야 한다. 특히 디지털방송 및 T-Commerce에 관련된 인프라 구축에 필요한 재정적 지원이 필요하다고 할 수 있다.

아울러 정부는 규제보다 서비스 활성화를 촉진시킬 수 있는 정책마련이 필요하고 특히 소비자 보호를 위해 제도적 장치가 준비되어 소비자가 거래를 통해 발생되는 각종 문제에 정부의 도움이 필요하다.

그리고 T-Commerce가 활성화 될 수 전략을 수립이 필요한데, 첫째, 디지털TV의 보급 촉진을 통해 데이터방송과 양방향 TV를 도입을 기반으로 하여 T-Commerce에 친숙하도록 준비가 필요하다.

둘째, T-Commerce의 이용자들에게 종적인 시장보다 횡적으로 넓힐 시장을 형성할 필요가 있다.

셋째, TV의 친숙성과 더불어 이용자들에게 간단한 버튼 조작으로 TV시청이나 상거래가 이루어지도록 사용상의 편리성을 제공해야 한다.

넷째, 다양하고 질적인 면에 우수한 콘텐츠를 개발하여 다수의 이용자가 접할 수 있는 환경을 조성해야 커머스의 확산이 가능해 진다.

다섯째, 각종 콘텐츠에 대한 저작권과 제반적인 제도 정립을 해야 하며, 소비자가 상거래시 문제가 유발되지 않도록 제도적 장치를 마련할 필요가 있다.

핵심 정리

- IPTV란 Internet Protocol Television의 약자로서 초고속 인터넷을 이용하여 정보 서비스, 동영상 콘텐츠 및 방송 등을 TV로 제공하는 서비스를 말한다.
- IPTV의 특징은 시청자가 원하는 프로그램 선택 가능, TV홈쇼핑과 연계가능, 네트워크 서비스 가능 등이 있다.
- 스마트 TV는 컴퓨터 운영체제가 탑재되어 TV시청과 인터넷 접속이 동시에 가능한 TV라고 할 수 있다.
- 스마트TV 현황을 살펴보면 애플, 구글, 삼성, LG 등의 업체가 스마트TV를 출시하여 시장을 형성하고 있다.

- T-Commerce는 TV의 친숙성, 사용편의성, 인터넷의 즉시성이 결합된 것으로 소비자에게 상품, 서비스에 대한 정보검색, 구매가 가능하게 된다.
- T-Commerce의 특성은 친숙함과 사용의 편리성, 다양한 콘텐츠의 전달, 높은 매체 신뢰도, 매체의 인터액티브 등이 있다.
- T-Commerce의 유형은 상품판매형, 용역제공형, 콘텐츠 제공형 등이 있다.
- T-Commerce를 쇼핑(Shopping), 뱅킹(Banking), 프로그램 다운로드(Program Download), 게임(Game), 정보제공 등의 서비스가 가능하다.
- 2009년 4개 홈쇼핑사 모두 T-Commerce 방송을 실시중이고 아날로그 방송이 종료되면 시장 확장이 가능할 것으로 예상하고 있다. 하지만 TV홈쇼핑 전체 매출액에서 T-Commerce가 차지하는 비중은 미미한 수준으로 1-2%에 불과하다고 할 수 있다.
- 해외 동향은 영국은 세계 최초 데이터 방송을 실시하였고, 데이터 보급률도 최고이다. 이탈리아의 경우 강력한 정부지원을 통해 T-Commerce, T-Banking 등 주문형 방송에 주력하고 있다. 미국의 경우 솔루션 사업자, 플랫폼 사업자들이 활발하게 방송에 참여중이며, 주로 독립형 데이터방송 위주이다.

제6장 u-Commerce

제6장
u-Commerce

제1절 유비쿼터스의 개요

1. 유비쿼터스의 개념

유비쿼터스의 사전적 의미인 라틴어 어원으로 "(동시에)도처에 존재하는", "편재하는" 등의 뜻을, 물이나 공기처럼 도처에 편재한 자연 상태를 의미하는데 이는 1988년 미국 제록스 팰로 앨토연구소의 마크 와이저(Mark Weiser)가 처음으로 제시하였다.

마크 와이저(Mark Weiser)에 의해 처음 제시된 유비쿼터스 컴퓨팅 개념은 그가 상상하지 못했던 영역으로까지 확장되고 있다. 그는 단순히 물리공간에 편재된 컴퓨팅과 네트워킹을 상상했다. 그러나 컴퓨팅 기능과 네트워킹 기능이 상존하는 물리공간은 더 이상 기존의 물리공간만은 아니었다. 지능화된 물리공간은 전자공간과 융합하여 상상했던 것보다 훨씬 거대한 변혁을 가져오고 있으며 제3공간의 등장이 바로 그것이다.

유비쿼터스 컴퓨팅은 기존의 정보 기술의 경우 업무를 도와주는 보조적인 수단이기보다는 그 자체가 업무가 되어 버리는 문제를 안고 있었으며 마크 와이저(Mark Weiser)는 이점을 깊게 고민하고 지적한 것이다. 이에 따라 마크 와이저(Mark Weiser)가 주창한 유비쿼터스 컴퓨팅은 기본적으로 다음의 네 가지 사상을 지닌 컴퓨팅 환경으로 정의할 수 있다.

첫째, 유비쿼터스 컴퓨팅은 인간친화적인 인터페이스로서 이용자가 지나치게

[그림 6-1] 유비쿼터스 네트워킹과 컴퓨팅

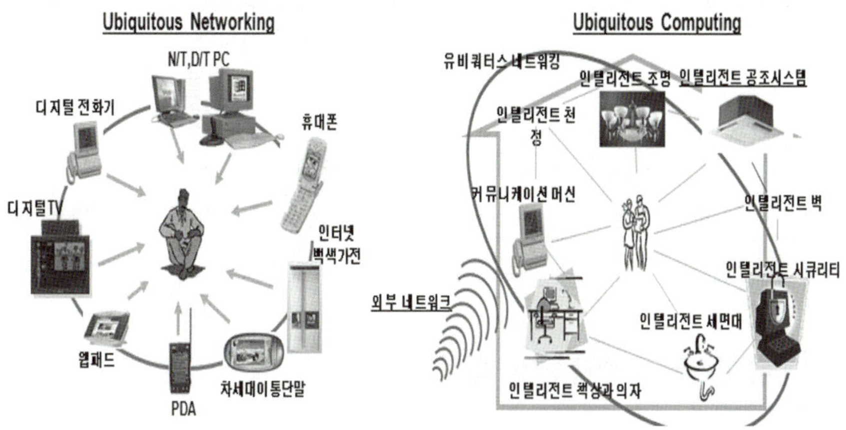

주의를 기울이지 않아야 한다. 즉, 최고의 기술은 보이지 않은 기술로서 일상생활이란 직물 속에 짜깁기 되어야 하며 그 사례로서 우리는 안경을 통하여 세상을 보지만 안경을 의식하지 않는 것과 같은 것이라고 주장하였다.

둘째, 유비쿼터스 컴퓨팅을 물리공간의 모든 컴퓨터뿐만 아니라 컴퓨팅 기능이 내재된 모든 사물들을 서로 연결해야 한다. 또한 이를 실현하기 위해서는 근거리 무선, 원거리 무선, 고속 유선이라는 세 가지 유형의 네트워크 연결이 가능한 모바일 장비가 필요하다고 보았다.

셋째, 사용자가 컴퓨터의 사용이나 네트워크의 존재에 주의를 기울이지 않는 평온하고 고요한 기술을 구현하여야 한다.

넷째, 유비쿼터스 컴퓨팅은 현실 세계를 네트워크로 연결하는 것이며, 실존하지 않는 가상현실은 유비쿼터스 컴퓨팅에 속하지 않는다. 즉, 가상현실은 실제 세계를 컴퓨터 안에서 체험하도록 하기 위하여 전용의복이나 장갑 및 헤드마운트 디스플레이 등의 장비를 착용하고 컴퓨터 안으로 들어가야 한다.

그러나 유비쿼터스 컴퓨터가 현실세계의 사물과 환경 속으로 스며들어 일상생활에 통합되는 것으로 서로 상반된 개념이라 할 수 있다.

그리고 유비쿼터스 네트워킹과 유비쿼터스 컴퓨팅을 상호간 비교해 보면 아래의 표와 같이 구분하여 볼 수 있다.

표 6-1 유비쿼터스 네트워킹과 유비쿼터스 컴퓨팅 구분

구 분	Ubiquitous Networking	Ubiquitous Computing
컴퓨터	휴대용 기기 또는 정보가전	주변의 모든 사물에 컴퓨터 내장 → Intelligent Object화
초 점	기존 전자기기	사물
현실화	수년내 실현 가능	먼 미래에 실현 가능
개 념	좁은 개념	유비쿼터스 네트워킹을 포괄 넓은 개념

자료: 김재윤 · 민병석, 유비쿼터스 컴퓨팅: 비즈니스 모델과 전망, 삼성경제연구소, 2003, p. 5

2. 유비쿼터스 컴퓨팅의 특징

컴퓨터 개념 자체가 대형 컴퓨터 시대, PC시대, 유비쿼터스 시대로 진화과정을 거쳐 오고 있는데 이러한 내용을 정리해 보면 아래와 같다.

표 6-2 컴퓨터 개념의 진화과정

구 분	대형 컴퓨터 시대	PC 시대	유비쿼터스 시대
시 기	80년대	90년대	2005년 이후
컴 퓨 터	메인프레임 (Client-Server)	PC	지능화된 사물
대응 관계	many persons one computer	one person one computer	one person many computers
활 용	대형의 고가 컴퓨터를 수많은 이용자가 공유	일인 일대 사용	다양한 컴퓨터가 도처에 편재, 사용자가 컴퓨터를 의식하지 않게 됨

자료: 김재윤 · 민병석, 유비쿼터스 컴퓨팅: 비즈니스 모델과 전망, 삼성경제연구소, 2003, p. 7

이러한 유비쿼터스 컴퓨팅은 「Invisible computer + Calm & Silent technology」가 혼재된 기본개념에서 출발하며, 미래에 사회 · 경제적으로 많은 변화를 가져올 것으로 예상된다.

마크 와이저(Mark Weiser)에 의하면 유비쿼터스 컴퓨팅의 특징은 첫째, 가상공간이 아닌 현실 세계의 어디서나 컴퓨터의 사용이 가능해야 한다. 둘째, 인

간화된 인터페이스로서 눈에 보이지 않아야 한다. 셋째, 네트워크에 연결되지 않은 컴퓨터는 유비쿼터스 컴퓨팅이 아니다. 넷째, 사용자 상황에 따라 서비스가 변해야 한다.

그리고 유비쿼터스는 사람과 사물 등에 컴퓨터가 내재함에 따라 서로 연결되어 컴퓨팅을 구현 가능한 환경을 의미하게 되는데 이와 같은 유비쿼터스 컴퓨팅의 발전단계는 아래와 같다.

표 6-3 유비쿼터스 컴퓨팅의 발전 단계

단 계	구 분	실 사 례
1단계	기기지능화	자동차, 전자기기의 자동화
2단계	모바일 디바이스	휴대폰, PDA 등 보급
3단계	일상용품에 내재	일상용품의 지능화(센서 부착)
4단계	웨어러블 디바이스 (Wearable Device)	컴퓨팅 기기로 인한 휴대의 부담감 해소
5단계	환경에 내재	생활공간에 센서 및 컴퓨터 기기 내재화
6단계	유비쿼터스 컴퓨팅	환경, 사람간 유기적 네트워킹

자료: 김재윤 · 민병석, 유비쿼터스 컴퓨팅: 비즈니스 모델과 전망, 삼성경제연구소, 2003, p. 38

3. 유비쿼터스 컴퓨팅의 기술

유비쿼터스 컴퓨팅을 구현을 위해서는 프로세서, 커뮤니케이션, 인터페이스, 보안 등 5가지 핵심기술이 필요하다. 환경을 스스로 인지하고 판단하기 위해서는 센서, 프로세서, 커뮤니케이션 등 3가지 기술이 결합되어야 하고, 사람과 자연스러운 커뮤니케이션을 위해 인터페이스 및 보안 기술이 필요하다.

첫째, 센서는 외부의 변화를 감지하는 유비쿼터스 컴퓨팅의 입력 장치로 시청각 정보는 물론 빛, 온도, 냄새 등 물리적 · 화학적 에너지를 전지신호로 변환하고, 이것은 수동형과 능동형으로 나뉘며 최근 RFID(Radio Frequency ID)가 급부상하고 있다. 이는 무선으로 정보를 주고받을 수 있는 초소형 태그로 바코드를 대체할 기술로 주목받고 있다.

둘째, 프로세서는 센서를 통해 얻은 데이터를 분석하고 판단하는 장치로 유비쿼터스 컴퓨팅에서 사용되는 OS는 간단한 구조를 가지고 있어야 하고, 실시간으로 처리가 가능해야 한다.

셋째, 사물간 의사소통을 위한 커뮤니케이션 기능도 필수로 사물과 사물, 사물과 인간을 무선으로 연결하는 WPAN(Wireless Personal Area Network)기술, 시시각각 위치가 변하는 사물들을 동적으로 연결하기 위한 AD-hoc 네트워크 기술이 필요하다. 아울러 모든 사물에 주소를 할당하기 위한 IPv6(Internet Protocol Version 6)연구도 필요하다.

넷째, 인간 친화적이고 지능화된 인터페이스도 관건으로 키보드, 마우스, 화면 중심에서 음성, 동작, 문자, 표정 등으로 다양화되고 있으며, 제스처, 표정, 억양 등을 통해 전달되는 정보량이 60% 이상 증가되고 있다.

다섯째, 정보가 도처에 존재함에 따라 보안 및 프라이버시도 이슈로 부각되고 있다. 보안의 취약성을 극복하기 위해 생체정보, 행동특성 정보 등의 활용 확대가 되고 있다. 이들 기술 중에서 세부적인 내용들은 다음과 같다.

1) 무선인식기술(RFID: Radio Frequency IDentification)

RFID(Radio-Frequency IDentification)란 사물에 부착된 전자태그로부터 무선 주파수를 이용하여 정보를 송·수신하고 이와 관련된 서비스를 제공하는 기술을 말하는 것으로서, 국내에서는 전자태그 그 자체의 개념과 명칭으로 널리 알려져 있다.

RFID는 기존의 바코드와 기본적으로는 비슷한 역할을 하지만 바코드에 비해 보다 많은 정보를 저장할 수 있으며, 부착이 용이하고 장거리정보 송·수신이 가능하다는 등의 장점을 지닌다. 또한 앞으로 센서 기술과 소형화 기술 등이 더욱 발전하면 정보를 능동적으로 획득하고 프로세싱 하는 능력까지 갖추게 되어 바코드가 하던 역할과는 비교할 수 없을 정도로 많은 일들을 해낼 수 있을 것이다.

RFID는 제품에 붙이는 태그(Tag)에 생산, 유통, 보관, 소비의 전 과정에 대한 정보를 담고 자체 안테나를 갖추고 있으며, 리더(Reader)로 하여금 이 정보를 읽고, 인공위성이나 이동통신망과 연계하여 정보시스템과 통합하여 사용되는 활동, 또는 칩을 말한다.

RFID는 라디오 주파수(radio frequency)를 이용하며 RFID시스템은 리더

(reader or interrogator), 일반적으로 태그(tag)라고 불리는 트랜스폰더, 컴퓨터 혹은 기타 데이터를 가공할 수 있는 장비로의 세 가지 구성요소가 조합되어 기능을 발휘하도록 구성되어 있다.

그리고 리더(reader)를 이용하여 판독 가능한 ID 정보를 가지고 있는 실리콘 칩인 RFID 태그는 월마트와 같은 거대한 소매업자가 창고에서 매장까지 제품을 관리하는 데 사용될 수 있을 만큼 가격 면이나 크기 면에서 충분히 경쟁력을 갖추었다. 그러나 이러한 태그 생산자는 서로 다른 종류의 태그와 리더를 생산하여 서로 호환이 안 되는 등 보조를 맞추어 가지 못하고 있으나 이러한 태그 생산업체의 갈등은 곧 끝날 것으로 보인다. MIT에 자리하고 있는 Auto-ID 센터에서 태그와 리더의 하드웨어 및 소프트웨어 표준을 발표할 예정이다.

이러한 표준을 통해 하나의 리더가 여러 종류의 태그를 읽는 상황을 통해 태그의 사용을 매우 촉진시킬 것으로 기대된다. RFID의 확산 및 수용이 제품의 손상, 도난, 계산오류로 인한 비용을 감소시키게 되며, 이는 곧 SCM의 혁명이 될 것이고, 언제 어디서나 제품에 대한 정보를 알게 될 것이다.

RFID는 소규모 태그, 칩, 수신기로부터 정보를 전송하기 위해 라디오 신호의 사용을 포함하는 기술적인 용어이다. RFID는 바코드 스캐닝과 같은 선을 필요로 하지 않고 다양한 물질의 형태를 통해 전송이 가능하다.

표 6-4 RFID 구성요소

구성요소	원 리
태 그	- 상품에 부착되어 있으며, IC칩과 안테나 구성 - 리더와 교신하여 데이터를 무선으로 리더에 전송 - 능동형, 수동형
안테나	- 태그로부터 전송된 데이터 수신하여 리더로 전달 - 태그 크기의 중요 요소
리 더	- 주파수 발신 제어와 태그로부터 수신된 데이터 해독 - 고정형, 이동형, 휴대용
호스트	- 태그로부터 읽어 들인 데이터 처리 - 분산되어 있는 다수의 리더, 시스템을 관리

자료: 이경근 · 노영, e-biz World, 이프레스, 2005. p. 230

그리고 RFID는 1980년대에 실용화가 시작된 기술로서 사물을 자동으로 식별하기 위한 목적에서는 기존의 바코드와 유사하나 바코드에 비해 다음과 같은 장점을 가진다.

첫째, IC칩과 안테나로 구성되는 RFID 태그는 전파를 이용하여 복수의 태그를 한 번에 읽거나 멀리 떨어진 장소로부터 해독할 수 있다. 둘째, 태그가 부착된 물건이 포장지(금속 제외)내에 들어 있어도 인식이 가능하며 이동 중에도 읽기/쓰기 가능하고 한번 기록된 정보에 새로운 정보의 추가, 교정이 가능하다. 셋째, 내구성이 우수해서 온도, 습도, 진동에 강하고 수명이 길다. RFID는 바코드와 유사하지만 비교하면 차이점이 있다.

표 6-5 RFID와 바코드와의 비교

항 목	RFID	바코드	2차원 바코드
독자적인 ID	칩에 개별 식별체를 부여 가능	상품단위의 부여	상품단위의 부여
인식 거리	수 m 정도	리더기를 밀착 필요	리더기를 밀착 필요
복수독취 가능	가능	불가	불가
피복 기능	가능	불가	불가
이동 중 독서 가능	가능	불가	불가
환경·내구성	강함	매우 약함	매우 약함

자료: 이용준·오세원, 우정사업의 RFID 기술도입 방안, 우정정보 56, 2004, p. 4.

그리고 응용분야는 슈퍼마켓에서 따로 계산하지 않고 물건을 골라 바구니에 담아 오기만 해도 출입문 통과시 자동으로 상품정보를 인식하여 신용카드로 결제되는 완벽한 무인점포가 가능하다.

RFID 태그 적용분야는 제약, 건강관리, 제조업, 물류관리, 창고업, 수송관리 등에 적용이 가능하므로 구체적인 내용은 다음과 같다.

첫째, 제약(Pharmaceutical)부분으로 약품용기에 처방정보를 넣은 RFID 태그를 부착하고, 사용자는 판독기를 통해 정보를 음성으로 변환하여 들려준다.

둘째, 건강관리(Heath Care)부분으로 병원은 약물투여, 검사물, 수혈용 혈액 등의 추적에 RFID를 바코드대신 적용할 수 있다.

[그림 6-2] RFID 시스템 구성요소

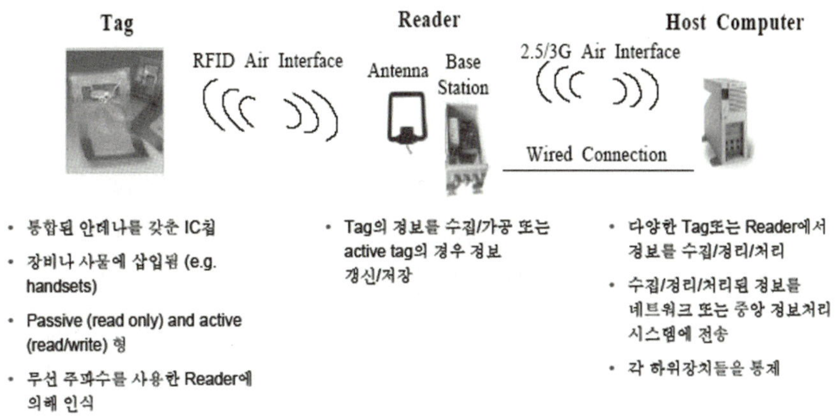

자료: RFID Executive Overview, Accenture 2004.

셋째, 제조업(Manufacturing)의 경우 전 공정에 걸친 추적을 자동화할 수 있고, 또 조립공정에 필요한 부품의 조달을 자동화하도록 관리 시스템에 통합할 수 있다.

넷째, 도서관과 비디오 대여점(Library and Video Store)은 서적의 check-in과 check-out을 신속하게 처리하고 있으며 서가 정리, 도난 방지 등의 기능을 제공하고 있다.

다섯째, 물류관리(Logistics)의 경우 팔레트, 화물, 반환용 컨테이너 등에 RFID를 부착하는 것은 획기적으로 비용을 절감시킨다.

여섯째, 보안(Security)은 배지 형태의 RFID 태그가 개인 ID 태그로 이를 부착한 직원들은 자유롭게 해당구역을 드나들 수 있다. 또한 건물 보안을 위해 변조방지가 된 신분확인 장치 또는 출입통제 수단으로 쓰일 수 있다.

일곱째, 창고업(Warehousing)의 경우 RFID를 이용할 경우 자동 보고서 작성이 가능하고 이는 사람의 수고와 오류를 줄이고 노동력을 절감함으로써, 비용을 감소시킨다.

여덟째, 수송 관리(Transportation Management)의 경우 톨게이트에서 차량을 멈추지 않고 지나갈 수 있으며, 지나는 동안 톨게이트에 설치된 안테나를 통해 차량을 식별하고, 사후에 요금을 부과하고 징수하게 된다.

아홉째, 접객업(Hospitality)은 호텔, 식당, 위락시설 방문자에게 RFID 태그를 부여하면, 현금을 대신하는 지불수단으로 사용하거나, 방 열쇠, 그리고 헬스클럽이나 기타 시설에 대한 출입통제 수단으로 사용할 수 있다.

2) MEMS(Micro Electro Mechanical)

유비쿼터스 컴퓨팅에 필요한 RFID칩은 저가여야 하고 초소형으로 되어야 한다. 이와 같은 초소형을 위해 기술은 전자기술, 광기술 등을 융합하여 마이크로 단위의 작은 부품 및 시스템을 설계, 제작하고 응용하는 기술을 지칭한다. 이 기술은 반도체 공정을 이용하여 초소형화가 가능하게 되고 한 개의 칩에 여러 개의 기능을 집적화하여 고성능, 고 신뢰성을 획득할 수 있게 된다.

3) 블루투스(Bluetooth)

블루투스는 근거리상의 컴퓨터, 이동전화, 헤드셋, 프린터, PDA, 노트북, 가전기기 등과 같은 디바이스들을 상호 무선 네트워크로 연결하여 복잡한 통신선 없이도 양방향 통신을 가능하게 하는 기술이다. 블루투스는 저렴한 칩 가격과 간섭에 강한 특성을 바탕으로 특히 모바일 디바이스를 주요 대상으로 하는 좁은 범위의 무선 네트워크를 구성하기 위한 유력한 기술로 떠오르고 있다.

블루투수는 10세기 무렵, 덴마크와 노르웨이를 통일했던 헤럴드 블루투스(Herald Bluetooth)라는 인물에서 따온 명칭으로 서로 다른 통신 기기들을 통일, 전 세계 어디서나 단일 장비로 모든 통신환경에 접속할 수 있도록 한다는 뜻을 담고 있다.

그리고 블루투스는 모빌PC와 이동전화, PDA와 같은 휴대 단말 사이에 무선의 단거리 접속을 제공하기 위한 기술사양이다. 목표는 휴대형 장치들 사이의 접속, 그리고 나아가서는 휴대형 장치들과 네트워크 사이에 정보를 교환하는 과정을 단순화시키는 것이다. 각 장치는 2.45GHz 대역에서 동작하는 트랜시버 칩을 결합한다. 최고 접속 범위는 10m이며, 이 기술은 카드소지자들이 휴대형 인터페이스 장치를 백앤드 시스템과 연결할 수 있는 손쉬운 방법을 제공할 수 있다. 또한 오프라인 전용의 인터페이스 장치에 온라인 능력을 제공하기 위해 사용될 수 있다.

그리고 블루투스의 통신 기술의 주요한 특성은 첫째, 저가, 저 전력의 무선 트랜시버 칩을 사용하고 있다. 둘째, 블루투스 모듈의 가격은 가까운 시일 내에 가격이 하락할 것이다. 셋째, 저 전력을 위해서 무선 도달 범위를 10m로 제한된다. 넷째, 외부 전원증폭 장치로 100m까지 확장가능하다. 다섯째, 광역 서비스가 가능하게 될 것이다.

4) IMT-2000

기존 전화나 ISDN과 같은 고정 통신망 서비스에 하나 이상의 무선 링크를 사용하여 접속하도록 하는 이동 통신 시스템으로서, 기존 통신 시스템의 가장 큰 문제점인 단말기의 이동성과, 전송속도의 한계를 극복하여 지구상의 어떤 곳, 즉 사막이나 바다 한가운데서도 다양한 정보를 빠른 속도로 주고받을 수 있도록 하는 통신 시스템이 될 것으로 예상된다.

사용 주파수 대역은 1885MHz에서 2200MHz로 기존의 통신 시스템에 의해 제공되던 서비스를 제공할 뿐만 아니라 보다 향상된 기술에 의한 차원 높은 서비스도 제공할 수 있는 차세대 이동 통신 시스템이다. 지상망 또는 위성망에 연결될 수 있는 이동전화로도 이용 가능하다.

다양한 시스템과의 호환성이 뛰어나 세계적인 단일 통신망으로도 구축할 수 있으며, 높은 품질로 소형경량의 전화기를 사용할 수 있는 특징을 가지고 있다. 한국에서는 1998년 동기식 IMT-2000 시스템을 개발완료 하였고 1999년 중에 비동기식도 개발에 성공했다.

5) Zigbee

꿀벌은 여왕벌과 몇 몇의 수벌, 수천의 일벌들이 벌통 속에서 살아간다. 이러한 집단의 생존, 성공, 미래는 집단의 모든 구성원들 간의 필수적인 정보를 지속적으로 주고받는데 의존하지 않을 수 없다. 꿀벌들이 새로 발견한 꽃의 위치를 집단의 다른 구성원들에게 전하기 위해 사용하는 기술을 "지그비 원리(Zigbee Principle)"라고 지칭한다.

ZigBee는 블루투스의 고가격, 고전력 소비의 단점을 보완한 기술이다. ZigBee란 Zig-zag로 날아다니면서 다른 동료에게 정보를 전달하는 Bee(벌)의 정보전달 체계를 착안하여 붙여진 명칭이며, 무선 리모컨, 무선 조명제어, 컴퓨터에서의 무선 키보드 및 무선 마우스, 홈오토메이션, 재고관리, 무선 센스네트워크 등에 주로 응용되는 기술이다.

6) 유비쿼터스 센서 네트워크(USN: Ubiquitous Sensor Network)

USN은 센서 노드와 리더기 간의 무선통신을 이용하여 사물과 사물간의 정보 공유를 할 수 있게 하는 핵심기술을 의미한다. 이러한 기술을 이용하여 대량의 센싱 데이터를 실시간으로 처리할 수 있고, RFID 시스템을 이용한 인식과 상황인식이 가능하다.

USN은 유비쿼터스 컴퓨팅 기본 인프라로 주목 받고 있는데, 산업 및 생활전반에 걸쳐서 센서 및 태그를 보급해 센싱 및 네트워크 기능을 수행한다. 즉, 기존의 사물과 사람 간의 네트워크에서 발전하여 모든 사물에 전자 태그를 부착함으로써 사물과 환경을 인식하고 상호간의 네트워크를 통해 실시간 정보수집·처리 및 활용하는 등 정보의 이용을 가능하게 한다.

7) 광대역통합망(BcN: Broadband convergence Networks)

통신·방송·인터넷 등을 통합한 광대역 멀티미디어 서비스를 안전하게 제공할 수 있는 품질보장형 통합 네트워크를 뜻한다. 정보통신부에서 '브로드밴드 IT 코리아 건설'이라는 목표를 이루기 위해 NGcN(Next Generation convergence Network:차세대통합 네트워크)을 확대해 2003년 7월 발표하였다.

정보통신부는 이 통합 네트워크가 완성될 경우 초고속인터넷보다 50배나 빠른 속도의 인터넷을 이용할 수 있으며, 통신·방송 서비스의 질도 크게 개선될 것이라고 예측하였다.

NGN(Next Generation Network:차세대 네트워크)이라고 할 수 있는 광대역통합망은 서비스 계층을 비롯해 제어·전송망·가입자망 등의 계층으로 구분하고, 표준 인터페이스에 의해 서로 접속된다.

한국의 통합 네트워크를 비롯해 미국 · 일본 · 유럽 등은 패킷 기반의 NGN · 소프트스위치 · 오픈 API · IPv6 · 고속라우터 등 멀티미디어 서비스를 쉽게 수용하고 품질이 보장되는 광대역 네트워크 구축기술을 개발하고 있다.

8) 와이파이(Wi-Fi)

정보통신 관련 국제 전문가 조직인 전기전자기술자협회(IEEE)는 97년 무선랜과 관련한 기본적인 표준을 정했다. 이때 정해진 표준이 바로 Wi-Fi이며 표준안은 IEEE802.11로 표기된다. 무선 랜의 기본이 되는 802.11의 정보전송 용량은 1M 및 2Mbps (초당 전송되는 비트수)였다. 그 이후 모든 통신장비 회사와 소프트웨어, 서비스 회사들이 이 표준에 맞추어 기술을 개발하기 시작했다.

Wi-Fi(Wireless Fidelity)는 전파를 이용하여 무선으로 데이터를 전송하고 수신하는 방식을 의미한다. Wi-Fi를 이용하여 LAN을 구성시, 유선 랜과는 다르게 각 장비를 무선으로 연결함으로써 랜을 구축하거나 확장하는 비용을 줄이게 된다. 전파의 도달범위 내에서 자유롭게 이동하며 네트워크에 접속가능하고, 최근 속도와 접속 환경을 개선한 기술들이 개발되어 이용하고 있다.

9) IPv6

IPv6란 새로운 버전의 인터넷 프로토콜로서 기존의 인터넷 통신망과 구분하기 위해 기존의 인터넷 프로토콜에 버전번호 4를 붙어 IPv4 라고 칭하고 이와 구분하게 된다. IPv6의 가장 큰 특징은 IP주소가 128비트로 늘어나서 기존의 IPv4 에서 사용한 주소인 32비트에 비해 4억*4억*4억 배의 사실상 무한한 주소체계를 가지고 기기마다 부여할 수 있다

이외에도, 자동 주소 설정기능이 들어있어 네트워크에 접속만 하면 기본적으로 자동으로 주소가 결정이 되고, 이동형 장치를 지원하는 기능이 향상되었다.

그리고 기본적으로 통신내용을 암호화하여 통신의 보안성을 향상시킬 수 있는 점과 통신품질보장성 기능을 자체적으로 지원한다.

10) 와이브로(WIBRO)

와이브로(WIBRO: wireless broadband internet)는 정지 및 이동 중에 언제,

어디서나 고속으로 인터넷에 접속하여 다양한 정보 및 콘텐츠 등의 사용이 가능한 초고속 모바일 인터넷 서비스로 실내의 유선 초고속인터넷 서비스를 실외에서 이동 중에도 사용할 수 있도록 확장하는 개념이다. 와이브로는 시속 100km 이동 중에도 다운로드 3Mbps, 업로드 1Mps 전송속도로 사용 가능한 초고속 무선인터넷 서비스를 말한다.

그리고 와이브로의 특징은 고속의 전송속도, 이동성, 저렴한 요금, 다양한 콘텐츠 등을 들 수 있다. 와이브로 서비스의 경우 첫째, 이용자들이 와이브로를 이용 욕구를 자극하는데 필요한 매력적인 콘텐츠 개발과 서비스 포지셔닝이 관건이 될 것으로 보인다. 둘째, 와이브로 활성화를 방해하는 요인들로는 사업자의 의지, 정책지원, 참여 주체 간 유기적인 긴밀한 협력체제, 이용자의 성숙한 참여문화의 조화는 필수적인 요소라 할 수 있다. 셋째, 와이브로는 기술적으로 고 품질의 서비스 제공이 가능한 단계지만 여러 복합적인 원인으로 서비스 제공이 늦춰지고 있다.

4. 유비쿼터스 컴퓨팅의 적용분야

유비쿼터스 컴퓨팅의 특징 중에서 실제 생활에서 간과해서는 안 되는 특성은 인간중심적 컴퓨팅 환경, 사물간의 네트워킹 및 지능화, 자율성 등의 기능이라고 할 수 있다.

인간중심적 컴퓨팅은 우리 생활 주위에 편재된 상호 연결 가능한 컴퓨터들이 조용히 사용자가 자신을 사용해 주기를 대기하고 있는 컴퓨팅 환경이다.

사물간의 네트워킹은 물리적 공간의 컴퓨터와 기능이 내재된 모든 사물들이 서로 연결된 네트워킹이 되어야 함을 의미한다. 이는 사용자 누구나 언제 어디서나 장소에 관계없이 네트워크에 접속된 단말기기를 사용하여 필요한 정보를 얻게 되는 새로운 공간을 의미한다.

사물의 지능화는 특정한 기능이 내재된 컴퓨터 주변 환경과 사물에 심어져 주변 모든 환경과 사물 그 자체가 지능화됨을 의미한다.

유비쿼터스 컴퓨팅은 사람과 사물, 사물과 사물간 상호간 연결되고 실시간으로 상황을 인지하여 반응하는 자율성과 지능성을 극대화가 가능해야 한다. 유비쿼터스 환경에 실제 기술이 접목되어 활용되고 또한 적용영역 역시 확장되고 있으며, 서비스 분야에서도 다양한 기술이 접목되어 구현될 수 있는 다양한 영역에 응용되고 있다.

5. 유비쿼터스 컴퓨팅의 서비스 종류

1) u-City

u-City는 유비쿼터스 공간 시스템 서비스의 통합된 집합체라고 할 수 있다. 유비쿼터스 공간에는 가상공간과 함께 기존 공간(공항, 학교, 병원, 사무실 등)과 이전에는 존재치 않은 새로운 개념의 물리-가상 융합 공간도 포함될 수 있다. 이러한 새로운 공간은 전통적인 도시개발과 건축영역을 초월하고 있다. 따라서 u-City 구축은 단순히 도시 개발 영역의 연구만이 아니라 유비쿼터스 컴퓨팅 기술의 서비스화 및 공간의 정보시스템으로의 통합이라고 할 수 있다.

첨단 지능형 도시 u-City를 통하여 열린 도시, 자동화된 도시 기능을 통해 지능형 도시, 비용최소화, 자원 운영의 효율화를 통해 복합도시, 인간이 중심이 되는 인간중심도시가 실현되게 된다.

2) u-Campus

유비쿼터스 교육체제로 가는 지름길은 크게 세 가지로 정리할 수 있다. 첫째는 손으로 들고 다니거나 호주머니에 넣고 다닐 수 있는 "유비쿼터스 교육용 컴퓨터"가 모든 교수와 학생들에게 보급되고, 이를 무선 네트워크로 연결하여 언제 어디서나 학생, 교사, 학부모, 교육청 시스템, 학습도구 및 사물을 하나로 연결하는 네트워크가 구축되어야 한다. 네트워크와 "유비쿼터스 교육용 컴퓨터"를 통해 학생들의 학습과 학교생활에 대한 부모님의 의견반영, 과제물의 제출, 수업내용 및 실험결과의 반복학습과 저장 등이 언제 어디서나 실시간으로 이루어질 것이다.

둘째는 모든 물리적 공간으로 확대된 교육공간을 구성하는 교육용 사물들이나 학교의 교구들에다 센서와 칩, RFID(전자식별) 태그 등을 심어 지능화하고,

이를 네트워크로 연결하여 '교육용 칩 네트워크'를 구축하여야 한다.

셋째는 관련연구개발에 대한 적극적인 투자를 통한 기술 역량의 확보와 정책적 준비를 들 수 있다. 학생들이 간편하게 들고 다닐 수 있는 저렴하고 인터페이스가 고도화된 "유비쿼터스 교육용 컴퓨터"의 개발, 교육용 무선네트워크의 표준화와 관련된 연구, 교육용 시스템의 개발, 칠판 · 책상 · 학습관 · 교구의 지능화와 네트워크화를 실시간으로 실현할 수 있는 리얼타임 운영체계나 학습용 소프트웨어의 개발을 위한 연구, 그리고 유비쿼터스 교육환경에서 예상되는 정보격차 등을 해결하기 위한 정책적 연구가 진행 되어야 한다.

유명한 경영철학자이자 미래학자인 피터 드러커는 "미래에는 대학들은 살아남지 못할 것이다. 교육의 미래는 전통적인 대학 캠퍼스 밖에, 전통적인 교실 밖에 있다."라고 하면서 유비쿼터스 교육을 예견한 바 있다. 유비쿼터스 시대에는 교육도 사이버 교육에서 한걸음 더 나아가 모든 장소와 사물이 교실이자 학습교재가 된다. 산업화 시대에는 학생들은 도서관과 교실을 찾아다니며, 디지털 시대에는 학습정보가 어디에나 존재하게 되어 학생들의 지적 욕구를 충족시켜 줄 것으로 보인다.

유비쿼터스 캠퍼스란 유선과 무선을 통합하여 언제 어디서나 학사 행정, 동아리 활동, 전자결제 등 다양한 학생 정보서비스를 모바일을 포함한 다양한 디바이스를 통해 제공 받을 수 있는 네트워크시설과 통합정보시스템이 구축된 유무선 Education Portal System을 말하며, 이를 이용한 수 있는 기기로는 WAP(wireless application protocol)이 지원되는 휴대폰과 무선통신기능이 지원되는 PDA 등이 있다.

캠퍼스에서는 무선 랜을 구축하고 휴대폰, PDA를 이용한 모바일학사행정을 운영해 학생들이 중간과정 없이 곧바로 정보를 제공받고 이에 대한 피드백을 할 수 있도록 하고 있다. 이에 따라 모바일이 대학생의 일상생활과 더욱 밀접해져 가고 있다. 디지털과 모바일의 만남으로 학생들은 노트북이나 PDA만 있으면 캠퍼스 어디에서나 인터넷과 무선통신이 가능하고 사이버강의, 메신저, 학사관리 등을 활용한다.

일반 대학에서는 교양이 교육으로서 제공되는 것이지만, 유비쿼터스 대학에서의 교양은 스스로 획득하는 것이다. 언제 어디서나 어떤 단말기를 통해서든지 학습할 수 있는 교육환경을 조성해줌으로써 학습정보와 학생, 교수자와

[그림 6-3] u-Campus 구성도

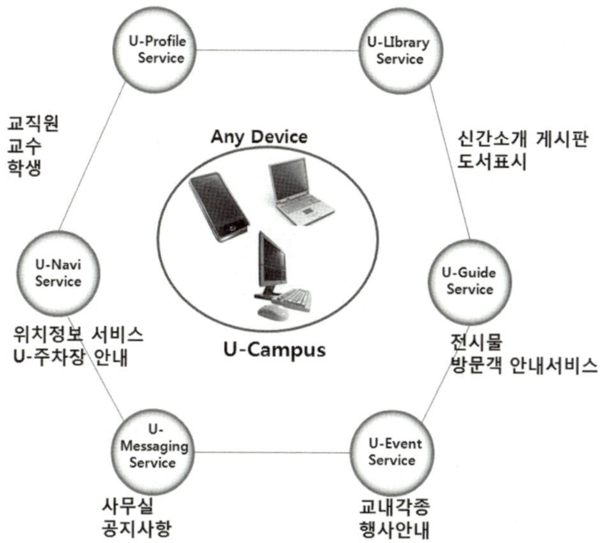

학교의 상호작용은 보다 유기적인 관계로 발전되고, 학습자가 중심이 된 교육과정을 실현하게 되었다.

학생은 교문을 들어서게 되면 문자메시지가 도착한다. 오늘 강의 과목과 강의실 대한 정보가 보내지게 되고 학부 사무실에 방문하라는 내용들이다. 지갑속 RFID태그를 인식하여 캠퍼스에 등교 관련정보가 학부에 전송되어진 결과로 발생되는 정보이다.

그리고 도서관에 들러서 대출했던 책을 반납하게 된다. 이는 RFID로 출입문을 통과하면 대출과 반납은 그냥 책을 들고 출입문을 통과하는 것으로 처리되니 대기할 필요가 없다. 전자태그가 부착된 책 등은 자동 목록제어시스템을 가능케 하는 것으로 목록 DB는 모든 도서들을 추적하고 순환상태 정보를 유지한다.

도서는 자가 점검시스템에 따라 대출되며, RFID 태그를 읽고 자동으로 도서 반납을 검사하는 스마트 반납함 안에 책을 투입하는 것으로 반납이 완료된다.

3) u-Home

u-Home은 가정 내에 있는 모든 가전기기 들을 유무선 네트워크로 연결하여, 컨트롤하고 생활환경을 관리하여 시간, 장치, 장소에 관계없이 생활을 편리하고 안전성이 확보된 주거공간이 가능케 하는 시스템이라고 한다. 즉 u-Home 시스템이 구축된 주거공간은 에너지 절약과 안전성을 거주자에게 줄 수 있는 장점을 기반으로 각종 가전 장치들이 유비쿼터스 컴퓨팅을 통한 홈 네트워크 자율적으로 필요한 서비스를 제공하는 것이다.

현재 우리나라의 u-Home은 정보통신부 정책의 하나로 주거 공간 및 지역 단위의 정보 활용을 하는 서비스이다.

유비쿼터스 홈은 물리적 공간과 기술, 거주자가 상호작용을 이루는 공간이라는 것과 모호한 영역을 추구하는 주거 공간이라는 것이다. 즉, 물리적 공간과, 기술, 사람이 서로 상호작용을 하고, 시간과 상황에 따라 공간 변동이 용이하고 모호한 영역을 가짐으로써 각 요소들의 상호작용과 연결이 가능한 특성의 주거를 유비쿼터스 홈의 개념으로 볼 수 있다.

[그림 6-4] u-Home 구성도

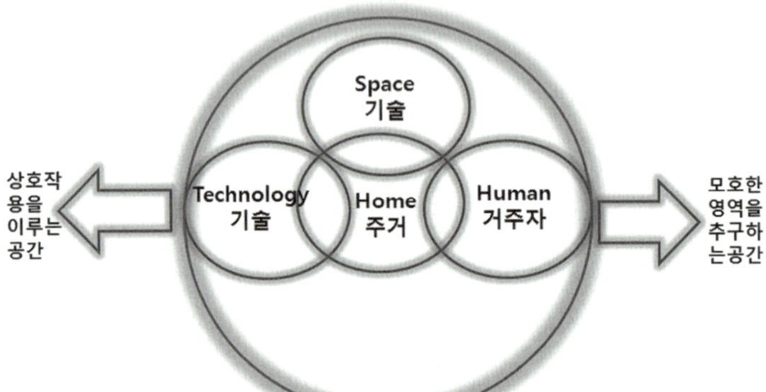

4) u-Government

u-Government는 지식과 정보를 전 방위적으로 구성하고 누구나 시간과 장소에 관계없이 지식과 정보를 획득할 수 있게 함으로써 사회적 가치체계를 향상과 경제적 부를 재창출하는 기반을 구축하는 정부를 의미한다. 다시 말해 u-Government는 언제 어디서나 개인화되고 중단 없는 정보·서비스를 제공하여 전통적인 정부보다 더 나은 부가적인 가치를 제공하는 정부를 말한다.

u-Government의 특징은 첫째, u-Government는 단순한 IT기반의 네트워크를 넘어서 사용자 중심의 네트워크를 창출한다. 즉, 시멘틱 웹을 통해 모든 정부 서비스를 개인의 환경과 선호도에 따라 개인화·지능화하여 제공할 것으로 전망된다. 시멘틱 웹은 컴퓨터가 정보자원의 뜻을 이해하고, 논리적 추론까지 할 수 있는 차세대 지능형 웹을 의미한다.

둘째, 네트워크로 연결된 정보기기와 센서 등을 통해 개인의 생활기록을 저장·분석을 통해 지능화된 맞춤형 서비스를 제공한다. 개인의 관심사, 선호도 등에 따른 실시간 맞춤정보 제공으로 시민참여도가 제고되고 궁극적으로 투명한 정책결정과 행정처리가 가능해진다.

셋째, 정보시스템과 디바이스(device), 애플리케이션(application) 간의 링크의 자동 설정, 데이터 위치와 관계없이 통합 검색 등이 가능해져 데이터와 서비스의 가상통합이 가능해진다. 가상통합이란 기관 간 기능 연계와 정보공유가 시간과 장소에 상관없이 어떠한 형태로든 가상공간에서 필요에 따라 완전하게 이루어지는 상태를 말한다.

넷째, 전자정부의 부처 내 네트워크를 구축하는 것이 핵심 과제였다면, 부처 간 네트워크를 고도화하고 각 부처의 전면적인 업무혁신을 도모하는 것은 u-Government는 중심적 과제가 될 것이다.

다섯째, 단순한 대민서비스의 향상을 목적으로 하는 전자정부를 넘어서 대민서비스를 정부의 업무와 지식정보네트워크로 전환시켜 사회적 가치의 창출을 목적으로 해야 한다.

5) u-Learning

유비쿼터스 기술을 활용한 u-Learning의 핵심은 시간과 공간적인 제약을 받지 않고 학습할 수 있는 기회를 제공하여 학습자들의 학습에 대한 효율 및 효과성을 높이는 데 있다. 그러므로 학습자들은 언제 어디서나 단말기의 기종에 관계없이 학습할 수 있는 기회를 제공하게 된다.

특히 무선 인터넷 환경을 활용하여 노트북, 휴대전화, PDA 등과 같은 기기를 활용하여 학습할 수 있으며, 이동 중에도 자신이 원하는 학습정보를 검색 및 학습이 가능하게 된다.

6) u-Health

유헬스캐어는 유비쿼터스 헬스케어(ubiquitous healthcare)의 약자로 정보통신과 보건의료를 연결하여 제공하는 보건의료 서비스를 의미한다. 이는 건강관리 수행시 휴대용 의료기기가 부착된 PDA, 모바일 폰을 이용하여 혈압, 혈당 등 건강검사 측정치를 전송하고, 그 결과에 따른 의료정보 제공하며, 비정상적인 측정치는 의료진의 모니터링 후 전문 의료 상담 및 추가 방문을 통해 조치를 취하게 하는 것이다.

제2절 u-Commerce

1. u-Commerce의 개념

최근 여러 분야에서 최대 화두로 대두되고 있으며, 이는 물리공간에 걸쳐 컴퓨터들이 편재되게 하되 사용자에게는 실체가 드러나지 않도록 환경 내에 효과적으로 심어지고 유비쿼터스는 통합되도록 한다는 것을 암시하고 있다.

1988년 유비쿼터스란 용어를 처음으로 사용한 미국 제록스 팰로 앨토연구소의 마크 와이저(Mark Weiser) 소장은 유비쿼터스 컴퓨팅이 메인프레임, PC에 이은 제3의 정보혁명의 물결을 이끌 것이라고 주장하였다.

이런 연유로 유비쿼터스 컴퓨팅 기술이 우리 삶의 커다란 변화를 시키고 있다.

[그림 6-5] 유비쿼터스 전자상거래의 발전단계

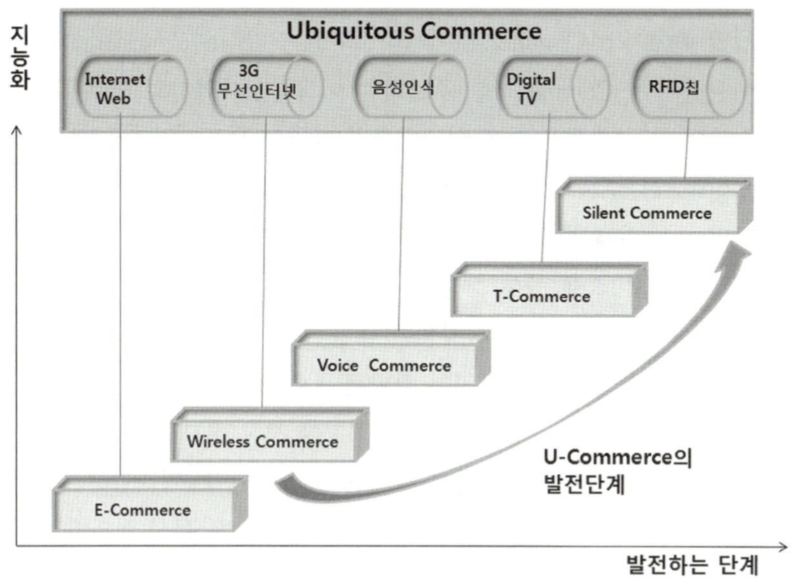

책상 위에 있는 PC 뿐만 아니라 옷, 볼펜, 컵, 거울, 라디오 냉장고, 텔레비전 등에도 먼지만한 스마트 칩이 내장되어 네트워킹 된다. 나를 둘러싼 모든 것들이 네트워킹 됐을 때, 우리 삶이 어떻게 변하는지에 대해 아직 구체적인 모습을 상상하기는 힘들지만 조금씩 현실로 나타나고 있다. 현재 선진국의 IT 패러다임의 혁명으로 일컬어지고 있는 유비쿼터스 시대를 선점하기 위해 경쟁이 격화되고 있다.

U-Commerce는 현재의 전자상거래와는 상이한 무선 상거래, 음성상거래, 고요한 상거래와 같은 다양한 방식으로 진화할 것이며, 최정점에는 고요한 상거래가 등장하게 될 것이다. 이러한 상거래는 시공간적 관계없이 전자상거래가 형성되고, 소비자가 자신의 구매행위를 하고 있는지에 대한 자각하지 못하는 형태라고 할 수 있다.

2. u-Commerce의 적용 사례

이미 생활 속에서 u-Commerce는 서비스되고 있다. m-Commerce의 주도적 위치를 이용하여 u-Commerce를 주도하는 이동통신사업자의 경우 무선 인터넷에 접속하여 무선 쿠폰을 다운로드 받으면 가까운 오프라인의 상점에서 할인 서비스를 받을 수 있는 무선 쿠폰 서비스를 하고 있다. 이러한 예는 종이 쿠폰의 불편함과 쿠폰 유통의 고비용 구조를 없애는 혁신적인 서비스라 할 수 있다. 또한 무선 쿠폰 서비스를 통해 상품을 생산하는 제조업체는 어떤 사람들이 쿠폰을 사용하는지를 알 수 있어 신제품에 대한 사용자의 반응을 알 수 있다. 이러한 예는 무선 인터넷과 오프라인이 결합된 u-Commerce의 예라 할 수 있다. 또 하나의 예는 퀴즈 프로그램을 방영하는 TV를 보고 휴대폰을 이용하여 무선 인터넷에 접속하여 해당 프로그램에 참여하는 경우이다. 이러한 예는 디지털 TV의 쌍방향 서비스 실시 전까지 상향 채널의 일부분으로 무선 인터넷이 기여할 수 있는 단적인 예이다. 이외에도 유선 인터넷의 PC 상에서 스타들의 사진이나 프로필을 보고 해당 스타의 캐릭터나 음성, 벨소리를 자신의 휴대폰으로 다운로드 받는 서비스도 디지털 상품에 대한 상거래를 보여주는 u-Commerce의 예이다. 현재에도 무선인터넷의 휴대성, 위치정보, 실시간으로 SMS(단문메시지)을 받는 즉시성 등 무선인터넷의 특징과 장점에 근거한 많은 서비스들이 기획되고 있으며 이러한 기반 하에 u-Commerce는 지속적인 급성장을 보일 것이다.

3. u-Commerce와 e-Commerce의 차이점

u-커머스는 전자상거래(e-Commerce)나 모바일 커머스(m-Commerce)를 뛰어넘는 새로운 차원의 개념이다. 하지만 u-커머스는 일반적으로 말하는 e-커머스와 다음과 같은 여섯 가지 측면에서 다른 특성을 지닌다.

첫째, e-커머스는 유선 인터넷과 웹 기술을 활용하지만 u-커머스는 무선인터넷과 증강현실(augmented reality)・웹 현실화(web presence) 기술을 활용한다. 둘째, e-커머스가 주로 PC 네트워크를 기반으로 하는 데 반해 u-커머스는 PDA나 입는 컴퓨터와 같은 다양한 유형의 차세대 휴대기기(hand held appliance)를 사용하고 이들 휴대기기의 네트워크를 기반으로 한다. 셋째, e-커머스는 상거래 활동이 사람들의 의식적인 컴퓨터 활용을 통해 이뤄지지만 u-커머스는 사람이 의식하지 않아도 자율 컴퓨팅 기능을 갖는 기기와 사물(기계)들에 의해 무의식적으로 이뤄진다.

넷째, e-커머스의 정보화 영역은 주문·결제와 같은 상거래 과정을 네트워크로 연결하고 이를 전자적으로 처리하는 것에 국한되지만 u-커머스에서는 상품이나 그 상품과 연계된 물리적 생활공간속의 사물(가전기기·장난감·인형·변기·화분 등)과 기업의 비즈니스 공간에 존재하는 사물(상품·진열대·계산대 등)들까지 지능화·네트워크화 하는 것으로 정보화 영역이 확대된다. 따라서 e-커머스에서는 온라인으로 진행되는 상품 거래과정과 오프라인에서 이뤄지는 제조·물류·상품진열·매장관리가 별도로 수행되지만 u-커머스에서는 온라인과 오프라인을 모두 통합한 상거래가 이뤄진다.

다섯째, e-커머스에서는 주로 고객이 회원으로 가입할 때 입력한 정보를 활용해 마케팅 활동이 진행되지만 u-커머스에서는 보이지 않는 컴퓨터로서 단말기기와 사물에 식재된(embedded) 센서·칩·태그·라벨이 고객의 상황정보는 물론이고 상품의 상황정보도 언제 어디서나 실시간·연속적으로 인식·추적·의사소통해 마케팅 활동을 수행하는 "유비쿼터스 상황인식 마케팅(ubiquitous contextual marketing)"이 가능해진다.

여섯째, e-커머스에서는 사업영역이 아니었지만 u-커머스에서는 생활·경제·산업·교통공간과 그 속의 사물·기계·상품 등 필요한 모든 것에 센서·칩·마이크로머신·RFID 태그 등이 식재되고 이들이 유비쿼터스 네트워크(센서 네트워크)로 연결됨으로써 과거에는 없었던 새로운 비즈니스들과 비즈니스 프로세스의 혁신이 일어난다.

u-커머스와 e-커머스의 차이는 상품 이미지만 봐도 쉽게 이해할 수 있다. 전통적인 상거래에서 상품은 단지 사람이 거래 또는 쇼핑을 하는 대상이었고, e-커머스에서의 상품은 실재가 아닌 전자 카탈로그 속의 그림이었다. 그러나 u-커머스 시대의 상품은 실제 상품과 '증강된 현실' 속의 상품이 짝으로 연계되고 쇼핑의 대상에 불과했던 상품이 지능화됨으로써 사람을 대신해 쇼핑을 해준다. 말 그대로 객체가 주체가 되는 셈이다.

4. u-Commerce 적용을 위한 모델

그렇다면 미래의 u-Commerce를 어떻게 기획할 것인가? 두 가지 관점을 가지고 u-Commerce 서비스를 기획하여야 한다. 첫 번째, 이용자의 상황(Context) 모델에 의거한 마케팅 방식의 수립이다. 이용자가 다양한 인터넷 접속기기를 이용하거나 휴대하고 있는 경우 이용자가 현재 처한 상황을 고려한 마케팅을 해야 한다. 예를 들어 이러한 마케팅의 요소는 시간(Time), 위치(Location), 과거 사용현황(History), 기타 고객 데이터(Customer Data) 등이다. 이러한 요소를 복합적으로 고려하여 특정한 상황이 도래할 경우 특정한 마케팅을 하라는 규칙을 반영해 놓으면 그 상황에 해당 이용자에게 마케팅을 하는 방식을 트리거(Trigger) 마케팅이라 부른다. 두 번째, 인터넷 접속기기(각 Device)의 특성을 반영한 아웃바운드 마케팅 방식의 수립이다. 아웃바운드 마케팅은 소비자 구매행동 모델에 있어 정보 탐색 및 대안제시 단계에 있는 고객과 핵심적인 커뮤니케이션 채널을 형성한다.

5. u-Commerce의 미래

그렇다면 미래의 u-Commerce가 어떻게 전개될 것인가를 예시를 통해 살펴보자. 유선 지불결제대행 서비스인 EBPP(Electronic Bill Presentment and Payment)의 경우 상당한 고전을 하고 있다. 이러한 이유는 요금 고지를 위한 고객과의 마케팅 채널의 확보에 있다. 이에 반해 무선 지불 결제대행의 경우 이용자의 휴대폰에 SMS(단문 메시지)를 발송하여 요금 내역을 통보하고 즉각적인 무선 결제 페이지로 이동하여 결제를 대행하는 서비스를 제공함으로써 이용자의 편리성을 극대화 할 수 있다. 이용자 관점에서 편리성이란 유선 인터넷의 소액결제 서비스인 휴대폰 결제시장의 급성장을 통해 검증된 것처럼 새로운 서비스 성공의 가장 핵심적인 요소라 볼 수 있다. 이러한 내용을 자세히 설명한다면M(obile)-P(C)/T(V)-O(ff-line) 중 연계 가능한 거래 유형과 구매의사 결정 과정 중 u-Commerce의 1단계 집중영역인 I(nformation Search & Outbound

Marketing) - P(urchase) - P(ayment) 중 u-Commerce에 관련된 최적의 유형을 추출하여 서비스를 기획하는 것이 필요하다. 무선인터넷 SMS(단문 메시지)의 즉시성을 이용한 u-Commerce의 예를 들어보자. M-Off-PC의 예시이다. 사용자의 위치 정보를 파악한 트리거 마케팅 플랫폼은 대학로 인근에 위치한 10대 고객에게 마로니에 공원에서 열리는 '10대를 위한 화장품' 신제품 출시 이벤트에 참가하라고 SMS(단문 메시지)를 보낸다. SMS를 받은 10대 고객은 오프라인의 이벤트를 참석하고 복권을 받는다. 집에 도착한 10대는 해당 복권번호를 화장품 웹 사이트에 입력하고 이벤트 당첨 유무를 파악한다. 자연스러운 이 과정에서 화장품 회사는 오프라인 이벤트에 타깃 고객의 참여를 극대화하고, 복권 번호 입력과정에서 고객의 세부 정보와 관심사항을 파악하게 된다. 이는 다양한 인터넷 접속기기와 오프라인이 결합된 유-무선, 온-오프라인 통합 u-Commerce의 예라 할 수 있을 것이다.

6. u-Commerce의 핵심 성공요소

이러한 u-Commerce의 성공을 위해서는 아래와 같은 다섯 가지 요소가 고려되어야 한다. 첫째, 해당 사업자의 서비스를 이용하는 이용자 상황 모델을 반영한 각 인터넷 접속기기간 역할 규정이다. 둘째, 인터넷 접속기기 해당 제조업체, 기기별 통신 서비스 사업자, 통신 서비스 위에서 운영되는 상거래 사업자간의 전략적 제휴를 통한 u-Commerce의 핵심역량 확보이다. 셋째, 새로운 인터넷 접속기기 및 사용 환경에 대한 이용자의 자연스러운 교육을 통한 학습 유도이다. 자연스러운 교육을 통해서 구매 스타일을 바꾸는 것이 상거래 사업자의 역할이다. 넷째, 트리거 마케팅 플랫폼을 포함한 u-Commerce 통합 솔루션이다. 이 경우 국내에서는 인터파크와 큐앤솔브가 공동으로 개발한 u-CRM 관점의 개인화 솔루션이 대표적인 예이다. 마지막으로 트리거 마케팅을 위한 모델 개발과 모델을 최적화하기 위한 피드백 시스템이다. 이러한 성공요소를 반영하여 u-Commerce 사업을 전개하는 기업만이 실질적인 미래 인터넷 비즈니스의 승자가 될 수 있을 것이다.

핵심 정리

- 유비쿼터스의 사전적 의미인 라틴어 어원으로 "(동시에)도처에 존재하는", "편재하는" 등의 뜻을, 물이나 공기처럼 도처에 편재한 자연 상태를 의미하는데 이는 1988년 미국 제록스 팰로 앨토연구소의 마크 와이저(Mark Weiser)가 처음으로 제시하였다.
- 유비쿼터스 컴퓨팅의 특징은 첫째, 가상공간이 아닌 현실 세계의 어디서나 컴퓨터의 사용이 가능해야 한다. 둘째, 인간화된 인터페이스로서 눈에 보이지 않아야 한다. 셋째, 네트워크에 연결되지 않은 컴퓨터는 유비쿼터스 컴퓨팅이 아니다. 넷째, 사용자 상황에 따라 서비스가 변해야 한다.
- 유비쿼터스 컴퓨팅 기술은 RFID, MEMS(Micro Electro Mechanical), Bluetooth, IMT-2000, Zigbee, USN(Ubiquitous Sensor Network), BcN, Wi-Fi, IPv6, WIBRO 등이 있다.
- 유비쿼터스 컴퓨팅 서비스의 종류는 u-City, u-Campus, u-Home, U-Government, u-Learning, u-Health 등이 있다.
- U-Commerce는 현재의 전자상거래와는 상이한 무선 상거래, 음성상거래, 고요한 상거래와 같은 다양한 방식으로 진화할 것이며, 최정점에는 고요한 상거래가 등장하게 될 것이다.
- u-Commerce 핵심 성공요소 첫째, 인터넷 접속기기간 역할 규정이다. 둘째, 상거래 사업자간의 전략적 제휴를 통한 u-Commerce의 핵심역량 확보이다. 셋째, 새로운 인터넷 접속기기 및 사용 환경에 대한 이용자의 자연스러운 교육을 통한 학습 유도이다. 넷째, 트리거 마케팅 플랫폼을 포함한 u-Commerce 통합 솔루션이다. 마지막으로 트리거 마케팅을 위한 모델개발과 모델을 최적화하기 위한 피드백 시스템이다. 이러한 성공요소를 반영하여 u-Commerce 사업을 전개하는 기업만이 실질적인 미래 인터넷 비즈니스의 승자가 될 수 있을 것이다.

제7장 S-Commerce

제7장
S-Commerce

제1절 소셜 미디어

1. 트위터

1) 의의

트위터는 2006년 미국의 잭 도시(Jack Dorsey)·에번 윌리엄스(Evan Williams)·비즈 스톤(Biz Stone) 등이 공동으로 개발한 소셜 네트워크의 한 형태인 미니 블로그라 할 수 있다. 원래 트위터라는 의미는 "새가 재잘거리다"란 의미로 표현하고자 하는 일상생활의 짧은 글을 최대 140자로 작성하여 올릴 수 있다.

2) 트위터의 특징

(1) 트위터는 간단하다.

트위터는 140자 이하의 간단한 내용을 전달하는 소셜미디어라고 할 수 있다. 짧은 내용을 전달하기 위해 그 만큼 강하고 전달력이 있는 요약이 중요하다. 특히 스마트폰, 태블릿 PC 등의 대중화로 트위터 사용의 접근이 쉽고 사용인구가 증가하고 있다.

(2) 실시간 전파속도가 신속하다.

트위터는 실시간으로 발생되는 일상생활의 내용이나 정보 등이 신속하게 전파되는 특징을 가지고 있다. 어떤 유명인이 자신의 의견을 트위터에 올리면 바로 그 내용을 읽고 RT를 통해 신속하게 퍼져나가게 되고 확산 범위도 넓고 대중에게 미치는 영향도 크게 된다.

(3) 메시지가 일시적이고 순간적이다.

트위터상의 정보가 삭제되지는 않지만 새로운 글에 의해 밀려나게 되고 그로 인해 사람들의 기억 속에 사라지게 된다. 즉, 다른 매체에 비해 연계성이 약하고 일시적 순간적이기 때문에 메시지를 전달하고자 할 경우 다른 매체와 연결하여 사용하는 것이 바람직하다.

2. 페이스북(Facebook)

1) 의의

페이스북은 2004년 2월 하버드대 학생이었던 마크 주커버그가 설립한 것으로 사람들이 친구들과 대화하고 정보를 교환할 수 있도록 만든 소셜네트워크 서비스이다. 2011년 현재 6억 명 이상이 사용하고 있는 것으로 불특정 다수에게 개방하고 있으며, 담벼락에 글과 사진을 마음대로 게시할 수 있다.

2) 특징

페이스북의 특징은 첫째, 프로필을 직접적으로 학력, 경력, 취미, 관심사 등의 기입이 가능하다. 둘째, 공유를 통해서 콘텐츠를 지인들에게 전달하고 댓글을 달 수 있다. 지인들이 방문하여 게시물에 Like를 클릭할 수 있고 댓글을 통해 호응을 표현하기도 한다. 셋째, 상업적 이용이 가능하다. 즉, 상품소개와 소비자와 쉽게 관계형성이 할 수 있고, 각종 이벤트 생성이 가능하게 구성되어 있다. 넷째, 연계성이 강해 구글, 유튜브, 블로그 등과 다양한 서비스 등과 콘텐츠 공유가 가능하다.

3) 페이지 운영전략의 원칙

첫째, 페이지만의 인센티브 제공을 통하여 부가가치를 제시해야 한다.

둘째, 노출보다는 참여에 적극적인 동참이 요구된다.

셋째, 고객에게 유익함과 즐길 거리를 제공해서 재미를 주어야 한다.

넷째, 페이지를 소셜 허브로 만들어라.

다섯째, 페이지 세분화를 통해 체계적이고 다양성 있게 구성해야 한다.

여섯째, 끊임없는 관심을 통해 대화가 끊김 없이 이어져야 한다.

일곱째, 고객들에게 진실하게 다가설 수 있도록 오픈을 통해 관리자를 투명하게 공개해야 한다.

3. 블로그

1) 의의

블로그(blog)라는 용어에 대한 시초는 미국의 존 버거가 1997년 11월로 처음 사용하였으며, 이는 웹로그의 웹(web)과 기록(log)이라는 두 개의 단어가 합성되어진 웹로그의 줄임말이다.

블로그는 인터넷상에 자신의 취미, 생각, 일상생활 등에 대한 내용을 올릴 수 있는 개인 홈페이지 대안으로 제시되고 있다. 자신의 블로그의 게시하는 콘텐츠에 대해서는 제약이 없고 블로그를 꾸미는 방법도 많은 기술을 요구하지 않으므로 누구나 쉽게 접근할 수 있는 미디어이다. 특히 페이스북과 트위터와의 연계가 가능하고 스마트폰의 대중화로 콘텐츠 검색이 용이하고 빠르게 내용이 확산될 수 있다.

2) 블로그의 특징

블로그는 홈페이지 제작에 지식이 없더라도 주어진 틀에 클릭을 통해 개인이 손쉽게 구성을 할 수 있게 되어 있다. 그러므로 홈페이지 제작하는 것에 비해 다음과 같은 특징을 지니고 있다. 첫째, 온라인을 통해 블로그 제작 및 편집이 간편하다. 자신이 구축하고자 하는 홈페이지에 회원 가입을 하면 자신의 블로그가 자동으로 만들어지게 된다. 다양한 자료를 업로드 할 수 있고 변경도 가능하게 된다. 둘째, 자신의 블로그에 대한 갱신이 용이하다. 자신의 취미와 관련된 내용이나 사회적 이슈, 공동 관심사 등에 대한 내용을 간단하게 글로서 작성이 가능하다. 셋째, 홈페이지에 비해 다양한 정보를 제공할 수 있다. 새롭게 생성되는 정보를 제공하고 이를 통해 다양한 의견을 도출하고 전파가 가능하게 된다. 최근에는 파워블로그를 통해 제품판매에 기여하는 측면도 있지만, 이면에는 부정적인 요소들이 표출되고 있다. 넷째, 블로그는 즉시성을 지닌다. 다른 매체에 비해 자신의 생각과 의견을 신속하게 업로드가 가능하다. 다섯째, 네트워킹을 통한 자유로운 내용을 형성할 수 있다. 블로그들 간에 구독과 링크 기능을 통해 거대한 온라인 커뮤니티를 형성하게 된다.

4. 스마트폰(Smartphone)

1) 스마트폰의 개요

스마트 폰(Smart Phone)은 휴대폰과 유사하지만 좀 더 진화되고 다양한 어플을 통해 휴대폰에서 누리지 못한 다양한 정보를 손쉽게 사용 가능하게 한 소셜 미디어의 한 형태라고 할 수 있다.

한국정보통신산업협회(2004)는 "OS를 탑재하여 종전보다 유연하게 비즈니스 어플리케이션을 가동할 수 있는 고기능 다기능 휴대전화"라고 정의하였다. 이렇게 스마트폰에 대한 다양한 정의와 특징이 존재하나 공통적인 특징은 "전화+모바일 인터넷이 가능한 기기"로 요약할 수 있다.

현재 사용되고 있는 스마트 폰은 1992년 IBM이 탄생시킨 Simon이 시작이라고 할 수 있으며, 이 제품은 1993년 BellSouth를 통하여 출시되었다.

초기 스마트 폰의 주축을 이룬 것은 노키아로 1996년 노키아900을 시작으로 스마트폰을 발표하게 되었다. 뒤를 이어 노키아9000, 노키아9210, 노키아9500 등이 출시되었고, 노키아 Communicator 모델의 경우 고가의 스마트폰으로 타 제품보다 비싸게 판매되었다.

2001년 RIM이 최초의 블랙베리 폰을 출시하였고, 이 제품의 특징은 E-mail 사용을 최적화 시킨 것이었고, 2007년 미국에서 애플사가 인터넷 접속이 가능한 터치스크린 방식의 스마트폰을 다양한 기능을 탑재한 폰을 출시하여 전 세계의 관심 속에서 폭발적인 인기를 끌게 하는 견인차 역할을 하게 되었고, 전 세계 국가에서 스마트폰에 관심을 가지고 제품개발에 박차를 가하게 되었다.

스마트폰을 정의를 내리면 PC 기능에다 통신기능이 부여된 휴대 가능한 손안의 PC라고 할 수 있다.

그리고 이동통신의 진화과정을 살펴보면 1세대 아날로그 통신을 시작으로 4세대 향해 가고 있으며, 자세한 특징은 다음과 같다.

표 7-1 이동통신의 진화과정

구 분	1세대	2세대	3세대	3.5세대	3.9세대	4세대
표준기술	아날로그 통신	CDMA, GSM	WCDMA	HSDPA*	LTE, 와이브로	LTE-ADV
전송속도	10kbps	14.4~64kbps	144~2Mbps	~14.4mbps	~75mbps	~600mbps
주요 서비스	음성	음성, SMS	음성, 고속 인터넷			멀티미디어
상용화 시기	1978년	1992년	2000년	2007년	2010년	2013년 이후

자료: 홍원순, LTE(Long Term Evolution), 한국인터넷 진흥원, 인터넷 & 시큐리티 이슈, 2011. 4. p. 35

2) 스마트폰의 특징

(1) 모바일 플랫폼(OS)

스마트폰의 플랫폼이란 컴퓨터의 운영체제를 말한다. 즉 컴퓨터 시스템을 제어하고 소프트웨어 관리하는 프로그램이다. 특히 스마트폰의 가장 중요한 특징으로 오픈소스와 다양한 운영체제를 통해 경쟁이 치열하다.

범용 운영체제의 사용과 표준화된 개발 환경을 통해 개발자들은 자유롭게 어플리케이션을 개발할 수 있어 일반 사용자들 간에도 개방형 운영체제를 기반으로 다양한 어플리케이션의 공유가 가능하게 되었다. 스마트폰의 대표적인 플랫폼은

* HSDPA(high speed downlink packet access):고속하향패킷접속. 3세대 서비스인 W-CDMA보다 한 단계 앞선 기술이므로 3.5세대로 불리기도 함

노키아(Nokia)의 심비안(Symbian), 구글(Google)의 안드로이드, 마이크로소트프(Microsoft)의 윈도우 모바일(Window Mobile), 애플(Apple)의 오에스엑스(OS X), 삼성의 바다 등이 있다.

(2) 조작 용이함

손안의 작은 PC인 스마트폰은 쉽고 빠르게 한손 조작이 용이하도록 최적화 되어있다. 이는 사용자가 이동 중에도 스마트폰을 한손으로 조작 가능하도록 제공된 크기와 조작방식(one-handed operation)을 지칭한다. 사용자는 한손으로 음성통화 뿐만 아니라 인터넷, E-메일작성, 모바일 쇼핑, 사진촬영 등 다양한 멀티미디어 기능을 사용할 수 있다.

(3) 이동성(Mobility) - 무선인터넷과 디스플레이

스마트폰만의 탁월한 이동성으로 언제 어디서나 원하는 작업 수행이 가능해졌다. 금융거래의 수단으로 주목받는 것도 가볍고 편리한 휴대성과, 그로 인한 사용의 편리성 때문이며, 이동 중에 버스 배차시간을 확인하고 맛집을 찾고 강의를 듣고, 제품정보를 확인 하는 등의 조작은 무선인터넷(Wi-Fi)과 HSDPA를 통해 언제 어디서나 네트워크 접속이 가능해졌기 때문이다.

(4) 입력방식(Keypad)

스마트폰은 이동 중에도 한 손 조작이 가능하도록 키패드를 주 입력방식을 채택하고 있다. 이동성에 중점을 둔 스마트폰은 크게 컴퓨터의 키보드와 같은 형태로 제공하고 있는 쿼티 키보드 방식과 감압식 입력방식과 정전식 입력방식으로 구성된 터치 인터페이스 방식을 제공하고 있다. 다른 터치 인터페이스 방식은 현재 출시된 아이 폰이나 옴니아 등의 다양한 스마트폰에서 구현하고 있는 입력방식이다.

(5) 기술과 서비스의 융합

스마트폰의 서비스는 스마트폰에 탑재된 다양한 기술적 요소들인 센서, GPS등과 카메라, 마이크, DMB 등과 같은 멀티미디어 기능이 융합되고, 융합된 기술들은 응용한 게임, 책, 엔터테인먼트, 교육, 여행 등의 다양한 분야의 어플리케이션으로 제공되면서 스마트폰의 주요한 경쟁력의 원천이 되고 있다.

그리고 PC와 스마트폰, 피처폰을 비교해 보면 〈표 7-2〉와 같이 차이점을 발견할 수 있다.

표 7-2 PC와 스마트폰, 피처폰의 비교

구 분	PC	스마트폰	피처폰
OS	-개방형 플랫폼 -MS Windows 독점	-개방형 플랫폼 -범용 OS -다수의 범용 OS존재	-폐쇄형 플랫폼 -전용 OS -제조사별 자체 탑재
지원협력업체 애플리케이션	-다양한 애플리케이션 다운로드 및 설치 가능 -누구나 제작 배포 설치 -커스터마이징	-애플리케이션 개발 및 공유 가능 -누구나 제작 배포 설치 -커스터마이징	-단말 벤더에 종속된 애플리케이션만 설치가능 -모바일 플랫폼 표준규격 기반에서 해당 -커스터마이징 불가
인터넷 접속 환경	-유무선 Network	-3G/ 무선네트워크 -WCDMA, HSDPA -Wi-Fi, Bluetooth	-2G/3G Network -CDMA, WCDMA, HSPA
사용시간	-필요한 시간에만 사용 -On 상태에서 유저의 시선을 벗어나는 시간 짧음	-24/7 Power on -On 상태에서 유저의 시선을 장시간 벗어남	-24/7 Power on -On 상태에서 유저의 시선을 장시간 벗어남
주요 HW	- 프로세서(2.4Ghz) - 메모리(~500GB) - 디스플레이(18.4인치) * Notebook 기준	- 프로세서(~1Ghz) - 메모리(~32GB) - 디스플레이(~4인치)	-프로세서(1Ghz) -메모리(~2GB) -디스플레이(~4인치)

자료: 한국인터넷진흥원, 스마트폰 시장의 확산에 따른 모바일 생태계 변화, 인터넷 & 시큐리티 이슈, 2010. 4. p. 8

3) 스마트폰의 구조

스마트폰의 운영체제를 애플, 구글, 윈도우, 심비안 등으로 구분하여 분류할 수 있다. 이들 운영체제간의 단말기의 종류, 앱스토어, 특징 등을 비교하면 다음과 같다.

표 7-3 스마트폰의 운영체제에 따른 분류

O/S	애플	구글	윈도우	심비안
단말기 종류	애플 아이팟 아이폰 3Gs 아이폰 4	갤럭시, 옵티머스, 모토로이, 디자이어	옴니아 7 옵티머스 7 HD 7	노키아 N8 블랙베리 볼드 9700
앱스토어	앱스트어	안드로이드 마켓	Marketplace Apps	오비 스토어
특 징	-운영체제 번거로움 -파일 변환작업	-개방성 -업데이트 시기 늦음	-호환성 탁월 -사용용이	-아시아지역 사용 가능 -편리한 쿼티자판

4) 스마트폰의 변화

2011년 이동통신 분야의 최대 관심사는 LTE(Long Term Evolution)로 국제전시회 스마트폰 제조업체는 LTE기술이 활용된 단말기를 소개하게 되었고, 국내 통신사들도 LTE 최신 기술 소개와 더불어 지대한 관심을 표하게 되었다.

국내의 경우 외국보다 다소 늦었지만 국내 서비스도 활발하게 준비 중이고, 전세계적으로 2011년 1월 70개국 180여개 사업자가 LTE를 준비 중이다.

이동통신에서 3G와 4G 구분은 국제전기통신연합(ITU)이 주관하고 있으며, 이는 모바일 네트워크 전송속도가 기준이 된다. 2G는 14.4~64Kbps, 3G 14.4Kbps~2Mbps로 전송속도를 규정하고 있으며, 4G는 정지중 1Gbps, 이동 중 100Mbps의 전송속도가 요구된다. 4G는 3G보다 전송속도면에서 10배 이상 빠른 속도로 인해 대량의 데이터 전속이 가능하다. 현재 4G 주요기술로 부각되고 있는 것은 LTE이다. LTE는 3G를 장기적으로 진화시킨 기술이라는 의미에서 붙이게 된 명칭이라고 할 수 있다.

국내 이미 구축된 4G LTE와 와이브로의 특성을 장단점을 통해 비교하면 다음과 같다.

표 7-4 국내 구축된 4G LTE, 와이브로의 특성 비교

구 분	속 도	장 점	단 점
LTE	다운로드(75Mbps) 업로드(37.5Mbps)	-전 세계 통신사 4G이동 -해외 로밍 가능 -향후 단말기 수급 선택	-도입 초반, 최적화 필요 -커버리지 좁음 -현재 데이터 전용 서비스 제공
와이브로(Wibro)	다운로드(39.8Mbps) 업로드(10Mbps)	-현재 사용 가능(82개 도시와 고속도로 전국 구축) -전용 스마트 폰 및 테블릿 PC 출시 -요금 저렴	-건물 안에서는 잘 잡히지 않음 -LTE 집중투자, 미래 불투명 -현재 데이터 서비스만 제공

자료: 홍원순, LTE(Long Term Evolution), 한국인터넷 진흥원, 인터넷 & 시큐리티 이슈, 2011. 4. p. 34

세계 스마트폰 시장을 연도별로 구분하여 비교해 보면 아래의 표와 같이 시장을 변화에 대한 추이를 살펴볼 수 있다.

표 7-5 세계 스마트폰 시장 전망(2007~2013)

(단위: 백만 대, %)

구 분		2007	2008	2009	2010	2011	2012	2013
휴대폰 판매대수		1,151	1,209	1,114	1,202	1,306	1,432	1,568
스마트폰	판매대수	121	143	178	254	351	469	604
	성장률	49	18	24	43	38	34	29
	비중	10.5	11.8	15.9	21.1	26.9	32.8	38.5

* 2009~2013년은 전망치
자료: 권기덕 외 4인, 스마트폰이 열어가는 미래, 삼성경제연구소, 2010. 2. p. 5 (추정)

5) 스마트폰의 보안 위협요소

특히 전 세계적으로 아이폰 가입자의 경우 자신의 이동경로가 자신도 모르는 사이에 저장되고 위치 추적이 가능하다는 사실이 기사화 되고 논란의 대상이 된 적이 있다. 휴대폰에 비해 보안이 취약하고 여러 가지 요인에 의해 보안위협에 노출되어 있다.

첫째, 휴대폰에 비해 무선 인터넷과 외부 인터페이스가 오픈되어 제공되고

있다. 이는 악성코드 유입 전파 문제가 발생할 수 있고, 어플개발자가 고의적으로 악성코드를 심어서 개발이 가능하다는 것이다.

둘째, 휴대폰이나 스마트폰의 경우 다른 IT 기기에 비해 휴대 간편성으로 인한 도난 분실이 빈번하게 발생되고 있다. 특히 스마트폰에 자신의 인터넷뱅킹 보안카드를 저장하여 습득자가 이를 이용하여 통장에서 예금 인출하는 사례가 발생하거나, 공인인증서를 저장하여 분실될 경우 이를 이용하여 여러 가지 범죄에 노출될 수 있다는 것이다.

셋째, 스마트폰은 PC에 비해 성능이 떨어지는 기기라고 할 수 있다. PC의 경우 성능이 우수하다 보니 다양한 보안 관련 프로그램이 개발되어 보안성이 높지만 스마트폰의 경우 백신이나 보안 프로그램을 적합하지 않다보니 보안이 취약하다고 할 수 있다.

제2절 소셜커머스(Social Commerce)

1. 소셜커머스의 개요

소셜커머스는 갑자기 생성되어진 것은 아니고, 소비자들이 동일한 품목에 대해 소비하고자 하는 경우 혼자서 구매한 것 보다 여러 명이 같이 구매함으로서 저가로 구입가능하게 하는 공동구매와 유사하다고 볼 수 있다.

소셜커머스는 상품 판매 또는 판촉을 위해 SNS를 활용하는 것이다. 기업에서 기본 콘텐츠를 제작하면 SNS를 활용하여 소비자들이 추천, 리뷰, 평가 등의 형태로 참여하여 콘텐츠를 보강하고 SNS를 통해 확산시켜 나간다.

그러므로 소셜커머스의 개념은 현재 사용되고 있는 소셜미디어를 중심으로 발생되는 각종 정보가 소비행동 유발에 영향을 미치는 것이라고 할 수 있다. 즉, 트위터, 페이스북, 블로그 등을 통해 소비정보를 획득하여 저렴하고 평소에 접하기 힘든 제품과 서비스가 구매 가능하게 도움을 주는 상거래 형태의 하나라고 할 수 있다.

그리고 소셜커머스의 특징은 소셜 지성의 구현, 개인화를 통한 상거래 형성, 상거래의 공유, 온라인 및 오프라인 상거래의 통합 가능, 판매자와 구매자간의 믿음의 중요성, 구매자 권한 강화 등의 측면에서 살펴보면 다음과 같다.

1) 소셜 지성의 구현

상거래는 판매자와 구매자 간의 상호간 의사결정을 통해 이루어지며, 생산자와 판매자는 어떤 제품을 생산 및 판매할 것인지, 구매자는 어떤 제품을 선택할 것인지에 대한 결정의 연속이다. 생산자와 판매자는 시장조사를 통해 정보를 수집하고 구매자는 각종 정보를 획득하여 제품 선택을 하지만 수많은 정보가 불확실하고 혼란을 가중시키는 결과를 초래하고 있는 것이 현실이다.

따라서 소셜커머스를 통해 판매자와 구매자에게 좀 더 정확한 정보의 제공을 통해 판매와 구매결정에 도움을 제공하는 것이 소셜지성이다. 그러므로 소셜지성은 신뢰 및 검증을 통해 정보 제공이 되어 합리적인 소비생활을 유도할 수 있다.

2) 개인화를 통한 상거래 형성

트위터, 페이스북, 블로그를 통한 각종 소셜정보가 개인에게 구체화된 상거래가 가능하게 만들어 줄 수 있게 된다. 판매자는 구매자의 구체적인 개인정보를 획득할 수 있고, 여기에 적합한 맞춤형 마케팅을 통해 구매자의 만족 수준을 높일 수 있는 계기가 가능하다.

3) 상거래의 공유

트위터, 페이스북, 블로그를 통한 상거래는 개인의 실시간 인적네트워크를 통해 구매정보가 공유되고 친구를 통해 확산이 가능하다. 아울러 구매자의 구매경험이 실시간으로 공유가 가능하고, 네트워크를 통해 장소와 시간적 제한 없이 접속을 가능케 하고 있다.

4) 온라인 및 오프라인 상거래의 통합 가능

일반적으로 상거래는 오프라인과 온라인 형태로 구성되어 있다. 그러나 SNS를 통해 구매경험이 실시간 공유가 가능하므로 경계성이 모호해 지고 있다. 그러므로 오프라인을 통하지 않고 실시간으로 온라인을 통해 접속이 가능하다.

5) 판매자와 구매자간의 믿음의 중요성

구매자가 자신의 친한 친구로부터 자신이 경험한 제품에 대한 경험과 추천을 통해 제공되는 정보가 신뢰성이 더욱 강화되고 이를 통한 구매결정에 영향을 미치게 된다. 그러므로 유통망 자체가 SNS을 통한 인적 네트워크가 중요한 요소로 영향을 주게 된다.

6) 구매자 권한 강화

과거에 비해 소비자에게 주어지는 제품 선택에 대한 다양성과 실시간 정보 제공을 통해 좀 더 구체적이고 정확한 정보를 통한 구매가 가능하게 되었고, 아울러 구매자들 간의 인적네트워크를 통해 구매자의 권한 강화의 계기가 되고 있다.

2. SNS(Social Network Service)

인터넷을 통해 인간관계를 구축하여 정보를 주고받을 수 있는 서비스 형태이다. 이는 대중 중심보다 개인중심으로 정보를 공유하고 자신의 생각을 전달할 수 있는 사회적 네트워크를 형성하게 만든다. 특히 최근에는 트위터와 페이스북 등이 대표적인 소셜네트워크 형태의 서비스라고 할 수 있으며, 한국형은 싸이월드나 미투데이, 요즘 등이 이에 해당한다.

표 7-6 미디어의 변화

구 분	기존 미디어	새로운 미디어
미디어의 종류	TV, 신문, 라디오, 잡지 등 매스미디어	블로그, 트위터, 페이스북 등 소셜미디어
콘텐츠 생산 주체	미디어 제작사, 광고주	개인
커뮤니케이션 형태	단방향 커뮤니케이션	쌍방향 커뮤니케이션
미디어 소유	자본가	일반 개인
콘텐츠 성격	사회적, 객관적, 계획적	개인적, 주관적
활 용 비 용	고비용	저비용 또는 무료

자료: 김태욱 · 이영균, 소셜마케팅 7가지 법칙, 다우, 2011, p. 32

그리고 해외의 경우 기업에서 주로 사용하는 소셜미디어 도구로는 2011년 조사결과 페이스북(92%), 트위터(84%), 링크드인(68%), 블로그(68%), 유튜브&비디오(56%) 등으로 나타났고, 그 외 소셜북마크, 포럼, 위치기반서비스(LBS) 등의 순으로 나타나고 있어 주된 도구로는 페이스북과 트위터가 주된 역할을 하고 있다.

3. 소셜커머스의 유형

해외에서의 진정한 소셜을 가미한 다양한 유형의 소셜커머스가 존재하는데 그 종류는 플래시 세일(Flash Sale), 그룹 바이(Group-Buy), 소셜 쇼핑(Social Shopping), 소셜 쇼핑 앱스(Social Shopping Apps) 등이 있다. 또 다른 소셜커머스의 유형은 소셜 네트워크 서비스의 활용 형태에 따라 소셜링크형, 공동구매형, 소셜웹형, 오프라인연동형 등으로 구분할 수 있는데 자세한 내용은 다음과 같다.

1) 플래시 세일(Flash Sale)

플래시 세일(Flash Sale)은 한정된 수량을 제한된 시간 동안만 선착순 할인

판매하는 것이다. 세일은 계속되지만 세일 품목이 품절되면 세일이 자동 종료된다. 플래시 세일은 해외에서 소셜커머스의 한 형태로 성숙한 시장으로 자리 잡았다. 외국의 경우 미국의 길트 그룹, 오트룩, 프랑스의 방트프리, 독일의 브랜즈포프렌즈 등이 플래시 세일의 대표적인 업체이다. 국내기업으로는 트리스트(tryst), 프라이빗 라운지(privatelounge), 글램라이프(glamlife) 등의 대표적인 업체가 있다. 단기간 일시적으로 명품을 할인판매를 통해 소비자가 느끼는 가치가 크고 고품질을 선택할 수 있는 제품에 대한 정보를 제공하기 때문에 소비층이 늘어나고 시장이 확대될 전망이다.

2) 그룹 바이(Group-Buy)

그룹 바이(Group-Buy)는 제한된 시간 내에 정해진 인원이 모아지면 특정 품목을 할인된 쿠폰형태로 판매하는 방식이다. 주로 이 소셜커머스 유형은 지역 거점을 바탕으로 판매하고자 하는 상품으로 구성되어진다. 대표적인 업체로는 그루폰(Groupon)을 예로 들 수 있다.

그루폰은 지역사회, 온라인, 오프라인 등에 기반을 두고 있으며, 24시간 파격적인 할인 상품을 제공하고 있다. 아울러 다양한 상품을 최고의 할인가격으로 데일리 딜 서비스(Daily Deal Service)를 하고 있으며, 그루폰은 전 세계 30여 개 나라에서 글로벌 서비스로 운영되고 있다. 국내의 업체로는 티켓몬스터, 쿠팡, 웨메이크프라이스 등 다수가 있다.

3) 소셜 쇼핑(Social Shopping)

소셜 쇼핑(Social Shopping)은 할인된 가격에 상품판매를 하는 형태가 아니라 소비자들이 거래에 좋은 웹사이트나 상품에 관한 정보를 상호간 공유하는 쇼핑에 관한 정보 포털 형태라고 할 수 있다. 대표적인 업체로는 Polyvore, Kaboodle, Lockerz 등이 있는데 Polyvore의 경우 패션에 관한 다양한 정보 즉, 패션 쇼핑 정보를 제공해 주는 포털이다. 이 업체는 코디를 원할 경우 필요한 사이트 링크를 제공해 주고 소비자들이 자신이 가지고 있는 정보를 통해 자발적으로 운영이 가능하고 모든 정보는 트위터, 블로그, 페이스북에 실시간으로 공유가 가능하다.

[그림 7-1] Polyvore의 홈페이지

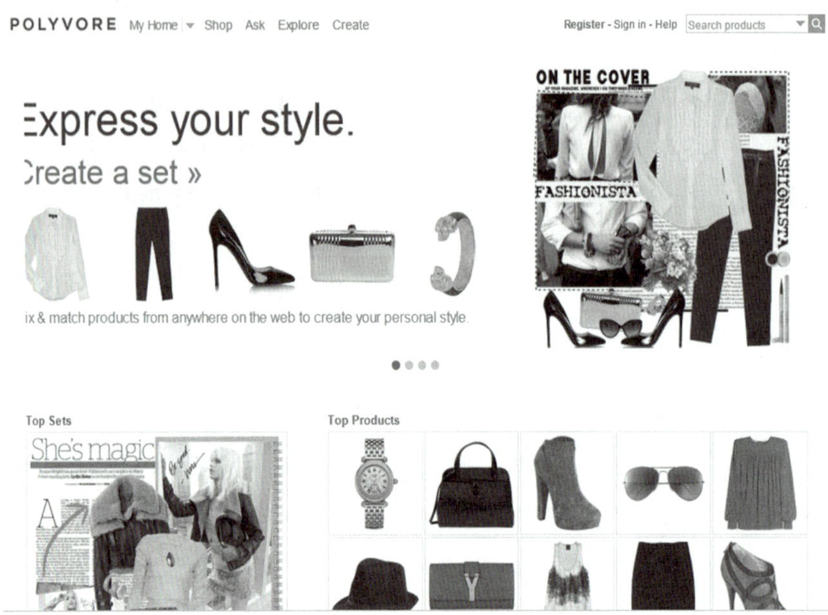

4) 소셜 쇼핑 앱스(Social Shopping Apps)

소셜 쇼핑 앱스(Social Shopping Apps)은 기존의 전자상거래와 다른 형태로 커머스 영역을 온라인에서 오프라인까지 확대시킨 소셜커머스의 한 형태라고 할 수 있다. 이 소셜커머스의 대표적인 업체는 Shopkick로 스마트폰을 통해 Shopkick 앱을 다운로드하여 소비자가 오프라인 점포를 방문시 kick이라는 포인트를 적립하게 하는 방법을 개발하여 사용하게 되었다. 이는 소비자가 상점을 방문하게 되며 check in이나 상품 바코드를 통한 kick을 적립하여 기프트카드나 크레딧 등으로 교환이 가능하고 기부할 때 사용할 수 있다.

[그림 7-2] Shopkick 홈페이지

5) 소셜링크형

트위터와 페이스북과 같은 SNS(Social Network Service)로 이동이 가능한 버튼형태의 링크를 제공하는 방식이다. 버튼을 클릭하게 되면 웹 링크가 생성되어 자동 삽입 되거나 복사되어 게시물로 생성이 가능하게 된다. 소셜링크형은 말 그 자체로 쇼핑몰 링크를 통해 소셜커머스가 가능하게 만든 형태라고 할 수 있다.

6) 소셜웹형

소셜웹형은 커머스와 소셜 네트워크가 결합되어진 것으로 사이트 내에서 소셜네트워크의 기능이 가능하게 하는 방법을 지칭한다. 즉, 소비자의 구매, 구매 후 평가, 리뷰 등의 대한 활동이 자동으로 반영되어 공유가 가능하게 된다. 아울러 소셜 네트워크 친구들이 어떻게 활동하고 있는지 확인할 수 있고, 소셜미디어와 기존 커머스가 결합하여 연동되는 방식이다.

7) 공동구매형

공동구매형은 기존의 공동구매 형태와 유사한 것으로 제품이나 서비스를 공동구매 형태로 판매하는 소셜커머스를 지칭한다. 이 형태는 공동구매 사이트와 소셜미디어가 결합하여 판매하는 방식으로 입소문이 중요한 역할을 하게 된다. 국내의 경우 공동구매형 소셜커머스가 주축을 이루고 있으며, 서비스 업종의 경우 상상을 초월하는 할인율을 제시하는 경우도 발생한다. 공동구매형의 경우 고객들의 참여를 통해 주위 사람들에게 구매에 참여하도록 유인한다. 특히, 초대한 친구가 회원가입을 하거나 구매가 발생될 경우 현금 또는 포인트를 적립해 주기도 하는 방식이다. 이 유형은 충동구매가 발생하여 소셜커머스의 부작용인 환불과 제품과 서비스에 대한 불만으로 마찰이 발생되기도 한다. 티켓몬스터, 쿠팡, 위메프, 그룹폰, 위폰 등이 대표적인 사례이다.

그리고 공동구매형 소셜커머스가 주목받는 이유는 첫째, 지역 업체와 고객의 연결을 통해 새로운 가치를 추구한다. 둘째, 마케팅 활동에 많은 비용을 지출하지 않고 입소문을 통해 사업이 가능해 진다. 셋째, 소셜커머스의 특징인 충동구매를 자극하여 매출액 신장이 가능하다. 넷째, 기존 구매 패턴을 떠나 새로운 구매 경험을 하게 된다.

8) 오프라인 연동형

오프라인 연동형은 오프라인 매장과 소셜 네트워크를 연계하여 처리되는 소셜커머스의 유형이다. 즉, 위치기반 서비스(LBS)를 이용하여 소비자가 오프라인 매장에서 자신이 경험한 것을 각종 소셜미디어를 통해 유포시키는 방식이라고 할 수 있다. 즉, 자신이 오프라인 매장에서 제품이나 서비스를 구매한 후 그 결과에 대한 내용을 직접 스마트폰, 태블릿 PC 등을 통해 확산시키는 것이다.

4. 소셜커머스의 업체 및 매출액 현황

1) 소셜커머스 업체

소셜커머스의 업체는 세계적으로 주목을 받은 그루폰이 국내에 소개되면서 2010년을 기점으로 업체수가 증가하게 되었다. 국내의 경우 2010년 3월 위폰의 창업을 토대로 잘 알려진 티켓몬스터, 위메이크프라이스, 쿠팡 등이 서비스를 시작하였고, 외국의 경우 대표적인 그루폰과 페이스북 딜즈 등이 있다.

(1) 티켓몬스터

티켓몬스터는 신현성 대표와 대학동기 2명이 함께 2010년 5월에 설립한 한국의 대표적 소셜커머스 업체로 창업하였다. 수많은 회원을 확보하였고, 설립 1년 만에 1,000억 원의 매출을 돌파하였다. 그러나 가파른 성장에도 불구하고 미국의 소셜커머스 업체인 리빙소셜에 약 4000억 원에 매각 되었고, 신현성 대표는 1500억 원의 차익을 얻게 되었다.

(2) 위메이크프라이스

온라인게임 던전앤파이터로 유명한 전 네오플 허민 대표가 150억원을 투자하여 2010년 10월에 창업하였다. 대규모 투자와 막대한 마케팅 비용을 지출하였고, 2011년 “할인의 추억”, “프라이빗라운지”, “슈거딜” 등 소셜커머스 여러 업체를 인수하였다.

(3) 쿠팡

쿠팡은 2010년 8월 설립하여 2011년 국내의 대표적 소셜커머스 업체로 성장하게 되었다. 쿠팡의 회원수는 2011년 7월 말 기준 500만 여명에 이르고, 2010년 8월 1억9000만원이었던 월 매출액이 2011년 6월 300억 원 규모로 성장하였다. 순방문자 수도 상반기를 기점으로 쿠팡이 1위를 차지하였고, 성장의 원동력은 소비자와 인재를 중시하는 기업문화가 성장동력이 되었으며, 고객관계관리(CRM) 시스템 도입을 통해 고객 서비스에 대한 충분한 인프라를 갖췄기 때문이다.

(4) 그루폰(Groupon)

그루폰은 소셜커머스의 대표적인 기업으로 2008년 11월에 프로그래머 출신인 앤드루 메이슨의 창업을 필두로 2010년 7억 6,000만 달러의 매출을 토대로 창업 2년 만에 23배의 매출증가를 가져오게 되었다. 그루폰의 성장신화는 트위터, 페이스북 등을 통한 쿠폰 공동구매 형태가 주된 원인이라고 할 수 있다. 즉, 하루 한 가지 제품을 50% 이상 할인된 가격에 구입 가능한 쿠폰을 판매하는 것으로 정해진 시간 내에 최소 판매량이 목표달성이 되어야 할인율이 유효하다. 현재 그루폰은 44개국 500여 지역거점을 통해 서비스를 제공하고 있고 국내에도 그루폰코리아로 서비스를 제공하고 있다.

그리고 국내의 소셜커머스 업체들의 현황을 매출액, 수수료율, 회원 수 등의 측면에서 비교해 보면 다음과 같다.

표 7-7 소셜커머스 4대 업체 현황

(2010년 11월 17일 기준)

기 업 명	누적매출	수수료율	회원수	직원수	설립일
티켓몬스터	100억 원	20~30%	30만 명	100명	2010. 5. 10.
위메이크프라이스	58억 원	15%	20만 명	130명	2010.10. 8.
대일리픽	20억 원	10%	7만 명	20명	2010. 7. 11.
쿠 팡	15억 원	평균 30%	26만 명	40명	2010. 10.

자료: 매경이코노미(2010.12.1), 유윤수 윤상진, 소셜커머스, 더숲, 2011. p. 122

2) 소셜커머스 매출액 현황

소셜커머스의 경우 50%~70% 까지 할인을 통해 정해진 시간 내에 인원이 확보되면 구매가 가능하게 되는 형태이다. 그 결과 업체로부터 평균 20%의 수수료를 받게 되어 거래 규모가 커질수록 수수료 액수가 높아지게 된다. 특히 소셜커머스 업체가 판매하는 서비스의 경우 외식업, 유흥업, 여행 등 먹을거리, 즐길 거리 등 일반적으로 소비가 빈번히 발생하는 품목을 통해 소비심리를 자극하는 것이다.

미국에서 리빙소셜, 그루폰 등 1000여개 업체가 폭발적인 인기를 누리던 소셜커머스가 국내에도 2010년 위폰을 필두로 많은 소셜커머스 업체가 우후죽순

처럼 생겨나 2011년 상반기를 기점으로 약 500여개 업체가 등록된 것으로 추정하고 있다. 국내시장의 경우 소셜커머스 시장 확대가 예상되자 외국기업과 국내기업간의 인수합병이 진행되고 대기업마저 시장진출을 통해 경쟁이 가속화되고 있다.

이런 관계로 국내 시장의 매출액 추이는 2010년 500억 매출에 이어 2011년 1조원의 매출을 전망하고 있으며, 특히 티켓몬스터, 위메이크프라이스, 쿠팡 등 3개 업체가 전체 매출액의 40% 이상을 차지하고 있으며, 미국의 그루폰이 국내에 진출을 하고 있다.

표 7-8 국내 소셜커머스 시장 규모 전망

구 분	2010년	2011년	2012년	2013년(예상)
시장규모	500억 원	1조원	2조원	3조원

자료: 공정거래위원회 보도자료, 2013. 9

5. 소셜커머스의 문제점과 개선책

일반적으로 소셜커머스를 통해 재구매, 재방문이 일어나지 않으므로 손해를 보거나 단골손님이 될 소비자는 방문하지 않고 뜨내기손님이 대부분라고 할 수 있다.

소셜커머스의 가장 매력적인 것은 반값 할인 즉, 파격적인 할인을 통해 소비자의 관심을 유도하여 구매촉진을 불러일으키는 것이다. 이와 같은 가격할인 이면에는 여러 가지 유형의 소비자 피해 건수가 증가추세이며, 실제로 한국소비자원에 구제신청이 발생되고 있다.

1) 소셜커머스 피해 유형

소셜커머스를 통해 발생되는 피해 유형은 다음과 같이 정리해 볼 수 있다.

첫째, 할인율 과대 포장을 들 수 있다. 소셜커머스의 경우 구매자들이 관심을 가지는 것은 시중가격의 반값에 판매하는 할인율이 매력적이라고 할 수 있다.

그러나 할인율을 과대 포장하여 소비자를 끌어들인 후에 그 이면에는 가격을 부풀려서 반값할인이라고 판매하는 사례가 발생하고 있다. 판매가격이 6만원인 상품을 원래 가격이 10만원으로 속여서 반값인 5만원에 판매하는 경우가 일례로 들 수 있다.

둘째, 교환 및 환불 지연의 문제가 발생되고 있다. 상품에 하자가 있어 교환을 요청하면 정상가격으로 판매되지 않은 상품이고 매진되어 교환을 거절하는 사례가 발생하고 있다. 아울러 사정이 생겨 티켓을 사용할 수 없거나, 먼저 서비스를 받은 구매자들의 평가를 통해 서비스의 질이나 문제가 발생 시 환불을 요구하면 거절당하는 경우가 발생되고 있다.

셋째, 불친절한 서비스는 정상적인 가격을 지불하고 구입하는 소비자에 비해 차등을 보이는 서비스를 제공하거나, 메뉴 자체가 빠져 있는 경우로 가격을 내리면서 서비스 질 자체로 동시에 낮추어 버리는 것을 의미한다. 즉, 구매자가 몰려 예약조차 할 수 없고, 쿠폰 재발송을 거부하거나, 소셜업체에게 불리한 댓글을 임의로 삭제하는 일이 발생되고 있다.

넷째, 제공업체와 소셜업체 간의 커뮤니케이션 문제로 다량의 할인쿠폰을 판매하고 실질적으로 소비자가 매장에 가서 쿠폰이 발행된 상품을 구매하려면 품절이 되어 있어 소비자를 우롱하는 경우가 발생하고 있다. 이는 할인쿠폰을 통해 판매하고자 하는 상품 확보는 하지 않고 할인쿠폰을 남발하여 소비자에게 불만을 유발시키는 것이다.

다섯째, 품질에 대한 불만의 경우 가격할인에 포커스를 두는 경우로 외식업체의 경우 평소에 값비싼 음식을 접하기 힘든 상황에서 할인쿠폰을 구입한 음식의 질이 떨어지게 되면 소비자는 기대감이 떨어지게 되어 불만을 표시할 수 밖에 없다. 이는 소셜업체가 직접 방문하여 제공업체의 상품 품질을 확인하지 않을 결과라고 할 수 있다.

2) 소셜커머스 소비자 피해구제 동향

한국소비자원에 2011년 상반기 피해구제 접수는 172건으로 매달 증가하는 추세이다. 품목별 피해구제 현황을 살펴보면 식사·음료권이 20.9%, 의류 및 장신구 11.0%, 미용관련(피부관리, 화장품 등) 10.5%로 나타났으며, 소셜커머스 피해 유형별 피해구제 현황은 계약불이행 36%, 부당행위 23.2%, 계약해지 19.2%로 나타났다.

그리고 소셜커머스 피해 신청자의 인구통계학적 특성을 살펴보면 여성이 58.7%, 남성 41.3%로 나타났으며, 연령대별로 살펴보면 20대가 30.8%, 30대 51.7%, 40대 12.8%로 30대가 가장 피해 비중이 크게 나타나고 있다.

3) 소비자 주의 사항

무엇보다도 소비자가 충동구매를 자제하고 주위 소셜커머스 구매 경험자의 정보를 통해 구매 결정을 내리는 것이 바람직하다. 아울러 소셜커머스에 소비자 주의사항을 살펴보면 다음과 같다. 첫째, 소셜커머스 사이트의 통신판매원 신고, 사업자등록번호 등을 철저하게 확인하고 고객센터, 상담전화 등이 제대로 운영되고 있는가에 대한 사전확인이 필요하다. 둘째, 계약 내용을 차근차근 확인할 필요가 있고 환불 여부, 쿠폰 등의 사용기간이 얼마나 남아있는지를 확인해야 한다. 셋째, 쿠폰을 구입하지 않아도 기타 할인혜택이 있거나 할인 폭을 부풀려서 광고하는 경우가 있으므로 시중에 실제 판매가격과 비교구매가 요망된다. 넷째, 반값 이상의 대폭적인 할인이라는 광고성 문구에 충동구매를 자제할 필요가 있고, 구입한 쿠폰 등은 구매 후 7일 이내에 청약철회권이 소비자에게 있음을 인지하여 피해가 발생되지 않도록 해야 할 필요성이 있다.

그리고 소셜커머스 사업자 및 서비스 업체가 허위 또는 과장된 광고를 하는 경우, 서비스 업체의 사유로 수일에 걸친 예약이 안 되는 경우, 소비자에게 사전 공지 없이 영업 중지나 폐업을 하는 경우, 정상적인 구매자와 소셜할인 구매자를 차별하는 행위를 통해 소비자에게 손해를 입힌 경우 구매금액을 환불하여야 한다.

아울러 서비스 제공업체를 통해 ① 소셜커머스 소비자와 일반 소비자를 차별하는 행위 금지, ② 서비스제공업체와의 충분한 합의를 통한 적정한 쿠폰 발행, ③ 재화 및 서비스를 광고와 다르게 제공하는 행위 금지, ④ 소비자의 예약요구에 대한 친절한 응대 ⑤ 기타 서비스 교육 등 소비자 보호를 위하여 필요한 교육을 실시하여 한다.

4) 소셜커머스의 개선책

소셜커머스의 확산으로 인한 여러 가지 피해 사례와 소비자의 불만이 발생하고 있다. 먼저 소비자의 반값 할인에 충동적으로 구매하여 상품과 서비스를 사용하는 일이 발생하지 않도록 해야 하고, 소셜커머스 업체와 서비스 제공업체 간에 소비자의 불만과 피해 사례가 발생되지 않도록 개선책이 필요한데 이를 정리해 보면 다음과 같다.

첫째, 적정가격 설정이 중요하다. 제 아무리 매출액이 증가하더라도 수익구조가 개선되지 않으면 아무런 의미가 없다. 그러므로 수익을 창출할 수 있는 적정판매가를 설정하여 판매하는 것이 바람직하다.

둘째, 소셜커머스의 중개수수료 책정이 중요하다. 중개 수수료가 과대하게 되면 실제로 매출액이 증가하더라도 서비스 제공업체의 경우 지속적인 판매가 보장되지 않으면 오히려 폐업하는 사례가 발생될 수 있으므로 서비스 제공업체, 구매자, 소셜커머스 업체 3자간 상생할 수 있도록 해야 한다.

셋째, 판매되는 상품이나 서비스에 대한 정확한 정보가 제공되어야 한다. 구매자의 경우 평소에 가격이 비싸서 구매하지 못하는 상품이나 서비스에 대해 구매할 경우 정확하지 못한 정보를 가지고 구매한 후 불만을 토로하거나 교환, 환불을 요구하는 경우가 있다.

넷째, 판매하고자 하는 상품 또는 서비스의 제공되는 적정량의 문제이다. 소셜커머스업체를 통해 결제한 후 판매 점포에 가면 매진되었거나, 식당의 경우 예약이 안 되거나 너무 많은 구매자가 몰려 서비스를 정해진 시간대에 받지 못하는 경우가 있으므로 서비스 제공업체가 수용할 수 있는 적정량의 상품이나 서비스를 판매해야 한다.

끝으로 공정거래위원회에서 소셜커머스 가이드라인을 제정했는데 첫째, 가격 또는 할인율 산정의 기준 및 표시방법 구체화, 둘째, 구매자수나 판매량의 과장 · 조작 금지, 셋째, 위조상품 예방을 위한 사전검수 및 확인 절차 구체화, 넷째, 미사용쿠폰 70% 환불제의 예외조항 및 표시사항 마련, 다섯째, 고객불만 응대 · 처리시간 단축 및 고객센터 응답률 기준 상향 등을 발표했다.

핵심 정리

- 트위터는 일상생활의 짧은 글을 최대 140자로 작성하여 올리는 소셜미디어이다.
- 트위터의 특징은 간단하고, 실시간 전파속도가 신속, 메시지가 일시적이고 순간적인다.
- 페이스북은 사람들이 친구들과 대화하고 정보를 교환할 수 있도록 만든 소셜네트워크 서비스이다.
- 블로그는 자신의 취미, 생각, 일상생활 등에 대한 내용을 올릴 수 있는 개인 홈페이지 대안으로 제시된다.
- Smart Phone은 휴대폰과 유사하지만 좀 더 진화되고 다양한 어플을 통해 휴대폰에서 이용하지 못한 다양한 정보를 용이하게 하는 소셜미디어 형태이다.
- Smart Phone의 특징은 모바일 플랫폼, 조작용이, 이동성, 입력방식 용이, 기술과 서비스의 융합된 것이다.
- Social Commerce는 트위터, 페이스북, 블로그 등을 통해 소비정보를 획득하여 저렴하고 평소에 접하기 힘든 제품과 서비스가 구매 가능하게 도움을 주는 상거래 형태의 하나이다.
- SNS(Social Network Service)는 인터넷을 통해 인간관계를 구축하여 정보를 주고받을 수 있는 서비스 형태이다.
- Social Commerce의 유형은 Flash Sale, Group-Buy, Social Shopping, Social Shopping Apps, 소셜링크형, 소셜웹형, 공동구매형, 오프라인 연동형 등이 있다.
- 소셜업체로는 티켓몬스터, 위메이크프라이스, 쿠팡, 그루폰 등이 있다.
- 소셜커머스 피해 유형은 할인율 과대포장, 교환 및 환불 지연 문제, 불친절한 서비스, 제공업체와 소셜업체 간의 커뮤니케이션 문제, 품질에 대한 불만 등이 있다.
- 소셜커머스의 개선책은 적정가격 설정, 중개수수료 책정, 정확한 정보제공, 상품 또는 서비스의 적정량의 문제 등이 필요하다.

【트위터 용어】

- 트윗(Tweet): 트위터에 업로드 되는 글 하나하나를 지칭
- 팔로우(Follow): 특정 상대의 이야기를 구독하는 행위
- 팔로잉(Following): 내 이야기를 듣겠다고 결정한 사람들
- 트친: 트위터 친구의 준말, 서로 팔로우가 되어 있는 경우
- 맞팔로우: 나를 팔로우한 사람을 역을 팔로우하는 행위
- 맞팔: 맞팔로우가 되어 있는 사람 지칭

- 멘션: 어떤 트윗에 댓글을 달거나 답장을 보내는 행위
- DM(Direct Message): 일종의 쪽지
- RT(Retweet): 타인이 트윗한 것을 내가 다시 트윗하여 내 팔로워에게 전달하는 행위
- 타임라인(Time-line): 자신이 팔로우한 사람들의 트윗
- 리스트: 목록별로 구독 가능케 한 것
- 모꼬지: 트위터 내의 동호회
- 트위러리안: 트위터를 사용하는 사람들을 지칭

【페이스북 용어】

- 친구: 트위터의 팔로워 블로그의 이웃과 유사
- 뉴스피드(News feed): 포털 사이트의 첫 화면
- 담벼락: 개인 게시판
- 프로필: 가장 기본이 되는 계정
- 페이지: 커뮤니티 공간
- 팬: 프로필계정에서의 친구와 유사
- 그룹: 카페 커뮤니티와 유사
- 노트: 블로그의 메모와 유사한 기능
- 메시지: 특정한 친구에게 직접 보내는 글
- 앱: 페이스북 내에서 사용하는 다양한 프로그램

【블로그 용어】

- 포스트(Post): 블로그에 올리는 글
- 덧글: 댓글로 포스트 밑에 덧붙여 다는 코멘트
- 답글: 덧글에 대한 덧글
- 엮인글: 댓글을 다른 사이트 혹은 블로그에 작성하는 것
- RSS(Rich Site Summary): 블로그나 사이트에서 주로 사용하는 콘텐츠 표현 방식(규약)
- 이웃: 북마크와 유사한 기능으로 포스트의 공개 대상을 설정
- 태그(Tag): 꼬리표, 검색을 용이하게 하는 키워드

제8장 전자결제

제8장
전자결제

제1절 전자결제(Electronic Payment)의 개요

1. 전자결제의 개요

전자결제란 판매자와 구매자 사이에서 발생하는 상품 또는 서비스에 대한 대가를 전자적인 수단으로 지급하는 것을 말한다. 전자상거래가 성공적 운영을 위해 광범위한 거래영역과 다양한 비즈니스 기능을 매개로하는 전자결제시스템의 지원이 필수적이고 전자상거래 활성화를 위해 핵심요소라고 할 수 있다. 이처럼 대금결제가 네트워크상에서 이루어지게 되면 단시간 내에 대금결제가 마무리 되고 저비용으로 가능하여 판매자와 구매자간의 편의성과 효율성을 제고시킬 수 있다.

따라서 이와 같은 전자결제시스템의 효율성 극대화를 위해 요건을 살펴보면 다음과 같다.

첫째, 인터넷을 활용한 전자상거래시 판매자와 구매자간의 안전한 대금지불 과정을 위해서 다양하고 안전한 결제시스템이 제공되어야 한다.

둘째, 인터넷상에서 구매자의 신용정보를 악용하는 경우가 발생하므로 거래 당사자가 정당한 상대방인지 검증할 수 있는 기반조성이 필요하다.

셋째, 전송과정의 디지털 결제금액을 불법적 변조가 가능하므로 증명할 수 있는 대책이 필요하다.

넷째, 사용자의 사생활보호를 위해 전자거래에 대한 개인정보 및 익명성이 보장되어야 한다.

다섯째, 소액결제가 가능해야 하고 처리비용도 경제적이어야 한다. 즉, 결제 금액보다 매체 이용수수료가 더 크거나 제반 결제비용이 클 경우 전자결제시스템의 효율성에 문제가 야기된다.

2. 전자결제시스템의 유형

전자상거래의 중요한 인프라의 하나인 전자결제시스템의 유형은 전자화폐형 시스템, 전자수표형 시스템, 신용카드형 시스템, 전자자금이체형 시스템 등으로 구분한다.

표 8-1 전자결제 시스템의 유형

유형	명 칭		기 능
전자 화폐	Network	E-Cash	네트워크상에 가상코인을 생성하여 결제
		Net-Bill	네트워크상의 소비자와 판매자의 계좌를 설정하여 이체
	Card	Mondex	IC카드상에 현금 가치를 이전하는 잔고보충 가능한 선불형 지갑카드로 제3자에게 가치이전
		Proton (뱅크시스)	선불형이나 제3자에게 가치이전을 할 수 없음
전자수표		FSTC	카드에 내장된 전자수표장과 전자서명방식을 이용한 네트워크상의 수표
신용 카드	Network	CyberCash	PC에 내장된 전용소프트웨어가 미리 카드번호를 기억, 암호화된 카드정보는 Cyber Cash사의 중개로 네트워크상에서 결제에 이용
	Card	First Virtual	일종의 회원등록과 같이 카드정보를 사전등록, 전용회원 번호로 네트워크상에서 결제
전자자금이체		SFNB	Quick Pay 서비스를 제공, 지불대상과 금액만 입력하면 자금이체가 일어남

1) 전자화폐시스템

(1) 전자화폐시스템의 개요

전자화폐시스템은 거래당사간의 직접 전자적 현금 정보가 교환되며, 구매자는 금융회사로부터 자신의 계좌잔액이나 신용상태를 기반으로 전자현금을 발급하여 대금 지불 하는 형태이다.

이 방식은 주로 소액 거래시에 사용되며, 익명성, 휴대가능성, 양방향성을 가지는데, 즉, 전자화폐 시스템은 판매자가 구매자의 신분 상태를 알 수 없는 익명성, 은행에서 일정한 금액을 미리 인출하여 전자지갑 형태로 휴대가능한 양방향성을 가지고 있다.

전자화폐는 일상생활의 결제수단인 현금과 유사하다는 측면에서 소액거래나 개인 상품거래 및 서비스에 적합하지만, 상품을 구매하거나 서비스를 제공받을 시 개인정보가 저장된다면 사생활 침해에 악용될 수 있다. 따라서 이런 문제를 제거하기 위해서 전자화폐의 익명성이 중요하고 불법적인 복사 방지도 중요한 문제로 인식할 필요가 있다.

그리고 Mondex, E-Cash, IC카드의 장ㆍ단점을 〈표 11-2 〉와 같이 비교해 보면 다음과 같다.

표 8-2 Mondex, E-Cash, IC카드의 장ㆍ단점

구분	장 점	단 점
Mondex	- 취급용이 - 유통비용 저렴 - 관리용이와 시간 절약	판독기 보급에 따른 비용발생
IC카드형	- 사용조직 이용으로 안정성 - 부정사용 곤란(도난 분실 위조)	카드사, 은행에 사용기록 저장
Ecash형	- 구매동시 결제로 시간비용절약 - 은행을 통하지 않고 결제가능	-가치보증자가 불확실 -책임소재 불분명
공통단점	- 돈세탁과 암호도용으로 인한 부정사용 - 통화관리 곤란 - 법률정비 필요(세금 문제 등)	

(2) 전자화폐시스템의 유형

① Visa Cash Card

이 시스템은 IC 카드형 전자화폐로 1996년 Visa International사가 개발하였으며, 공중전화카드처럼 일회용과 은행계좌로부터 직접 자금이체와 재충전하여 사용 가능한 재충전용이 있다.

결제과정은 구매시점에 카드를 단말기에 삽입하면 현재잔액이 표시되고 잔액이 부족하지 않을 경우 구매액수를 입력하면 된다. 그런 후 구매액수가 차감되고 잔액이 표시되어 지불완료 된다. 이 시스템은 현재 미국, 일본, 호주 등지에서 사용되고 있으며, 개인 간 자금이체는 불가능하고 자금거래가 정산기구를 통해 이루어지게 된다.

② Mondex Card

몬덱스카드는 전화기, ATM 등의 전용기기를 통한 가치충전, 개인간 가치이전, 복수통화거래, 잠금 기능, PIN Number를 이용한 익명성 보장 등의 독특한 특성을 가지고 있다.

[그림 8-1] Visa Cash Card 홈페이지

[그림 8-2] Mondex Card 홈페이지

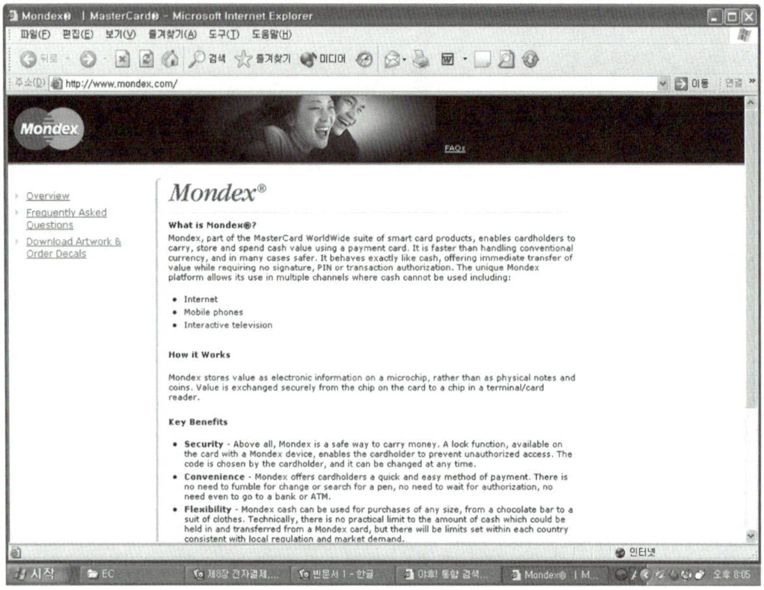

최근에는 조폐공사가 전자화폐의 발행 및 관리를 담당하는 창시자의 역할을 수행하는 협약을 채결함으로써 사업추진이 가속화되고 있다.

③ E-Cash

E-Cash의 사용을 원하는 사람은 은행에 계좌를 개설하고 자신의 예금계좌에서 필요한 만큼의 현금을 E-Cash로 자신의 컴퓨터를 통해 전송, 그 돈으로 인터넷상에서 쇼핑을 하는데 사용할 수 있다.

쇼핑 대금은 인터넷을 통해 E-Cash로 소매점 컴퓨터에 입력되고 소매점은 그 정보를 은행으로 전송, 은행 측에서 소매점의 계좌에 현금을 입금시키는 체계다.

비밀키와 서명키를 이용해 암호화한 서명을 해독하도록 돼 있는데, 거래의 안전장치로 전자서명을 다른 사람이 바꿀 수 없고 나중에 서명한 당사자가 거래 내용을 부정하지 못하도록 되어 있다.

④ K-Cash

K-Cash는 Korea Cash의 약자로 1998년 한국은행과 금융결제원 및 국내 전 은행이 참여하여 개발한 전자화폐로 고객의 실명계좌로부터 충전을 하여 온/오프라인 가맹점에서 상품을 구매하거나 서비스를 이용할 때 결제 수단이다. 2007년 1월부터 시행한 전자금융거래법에 의해 국내 유일의 전자화폐로 K-Cash 한 장으로 교통카드, 현금카드, 신용/직불카드, 공인인증서 저장, 다양한 물품구매, 학생증 기능, 전자통장, 모바일 뱅킹 등을 이용할 수 있으며, 최신 기술을 적용한 부가기능을 지속적으로 개발하고 있다.

그리고 K-Cash의 특징은 첫째, 신뢰할 수 있는 전자화폐로 한국은행과 국내 전 은행이 참여하였고, 국가정보원에서 보안성을 확인하였기 때문에 믿고 사용할 수 있으며, 은행이 직접발행 운영하기 때문에 투명한 충전금 관리는 물론 사업 중단 등으로 인한 문제가 발생하지 않는다.

[그림 8-3] K-Cash 홈페이지

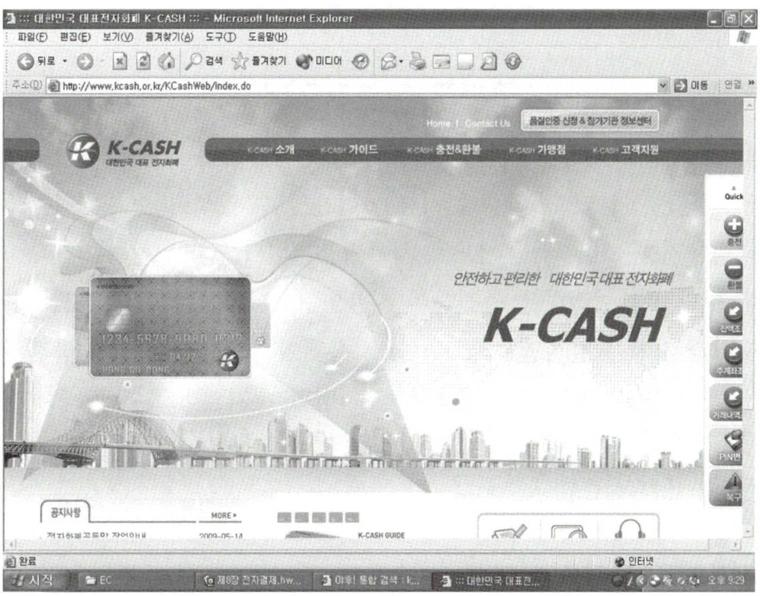

[그림 8-4] 한국형 전자화폐

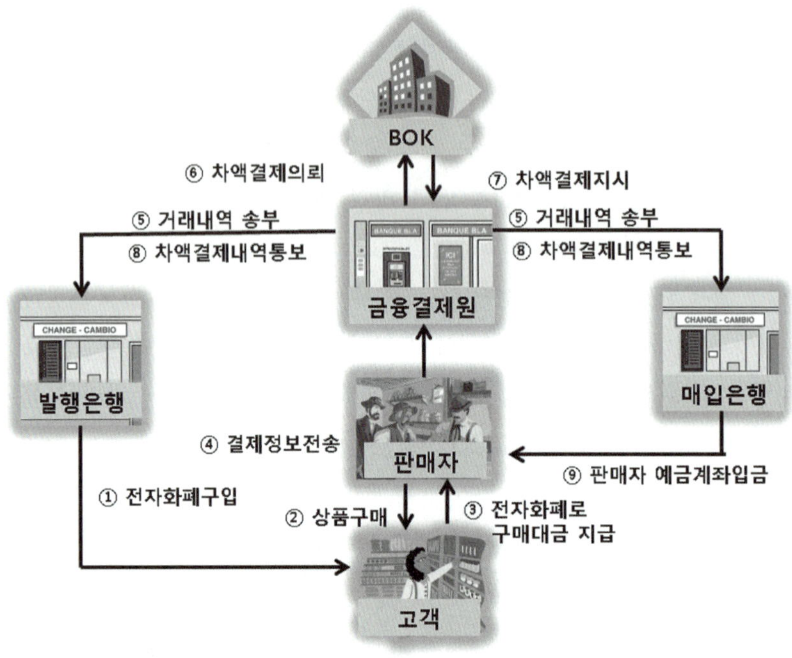

둘째, 한 장으로 다양한 기능을 가지고 있어 오프라인 거래 교통카드는 물론 현금카드, 신용/직불카드, 학생증 기능을 탑재할 수 있으며, 은행에서 제공하는 다양한 금융기능을 한 장의 카드로 사용할 수 있다.

셋째, 어디서나 편리하게 충전하여 사용할 수 있다. 은행 CD/ATM기기, 인터넷 뱅킹과 가맹점 결제단말기, K-Cash 홈페이지 등에서 손쉽게 충전이 가능하며, 모바일 충전, 자동충전 서비스 등 다양한 부가서비스 개발 중이다.

2) 전자수표형 시스템

(1) 전자수표 시스템의 개요

전자수표는 현실세계에서 사용 중인 종이수표를 그대로 인터넷상에 구현한 것으로 전자수표의 사용자는 거래은행에 신용계좌를 개설하고 있는 사용자로

[그림 8-5] 전자수표시스템의 처리절차(NetBill 사용예시)

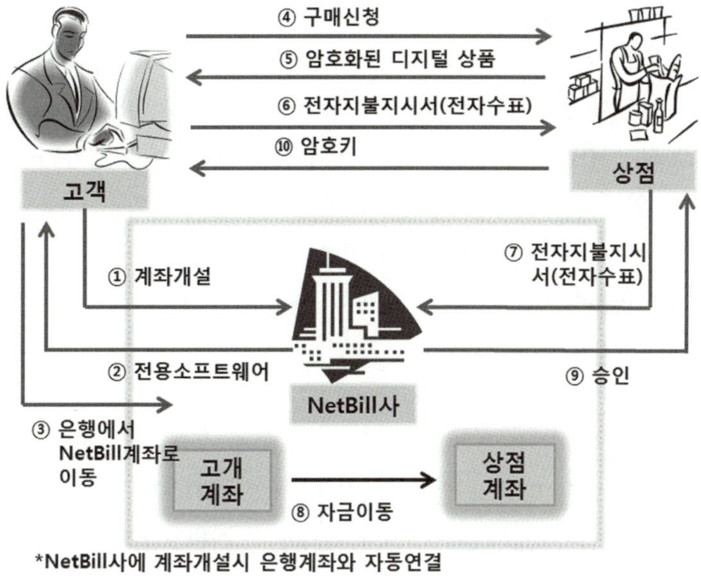

제한된다. 이 시스템은 발행자와 인수자의 신원에 대한 인증을 반드시 거쳐야 한다.

여기에 다양한 보안 기법들이 사용되므로 거래비용이 증대된다. 그러나 전자수표는 거액의 거래, 기업 간의 지불수단으로 적합하여 소액의 지불에도 사용 가능하다.

이 시스템의 특징은 PC 메모리카드 국제협회(Personal Memory Card International Association: PMCIA)의 메모리 카드를 이용한 하드웨어 기반의 서명법을 사용하고 있다. 이러한 서명카드를 인식하는 장치를 설치하고 이 카드가 있어야 수표에 서명 및 배서가 가능하다.

이 시스템은 현존하는 은행 간 결제통로로서 최대한 활용하려고 하고 있으며, 분산된 서버 사이에서 사용자의 인증과 서명을 위해 커버로스(Kerberos)시스템에 기반을 두고 있다.

(2) 전자수표 시스템의 유형

① E-Check

1993년 9월 설립된 FSTC(Financial Service Technology Consortium)는 전자수표 시스템과 관련하여 프로젝트 수행 중인 시스템이다. E-Check는 서버가 없이 사용자간에 전자수표를 교환하여 거래가 이루어진다. 이 시스템은 하드웨어 기반 전자서명을 사용하고 있어 서명카드 인식장치를 컴퓨터에 설치하고 이 카드가 있어야 수표에 서명하고 배서할 수 있다.

사용자 인증은 사용자의 거래은행과 연방준비 은행이 공개키 방식의 전자서명을 응용하여 계층적으로 해 주고 있으며, 아울러 은행 간 결제통로를 최대한 활용해 교환결제를 해주고 있다.

② Net Check

Net check 시스템은 미국의 캘리포니아 대학 정보과학연구소에서 개발한 전자수표시스템으로 DES(data encryption standard)기반으로 분산된 여러 개의

[그림 8-6] Net Check 홈페이지

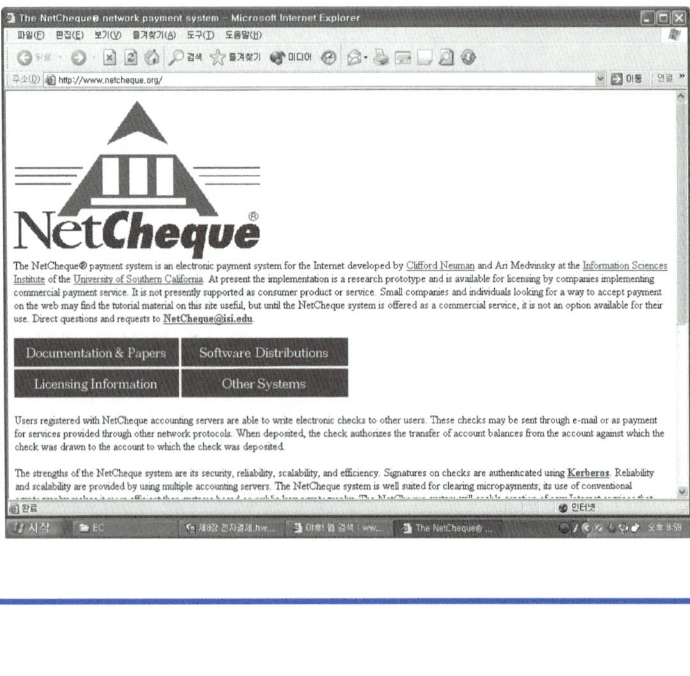

서버를 갖는 모델로 구성되어 있다. 즉, DES 암호화 표준을 이용하여 커버러스(Kerberos)라고 하는 인증 표준에 기반을 둔 전자수표에 의한 결제시스템으로 이 시스템의 서버에 등록한 사용자는 인터넷을 통해 다른 사용자 또는 판매자에게 전자수표를 발행하여 제품 또는 서비스 대금을 결제할 수 있다.

Net Check를 발급하는 은행계좌를 보유하고 있는 사용자는 지불인 성명, 금융기관명, 계좌번호, 수취인명, 금액 등을 기재한 전자수표를 발행하게 되는데 모든 정보는 DES 암호화 표준에 의해 전송된다. 또한 전자서명을 통해 발행 인증과 배서가 가능하고 인터넷상에서 소액 결제시 가능하게 설계되어 있다.

③ Net Bill

Net Bill은 1996년 12월 미국 카네기멜론 대학에서 개발한 전자수표 또는 전자직불카드 방식의 결제시스템이다. 이 시스템은 소액거래가 가능하고 현재는 정보제품의 결제에만 사용되고 있다.

시스템 절차는 판매자와 구매자는 Net Bill 등록하고 계좌 개설을 해야 한다. 구매자는 서버에 접속하여 정보제품을 수령하고 판매자는 구매자의 수령영수증을 받아 제시하여 지불승인 받는다. 이후 판매자는 구매자의 결제 확인 후 구매자에게 복호화가 가능한 비밀키를 전송하는 상호신뢰 가능한 체계로 이루어져 있다.

3) 신용카드형 시스템

(1) 신용카드 시스템의 개요

신용카드형 시스템은 널리 사용되고 있는 신용카드를 그대로 전자상거래에 적용하는 것으로 다음과 같은 이점이 있다.

첫째, 신용카드사의 신분보증으로 웹상에서 쇼핑이 가능하다. 판매자의 입장에서는 이미 신용카드사의 보증이 있기 때문에 안심하고 배송할 수 있다. 따라서 신용카드를 이용한 거래는 신용확인이 곤란한 웹상에서 원활한 상거래가 가능하다.

둘째, 신용카드는 전 세계에서 광범위하게 사용되고 있는 것으로 비자카드나 마스트카드를 중심으로 가맹점 및 사용자가 이미 전 세계적으로 확산되어 있으므로 웹상에서도 사용이 용이하다.

[그림 8-7] 신용카드시스템의 처리절차

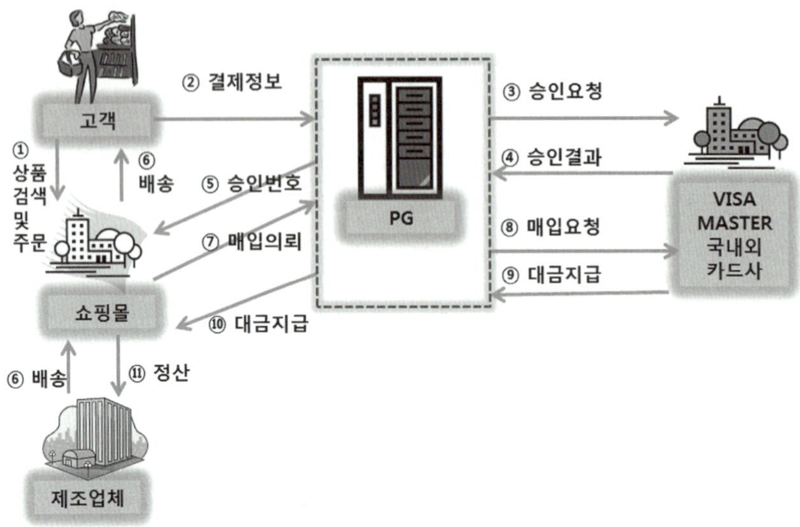

셋째, 법적, 제도적 문제가 거의 존재하지 않는다. 새로운 시스템을 도입 시 제반적인 걸림돌이 있지만 신용카드는 이미 상용화되어 있어 법적, 제도적 기반을 변경시키지 않아도 사용 가능한 이점이 있다.

그러나 이런 이점에도 불구하고 다음과 같은 문제점이 있다. 첫째, 소액결제에 부적당하다는 것이다. 둘째, 기존의 신용카드는 결제의 안전을 보장할 수 없다는 것이다. 즉, 인터넷은 개방된 네트워크를 구축하고 있어 개인정보가 누출될 수 있어 신용카드를 이용한 전자화폐는 대금결제에 안전성 확보를 구축해야 한다. 셋째, 신용이 열악한 사람은 신용카드를 발급 받지 못한다는 것이다.

(2) 신용카드형 시스템의 유형

① Cyber Cash

Cyber Cash 시스템은 1995년 4월에 사용되기 시작했으며 서비스 구성요소는 Cyber Cash Wallet 소프트웨어, 판매자용 SMPS(Secure Merchant Payment System), 판매자와 구매자 및 은행 간 상호연결 및 지불처리 기능을 수행하는

[그림 8-8] Cyber Cash 홈페이지

게이트웨어 서버로 구성된다.

Cyber Cash사의 홈페이지에서 Cyber Cash Wallet을 다운로드 한 후 구매제품을 선택하여 자신의 개인정보와 신용카드정보를 입력하면 Cyber Cash Wallet에 의해 Cyber Cash사의 전자지급 시스템에서만 해독 가능한 암호정보가 Cyber Cash사의 중개로 네트워크상에서 결제에 사용된다.

이러한 Cyber Cash 전자결제시스템은 다음과 같은 특징이 있는데, 첫째, 네트워크상에서 전송되는 신용카드 정보의 보안성 미비를 우수한 암호보안 기술로 보완하였다. 둘째, 암호기술로 정보를 제공함에 따라 신용카드를 전자상거래 결제수단으로 이용할 경우 발생되는 카드사의 수수료를 배제하여 경제적 효과가 증대된다. 셋째, 이 같은 지급 결제의 은행계좌간 이체가 실시간으로 이루어진다.

② First Virtual

First Virtual Holding사에 의해 1995년 10월부터 신용카드 기반으로 한 전자결제시스템이다. 이 시스템은 신용카드 정보를 전송하지 않고 전자우편을 활용하여 구매자의 구매의사를 확인하는 절차로 이루어진다.

즉, 사용자는 신용카드 정보 등의 중요한 정보를 전화, 팩스 또는 일반우편으로 회사에 등록하고 이를 통해 부여되는 Virtual Pin(회원번호)을 입력하여 결제하는 방식을 취한다.

이 경우 회원번호가 유출되거나 도단당하더라도 사용자에게 확인 메일을 보냄으로써 안정성을 유지한다. 이 서비스의 특징은 신용카드 기반 방식이면서도 네트워크상에서 신용카드 정보를 사용하지 않고 미리 등록하여 회원번호를 이용한 서비스제공이 특징이다.

4) 전자자금이체형 시스템

전자자금이체는 현재도 홈뱅킹(Home banking)이나 자동입출금기(ATM)로 가능하다. 그러나 인터넷상의 웹 기반에서 운영되는 가상은행의 전자자금이체가 시간과 공간의 제약이 없고 수수료가 저렴하다는 이점이 있다.

이와 같이 인터넷상에서만 운영되는 시스템의 경우는 최초의 가상은행인 SFNB(Security First Network Bank), Intuit사의 Quicken, Microsoft사의 Money 등이 있다. SFNB의 경우 지불대상과 금액만 입력하면 자금이체가 발생하게 되며, 지불 예약도 가능하다. 만약 지불 대상이 전자자금이체를 통한 전자지불을 받지 못할 경우 자동으로 수표를 발행하여 지불하도록 하고 예금인출을 하게 된다. 또한 고객이 수표를 사용하기를 원하는 시점에 수표책을 보내주어 종이수표를 발행가능하게 해주고 고객에 수표를 받은 사람이 이 수표를 SFNB에 제시하면 스캐닝 후 보관하여 차후에 수표발행자를 조회 및 확인 가능한 서비스도 제공한다.

SFNB의 경우 매월 20회의 자금이체를 통한 전자지불을 무료로 지원하며, 200장의 수표책을 수수료 없이 사용하게 된다. 아울러 고객의 지출 분류 보고서를 작성해 주며, 전문가와 재무상담도 가능하게 개인 재무서비스를 제공하고 있다.

[그림 8-9] Quicken 홈페이지

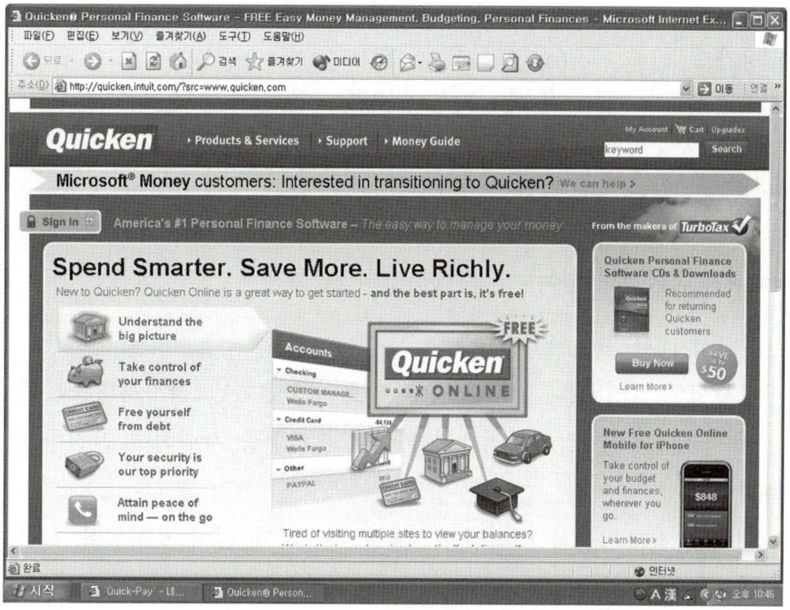

5) 국내의 전자상거래 결제 수단

(1) 국내의 전자상거래 결제 수단별 구성비 동향

전자상거래의 초기에는 무통장 입금이나 계좌이체 등의 수단을 많이 이용했으나 2000년 중반 이후부터 신용카드사용의 비중이 매년 증가하는 추세로 전체 결제 수단 중에서 70%를 차지할 정도로 증가하였고, 반면 계좌이체의 비중은 줄어드는 현상을 보여주고 있다.

국내의 전자상거래 결제 수단별 동향을 2009년부터 변화를 보면 아래의 표와 같이 정리해 볼 수 있다.

표 8-3 전자상거래 결제수단별 구성비 동향

구 분	2009년	2010년	2012년	2013년
계좌이체	27.7%	25.9%	20.2%	19.9%
신용카드	68.5%	70.8%	74.1%	74.9%
전자화폐	0.7%	0.2%	2.4%	1.6%
기 타	3.2%	3.1%	3.3%	3.6%

자료: 통계청, 전자상거래 및 사이버쇼핑 동향

(2) 국내의 지불결제 방식

① ISP(Internet Secure Payment)

안전결제서비스(ISP)는 2003년 국내 최초의 PKI기반 전자서명방식을 적용하여 신용카드 인터넷 결제서비스의 하나로 본인인증 강화하여 안전한 거래를 가능하게 하는 방식이다.

ISP 서비스 전자인증서 방식인 X.509를 사용하고 있어 호환성을 지니고 있으며, 고도의 암호화된 RSA2048bite, 3-DES128bite를 사용하고 있다. 또한 End-To-End 보안을 통해 카드번호, 유효기한 등 카드정보 노출을 차단하고 있으며, 거래인증 및 승인 동시 진행할 수 있는 단일 결제프로세스를 가지고 있다.

그리고 대상카드는 비씨카드, KB카드, 우리카드, 저축은행 카드에 사용 가능하고, 휴대폰을 통한 안전결제서비스, 인터넷상의 비실물 신용카드 서비스, 인터넷 웹사이트 회원가입시 ISP를 통한 본인여부 확인서비스로 확대할 방침이다.

② **안심클릭(3D-Secure)**

안심클릭의 경우 VISA International의 전자지불솔루션인 3D-Secure서비스를 국내에 준용한 신용카드 인터넷 결제서비스를 말한다.

안심클릭의 경우 카드번호 및 안심클릭 비밀번호 입력방식인 SSL방식을 사용하 있으며, 안심클릭 거래인증 후 거래승인이 진행되는 2원화 결제프로세스를 갖추고 있다.

그리고 대상카드사는 삼성카드, 신한카드, 현대카드 등에 사용되고 있으며, 이 경우는 VISA 카드사가 가지고 있는 신용카드 비밀번호 공개 정책으로 장단점이 있으나 보안상으로는 사고의 개연성이 높은 취약성을 갖고 있다.

③ **모바일 ISP서비스**

이 서비스는 안전결제(ISP)서비스를 휴대폰을 통해 무선 인터넷 환경에 이용 가능하도록 제공하는 모바일 결제서비스 형태이다.

주요 서비스는 모바일 ISP 신청, 복사, 삭제, 비밀번호 변경 서비스, PC연동 인터넷 전자상거래, 모바일 전자상거래를 위한 서비스, 방문판매, 통신판매, 주문판매를 위한 오프라인 연동 결제서비스, 카드발급 및 이용내역, 청구내역, 포인트 현황 등에 관한 신용카드 모바일지점서비스 등을 제공하고 있다.

그리고 서비스 현황을 살펴보면 국내 모든 이동통신사와 제휴 및 서비스를 제공하고 있다.

3. M-Payment(Mobile Payment)

1) M-Payment 개요

M-Payment는 모바일 폰이 지불상황의 모든 형태를 위해 사용 가능한 장치라는 것이다. 이것은 M-Payment의 긍정적인 미래를 제시하는 2가지 근본적인 이유를 나타내고 있다. 첫째, M-Payment는 전자상거래와 일반 상거래 지불의 모든 형태를 위해 사용이 가능하다는 것이고, 둘째, 모바일 폰과 기술의 확산이 증대될 것이다.

M-Payment는 재화 또는 서비스의 구입을 위해서 모바일 장치 사용은 금융적 가치 교환이며, 여기서 모바일 장치는 모바일 폰, PDA, 무선 태블릿, 무선 컴퓨터 등을 포함한 무선커뮤니케이션 장치를 의미한다. 즉, M-Payment에 대한 개념은 온・오프라인 시장에서 유・무형의 재화 구입 시 무선단말기를 이용하여 가치이전이 이루어지는 것이라고 할 수 있다.

2) M-Payment 서비스 유형 비교

일반적으로 M-Payment 서비스는 〈표 8-4〉과 같이 결제금액을 기준으로 소액결제와 고액결제로 구분되고 결제방식에 따라 휴대폰 결제, 선불카드결제, 계좌이체, 신용카드결제 등으로 구분된다.

표 8-4 M-Payment 서비스 유형 비교

금액규모	구매대상	결제수단
소액 결제	디지털 콘텐츠, 정보제공 서비스 자동판매기, 교통요금	선불카드, 휴대폰 결제(후불)
고액 결제	온라인 쇼핑몰 구매 오프라인 POS에서의 구매	은행계좌이체(직불식) 신용카드결제(후불식)

자료: 이충열, 국내 스마트카드형 전자화폐 도입 성공을 위한 제언, 금융연구, 2001.

그리고 M-Payment 시장은 사용금액과 구입 장소에 따라 6개의 세부시장으로 구분된다. 일반적으로 사용금액에 따라 소액결제와 중·대액결제, 상품구입이 어디에서 발생했느냐에 따라 모바일에서만 판매되는 상품, 온라인에서 판매되는 상품(모바일콘텐츠 제외), 오프라인에서 판매되는 상품으로 세분화 된다.

표 8-5 M-Payment 세부시장별 서비스 현황

세부시장		대상서비스
Mobile	소액	벨소리 및 다운로드, 기상정보, 뉴스 등
	중대액	항공권, 공연
Internet	소액	온라인 게임, 성인용 콘텐츠
	중대액	CD, 도서
Off-line	소액	벤딩머신. 지하철 요금, 주차요금
	중대액	음식점 이용, 주유소 요금

자료: Forrest Research, 2001.

M-Payment 서비스 제공능력을 무선결제플랫폼, 과금시스템, 소액결제능력, 가맹점확보 등으로 구분하고, 서비스 제공기관은 이동통신사, 은행, 신용카드사로 구분하게 된다.

M-Payment를 서비스의 주체에 따라 분류해 보면 신용카드사 주도, 개방형 제휴관계, 이동통신사 주도 등으로 구분할 수 있고, 모바일 지급결제 서비스 시장에는 은행, 신용카드, 이동통신사, 지급결제 전문벤처기업 등이 참여하고 있다.

그리고 모바일 결제서비스의 진화과정을 살펴보면 다음과 같다.

첫째, 1세대로 2000년을 중심으로 온라인 결제 솔루션 업체가 주도한 시기이다. 서비스의 범위는 소액결제(유료콘텐츠 등)이며, 특징은 온라인상의 콘텐츠 구매를 위한 인증수단과 이동통신 요금에 합산되어 청구가 되고 이동통신사를 제외한 주요업체로는 모빌리언스, 다날, 인포허브 등이 있다.

둘째, 2세대는 2001년 하반기로 이동통신사와 금융기관이 제휴, 금융기관은 이동통신사에 호스팅된 CP의 형태이다. 서비스 범위는 계좌조회, 일부은행권은 자금이체 등 금융서비스는 단순 조회만 가능하고 금융기관이 모바일 뱅킹 시스템을 갖추지 않고 기존 온라인 뱅킹에 모바일 접속을 가능케 한 수준이다.

셋째, 3세대로 2002년 상반기를 시점으로 이동통신사와 금융기관이 대등한 구도로 참여한 형태이고, 서비스 범위는 조회, 이체, 송금 등 금융서비스 및 결제서비스가 포함된다. 특징적인 것은 스마트카드 도입을 통한 금융서비스 제공과 휴대폰을 이용, 스마트카드의 충전, 이체의 편의성 제공이고 주요 업체로는 비자캐시코리아가 있다.

넷째, 3.5세대로 2002년 하반기 시점부터이며, 휴대폰과 가맹점 단말기상의 근거리 무선통신 전문 벤처기업이 가세하게 되었다. 서비스의 범위는 오프라인 매장에서의 결제서비스의 범위는 오프라인 매장에서의 결제서비스 추가(지하철 요금, 자판기 이용 등)와 적외선, RF(Radio Frequency), 블루투스(Bluetooth) 등 근거리 통신 기술 결합과 무선 상의 충전 이외에 오프라인 환경에서의 결제서비스 제공이며, 주요업체로는 하렉스인포택 등이 있다.

3) M-Payment 방식

M-Payment는 휴대폰 통합 과금 방식과 모바일 지갑방식을 포함한 카드기반 결제방식(Card Based Solution), 슬롯방식과 원칩방식인 비카드 결제방식(Cardless Solution)으로 구분되고 있다.

그리고 국내 모바일 커머스 시장에서의 M-Payment 서비스는 지불결제방식에 따라 휴대폰 번호를 지불·결제의 수단으로 이용하는 것으로, 첫째, 현금·신용카드 대신 휴대폰 번호를 입력 및 송신하여 지불·결제처리가 이루어지는 Phone-Number 기반 결제서비스, 둘째, 자신의 은행계좌나 신용카드를 연계하여 금액의 충전 및 지급결제처리가 이루어지는 전자지갑 기반 결제서비스, 셋째, 휴대폰 내에 금융IC칩(카드)·메모리를 삽입하여 지불·결제의 수단으로 이용하는 것 등이 있지만 이와 같은 서비스는 대중화에 실패를 바탕으로 〈표 8-6〉과 같은 내용으로 추진되고 있다.

표 8-6 M-Payment 표준화 추진 현황

업종	기업명	추진 내용
통신사	SK텔레콤	- 하나카드를 인수해 휴대폰과 신용카드 융합서비스 제공
	KT	- 비시카드 인수를 통한 카드업 지출예정
은행	KB은행	- KT와 휴대폰 기반 모바일 페이온(Pay-On)결제서비스 제공(카드조회기 없이 전용 휴대폰을 통해서 결제)
카드	신한카드	- 칩없이 무선인터넷으로 결제 서비스 "7353 셀프페이시스템" 제공(카드조회기와 칩없이 휴대폰으로 시스템에 접속해 카드 대금 결제)
	KB카드	- 칩없이 KB모바일카드 VM(Virtual Machine)서비스 제공(전용프로그램을 다운로드 받아 카드결제, 조회, 현금서비스 신청 가능)
PG/모바일 결제	이니시스	- 스마트폰용 전자결제 솔루션 "INpay Mobile" 출시(공인인증서를 통한 결제방식을 적용

자료: 지식경제부, 모바일 제급결제 표준화 추진, 2011. 3.

4. 전자결제의 파급효과

1) 제도적 측면

첫째, 전자화폐의 도입은 지급결제의 안정성에 영향을 미칠 수 있으므로 전자화폐를 발행할 수 있는 기관을 제한할 필요가 있다. 아울러 신뢰성확보를 위해 위변조 방지를 위한 보안기법의 개발과 이용을 위한 기술적, 제도적 장치가 마련해야 한다.

둘째, 다양한 금융서비스의 통로가 가능하다. 전자금융시대의 도래로 무인점포에서 자동화기기를 활용한 지급결제가 이루어지게 되었다.

셋째, 불법거래로 지하경제를 초래할 수 있다. 전자화폐의 불법거래 방지를 위해 가치저장한도의 설정, 가치이전 제한, 기록유지 등의 대책이 강구되어야 한다.

2) 정책적 측면

첫째, 소액결제를 전자화폐로 대체시킴으로 인해서 현금수요가 감소하게 된다.

둘째, 은행의 시중유동성 확보가 증대될 것이다.

셋째, 은행의 통화정책 수단으로서 지급준비금 정책의 중요성이 증대된다.

3) 사회적 측면

전자결제의 확대로 소비자 보호문제가 중요한 문제로 대두되게 된다. 전자화폐 분실, 위변조, 부정사용 등으로 선량한 사용자에게 피해를 초래하게 될 것이다. 이로 인해 전자화폐 확대사용에 부정적인 영향을 주게 되므로 전자화폐의 사용상 소비자의 책임을 제한하는 규정을 제정하는 것이 바람직하다.

제2절 전자결제시스템의 문제점과 개선책

1. 전자결제시스템의 문제점

1) 안전성 문제

전자결제시스템에서는 소비자의 계정번호와 신용카드 번호 등의 비밀이 되는 정보를 판매자에게 오픈되지 않는다는 점에서 소비자의 사생활 침해를 보호하고 있다고 볼 수 있지만, 신용카드와 수표의 일반적 특성상 모든 거래 관련정보는 시스템 서버에 저장되기 때문에 익명성과 소비자의 사생활침해에 대하여 전자화폐만큼 보증하지 못한다. 또한 이런 시스템들은 오프라인 기능을 갖고 있지 않은 관계로 시스템 안정성과 서버 안전성에 의존하게 된다.

2) 보안상의 불확실성

암호방식을 이용하는 NetBill, NetCheque, CyberCash 등의 시스템에서는 보안상 문제가 발생하게 된다. CyberCash에서는 신용카드정보를 이용자 프로그램에 저장해 두는 방법을 이용하고 있다. 그렇지만 전문적인 해커 또는 프로그램의 개발로 신용카드번호 및 패스워드가 노출될 수 있다.

NetCheque는 서버간 상호 인증을 가능하게 하기 위해 다수의 인증 서버에 사용자의 비밀키가 공유되기 때문에 비밀키가 노출될 가능성이 높으며, First Virtual의 경우 암호방식을 사용하고 있지 않고 전자우편만으로 구매자를 확인하고 있기 때문에 여러 가지 보안상의 문제점이 노출될 수 있다.

그리고 가상공간에서 이루어지는 거래상의 특성 때문에 이러한 과정으로 인해서 사용자들이 패스워드가 다른 제3자에 노출될 가능성이 있다. 이러한 사용자들의 패스워드가 노출됨에 따라 인터넷상에서 제3자에 의한 데이터 위조나 분실의 위험이 항상 존재하게 됨으로 인터넷상에서의 전자상거래 자체를 불가능하게 만드는 원인이 될 수 있다.

3) 사용 용이성 결여

현존하는 각각의 시스템을 사용을 위해서 이용자들은 그에 맞는 기본적인 장비를 준비해야 함은 물론, 사용방법이 상이하기 때문에 사용상의 불편함이 발생하게 된다. 따라서 인터넷 이용 층이 다양하기 때문에 누구나 사용이 용이하게 표준화된 시스템 이용자 환경을 구축하여 제공하는 것이 필요하다.

2. 전자결제시스템의 개선책

1) 보안성 및 안전성 확보

안전하면서 효율적인 전자결제시스템 구축시 핵심요소는 암호화와 전자서명이라고 할 수 있다. 그러므로 이런 핵심기술의 연구개발을 통해 정보의 위변조 및 악용을 방지할 필요성이 있다.

또한 국제간 무역 거래시 신용도가 떨어지는 수입업자를 대신하여 대금결제가 문제가 발생하지 않게 할 수 있다. 따라서 전자결제시스템에서는 신용장을 배제하고 있으므로 은행은 자금제공만 하였는데 이러한 대금지급에 있어서 이를 확약하는 기관을 구축함으로써 이용자들에게 안전성을 제공해야 한다.

2) 시스템의 편리성 확보

전자결제시스템은 사용과 관련하여 우선 시스템을 이용자가 손쉽게 이용할 수 있도록 이용자에게 익숙한 시스템을 구축하여 운영할 필요성이 있다. 특히 컴퓨터시스템을 자주 접해보지 않은 사람들의 경우 불안감을 제공할 수 있기 때문에 시스템에 접근성이 용이하도록 설계와 운영할 필요성이 있다. 즉, 기존의 보편적인 결제절차를 최소화하고, 거래 및 지불절차를 단순하게 구축 운영함으로써 이용자가 사용의 편리성이 있어야 한다.

3) 표준화 및 인증제도 정립

전자상거래의 기술적 혼란함을 막고, 상호 운용성을 확보해, 사기업의 참여와 국제동향 및 시장추이에 따른 표준화를 추진하여, 전자결제시스템의 표준화를 이루는 것이 우선적 과제이다.

아울러 전자무역 및 전자결제시스템의 활성화를 위해서 대금결제상의 인증 및 보완에 관한 기준을 설정하고, 전자결제와 관련한 인증서의 상호 운용성을 확보할 수 있는 방안을 모색하여 인증업무의 효율성과 편리성을 제고시켜야 한다.

핵심 정리

- 전자결제란 판매자와 구매자 사이에서 발생하는 상품 또는 서비스에 대한 대가를 전자적인 수단으로 지급하는 것을 말한다.
- 전자결제시스템의 효율성 극대화를 위해서 안전한 결제시스템, 정당한 상대방인 검증기반 조성, 개인정보 및 익명성 보장, 소액결제 가능성과 처리비용이 경제적이어야 한다.
- 전자화폐시스템은 거래당사자간의 직접 전자적 현금정보가 교환되며, 구매자는 금융회사로부터 자신의 계좌잔액이나 신용상태를 기반으로 전자현금을 발급하여 지불하는 형태이다.
- 전자화폐시스템의 유형은 Visa Cash Card, Mondex Card, E-Cash, K-Cash 등이 있다.
- 전자수표 시스템은 현실세계에서 사용 중인 종이수표를 그대로 인터넷상에서 구현한 것으로 전자수표의 사용자는 거래은행에 신용계좌를 개설하고 있는 사용자로 제한한다.
- 전자수표 시스템의 유형은 E-Check, Net-Check, Net Bill 등이 있다.
- 신용카드 시스템은 널리 사용되는 있는 신용카드를 그대로 전자상거래에 적용하는 것이다.
- 신용카드 시스템의 장점은 신분보증으로 웹상에서 쇼핑 가능, 전 세계적으로 광범위하게 사용, 법적·제도적 문제가 존재하지 않는다.
- 신용카드 시스템의 유형은 Cyber Cash, First Virtual 등이 있다.
- 전자자금이체형 시스템은 인터넷상의 웹 기반에서 운영되는 가상은행의 전자자금이체가 시간과 공간의 제약이 없고 수수료가 저렴한 이점을 가지고 있다.
- 안전결제서비스(ISP)는 2003년 국내 최초의 PKI기반 전자서명방식을 적용하여 신용카드 인터넷 결제서비스의 하나로 본인인증 강화하여 안전한 거래를 가능하게 하는 방식이다.
- 안심클릭의 경우 VISA International의 전자지불솔루션인 3D-Secure 서비스를 국내에 준용한 신용카드 인터넷 결제서비스를 말한다.
- 모바일 ISP서비스 안전결제(ISP)서비스를 휴대폰을 통해 무선 인터넷 환경에 이용 가능하도록 제공하는 모바일 결제서비스 형태이다.
- M-Payment는 재화 또는 서비스의 구입을 위해서 모바일 장치 사용은 금융적 가치 교환을 의미한다.
- M-Payment 1세대로 2000년을 중심으로 온라인 결제 솔루션 업체가 주도한 시기이다.

- M-Payment 2세대는 2001년 하반기로 이동통신사와 금융기관이 제휴, 금융기관은 이동통신사에 호스팅된 CP의 형태이다.
- M-Payment 3세대로 2002년 상반기를 시점으로 이동통신사와 금융기관이 대등한 구도로 참여한 형태이고, 서비스 범위는 조회, 이체, 송금 등 금융서비스 및 결제서비스가 포함된다.
- M-Payment 3.5세대로 2002년 하반기 시점부터이며, 휴대폰과 가맹점 단말기상의 근거리 무선통신 전문 벤처기업이 가세하게 되었다.
- 전자결제시스템의 안전성 문제는 신용카드와 수표의 거래정보가 서버에 저장되므로 소비자의 사생활침해가 발생할 수 있다.
- 전문적인 해커 또는 프로그램의 개발로 신용카드번호 및 패스워드가 노출되는 보안상의 불확실성이 존재한다.
- 사용방법이 상이하기 때문에 사용상의 불편함이 발생하게 된다.
- 전자결제시스템의 개선책으로 보안성 및 안전성 확보, 시스템의 편리성 확보, 표준화 및 인증제도의 정립이 필요하다.

제9장 전자상거래 보안

제9장
전자상거래 보안

제1절 전자상거래 보안의 개요

1. 전자상거래 보안의 개요

1) 보안의 개념과 필요성

보안(Security)이란 컴퓨터시스템이나 컴퓨터시스템에서 관리되는 데이터에 대한 이용권한이 부여되어 있는 이용자들만이 자원을 사용할 수 있도록 통제하고 제어하는 작업을 지칭한다.

그리고 전자상거래 보안 요구사항은 첫째, 신원인증(secure authentication)으로 구매자와 판매자의 상호 인증구조가 필요하다. 둘째, 전송 데이터 보안으로 사용자의 신용정보(인적사항), 신용카드 정보(카드번호, 사용자명, 유효기간 등)의 안전성 확보가 필요하다. 셋째, 안전한 지불 시스템으로 다양하고 안전한 전자지불 방식이 제공되어야 하고, 전자화폐의 불법 복사에 대한 방지책이 필요하다. 넷째, 프라이버시 보호(privacy anonymity)로 전자상거래에 대한 익명성 보장을 통해 개인의 사생활 보호할 필요가 있다.

2) 정보보안의 요소

정보보안은 기밀성(Confidentiality), 무결성(Integrity), 진정성(Authenticity), 부인방지(Non-Repudiation)를 요소로 전자상거래의 신뢰와 안전성을 확보한다.

(1) 기밀성(Confidentiality)

기밀성이란 전자적 의사표시를 할 경우 그 내용의 비밀이 보장되는 것을 의미하며, 전자적 기록내용의 노출방지와 통제에 관한 내용이다.

그리고 거래당사자 이외의 제3자가 거래정보 및 거래당사자의 신용에 관련한 정보를 확인할 수 없도록 보증함을 의미한다. 예를 들어 인터넷 쇼핑몰에서 상품구매 후 신용카드로 대금을 결제할 경우 신용카드번호와 패스워드를 암호화하여 전송하는데 중간에 가로채어 암호해독을 할 수 없게 만든 것이다.

(2) 무결성(Integrity)

무결성이란 의사표시의 내용적 완전성에 관한 것으로, 표의자의 의사표시가 애초에 발하여진 것과 동일한 내용으로 상대방에게 도달하였는지를 확증하는 것을 말한다. 즉, 진정성이 의사표시를 담고 있는 전자적 기록의 위작과 모용의 문제라고 한다면, 전자적 기록의 변작의 문제에 해당한다고 할 것이다.

그리고 무결성은 정보의 정확성 및 완전성에 근거한 것으로 정보가 제3자에 의해 변경되거나 손실 없이 송신자가 보낸 원래의 정보와 동일하면서 완전성을 증명하는 것을 말한다.

(3) 진정성(Authenticity)

진정성이란 의사표시가 누구에 의하여 이루어진 것인가를 확증할 수 있는 것을 말한다.

그리고 진정성은 정보교환에 따른 실제 당사자로서 신원확인 하는 것으로 정보의 근원을 보증하는 것이다. 판매자의 입장에서 상품구매를 할 경우 대금결제에 사용된 신용카드가 실제 소유자임을 확인하는 것을 의미한다.

또한 이러한 진정성의 문제는 전자상거래에 있어서 의사능력 혹은 행위능력이 있는 자에 의하여 의사표시가 이루어진 것인가를 확인하기 위한 측면에서도 중요한 의미가 있다고 할 것이다.

(4) 부인방지(Non-Repudiation)

부인봉쇄란 전자상거래에 있어서 표의자가 전자적 의사표시를 일단 행하였으면 그로 하여금 그 전자적 의사표시로 인하여 발생하는 각종 법률적 효과를 견지하도록 강제하는 것으로, 결국 표의자는 그가 의사표시를 발하였다는 점과 그 의사 표시의 내용이 상대방에 도달한 내용과 다르다는 점을 사후에 임의로 부정할 수 없어야 한다.

부인방지는 정보의 무결성 자체를 부인방지 하는 것을 보증함을 의미한다. 즉, 정보제공자 또는 수신자가 각 상대방의 정보내용에 대한 부인하는 것을 방지함을 의미한다.

(5) 인증(Authentication)

인증은 거래 시 상대방에 대한 신분검증 하는 것으로 이는 상대방과 연결되어 있는 상태에 가능하다. 인증방법은 어느 한쪽에 대한 확인을 하는 단방향 인증과 양쪽 모두를 확인하는 양방향 인증으로 구성되어 있다.

(6) 접속제어(Access Control)

접속제어는 시스템에 접속한 이용자가 정보 사용 시 권한 여부를 확인하는 것이다. 정보보호가 필요한 부분에 대해서는 관리자를 통해 사용제한을 할 수 있고 사용자에게 이용등급을 부여하여 사용에 있어서 권한을 제한할 수 있게 된다.

3) 보안에 대한 위협요소

보안에 대한 위협요소로는 신원 및 데이터 사취, 사칭/가장, 재생, 조작, 부인 등이 있다.

① **신원 및 데이터 사취, 누설**: 인가되지 않은 사람의 비밀정보와 획득, 복사 등이다. 이는 기밀성에 대한 위협요소라 할 수 있다.

② **사칭/가장**: 인가되지 않은 자가 인가된 사람처럼 가장하여 비밀번호를 취득하여 사용하는 것을 말한다. 이는 인증에 대한 위협요소이다.

③ **재생(Replay)**: 부당한 환경에서 정당한 메시지의 재생, 지불요구서의 이중제출 등으로 기밀성에 대한 위협요소이다.

④ **조작(Manipulation)**: 정보의 일부 또는 전부를 교체, 삭제 및 데이터 순서의 재구성 또는 정보를 가로채어 변조하여 원래의 목적지로 전송하는 것으로

무결성에 대한 위협적 요소가 된다.

⑤ **부인(Repudiation)**: 거래내용 또는 교환의 부인, 송수신자의 부인 등을 지칭한다. 이는 부인방지에 대한 위협요소라고 할 수 있다.

표 9-1 인터넷에서 발생하는 보안사고 유형

보안사고 유형	내 용
바이러스 (Virus)	컴퓨터에 소프트웨어를 복사했다가 그 소프트웨어가 수행될 때 행동을 취하여 최악의 경우 소프트웨어 및 PC작동 방해
웜 (Worm)	바이러스와 형태 및 작동이 유사하지만 소프트웨어 및 PC의 작동을 방해하지 않음
트로이목마 (Trojan Horse)	일종의 바이러스로 PC 이용자의 정보 유출
잠입 (Back Door)	어떤 소프트웨어나 시스템을 통과하기 위해 미리 여러 가지 방법과 수단 또는 조치를 취해두는 방식
눈속임 (Spoof)	어떤 소프트웨어가 정상적인 상태로 유지되는 것처럼 믿도록 속임수를 사용

자료: 윤종훈·김용민, 글로벌시대의 전자상거래, 학현사, 2009. p. 257

2. 전자상거래 보안의 위협요소

전자상거래 보안은 정상적 시스템을 유지하여 자신의 정보가 유출되지 않도록 시스템 안전성 확보가 되기를 원한다. 따라서 이와 관련하여 발생하는 여러 가지 문제점에 대해 살펴보면 다음과 같다.

1) 개인정보 보호 기술문제

최근 인터넷에 개인정보가 유출되어 기사화된 적이 있듯이 개인정보 보호 문제의 중요성이 대두되고 있다. 전자상거래상의 주체라고 할 수 있는 소비자 개인정보의 중요성은 전자상거래 활성과 더불어 시급하게 개선되어야 할 문제라고 할 수 있다.

2) 웹 보안상 문제

웹 보안에 대한 문제점은 해킹, 데이터 공격, 사용자 위장공격, 송수신 부인 등이 있다.

① **해킹**: 시스템의 취약성을 통해 시스템에 대한 문제유발를 시키거나, 불법 침투하여 정보를 획득하거나, 전자상거래 결제시 구매자의 결제정보를 외부에 유출시켜 제3자가 사용하게 하는 것을 말한다.

② **데이터 공격**: 데이터를 위변조하거나 결제정보를 변조하여 소비자에게 피해를 유발시키는 행위를 말한다.

③ **사용자 위장공격**: 네트워크상에 접속하여 타인으로 위장해 정보를 획득하는 것을 의미하는 것으로 전자상거래시 소비자의 결제금액을 가로채는 경우가 발생할 수 있는 것이다.

④ **송 · 수신 부인**: 구매자로부터 구매대금을 받은 후에 받지 않았다고 부인하여 소비자와 금융기관에 손해를 끼치게 하는 경우와 결제시 소비자가 판매자로부터 상품을 배송 받은 후 받지 않았다고 부인하는 경우가 발생하게 된다.

3) 결제보안 기술상 문제

웹상에서 구매한 상품을 어떤 방법으로 지불할 것인가는 전자상거래 활성화에 대한 걸림돌이라고 할 수 있다. 전자화폐 발행문제, 통화 문제, 익명성 문제, 이중사용의 가능성에 대한 문제들이 중요한 요인들이다. 아울러 전자 결제시 금융기관과의 연계성에도 문제가 발생하게 된다.

금융결제 시스템에 대한 문제는 네트워크상에서의 금융결제 시스템을 이용하는 전자상거래의 확대가 필요하게 된다. 즉, 전자상거래에서 신원확인은 기존 방식으로 문제가 있으며, 신용카드의 사용도 안전성을 확보하기 힘든 상태이다. 특히 인터넷을 사용한 전자상거래의 경우 카드번호와 비밀번호에 의한 본인확인은 간단하게 이루어지고 있다.

그리고 전자상거래 보안사고의 유형은 중대형 서버 시스템과 PC에서 발생하는 개인적 보안사고로 구분 지을 수 있다. 중대형 서버 시스템의 경우 책임자가 사전에 숙지하여 대비책을 마련하고, 개인의 경우 계정과 컴퓨터 접속 정보를 관리하여 보안 유지할 필요가 있다. 일반적으로 인터넷에서 발생하는 보안사고 유형은 아래와 같다.

3. 전자상거래 보안의 침해

전자상거래에서 발생할 수 있는 보안 침해는 시스템에 부당하게 침입하여 정보를 이용하거나 파괴하는 시스템 공격, 시스템 내에 저장되어 있는 데이터에 대한 직접적 공격과 통신망을 이용하여 이동 상태에 있는 데이터 대한 공격을 가하는 데이터 공격, 상거래에 발생 가능한 사기형태인 비즈니스 공격 등이 있다.

그리고 일반적으로 발생하는 신용카드 사용 시 카드번호 노출 문제, 고객 DB로 저장된 개인 정보를 노출, 타인으로 위장하여 문제를 유발시킬 수 있다. 이를 위한 보안대책으로는 암호화, 전자서명 등을 통해 보안침해를 방지하는 대책이 필요하다.

4. 정보보안의 기술

1) 암호의 개요

암호(Cryptography)는 평문을 해독 불가능한 상태로 바꾸거나, 암호화된 내용을 해독 가능상태로 변화시키는 기술을 의미한다. 아울러 암호화(Encryption)란 저장된 정보를 파악 못하게 하거나 접근을 통제하는 방법을 말한다. 한편 암호화된 정보를 접근권한이 있는 사용자가 파악할 수 있도록 암호화된 정보를 일반적인 형태로 변환시키는 것을 복호화(Description)라고 한다.

2) 암호알고리즘

(1) 대칭키 암호화(Symmetric Cryptosystem)

대칭키 암호 알고리즘은 비밀키 알고리즘(Secret-key Algorithm)이라고도 하며, 송신자와 수신자가 동일키로 암호화 및 복호화 과정을 수행한다. 이와 같은

[그림 9-1] 대칭키 암호화 방식

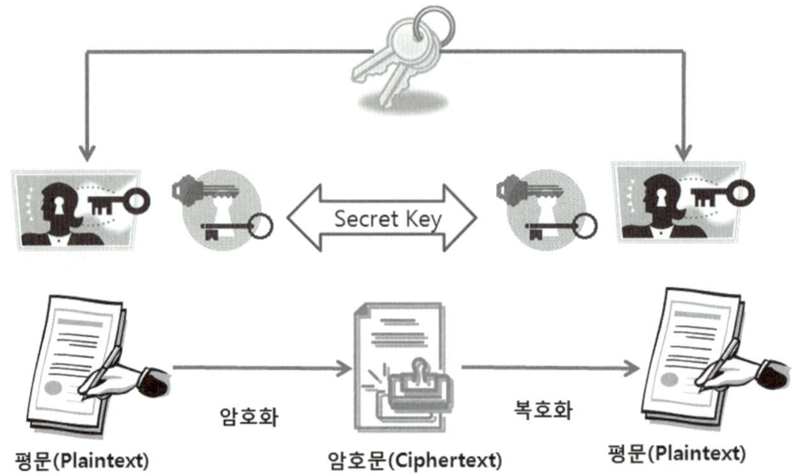

암호알고리즘은 송신자가 문서를 암호화하여 수신자에게 전송하는 경우 미리 비밀키를 공유가 가능하도록 키의 분배방법을 약속해서 비밀로 해야 할 필요성이 있다. 대칭키 암호 알고리즘은 다음과 같은 특징이 있다.

첫째, 정보기술과 상호작용이 용이하고 데이터 처리량도 강력하다

둘째, 시스템의 암호화키의 크기가 공개키 암호 시스템보다 작아서 효과적인 암호시스템 구축이 가능하다.

셋째, 간단한 치환과 순열조합으로 구성되어 시스템 환경에 적합한 암호화 알고리즘 개발이 용이하다.

넷째, 교환 당사자 간에 동일키를 공유해야 하므로 다수인과 정보 교환 시 다량의 키를 유지관리 및 보관이 곤란하다.

그리고 이 방식의 대표적인 형태로는 DES(Data Encryption Standard)가 있다. 이는 가장 널리 이용되고 있는 비밀키 암호화 알고리즘으로 대칭형 암호화 기법에 기초하고 있다. DES는 NSA(National Security Agency)와 IBM에 의해 1970년대 초에 개발되었으며, DES는 블록 암호화이고 56비트 키를 사용하여 64비트 블록으로 처리하게 된다. 1976년 미연방 표준으로 채택되어 비밀키

문서암호화에 사용되어 오다가 2002년 AES(Advanced Encryption Standard)에 의해 대체되었다. DES는 송신자와 수신자가 동일키를 공유하며 암호화 및 복호화 함은 물론 매번 거래를 수행할 때 마다 서로 상이한 키를 사용하도록 되어 있다.

(2) 비대칭형 암호화(Asymmetric Cryptosystem)

이 방식은 공개키 암호화 방법이라 하기도 하는데, 비대칭형 암호방식은 두 개의 키를 이용하는 것으로 아무나 암호키를 이용하여 특정한 내용을 암호화 시킬 수 있지만 암호문을 복호화 시키는 것은 오직 복호화 키를 소유한 사람만이 가능하다. 이 방식에서 암호키를 공개키라 하고 복호키를 개인키라고 하여 구별하고 있다. 공개키 암호방식의 특징은 다음과 같다.

첫째, 사용자는 오직 자신이 소유하고 있는 비밀키만 보관하면 되기 때문에 대칭형 암호방식보다 소량의 키를 보유하면 된다.

둘째, 전자서명에 있어서도 효율적이며, 간단한 시스템을 구축가능 하게 한다.

[그림 9-2] 비대칭키 암호화 방식

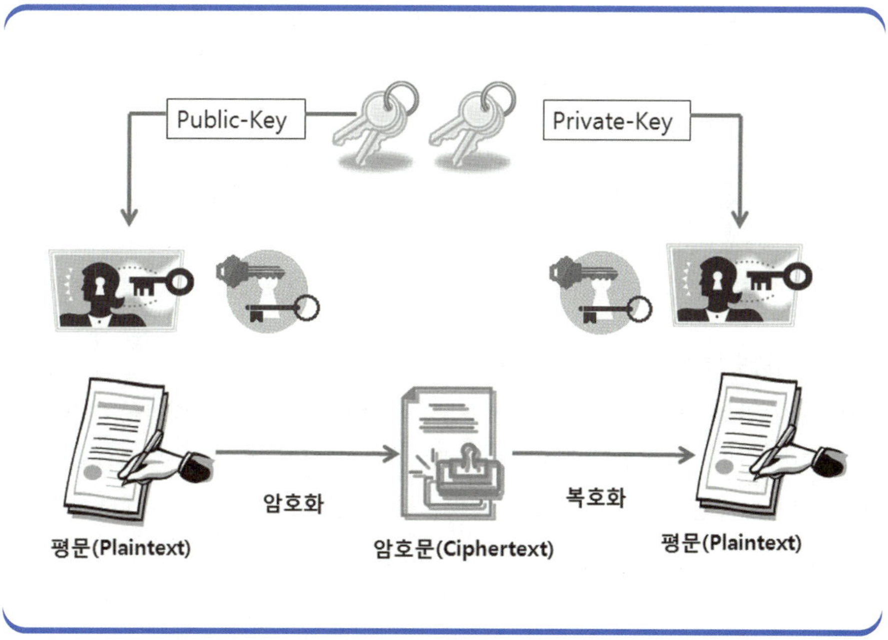

셋째, 암호화를 위한 키 사이즈는 크기 때문에 데이터 처리량이 적고, 컴퓨팅의 효율성이 떨어진다.

그리고 이 방식의 대표적인 암호화 방식은 RSA(Rivest, Shamir, Adleman) 방식이 있는데, 이는 1977년 MIT의 Rivest, Shamir, Adleman 세 사람에 의해 개발되었다. RSA는 대부분 키 길이가 512비트이며, RSA 암호화 법은 암호화는 물론 디지털 서명에도 적절한 첫 알고리듬이어서 유용한 기법으로 알려져 있다. 충분히 긴키를 사용하며 최신기술을 반영해 개선되었으며, 오늘날 전자상거래에 널리 이용되고 있다. 아울러 복잡한 수학 산식에 의해 공개키와 비밀키가 산출되며, 이 중 공개키는 외부에 공개되고 비밀키만 사용자에 전달된다.

대칭키 암호 기술과 비대칭키 암호 기술의 장점과 단점을 비교해보면 〈표 9-2〉와 같다.

표 9-2 대칭키와 비대칭키 암호 기술 비교

구분	대칭키 암호 기술	비대칭키 암호 기술
장점	① 암호화와 복호화 속도가 신속 ② 키의 길이가 짧음	① 키의 분배가 용이 ② 네트워크 사용자가 증가할 경우 관리키의 개수 적음 ③ 상대적으로 키 변환 빈도적음
단점	① 안전한 키 분배 곤란 ② 네트워크의 사용자가 증가할 경우 관리할 키의 개수가 늘어남 ③ 안전성확보 위해 키 자주변경 ④ 응용분야 제약	① 암호화와 복호와의 속도가 느림 ② 키 길이가 상대적으로 김

(3) 해쉬함수(Hash Function) 알고리즘

해쉬함수라는 것은 임의의 길이를 가지고 있는 스트링을 입력받아 일정길이의 비트(bit)로 표현해주는 함수이다. 해쉬함수의 가장 큰 특징은 계산되어 나온 결과를 가지고 원래의 입력된 스트링을 예측할 수가 없다는 것이다. 즉 입력되는 값으로 동일한 내용의 스트링을 입력해 준다면야 결과는 항상 같게 나오지만 그 반대방향의 처리는 불가능한 것이다. 스트링상의 어느 한 글자라도 바뀌게 되면 결과로써 나오는 값 또한 바뀌게 되므로 이러한 해쉬함수의 특징을 이용하면 전송도중에 데이터가 변조되었는지의 여부를 알 수 있게 된다.

그리고 안전한 해쉬함수가 되기 위해서는 임의의 길이를 가진 메시지도 적용 가능해야하고, 고정된 길이의 출력을 만들어야 한다.

해쉬함수는 메시지 인증이나 전자서명 등에 이용되며, 메시지를 송신자의 비밀키로 암호화함으로써 이루어진다. 이 방식은 시간이 오래 걸리게 되어 메시지를 해쉬함수로 이용하여 원래보다 짧은 길이로 전환 후 비밀키로 암호화하게 된다.

(4) AES(Advanced Encryption Standard)

AES는 2000년 말에 표준안으로 선택된 것으로 대칭키 구조를 가지고 있는 암호화/복호화 알고리즘이다. 이것은 블록 암호 알고리즘으로 블록의 크기는 128비트의 고정된 크기의 블록으로 구성되고 비밀키의 사이즈는 128비트, 192비트, 256비트 중에서 선택하여 이용하게 된다.

복호화는 암호화의 과정처럼 동일한 알고리즘으로 처리하지만 순서는 암호화의 역순으로 처리된다.

(5) SEED

이는 1999년 2월 한국정보보호센터(KISA)에서 국내 표준 블록 암호 알고리즘을 개발하게 되었다. SEED는 인터넷, 전자상거래, 무선 통신에서 공개시에 민감한 정보의 보호와 개인 프라이버시 등을 보호를 위해 개발된 블록 암호 알고리즘이라고 할 수 있다.

SEED는 대칭키 암호방식인 DES와 유사한 구조를 가지고 있으며, 128비트 키, 128비트 블록 암호이다. 현재 국제표준으로 상정되어 안전성을 검토하고 있으며, 국내의 보안 제품에 탑재하고 있다.

(6) SHA(Secure Hash Algoritum)

SHA는 1993년 NIST(National Institute of Standards and Technology)에서 개발되었다. 수정된 버전은 1995년 발행되어 SHA-1으로 지칭하고 있다. 이 알고리즘은 최대 길이가 264비트보다 작은 메시지의 입력을 가지고 160비트의 메시지 다이제스트를 출력하여 생성하게 된다.

3) 암호 프로토콜

암호 프로토콜은 기존의 통신 프로토콜에 정보보호 이론을 부가하여 고도의 정보처리 및 통신을 하는 프로토콜을 의미한다. 따라서 암호 프로토콜은 단순히 암호 알고리즘과는 달리 서로 모르는 송수신자라도 통신망을 이용하여 서로의 목적을 이룰 수 있도록 상호 통신 알고리즘을 의미한다.

(1) 방화벽(Firewall)

① 방화벽의 개념

방화벽의 원래 의미는 건물에서 발생한 화재가 더 이상 번지는 것을 막는 것이다. 이 의미를 인터넷에 적용한다면, 이는 네트워크의 보안 사고나 위협이 더 이상 확대되지 않도록 막고 격리하는 것이라고 할 수 있다. 이는 특히 어떤 기관의 내부 네트워크를 보호하기 위해서는 외부에서의 불법적인 트래픽이 들어오는 것을 막고, 허가하거나 인증된 트래픽만 허용하는 적극적인 방어 대책이라고 할 수 있다.

[그림 9-3] 방화벽의 형태

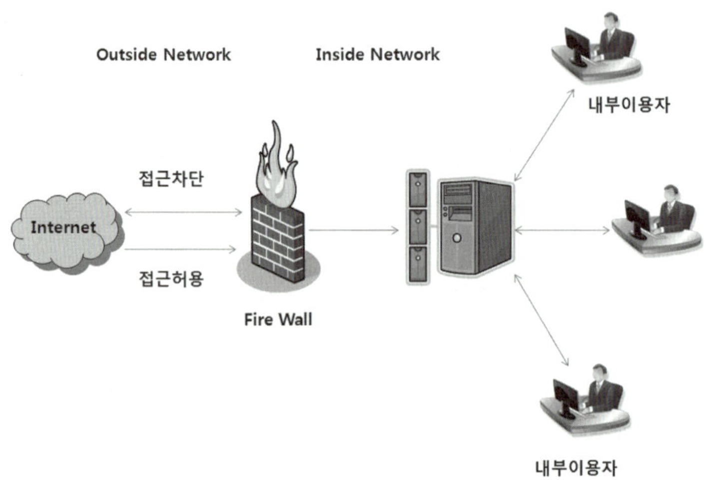

방화벽 시스템의 기본 목표는 네트워크 사용자에게 가능한 한 투명성을 보장하면서 위험 지대를 줄이고자 하는 적극적인 보안 대책을 제공하는 것이다. 다음은 일반적인 인터넷에 접속되어 있는 네트워크를 나타내고 있는데, 외부와의 투명한 접근을 허용함으로서 내부 망 전체가 위험 지대임을 보여주고 있으며, 이의 경우는 외부와 내부 네트워크간의 유일한 경로에 방화벽 시스템을 둠으로써 방화벽 시스템이 보안 서비스를 제공하여 불법적인 트래픽을 거부하거나 막을 수 있는 것이다. 물론 투명성을 보장하지는 않지만 내부 네트워크를 안전지대로 만들 수 있는 것이다.

② 방화벽의 특징

방화벽 시스템의 특징은 다음과 같다. 첫째, 프라이버시 보호로 특정 사이트에서는 일반적인 정보가 공격자에게 유용한 정보가 될 수 있기 때문에 프라이버시가 중요한 관심사라고 할 수 있다.

둘째, 서비스의 취약점 보호로 방화벽 시스템은 네트워크 보안을 혁신적으로 개선하여 안전하지 못한 서비스를 필터링함으로써 내부망의 호스트가 가지는 취약점을 줄여주게 된다.

셋째, 보안 기능의 집중화로 추가되거나 개조된 보안 소프트웨어가 많은 호스트에 분산 탑재되어 있는 것보다 방화벽 시스템에 집중적으로 탑재되어 있는 것이 조직적인 측면에서는 더 경제적이라고 할 수 있다.

③ 방화벽의 기능

첫째, 접근제어(Access Control) 기능으로 주로 IP주소를 인식하고서 특정 IP주소에서부터의 트랙픽은 허용하거나 거부하는 식으로 리스트를 관리한다.

둘째, 인증(Authentication)기능으로 사용자가 정당한 사용자인지를 확인해 주는 기능이다. 인증은 패스워드를 확인법으로 많이 사용되지만 해커들에게 패스워드 유출을 방지하기 위해 일회용 패스워드(One-time Password) 등의 사용을 권장하고 있다.

셋째, VPN(Virtual Private Network)기능이 있다. 이 기능은 인터넷이라는 공개네트워크에서 여러 장소에 떨어져 있는 자사 지점들 간의 정보통신을 인터넷을 통해서 마치 사설망을 쓰고 있는 것과 같은 기능을 말한다.

넷째, 내부방과 외부망의 모든 접속이 방화벽 시스템을 통하여 이루어진다면 방화벽 시스템은 접속정보와 네트워크 사용에 따른 유용한 통계정보들을 제공할 수 있는 로깅기능이 중요하다. 방화벽 시스템 로깅기능은 방화벽 시스템에 대한 허가된 접근뿐만 아니라 허가되지 않은 접근이나 공격에 대한 정보도 로그 파일에 기록해 두어야 한다.

다섯째, 방화벽 시스템은 중요한 트래픽에 대한 암호화 기능을 제공할 수 있다. 일반적으로 트래픽의 암호화는 네트워크 프로토콜의 각 계층에서 가능하다. 암호화 기능의 장점은 트래픽을 보호하기 위한 다른 보안 기능과는 달리 데이터가 비록 외부 침입자에게 노출되어도 의미를 알 수 없으므로 비밀성이 보장된다는 것이다.

④ 방화벽의 장단점

방화벽의 위협에 취약한 부분을 보호하는 장점과 내부사용자로부터 보호할 수 없는 단점이 있는데 장점과 단점을 정리하면 아래와 같다.

표 9-3 방화벽의 장점과 단점 비교

방화벽의 장점	방화벽의 단점
- 위협에 취약한 서비스의 보호 목적으로 사용된다. - 호스트 시스템에 대한 액세스를 제어할 수 있다. - 단일 호스트나 상대적으로 적은 호스트에 보안을 집중시킬 수 있다. - 네트워크 사용에 대한 로깅(Logging)과 통계자료 제공 한다. - 네트워크 접근 정책은 방화벽에 의해 구현될 수 있다.	- 악의적인 내부사용자로부터 시스템을 보호할 수 없다. - 방화벽을 통과하지 않는 접속으로부터 시스템을 보호할 수 없다. - 알려지지 않은 새로운 위협에 대해 방어할 수 없다. - 바이러스를 방어할 수 없다.

⑤ 방화벽 구축시 고려사항

첫째, 가장 중요한 관심사로서 해당 조직이 어떻게 시스템을 운영할 것인지에 대한 정책을 반영하는 것으로서, 매우 중요한 네트워크에서의 작업을 제외하고는 모든 접속을 거부하는 식의 시스템을 운영할 것인가 아니면 덜 위협적인 방법으로 접속해 오는 트래픽에 대해 조사하고 점검하는 방식으로 시스템을 운영할 것인가라는 선택을 할 수 있다. 이러한 선택은 보안 결정권자에 달려있다.

둘째, 어느 정도 수준의 감시, 백업 및 제어를 원하는가? 라는 문제이다. 첫 번째 문제로서 기관이 받아들일 수 있는 위험 수준이 세워졌다면, 이제 어떤 것을 감시하고, 허용하고, 거부할 것인가라는 체크리스트를 작성해야 한다. 즉, 기관의 전체적인 목적을 결정하고 위험 평가에 근거한 필요성 분석을 하며, 구현하고자 계획하여 사양을 마련했던 목록과 구별될 수 있는 문제점을 가려낸다.

셋째, 경제적인 문제이다. 우리가 여기에서 정확하게 지적할 수 있지는 못하지만 이것을 구매하는데 드는 비용과 구현에 드는 비용을 정확하게 정량적으로 산출하는 것이 중요하다.

넷째, 기술적인 측면에서 몇 가지 결정해야 할 것이 있는데, 기관 내부의 네트워크와 네트워크 서비스 제공자 사이에서의 고정적 트래픽 라우팅 서비스 등에 대해서도 결정하아 한다.

(2) SSL(Secure Socket Layer)

SSL은 1994년 미국의 넷스케이프사에 의해 개발된 프로토콜로서 서버 인증, 클라이언트 인증, 기밀성 보장의 세 가지 서비스를 제공한다.

즉, 네트워크 보안표준으로서 인터넷의 프로토콜인 TCP/IP를 이용한 정보교환에 있어서 보안과 관련된 안전성을 보장할 수 있는 표준이다.

이러한 SSL의 개념은 웹 클라이언트와 서버에서는 정규의 HTTP 표준에 의한 접속이 이루어지며 이 HTTP 정보는 통신망을 경유하여 전달될 때 하위 SSL 계층의 암호화 통신에 의해 보호받게 되는 것이다. 한편으로 SSL은 정보의 교환간에는 인증수단으로 RSA방식 등을 사용하고 지급수단으로써 신용카드가 이용될 경우에는 정보의 전송방식에 DES표준을 이용하고 있다. 즉, 인터넷 보안 표준으로 초기에는 미국 내에서는 128Bit로 사용되지만 역외로 반출은 40Bit로 보안이 완벽하지 않다는 점과 해독가능성과 단점을 내포하고 있다.

(3) SET(Secure Electronic Transaction)

SET는 신용카드 회사인 비자(VISA)와 마스터카드(Master Card) 등이 중심이 되어 신용카드를 기반으로 한 인터넷상의 전자결제가 안전하게 이루어질 수

[그림 9-4] SSL의 기본구성도

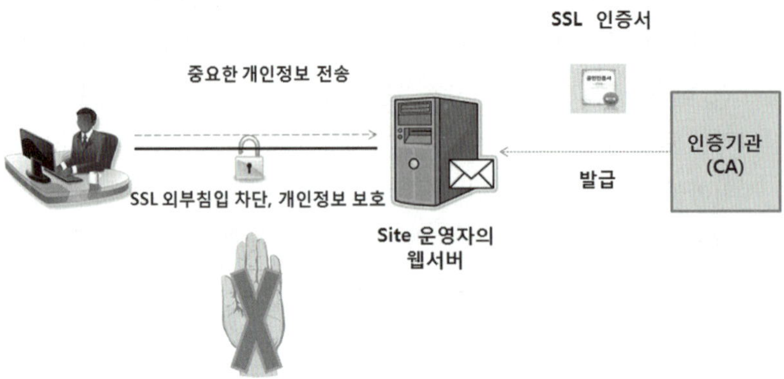

있도록 1996년 2월 마련한 전자결제 과정 표준안이다. SET는 신용카드사에서 제안한 안이며, 표준으로 자리 잡기 위해서는 얼마나 사용을 많이 하느냐에 달려있다.

SET는 신용카드 기반의 전자결제를 위한 표준이지만 계좌이체나 직불카드 등의 결제수단에도 확대 가능한 구조이다.

SET의 특징은 첫째, 신원의 상호인증, 지급결제 중계기관 및 인증기관, 전자서명과 같은 안전장치를 가지고 있어 소프트웨어와 하드웨어 구현에 대한 표준을 가지고 있으며, 둘째, SET의 암호화 방식은 복합 암호화 방식을 채택하고 있다. 셋째, 전자상거래 결제시스템 중 신용카드 기반의 지불에 관한 사항만을 정의하고 있다.

① SET의 목표

SET의 목적은 정보의 기밀성 제공, 지불정보의 무결성 확보, 상인과 고객쌍방의 확인 등 세 가지를 제공하고 있다. SET에서는 이 목적을 달성하기 위해서 암호화 알고리즘, 전자서명, 전자인증서 등의 암호화 방법 등을 사용하게 된다.

② SET의 동작원리

- 고객은 마스터카드나 비자카드를 위한 은행 계좌를 개설한다. 신용카드

발행인은 누구라도 은행의 일종이다.

- 고객은 디지털 인증서를 받는다. 이 전자 파일은 온라인 구매나 기타의 거래에서 신용카드의 역할을 수행한다. 여기에는 유효기간이 명시된 공개키를 포함하고 있다. 이것은 합법성을 보장하기 위하여 은행에 의해 전자적으로 서명된 것이다.
- 제3자인 상인 역시 은행으로부터 디지털 인증서를 받는다. 이러한 인증서들에는 상인의 공개키와 은행의 공개키가 포함되어 있다.
- 고객은 웹페이지나 전화, 또는 다른 수단을 통해 주문을 한다.
- 고객의 브라우저는 그 상인이 법적으로 유효하다는 사실을 상인의 인증서로부터 확인 받는다.
- 브라우저는 주문 정보를 보낸다. 이 메시지는 상인의 공개키를 이용하여 암호화되며, 지불정보는 상인이 읽을 수 없도록 은행의 공개키를 이용하여 암호화된다. 또한 지불을 보장하는 정보는 오직 이 특별한 순서로만 사용될 수 있다.
- 상인은 고객의 인증서 상의 전자서명을 확인함으로써 고객을 검증한다. 이것은 은행이나 또는 제3자 검증기관에 그 인증서를 조회함으로써 이루어질 수 있다.
- 상인은 주문 메시지를 은행에 보낸다. 이것에는 은행의 공개키, (상인의 입장에서는 암호문을 풀 수 없는) 고객의 지불정보와 상인의 인증서가 포함된다.
- 은행은 상인과 그 메시지를 검증한다. 은행은 그 메시지와 인증서상의 전자서명을 사용하며, 그 메시지의 지불 부분을 검증한다.
- 은행은 전자적으로 서명하여 상인에게 허가정보를 보냄으로써, 상인이 주문서에 그 정보를 채워 넣을 수 있도록 조치한다.

③ 거래의 종류

거래의 종류는 고객등록(Cardholder Registration), 상인등록(Merchant Registration), 구매요구(Purchase Request), 지불 승인(Payment Authorization), 지불 캡처(Payment Capture), 인증서 검색(Certificate Query), 구매 조회(Purchase Inquiry), 구매 통보(Purchase Notification), 승인 취소(Authorization

[그림 9-5] SET의 동작원리

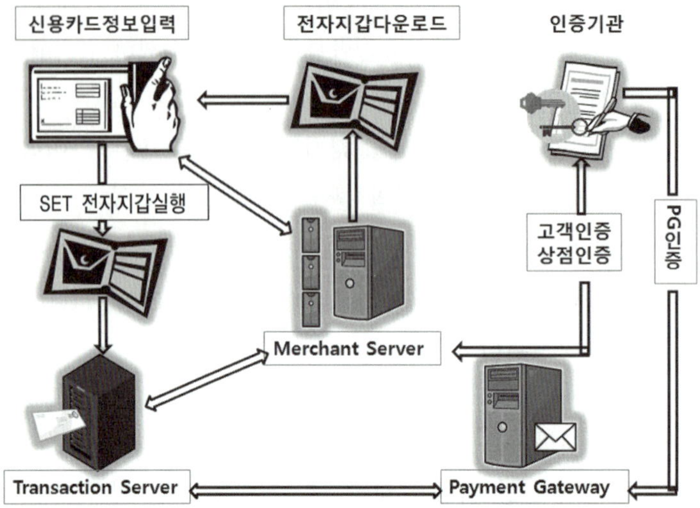

Reversal), 캡처 취소(Capture Reversal), 환불(Credit), 환불 취소(Credit Reversal) 등이 있다.

제2절 전자서명과 인증

1. 전자서명

1) 전자서명의 개요

전자서명(digital signature)은 종래의 인감도장 또는 사인처럼 개인의 고유성을 주장하고 인정받기 위해 전자적 문서에 서명하는 방법을 지칭한다. 전자문서 교환처럼 상업용 문서에 필요한 서명의 경우 점점 그에 대한 중요성이 확산되고 있다. 또한 인증이란 수신자가 받은 내용이 위조 또는 변조여부와 상대방의 신분확인을 하는 방법을 의미한다. 컴퓨터 및 통신망의 확대와 분산처리, 개방 시스템 개념의 대두로 정보의 교환이 빈번히 발생하고 그로 인해 상대방의 적법성을 확인해야 할 필요성이 강조되고 있다.

그리고 전자서명은 종이문서의 자필서명과 아래와 같은 다른 특징을 가지고 있다. 첫째, 각 전자서명은 유일하며, 수많은 전자서명 중에서 같은 서명이 존재할 확률은 거의 없다. 즉, 전자서명에 이용되는 비밀키(secret key)가 같은 확률을 매우 낮기 때문에 전자서명이 동일할 확률 역시 매우 낮다고 볼 수 있다.

둘째, 전자서명은 전자문서 자체에 첨부되어 있어 다른 문서에 덧붙여 사용할 수 없다.

셋째, 같은 사람의 자필서명이라도 상황에 따라 변하게 되듯이 어느 누구도 동일하게 서명할 수 없다. 그러나 비밀키가 같다면 전자서명은 변할 수가 없다.

2) 전자서명의 절차

(1) 전자서명의 생성

전자서명을 이용하기 위해서는 첫째, 사용자는 전자서명 검증키(공개키: public key)와 전자서명 생성키(비밀키: secret key) 한 쌍을 생성해야 한다. 키 생성을 위해서는 가입한 인증기관에서 사용하는 공개키 알고리즘을 통해 사용자가 생성시키게 된다. 비밀키는 개인이 안전한 장소와 방법을 통해 보관하게 되고 타인에게 공개해서는 안 된다.

둘째, 사용자가 송신하게 될 전자문서의 메시지를 해쉬기능(hash function)을 통해 요약하고 생성하게 된다.

셋째, 요약된 메시지를 송신자의 전자서명 생성키로 서명하여 전자서명을 하게 되고 경우에 따라서 암호화하게 된다.

넷째, 생성된 전자서명을 원본 메시지에 더하여 수신자에게 전송하게 된다.

(2) 전자서명의 검증

사용자가 생성시킨 전자서명을 수신자가 확인 또는 검증하는 단계를 살펴보면 첫째, 전자서명 된 메시지를 수신하게 되면, 수신자의 컴퓨터에서 송신자의

[그림 9-6] 전자서명 검증

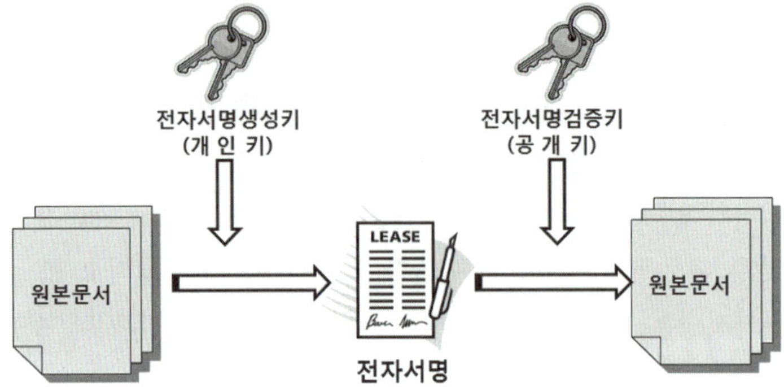

검증키를 이용하여 메시지 내용을 복호화 시켜 원문으로 복원하게 된다. 만일 메시지가 복호화가 되지 않으면 검증키가 진정성이 없으므로 송신자의 신원확인에 실패한 것이 되고, 복호화가 가능하면 송신자가 일치하게 된다.

둘째, 수신된 메시지의 요약을 만들어 복원된 메시지 요약과 비교하여 양자가 일치하게 되면 메시지가 합치됨으로 무결성을 확인하게 된다.

2. 인 증

인증은 전자서명 검증키가 본인임을 신뢰할 수 있는 기관에서 증명해주는 것을 의미한다. 그러므로 인증기관은 기존 인감에 대한 인감증명기관에 해당되고, 인증서는 행정기관에서 발급받는 인감증명서에 해당한다고 할 수 있다. 인증을 받기 위해서는 다음과 같은 절차에 따라야 한다.

첫째, 사용자는 자신의 전자서명 생성키 및 전자서명 키를 생성시켜야 한다.

둘째, 사용자는 인증기관을 방문하여 본인의 신원증명하고, 전자서명 검증키를 제시하며, 전자서명 검증키에 대응하게 될 전자서명 생성키를 소유하고 있는 사실을 제시한다.

셋째, 인증기관은 전자서명 검증키와 그 키에 대응하는 사람의 신원확인 후

[그림 9-7] 인증서 처리과정

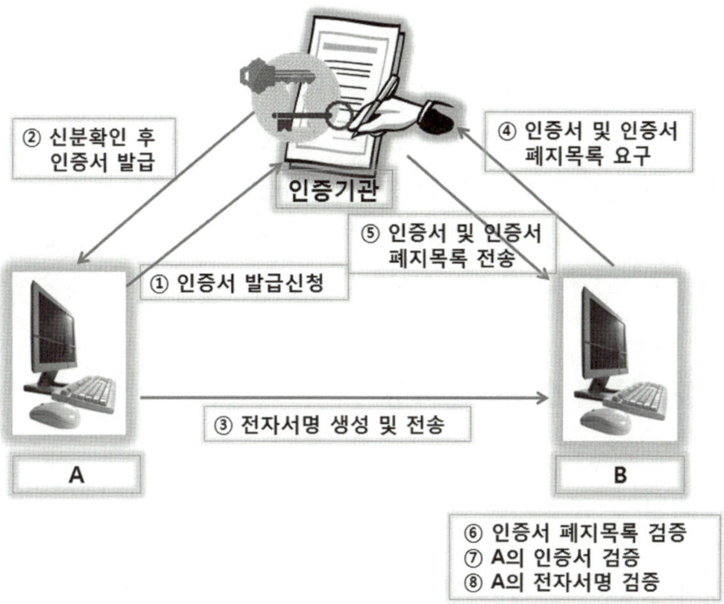

인증서를 발행하게 된다.

넷째, 인증기관은 가입자에게 인증서의 내용을 확인시키고, 인증기관은 인증관리체계를 이용해 모든 사람에게 접근 가능한 형태를 유지하게 된다.

인증서를 발급받으면 그 인증서를 메시지와 메시지의 전자서명에 첨부하여 송신하게 된다. 이때 수신자는 공개키를 이용해 송신자의 전자서명 검증키를 획득하게 되고 메시지 요약을 생성하게 된다.

그리고 인증방법에 따라 무암호, 비밀키 암호, 공개키 암호(디지털 서명)로 구분할 수 있다. 먼저 무암호는 암호 기술을 이용하지 않고 외적 보안에 의존하는 시스템으로 전자적인 방법으로 주문을 할 수는 있다.

비밀키 암호는 암호화할 때와 복호화 할 때 같은 키를 사용하는 방식이다. 즉, 지불시 인증을 위해 사용될 비밀키를 검증자(은행 또는 은행이 발행한 단말기)와 증명자(고객)가 공유한다.

공개키 암호(디지털 서명)는 암호화할 때 사용하는 키(공개키)와 복호화 할 때 사용하는 키(비밀키)를 다르게 생성하며, 공개키는 공개하고, 비밀키는 안전하게 유지하는 방식이다. 서명자가 자신만이 보유하고 있는 비밀키로 지불 내용에 대한 서명을 생성하고 부인방지 기능을 제공 한다.

그리고 전자인증서의 처리과정은 인증기관에 인증서 발급신청을 하게 되면 신분확인 후 인증서 발급을 받게 되는데 비밀키는 발급단계에서 입력한 전자서명 비밀민호에 의해 암호화되어 최종개체가 사용하는 컴퓨터에 저장되고, 공개키는 인증기관으로 전송되어 인증서를 신청한 최종개체의 개인정보와 함께 인증서를 만들게 되고, 다시 인증서 신청자인 최종개체에게 전달되어 발급된다.

3. 전자서명과 인증의 필요성

1) 신원확인

익명성이 중요시 되는 지식정보화사회에서 본인확인을 위한 기술적 방법이 전자서명이라고 할 수 있다. 전자서명은 서명한 메시지의 송신자 인증 및 서명된 문서의 무결성을 입증할 수 있기 때문에 익명성에 대응할 수 있는 효과적인 기술수단이다. 특히 BtoC 형태의 전자상거래가 증가되고 있는 시점에서 신원확인에 중요한 형태로 활용되게 된다.

2) 문서 무결성 보장

무결성은 메시지 인증과 같이 메시지의 위변조 등을 검출할 수 있게 된다. 원본과 복사본의 식별이 곤란하고 내용 변조 가능한 전자문서의 특성 상 기존 인장과 서명과는 달리하는 새로운 수단의 필요성이 대두되게 된다. 아울러 전자화된 정보를 이용할 경우 내용변경과 정당하게 이루어진 거래를 부인이 용이하므로 이를 효과적으로 방지하여 당사자 간의 분쟁을 줄이고 전자상거래의 신뢰기반을 조성할 필요성이 있다.

3) 법적 분쟁 증거 제공

현재 거래되고 있는 전자거래와 관련한 분쟁 발생시 인증기관의 인증서를 법원에 제출하여 거래 상대방을 인증하게 된다. 고려할 사항은 법적 분쟁발생시의 위험분산을 위해 인증기관의 인증문서는 진정성이 성립된 것으로 추정하는 규정이 필요하다.

4. 주요 응용분야

전자서명 및 인증제도의 주요 응용분야를 정리하면 첫째, 오픈시스템에서 발생되는 불확실성 및 위험 증대와 보안 취약성을 줄이기 위해 사용될 수 있다. 전자서명 및 인증은 오픈네트워크에서 전자거래에 이용하는 사람들의 다양한 요구사항들 중 인증, 확인, 증명, 무결성 및 부인봉쇄 등의 핵심사항을 해결 가능하게 해 준다.

둘째, 전자서명은 다양한 용도로 사용될 것이다. 먼저 고객으로부터 결제관련 요청을 받았을 때 본인확인과 내용확인에 사용되며, 다양한 은행업무 수행시 당사자 인증과 내용인증의 보장이 필요한 사항이므로 반드시 이용하게 될 것이다.

셋째, 전자서명은 공문서의 신청, 발급과 이용 시 사용되게 될 것이다. 전자상거래에 뿐만 아니라 공공기관이 발행하고 있는 문서들을 일반인 네트워크를 통해 신청하고 발급받는 행정업무, 공공기관 내부업무와 공공기관 간에 업무의 효율성을 높이기 위해 전자서명은 필요한 사항이다.

넷째, 전자공증 및 내용증명에도 사용할 수 있다. 공증인은 신청인으로부터 송신된 전자문서의 성립과 내용을 심사하고 공증문을 전자서명 하여 신청인에게 송신하고 보관함으로써 기존의 공증을 전자화 할 수 있으며, 전자서명이 무결성의 특징을 이용해 인증기관 등의 객관적 제3자를 통한 전자문서의 내용증명이 가능하게 된다.

핵심정리

- 보안(Security)이란 컴퓨터시스템이나 컴퓨터시스템에서 관리되는 데이터에 대한 이용권한이 부여되어 있는 이용자들만이 자원을 사용할 수 있도록 통제하고 제어하는 작업을 지칭한다.
- 기밀성이란 전자적 의사표시를 할 경우 그 내용의 비밀이 보장되는 것을 의미하며, 전자적 기록내용의 노출방지와 통제에 관한 내용이다.
- 진정성이란 의사표시가 누구에 의하여 이루어진 것인가를 확증할 수 있는 것을 말한다.
- 부인방지는 정보의 무결성 자체를 부인방지 하는 것을 보증함을 의미한다.
- 인증은 거래 시 상대방에 대한 신분검증 하는 것으로 이는 상대방과 연결되어 있는 상태에 가능하다.
- 접속제어는 시스템에 접속한 이용자가 정보 사용 시 권한 여부를 확인하는 것이다.
- 전자상거래 보안의 위협요소는 개인정보 보호 기술문제, 웹 보안상의 문제, 결제보안 기술상 문제 등이 있다.
- 암호(Cryptography)는 평문을 해독 불가능한 상태로 바꾸거나, 암호화된 내용을 해독 가능상태로 변화시키는 기술을 의미한다.
- 암호화(Encryption)란 저장된 정보를 파악 못하게 하거나 접근을 통제하는 방법을 말한다.
- 암호화된 정보를 접근권한이 있는 사용자가 파악할 수 있도록 암호화된 정보를 일반적인 형태로 변환시키는 것을 복호화(Description)라고 한다.
- 대칭키 암호 알고리즘은 비밀키 알고리즘(Secret-key Algorithm)이라고도 하며, 송신자와 수신자가 동일키로 암호화 및 복호화 과정을 수행한다.
- 비대칭형 암호방식은 두 개의 키를 이용하는 것으로 아무나 암호키를 이용하여 특정한 내용을 암호화 시킬 수 있지만 암호문을 복호화 시키는 것은 오직 복호화 키를 소유한 사람만이 가능하다.
- 해쉬함수라는 것은 임의의 길이를 가지고 있는 스트링을 입력받아 일정길이의 비트(bit)로 표현해주는 함수이다.
- 방화벽은 인터넷에 적용한다면, 이는 네트워크의 보안 사고나 위협이 더 이상 확대되지 않도록 막고 격리하는 것이다.
- 방화벽의 기능은 접근제어, 인증, 로깅기능, 중요한 트래픽에 대한 암호화 기능을 제공할 수 있다.

- SSL은 1994년 미국의 넷스케이프사에 의해 개발된 프로토콜로서 서버 인증, 클라이언트 인증, 기밀성 보장의 세 가지 서비스를 제공한다.
- SET는 신용카드 회사인 비자(VISA)와 마스터카드(Master Card) 등이 중심이 되어 신용카드를 기반으로 한 인터넷상의 전자결제가 안전하게 이루어질 수 있도록 1996년 2월 마련한 전자결제 과정 표준안이다.
- 전자서명(digital signature)은 종래의 인감도장 또는 사인처럼 개인의 고유성을 주장하고 인정받기 위해 전자적 문서에 서명하는 방법을 지칭한다.
- 전자서명절차는 전자서명 생성, 전자서명 검증의 절차를 거치게 된다.
- 인증은 전자서명 검증키가 본인임을 신뢰할 수 있는 기관에서 증명해 주는 것을 의미한다.
- 전자서명과 인증의 필요성은 신원확인, 문서 무결성 보장, 법적 분쟁 증거 제공 등에 필요하다.
- 전자서명과 인증제도의 응용분야는 보안취약성 절감, 다양한 용도 사용, 공문서의 신청과 발급에 이용, 전자공증 및 내용증명에 사용 될 것이다.

제10 장 전자상거래법

제10 장
전자상거래법

제1절 소비자 보호

1. 소비자 보호의 필요성

전자상거래와 관련하여 소비자보호의 필요성은 첫째로 개인정보보호의 필요성을 들 수 있다. 종전의 통신판매에 있어서도 회원제 통신판매라든지 거래의 이행에 수반되는 구매자의 성명, 주소, 전화번호 등이 판매자에게 제공되는 경우가 있으므로 개인정보 보호의 필요성이 존재하지만, 전자거래에 있어서는 거래의 수단으로 이용되는 컴퓨터와 컴퓨터네트워크의 특성상 개인정보의 수집방법에 있어서 인터넷 쿠키기술 등의 컴퓨터과학기술을 이용하여 손쉽게 수집이 가능하다는 특징이 있다.

둘째로 신뢰성 확보의 문제이다. 기존의 통신판매에 관해서도 거래상대방의 실체에 관한 신뢰성은 심각하지 않았으나 사업규모가 영세하거나 거래상대방의 실체가 불분명한 문제가 있을 수 있고, 제품의 상태나 성능에 관한 과대광고 등의 거래목적물에 대한 신뢰성의 결여가 문제로 된다. 전자거래 상대방에 대한 실체의 확인자체가 컴퓨터 네트워크의 익명성으로 인해 사실상 불가능한 경우도 있다.

2. 소비자 피해의 유형

전자상거래의 활성화로 소비생활에 시간과 비용의 절약을 가져왔지만, 거래 자체가 비대면성의 특성을 가지고 있는 관계로 소비자 피해가 발생되고 있는데 주요 내용을 정리하면 다음과 같다.

첫째, 소비자가 대금을 지불했으나 제품을 보내주지 않는 사기로 심지어는 대금만 챙긴 뒤 인터넷 쇼핑몰을 폐쇄하고 도주하는 경우이다.

둘째, 당초 웹사이트에서 표시, 광고한 것과 다른 제품을 보내주거나, 하자가 있는 제품을 보내주는 사례나 약속한 배송 기한을 넘겨 늦게 배달해 주는 사례 등과 관련한 피해이다.

셋째, 주문하지도 않은 상품 대금이나 무료라고 광고하고도 서비스 사용대금을 요구하거나 대금을 이중 청구하는 사례, 혹은 소비자가 계약을 취소하고 상품을 반품했으나 사업자가 대금 환급을 거절 또는 지연함으로 인한 대금관련 피해이다.

넷째, 개인정보의 유출로 인한 피해이다. 즉, 소비자들이 인터넷 쇼핑몰에서 구매를 하기 위해서는 자신의 개인정보를 제공하고 회원으로 가입해야 하는 경우가 많은데 사업자가 사전에 소비자의 동의를 얻지 않고 개인정보를 다른 목적으로 이용하거나, 제3자에게 제공하기도 하고, 또 소비자가 원치 않는 장소에 이를 보냄으로 인한 소비자 피해가 발생할 수 있다.

전자상거래 관련 소비자피해 현황을 살펴보면, 먼저 품목별로는 의류·섬유신변용품 35.6%, 정보통신서비스 12.2%, 정보통신기기 11.4%, 문화·오락서비스 6.0%, 문화용품 4.8%의 순으로 나타났다.

그리고 피해유형별로 살펴보면 계약관련 40.9%, 품질·A/S 36.6%, 부당행위·약관 18.5% 등의 순으로 나타났으며 자세한 사항은 아래의 표와 같다.

표 10-1 전자상거래 피해 유형

피해 유형	2010년		2011년		전년대비 증감률
	건수	비율(%)	건수	비율(%)	
계약관련	1,593	39.1	1,754	40.9	10.1
품질·A/S	1,286	31.5	1,570	36.6	22.1
부당행위·약관	941	23.1	793	18.5	-15.7
가격·요금	106	2.6	82	1.9	-22.6
표시·광고	56	1.4	54	1.3	-3.6
안전관련	27	0.7	24	0.6	-11.1
기타	67	1.6	14	0.3	-79.1
계	4,076	100.0	4,291	100.0	5.3

자료: 한국소비자원, 전자상거래 소비자피해, 2012. 5. 일부수정

성별·연령별 피해현황을 살펴보면 먼저 성별은 남성 52.4%, 여성 47.6%로 나타났고, 연령별로 피해현황을 살펴보면 30대 39.2%, 20대 28.8%로 20-30대 비중이 68.0%을 차지했고, 40대가 15.9% 순으로 나타났다.

그리고 전자상거래 피해 처리결과를 살펴보면 환급, 계약해제, 배상 등의 합의로 처리된 비율이 55.2%로 나타났다.

3. 소비자 피해의 예방 대책

1) 한국소비자원의 소비자 피해예방책

한국소비자원에서 전자상거래 소비자 피해예방을 위한 효과적 구제책으로 다음과 같이 제시하고 있다.

첫째, 전자상거래 사업자의 허위·과장 광고 및 사기·기만거래 행위에 대한 상시 모니터링 체계구축을 하여 전자상거래 사업자의 사기·기만적 거래 행위에 대해서는 정부 당국의 엄격한 법집행이 요구된다. 쇼핑몰 사이트의 개설과 폐쇄의 용이성으로 부당 거래 사업자에 대한 사후 추적이 용이하지 않기 때문에 사전 감시활동이 중요하다. 이를 위해 전자상거래 사업자의 허위·과장 광고 및 사기·기만적 거래행위에 대한 상시 모니터링 체계를 구축하여 운영할 필요가 있다.

둘째, 업계의 자율 규제 장려, 전자상거래에 대한 소비자의 신뢰 제고를 위해서는 업계의 자율 규제적 노력이 무엇보다도 선행되어야 한다. 정부에서는 자율규제의 장려를 위해 "전자상거래 소비자보호 지침"과 같은 사업자의 공정한 영업행위(Fair Business Practices)에 관한 인증마크제도의 정착을 측면에서 지원할 필요가 있다.

셋째, 소비자 교육기관에 대한 전자상거래지원센터 지정 확대, "전자거래기본법"에 의거하여 사업자를 대상으로 전자상거래와 관련한 교육훈련, 기술지도, 정보제공 등을 지원하기 위해 "전자상거래지원센터" 지정 제도를 시행하고 있다. 이들 센터에서 시행하는 사업자 교육 속에 소비자 교육관련 교과 과정을 편성하여 소비자 피해를 사전에 예방할 필요가 있다. 아울러 소비자에게도 전자상거래 활용 능력과 이용 시 주의 사항 등에 관한 체계적이고 지속적인 교육이 필요한 바, 소비자를 대상으로 전자상거래 교육을 실시하는 기관들과 "전자상거래지원센터"로 지정하여 사업자와 소비자교육이 상호 보완적으로 추진되도록 할 필요가 있다.

2) 소비자 피해 예방 요령

인터넷 쇼핑몰을 통한 상품 구매 시 서로의 제반적인 상황이 검증되지 않은 상태로 거래가 형성됨으로 소비자의 필요한 주의사항은 다음과 같다.

(1) 사업자의 신원확인

신원이 명확치 않은 사업자와 거래를 할 경우 피해보상이 곤란하다. 특히 대금을 선 지급하고 물품을 나중에 인도받는 온라인 거래 특성상 사업자의 문제로 인한 피해 발생 시 보상이 어려우므로 신뢰할 수 있는 인터넷 쇼핑몰 업체와 거래를 해야 한다.

(2) 경품유혹

공짜와 과다 경품 제공, 가격할인율이 높은 허위 과장광고에 주의를 기울일 필요가 있다. 공짜 경품 제공은 회원 확보를 통한 개인정보 수집이나 상품판매를 위한 것이므로 공짜 마케팅 전략의 속임수에 넘어가지 않도록 해야 한다.

(3) 배송된 상품 즉시확인

주문한 상품과 배송된 상품이 상이하거나 상품 파손이 발생할 경우가 있으므로 배송 즉시 확인하고 주문한 상품과 상이하거나 상품하자 발견시 즉각 조치를 취해야 한다. 상품문제가 있을시 신속하게 대응해 교환방법과 택배비 등을 확인해야 한다.

(4) 충동구매 자제

인터넷 쇼핑몰 상에서 사업자가 제공하는 광고나 정보에 의존해서 구매할 경우 사양(크기, 컬러, 품질 등)에 차이가 날 수 있으므로 구매 시 신중한 검토를 해야 한다.

(5) 피해 구제 서면 신청

해약을 요청하거나 소비자의 요구 사항을 전달하고자 할 때는 차후의 분쟁이 발생할 경우 대비해 내용 증명 등의 서면으로 대처할 필요가 있다. 분쟁이 발생할 경우 청약 철회 기간인 상품의 구매일로부터 20일 이내에 신속히 구제 요청을 해야 한다.

(6) 거래내용 출력

약관을 읽어 보지 않고 동의할 경우 피해 발생이 구제 받기가 곤란하다. 즉, 전자상거래표준약관을 참조하여 약관 내용을 자세히 살펴보아야 한다. 인터넷 상에서 확인된 주문 체결 결과는 반드시 출력하고 광고 등 모니터 화면의 상품 정보도 출력・저장해 두는 것이 바람직하다.

(7) 거래 조건 체크

구입할 상품의 품목을 정하고 가격・결제조건・배달 및 반품 조건 등을 따져 보고 상품을 선택해야 한다.

3) OECD, 전자상거래 소비자보호 가이드라인에 합의(1999. 12. 10.)

전자상거래에 있어 투명하고 효과적인 소비자보호가 소비자신뢰를 제고하는 지름길이라는 인식 하에 특히 전자상거래 사업자에게 사업자의 신원, 판매하고자 하는 제품 및 서비스, 거래내용 및 조건에 관한 정확한 소비자정보를 충실히 제공할 것을 강조하고 있다.

(1) 투명하고 효과적인 보호

전자상거래에 참여하는 소비자는 다른 형태의 거래에 참여하는 소비자에게 부여되는 수준과 동등한, 투명하고 효과적인 소비자보호를 받아야 한다.

(2) 공정한 영업행위・광고・마케팅

첫째, 사업자는 불공정한 계약서를 사용하지 말아야 하며, 광고의 표현에 대해 입증할 수 있어야 한다.

둘째, 사업자는 소비자가 원하지 않는 광고성 전자우편을 발송해서는 안 되며, 소비자가 수신 여부를 선택할 수 있도록 해야 한다.

셋째, 어린이, 노인, 환자 등 취약 계층 소비자를 대상으로 광고 또는 마케팅을 할 때에는 특별한 주의를 기울여야 한다.

(3) 온라인 정보제공

첫째, 사업자는 상호, 소재지, 우편주소, 등록·허가번호등 사업자의 신원에 관한 정보를 소비자에게 충실히 제공해야 한다.

둘째, 사업자는 제품 및 서비스뿐만 아니라 비용, 배송, 대금지급, 계약취소, 반품·교환·환불 등 제반 거래 조건 등에 관한 정보를 충실히 제공해야 하며, 거래 내용에 대한 기록을 유지·보관해야 한다.

(4) 구매확인 절차

소비자는 계약 체결 전에 주문내역을 확인하고, 충분한 정보 제공 속에서 구매에 대해 동의 표시를 할 수 있어야 한다.

(5) 대금지급

소비자는 간편하고 안전한 대금 지급 수단과 보안 수준에 관한 정보를 제공받아야 한다.

(6) 분쟁해결 및 피해구제

첫째, 기업 대 소비자 간의 국제 전자상거래는 준거법과 재판관할에 관한 기존의 틀을 따르며, 회원국 정부는 전자상거래 환경에 맞도록 기존의 법체계를 정비해야 한다.

둘째, 사업자, 소비자 및 정부는 소비자가 소송이외에 신속하고 편리한 대안적인 분쟁해결 제도를 이용할 수 있도록 절차를 마련해야 한다.

(7) 프라이버시 보호

기업 대 소비자간 전자상거래는 1980년의 OECD 프라이버시 가이드라인에 따라 개인정보를 보호해야 한다.

(8) 소비자 교육

소비자와 사업자를 대상으로 혁신적 정보기술을 응용한 소비자교육을 확대해야 한다.

국내 전자상거래 업계는 소비자보호를 위해 규정하고 있는 사업자 책무 사항을 이행하여야 하며, 이는 단기적으로는 경영 부담 요인이 될 수도 있으나, 장기적으로는 경쟁력 강화의 기회가 될 것이다.

제2절 개인정보의 보호

1. 개인정보 보호의 필요성

개인정보란 컴퓨터에 의해 처리되는 사적 정보를 포함하여 특정 방법과 수단에 의해 수집되고 처리, 이용 되는 개인에 대한 정보라고 할 수 있을 것이다. 따라서 개인정보는 단순히 주민등록번호, 신용정보, 의료정보 등일 뿐만 아니라 개인의 정신, 재산, 사회적 지위, 신체적 특징, 소비성향 등도 그것이 특정 방법과 수단에 의해 수집되고 처리, 이용 된다면 여기서 말하는 개인정보의 개념에 들어간다고 할 수 있을 것이다.

전자상거래 환경은 기존의 오프라인 상의 상거래 환경과 다른 독특한 특성을 가지고 있는데, 특히 개인정보와 관련하여 기존의 오프라인상거래와의 차이점을 살펴보면 다음과 같다.

첫째, 컴퓨터와 개방형 네트워크의 폭 넓은 이용은 정보에 대한 수집, 저장, 처리, 이동, 접근 등을 신속하고 저렴하게 만들었다. 개인정보 수집에 드는 비용이 감소했다는 사실은 훨씬 더 많은 정보가 수집될 수 있다는 것을 의미하는 것이며, 정보처리비용의 감소는 정보로부터 얻을 수 있는 가치가 더 풍족해졌다는 것을 의미하게 된다.

둘째, 온라인 매체는 사전거래정보의 습득을 가능하게 만들었다. 즉, 개인이 웹서핑을 할 때에 각 사이트들은 그들이 어느 사이트를 방문하는지에 대한 정보를 얻을 수가 있는 것이다. 이러한 정보에는 상당히 구체적인 사실들이 포함되어 있다. 예를 들어, 온라인 잡지 사이트를 방문한 경우, 동 사이트는 방문한 자가 어떤 기사를 읽었는지, 그리고 어느 정도의 시간을 각각의 기사를 읽는 동안 소비했는지에 대해 알 수 있다. 그러나 오프라인 환경에서는 방문한 손님을 일일이 따라 다니면서 그 손님이 본 아이템을 기록하고 이러한 정보를 디지털 형태로 기록한다는 것은 상당히 비경제적이다.

셋째, 전자상거래에서는 익명적으로 거래대금을 지급하는 것이 상대적으로 불가능하다. 오프라인 상에서는 물건을 매입하고 이에 대한 거래대금이나 어떠한 구매기록도 남기지 않고 지급할 수 있지만, 전자상거래에서 거래대금을 지급하게 되면, 거래기록을 남기게 된다.

넷째, 전자상거래에서 매입하는 대부분의 물건은 매수인에게 운송이 되는데, 이때에 매수인은 자신의 주소 등을 매도인의 웹사이트에 기록하게 된다. 따라서 이러한 특성으로 일정한 정보를 공개하게 되는 것이다. 물론 이러한 특성은 전자상거래에서 뿐만 아니라 통신판매 등에서도 나타난다.

다섯째, 전자상거래에서 매도인은 쿠키(cookies)등을 통해 정보주체인 매수인의 동의나 인지 없이 정보를 수집할 수가 있다. 그러나 오프라인에서의 거래, 예를 들면 통신판매 등의 경우에는 매수인의 인지 없이 수집할 수 있는 정보가 발신자표시 서비스를 통한 전화번호 정도에 불과하다.

여섯째, 인터넷은 부모의 동의 없이도 어린이로부터 개인정보를 용이하게 수집 할 수 있는 환경을 만들었다. 오프라인 상에서의 어린이를 상대로 하는 상거래의 경우 대부분 보호자가 동반되기 때문에 이러한 정보수집이 어렵다.

2. 개인정보의 유출경로

첫째, 쿠키(Cookies) 기능을 들 수 있다. 원래 쿠키란 이용자가 웹서버에 접속할 때 다음 접속을 대비하여 사용자의 컴퓨터에 사용자 액세스, 사용자 ID, 패스워드나 신용카드 번호와 같은 정보를 자동으로 등록하는 기능으로써 이용자의 편의를 위해 사용하는 것인데 이것이 각 웹사이트로 보내짐으로써 웹서버는 자동적으로 인터넷의 이용자 행동을 관찰할 수 있는 것이다. 이용자는 웹브라우저의 환경설정을 조종함으로써 모든 쿠키를 다 받아들이거나, 쿠키가 설치될 때 통지를 보내도록 하거나, 아니면 모든 쿠키를 거부할 수 있는 선택권을 가질 수 있으며, 이에 대해서는 반론자와 더불어 편의성으로 인한 옹호론자도 많다.

둘째, 인터넷 웹사이트들이 ID뿐만 아니라 개개인의 자세한 신분에 대한 정보를 공공연하게 팔고 있는 실정이며, 일부 인터넷 쇼핑몰의 경우 이렇게 구입한 가입자 목록을 이용해 무차별적인 광고 이메일을 살포하기도 한다.

셋째, 인터넷의 전자상거래 이용 시 신용카드로 대금결제를 하는 경우, 신용카드 정보로 결제, 전송할 때에 이 정보를 중간에서 도청하여 개인의 신용카드 정보가 타인에게 노출되어 불법적으로 사용될 수 있으며, 전자화폐의 경우에는 소비자가 전자현금을 전자은행이나 지불회사로부터 인출할 때에 시리얼번호를 입력하는데, 이때 은행이나 지불회사에서 소비자의 현금내역을 역추적 하여 사용자의 개인정보를 침해할 수도 있다

제3절 전자상거래 법규

1. 전자거래기본법

1) 전자거래기본법의 목적

전자거래기본법은 1998년 12월 제정 · 공포 되었고, 2002년 1월에 전문 개정된 법률로서 산업자원부에서 제정되었다. 전자거래기본법의 목적은 첫째, 전자문서에 대하여 서면문서와 동일한 수준의 법률적 효력을 부여한다. 둘째, 전자거래의 신뢰성 확보, 소비자의 보호, 전자거래의 촉진을 위한 시책의 추진 등 진자거래에 관한 기본적인 사항을 정한다. 셋째, 일반인도 안심하고 전자상거래를 할 수 있도록 하고 지식기반산업의 원동력으로 삼기 위함이다.

2) 전자문서

전자거래기본법은 최소한의 강행적 성질을 가지는 것으로, 최소한의 법적 안전성을 확보하기 위하여 전자문서 효력, 전자서명의 효력, 전자문서 증거능력, 전자문서의 보관 등에 관한 규정하고 있으며 당사자의 약정에 의한 무제한적인 자유방임은 방지하고자 하는 목적으로 제정되었다.

(1) 전자문서의 의의 및 효력

전자문서란 정보처리시스템에 의하여 전자적 형태로 작성, 송신 · 수신 또는 저장된 정보로서 정보처리시스템과 같은 특별한 매체가 없으면 눈으로 볼 수 없고 읽어서 인식할 수 없다.

그리고 전자문서의 효력은 다른 법률에 특별한 규정이 있는 경우를 제외하고는 전자적 형태로 되어 있다는 이유로 문서로서의 효력이 부인되지 아니한다고 규정하고 있다. 전자문서를 기존 종이문서와 차별 없이 동일하게 그 법적 효력을 인정하고 있다.

(2) 송 · 수신시기 및 장소

① 송신시기

전자문서는 수신자 또는 그 대리인이 당해 전자문서를 수신할 수 있는 정보처리시스템에 입력된 때에 송신된 것으로 본다.

② 수신시기

수신자가 전자문서를 수신할 정보처리시스템을 지정한 경우에는 지정된 정보처리시스템에 입력된 때이며, 다만, 전자문서가 지정된 정보처리시스템이 아닌 정보처리시스템에 입력된 경우에는 수신자가 이를 출력한 때를 말한다.

③ 송 · 수신 장소

전자문서는 작성자 또는 수신자의 영업소 소재지에서 각각 송 · 수신된 것으로 보고, 영업소가 2이상인 때에는 당해 전자문서의 주된 관리가 이루어지는 영업소 소재지에서 송 · 수신된 것으로 본다. 또한 작성자 또는 수신자가 영업소를 가지고 있지 아니한 경우에는 그의 상거래소에서 송·수신된 것으로 본다.

(3) 작성자가 송신한 것으로 보는 경우

① 작성자가 송신한 것으로 보는 경우

작성자의 대리인 또는 자동으로 전자문서를 송신·수신하도록 구성된 컴퓨터 프로그램 그 밖의 전자적 수단에 의하여 송신된 전자문서에 포함된 의사표시는 작성자가 송신한 것으로 본다.

② 수신자의 행위

전자문서의 수신자는 전자문서가 작성자의 것이었는지를 확인하기 위하여 수신자가 미리 작성자와 합의한 절차를 따른 경우와 수신된 전자문서가 작성자 또는 그 대리인과의 관계에 의하여 수신자가 그것이 작성자 또는 그 대리인의 의사에 기한 것이라고 믿을 만한 정당한 이유가 있는 자에 의하여 송신된 경우에는 전자문서에 포함된 의사표시를 작성자의 것으로 보아 행위를 할 수 있다.

③ 적용배제

수신자가 작성자로부터 전자문서가 작성자의 것이 아님을 통지받고 그에 따라 필요한 조치를 취할 상당한 시간이 있었던 경우와, 전자의 경우에 전자문서가 작성자의 것이 아님을 수신자가 알았던 경우 또는 상당한 주의를 하였거나 작성자와 합의된 절차를 따랐으면 알 수 있었을 경우에는 규정을 적용하지 아니한다.

(4) 수신확인

첫째, 작성자가 수신확인을 조건으로 하여 전자문서를 송신한 경우는 작성자가 수신확인 통지를 받기 전까지는 그 전자문서는 송신되지 않은 것으로 본다.

둘째, 작성자가 수신확인을 조건으로 명시하지 아니하고 수신확인통지를 요구한 경우는 상당한 기간 내에 작성자가 수신확인통지를 받지 못한 때에는 작성자는 그 전자문서의 송신을 철회할 수 있다.

3) 전자거래의 안전성 확보 및 소비자 보호

(1) 개인정보보호

정부는 전자거래의 안전성 및 신뢰성을 확보하기 위하여 전자거래이용자의 개인정보를 보호하기 위한 시책을 수립하고 시행해야 한다. 그리고 전자거래사업자는 전자거래이용자의 개인정보를 수집 · 이용 · 제공 및 관리함에 있어서 정보통신망이용촉진 및 정보보호 등에 관한 법률 등 관련 규정을 준수해야 한다.

(2) 암호제품

전자거래의 안전성 및 신뢰성 확보를 위해 암호제품을 사용하게 된다. 이 경우에 정부는 국가안전보장 등을 위하여 필요하다고 인정하는 경우에는 암호제품의 사용제한을 할 수 있으며, 암호화된 정보의 원문 또는 암호기술의 접근에 필요조치를 할 수 있다.

(3) 소비자 보호

전자거래 사업자는 거래 안정성과 신뢰성 확보를 위해 다음과 같은 조치를 취해야 한다. 첫째, 상호 그 외에 자신에 관한 정보와 재화용역, 계약조건 등에 관한 정확한 정보를 제공해야 한다. 둘째, 소비자가 인지가 용이하도록 약관의 제공 및 보존을 해야 한다. 셋째, 소비자가 주문취소 및 변경에 관한 절차를 명시해야 한다. 넷째, 청약의 철회 및 반품을 쉽게 할 수 있는 절차의 마련이 필요하다.

(4) 피해의 구제 및 보상

전자거래와 관련된 소비자의 불만 및 피해를 신속공정하게 처리가능 하도록 필요한 조치를 마련하여야 하며, 소비자피해보상기준은 전자거래에도 이를 적용해야 한다.

그리고 전자거래당사자 등과 인터넷쇼핑몰 운영자 등은 전자거래와 관련해 소비자가 제기하는 정당한 의견이나 불만을 반영하고 그 피해를 보상처리 하는 적절한 기구가 필요하다.

2. 전자서명법

1) 전자서명

전자서명법은 전자문서의 안전성과 신뢰성 확보와 이용을 활성화하기 위해서 전자서명에 대한 정리와 국민생활 편의성을 증진함을 위함이다. 디지털 서명기술을 통한 전자서명은 메시지 인증기능과 사용자 인증기능을 통해 전자문서나 데이터메시지 교환의 안정성 · 신뢰성을 확보하게 된다.

2) 전자서명의 효력

첫째, 공인인증기관이 발급한 인증서에 포함된 전자서명 검증키에 일치하는 전자서명 생성키로 생성한 전자서명은 법령이 정한 서명날인으로 보게 된다.

둘째, 공인인증기관이 발급한 인증서에 포함된 전자서명 검증키에 일치하는 전자서명 생성키로 생성된 전자서명의 경우 해당 전자서명이 해당 전자문서의 명의자의 서명날인이고, 해당 전자문서가 전자서명 된 후 내용변경이 되지 않았음을 추정한다.

3) 공인인증기관

(1) 공인인증기관 지정

정보통신부장관은 인증업무를 안전하고 신뢰성이 있다고 인정된 자를 공인인증기관으로 지정하게 된다. 공인인증기관으로 지정받을 수 있는 자는 국가기관 · 지방자치단체 또는 법인으로 한정하게 된다.

(2) 공인증기관의 역할

인증기관의 가장 핵심적인 업무는 전자상거래의 상대방에 대한 신원을 확인해 주는 것으로 인증기관의 기능은 아래와 같다.

① 인증서 발급
② 인증서 확인
③ 전자 서명키 관리
④ 인증서 및 인증서의 효력 변경사항 공개
⑤ 사후 분쟁에 대비하여 인증서 관련 기록 보존
⑥ 전자거래 내용과 일시 등을 확인하는 내용 인증업무

(3) 공인인증기관의 업무

공인인증기관은 인증업무를 개시하기 전에 아래 각 해당사항에 포함된 인증업무준칙을 작성하여 정보통신부장관에게 신고해야 한다.

① 인증업무의 종류
② 인증업무의 절차
③ 인증업무의 수행방법
④ 인증역무의 이용조건
⑤ 인증역무의 이용요금
⑥ 기타 인증업무의 수행에 필요한 사항

4) 인증서

(1) 인증서 발급

공인인증기관은 인증서를 발급을 원하는 자에게 인증서를 발급하며, 공인인증기관은 인증서의 범위와 용도를 고려하여 신원을 확인해야 한다.

그리고 인증서에는 다음의 내용이 포함되어야 한다.

① 가입자의 이름
② 가입자의 전자서명 검증키
③ 가입자의 공인인증기관이 이용하는 전자서명 방식
④ 인증서의 일련번호
⑤ 인증서의 유효기간
⑥ 공인인증기관의 명칭
⑦ 인증서의 이용범위 또는 용도를 제한하는 경우 이에 관한 사항
⑧ 가입자가 제3자를 위한 대리권 등을 갖는 경우 이에 관한 사항

(2) 인증서의 효력

공인인증기관이 발급한 인증서는 첫째, 인증서의 유효기간이 경과한 경우, 둘째, 공인인증기관의 지정이 취소된 경우, 셋째, 인증서의 효력이 정지된 경우, 넷째, 인증서가 폐지된 경우, 다섯째, 한국정보보호센터가 공인인증기관에게 발급한 인증서가 폐지된 경우 그 사유가 발생한 때에 그 효력이 소멸된다.

(3) 인증서의 효력정지 및 회복

공인인증기관은 가입자 또는 그 대리인의 신청이 있는 경우에는 인증서의 효력을 정지하거나 정지된 인증서의 효력을 회복하여야 하며, 이 경우 인증서 효력회복의 신청은 인증서의 효력이 정지된 날로부터 6개월 이내에 하여야 한다. 그리고 공인인증기관이 인증서의 효력을 정지하거나 회복한 경우에는 인증관리체계에 의하여 누구든지 그 사실을 항상 확인할 수 있도록 지체 없이 필요한 조치를 취해야 한다.

(4) 인증서의 폐지

공인인증기관은 인증서에 첫째, 가입자 또는 그 대리인이 인증서의 폐지를 신청한 경우, 둘째, 가입자의 사망, 실종선고 또는 해산 사실을 인지한 경우, 셋째, 가입자의 자위 기타 부정한 방법으로 인증서를 발급받은 사실을 인지한 경우, 넷째, 가입자의 전자서명 생성키 분실, 훼손 또는 도난, 유출된 사실을 인지한 경우에는 당해 인증서를 폐지해야 한다.

3. 소비자보호법

1) 소비자보호법 개념

우리나라 소비자보호법에서는 소비자의 기본 권리를 명시하고 그에 대한 국가와 지방자치단체의 의무와 기업의 의무를 규정하고 소비자와 소비자단체의 역할을 명시하고 있다.

2) 소비자의 기본권리

(1) 안전할 권리

소비자는 모든 물품 및 용역으로 인한 생명, 신체 및 재산상의 위해로부터 보호받을 권리를 가진다.

(2) 알 권리

소비자는 물품 및 용역을 선택함에 있어서 필요한 지식 및 정보를 제보 받을 권리를 가진다.

(3) 선택할 권리

소비자는 물품 및 용역을 사용 또는 이용함에 있어서 거래의 상대방, 구입장소, 가격, 거래조건 등을 자유로이 선택할 권리를 가진다.

(4) 의견을 반영할 권리

소비자는 소비생활에 영향을 주는 국가 및 지방자치단체의 정책과 사업자의 사업 활동 등에 대하여 의견을 반영시킬 권리를 가진다.

(5) 피해보상을 받을 권리

소비자는 사업자가 제공하는 물품 및 용역의 사용 또는 이용으로 인하여 입은 피해에 대하여 신속, 공정한 절차에 의하여 적절한 보상을 받을 권리를 가진다.

(6) 교육받을 권리

소비자는 합리적인 소비생활을 영위하기 위하여 필요한 교육을 받을 권리를 가진다.

(7) 단체조직 및 활동의 권리

소비자는 스스로의 권익을 옹호하기 위하여 단체를 조직하고 이를 통하여 활동할 수 있는 권리를 가진다.

3) 소비자보호 의무

국가 및 지방자치단체는 소비자를 보호하기 위하여 관계법령 또는 조례를 제정할 의무를 지고 지역 실정에 알맞게 개폐해야 한다. 조례 내용에는 소비자 안전시책 강구. 소비자정보 제공. 소비자 조직 활동 지원, 소비자피해구제기구설치, 운영개선 해야 하며 필요한 시책을 수집하고 실시할 의무가 있다. 더 나아가 국가 및 지방자치단체는 소비자활동을 지원 육성해야할 의무가 있다.

4) 국가의 위해 방지 의무

국가는 위해 방지를 위해 필요하다고 인정되는 사항을 정하고 사업자들에게 고지하고 사업자가 기준을 준수하는지 정기적으로 시험, 검사 또는 조사하여야 한다. 재정경제원장관은 각종 위해정보 수집을 위해 위해정보 보고기관을 지정 운영하고 습득된 정보를 중앙행정기관에 보고해야 한다. 사업자가 안전기준을 위반한 경우 해당 부서에 적절한 조치를 요청하고 해당 부서는 현저한 위해를 끼치거나 끼칠 우려가 있는 경우 당해 물품의 수거, 파기명령을 할 수 있다.

5) 정보제공 의무

국가 및 지방자치단체는 소비자가 자주적으로 건전한 소비생활을 영위할 수 있도록 하기 위하여 소비자의 이해와 관련되는 주요시책이나 주요결정사항 등을 소비자에게 알려야 하며 물품, 용역 및 소비생활합리화에 관한 지식이나 정보를 소비자에게 제공하여야 한다.

6) 피해구제 의무

국가 및 지방자치단체에 대하여 소비자의 불만 및 피해를 신속, 공정하게 처리할 수 있도록 필요한 조치를 강구 할 것을 규정하고 있다. 이에 따라 국가는 소비자보호원에 소비자분쟁조정위원회를 두고 있고 지방자지 단체의 경우 시, 도지사는 소비자의 불만 및 피해를 처리하기 위한 전담기구를 설치하여야 한다고 언급하고 있다.

7) 소비자피해보상기준

사업자는 물품 판매시 품질보증기간, 부품보유기간, 수리, 교환, 환불 등 보상방법 및 기타 사항을 표시한 증서를 교부하거나 상품에 표시해야 한다. 그렇지 않으면 소비자보호법에 의한 소비자피해보상기준에 따라야 한다. 재정경제원장관은 품목별 소비자피해보상기준을 제정, 고시하여야 하는 바, 소비자피해보상기준을 정할 때 품목별로 주관하는 중앙행정기관의장과 협의하며 전문가의 의견을 수렴해야한다.

8) 사업자의 소비자보호 의무

사업자는 소비자보호에 협력의무. 각종 기준의 준수의무 그리고 피해보상기구의 설치의무를 가진다. 사업자가 의무를 이행하지 않았을 경우 중앙행정기관의 장은 법위반 사실을 공표할 수 있고 징역형과 벌금형을 병과 할 수 있다.

9) 행정제재

중앙행정기관의 장은 사업자가 물품 및 용역의 제공과 관련하여 소비자의 생명, 신체 및 재산상의 안전에 현저한 위해를 끼치거나 끼칠 우려가 있는 경우에는 당해 물품의 수거, 파기를 명령하거나 제조, 수입, 판매금지 또는 당해 용역의 제공금지를 명할 수 있다. 사업자가 기준준수 명령이나 제조, 수입금지 명령 등에 따르지 아니하는 경우는 법위반 사실을 공표 할 수 있다.

4. 기타 관련법

1) 약관의 규제에 관한 법률

(1) 개념

이 법은 사업자가 그 거래상의 지위를 남용하여 불공정한 내용의 약관을 작성·통용하는 것을 방지하고 불공정한 내용의 약관을 규제하여 건전한 거래질서를 확립함으로써 소비자를 보호하고 국민생활의 균형 있는 향상을 도모함을 목적으로 하는 법이다.

(2) 약관의 정의

① 이 법에서 "약관"이라 함은 그 명칭이나 형태 또는 범위를 불문하고 계약의 일방당사자가 다수의 상대방과 계약을 체결하기 위하여 일정한 형식에 의하여 미리 마련한 계약의 내용이 되는 것을 말한다.

② 이 법에서 "사업자"라 함은 계약의 일방당사자로서 타방당사자에게 약관을 계약의 내용으로 할 것을 제안하는 자를 말한다.

③ 이 법에서 "고객"이라 함은 계약의 일방당사자로서 사업자로부터 약관을 계약의 내용으로 할 것을 제안 받은 자를 말한다.

(3) 약관의 명시의무 및 설명의무

① 사업자는 계약체결에 있어서 고객에게 약관의 내용을 계약의 종류에 따라 일반적으로 예상되는 방법으로 명시하고, 고객이 요구할 때에는 당해 약관의 사본을 고객에게 교부하여 이를 알 수 있도록 하여야 한다. 다만, 다른 법률의 규정에 의하여 행정관청의 인가를 받은 약관으로서 거래의 신속을 위하여 필요하다고 인정되어 대통령령이 정하는 약관에 대하여는 그러하지 아니하다.

②사업자는 약관에 정하여져 있는 중요한 내용을 고객이 이해할 수 있도록 설명하여야 한다. 다만, 계약의 성질상 설명이 현저하게 곤란한 경우에는 그러하지 아니하다.

(4) 약관의 해석

① 약관은 신의성실의 원칙에 따라 공정하게 해석되어야 하며 고객에 따라 다르게 해석되어서는 아니 된다.

② 약관의 뜻이 명백하지 아니한 경우에는 고객에게 유리하게 해석되어야 한다.

(5) 불공정약관조항

불공정약관의 일반원칙은 ① 신의성실의 원칙에 반하여 공정을 잃은 약관조항은 무효이다. ② 약관에 있어서 고객에 대하여 부당하게 불리한 조항, 고객이 계약의 거래형태 등 제반사정에 비추어 예상하기 어려운 조항, 계약의 목적을 달성할 수 없을 정도로 계약에 따르는 본질적 권리를 제한하는 조항에 해당되는 내용을 정하고 있는 경우에는 당해 약관조항은 공정을 잃은 것으로 추정된다.

그리고 고객의 권익보호에 관한 조항으로 첫째, 법률의 규정에 의한 고객의 항변권, 상계권 등의 권리를 상당한 이유 없이 배제 또는 제한하는 조항, 둘째, 고객에게 부여된 기한의 이익을 상당한 이유 없이 박탈하는 조항, 셋째, 고객이 제3자와 계약을 체결하는 것을 부당하게 제한하는 조항, 넷째, 사업자가 업무상 알게 된 고객의 비밀을 정당한 이유 없이 누설하는 것을 허용하는 조항은 무효로 한다.

(6) 약관의 규제

불공정약관의 사용금지로 첫째, 사업자가 독점규제 및 공정거래에 관한 법률상의 시장 지배적 사업자인 경우, 둘째, 사업자가 자기의 거래상의 지위를 부당하게 이용하여 계약을 체결하는 경우, 셋째, 일반 공중에게 물품 및 용역을 공급하는 계약으로서 계약체결의 긴급성과 신속성으로 인하여 고객이 계약을 체결할 때에 약관조항의 내용을 변경하기 곤란한 경우, 넷째, 계약의 성질 또는 목적상 계약의 취소나 해제 또는 해지가 불가능하거나 그로 인하여 고객에게 현저한 재산상의 손해가 발생하는 경우와 같은 약관은 계약내용으로 해서는 안 된다.

그리고 면책조항의 금지로 다음과 같은 경우에는 무효가 된다. 첫째, 상당한 이유 없이 사업자의 손해배상범위를 제한하는 조항은 무효로 된다. 둘째, 상당한 이유 없이 사업자가 부담하여야 할 위험을 고객에게 이전시키는 조항은 무효로 된다. 셋째, 사업자, 이행보조자 또는 피용자의 고의로 인한 법률상의 책임을 배제하는 조항은 무효로 된다. 넷째, 사업자, 이행보조자 또는 피용자의 중대한 과실로 인한 법률상의 책임을 배제하는 조항은 무효로 된다.

2) 방문판매에 등에 관한 법률

(1) 방문판매

① 개념

방문판매란 판매업자 또는 용역업자가 방문의 방법을 통해 사업장소 외에서 권유하여 상품을 판매하거나 용역을 제공하는 것이며, 방문판매, 전송, 다단계 판매를 통해 상품의 판매 및 용역의 제공에 관한 거래를 공정하게 해서 소비자의 이익을 보호하고 상품유통 및 용역제공을 원활히 함으로써 국민경제발전에 기여함을 목적으로 한다.

② 방문판매자의 금지행위

- 청약의 철회를 방해할 목적으로 주소, 전화번호 등을 변경하는 행위
- 방문 판매원에게 일정 수의 하위판매원을 모집하도록 의무를 지게 하는 행위
- 상품판매 또는 용역제공에 관한 계약의 체결을 강요하거나 청약철회 또는 계약 해제를 방해할 목적으로 소비자에게 위력을 가하는 행위
- 방문판매원이 되고자 하는 자 또는 방문 판매원에게 가입비, 판매보조물품, 개인 할당판매액, 교육비 등 그 명칭 및 행위 여하를 불문하고 부담을 지우는 행위 등은 금지해야 한다.

(2) 통신판매

① 개념

판매업자 또는 용역업자가 광고물, 우편, 전기통신, 신문, 잡지 등의 매체를 이용하여 상품 또는 용역에 관하여 광고를 하고, 우편, 전기통신 기타 방법에 의하여 소비자의 청약을 받아 상품을 판매하거나 용역을 제공하는 것을 의미한다.

② 통신판매업자의 의무

통신판매업자는 시도지사에게 신고하여야 하며, 아래 사항을 반드시 광고를 통해 고지해야 한다. 즉, 소비자는 광고만 보고 구매하므로, 충분한 설명이 필요하다.

- 상품의 종류 또는 용역의 내용
- 상품의 판매가격 또는 용역의 대가
- 통신판매업자의 상호, 주소, 전화번호
- 상품의 인도시기 또는 용역의 제공시기
- 상품대금 또는 용역대가의 지급시기 및 방법

- 기타 특별한 통신판매조건이 있는 경우에는 그 내용
- 청약의 기간 또는 기한이 있는 경우에는 그 기간 또는 기한
- 상품의 판매가격 또는 용역의 대가 외에 소비자가 추가로 부담하여야 할 비용이 있는 경우에는 그 내용 및 금액

③ 통신판매업자의 금지행위

- 청약의 철회를 방해할 목적으로 통신판매업자의 전화번호를 변경하는 행위
- 소비자의 청약이 없는데도 일방적으로 상품을 인도하거나 용역을 제공하고 상품의 대금 또는 용역의 대가를 청구하는 행위
- 구매의사가 없다는 소비자의 명시적인 표시에도 불구하고, 소비자의 정상적인 생활을 저해할 정도로 광고성 전자우편을 보내 상품구매를 강요하는 행위 등은 통신판매업자는 금지해야 한다.

(3) 다단계 판매

① 다단계 판매의 개념

다단계 판매는 판매업자 또는 용역업자가 소비자에게 일정한 활동을 하면 일정한 이익을 얻을 수 있다고 권유하여, 판매원의 가입이 단계적으로 이루어진 다단계 판매조직을 통하여 행해지는 상품판매 또는 용역제공을 의미한다.

② 청약의 철회

상품인도 받거나 용역제공을 받을 날부터 20일 이내에 청약철회가 가능한 경우는 아래와 같다.

- 소비자에게 인도될 당시 당해 상품이 훼손된 경우
- 기타 소비자보호를 위하여 대통령령이 정하는 경우
- 통신판매에 관한 광고내용과 상이한 상품이 인도, 용역제공이 된 경우
- 상품인도 또는 용역제공이 통신판매에 관한 광고에 표시된 상품인도시기 또는 용역의 제공시기보다 늦어진 경우 청약철회가 가능하다.

(4) 저작권법

저작권법은 지적재산권법 중 가장 기본이 되는 것으로서, 저작자의 권리와

이에 인접한 권리보호, 저작물의 공정한 이용을 도모할 수 있도록 하며, 문화발전에 이바지함을 목적으로 하고 있다.

그리고 기본적으로 저작물이라 함은 첫째, 소설 · 시 · 논문 · 강연 · 연설 · 각본 그 밖의 저작물, 둘째, 음악저작물, 셋째, 연극 및 무용 · 무언극 등을 포함하는 연극저작물, 넷째, 회화 · 서예 · 조각 · 공예 · 응용미술저작물 그 밖의 미술저작물, 다섯째, 건축물 · 건축을 위한 모형 및 설계 도서를 포함하는 건축저작물, 여섯째, 사진 및 이와 유사한 제작방법으로 작성된 것을 포함하는 사진저작물, 일곱째, 영상저작물, 여덟째, 컴퓨터프로그램저작물 등을 의미한다.

핵심정리

- 소비자 보호의 필요성은 개인정보보호, 신뢰성 확보의 문제가 있다.
- 소비자 피해 유형은 사기성 쇼핑몰, 상이제품 배송, 환불지연, 개인정보 유출 등이 있다.
- 한국소비자원의 소비자 피해예방책은 상시모니터링 체계구축, 업계 자율규제, 소비자 교육 등을 필요하다.
- 소비자 피해 예방 요령은 사업자의 신원확인, 경품유혹, 배송된 상품 즉시확인, 충동구매 자제, 피해 구제 서면 신청, 거래내용 출력, 거래조건 체크 등이 필요하다.
- OECD 전자상거래 소비자보호 가이드라인은 투명하고 효과적인 보호, 공정한 영업행위·광고·마케팅, 온라인 정보제공, 구매확인 절차, 대금지급, 분쟁해결 및 피해구제, 프라이버시 보호, 소비 교육 등을 제시하고 있다.
- 개인정보란 컴퓨터에 의해 처리되는 사적 정보를 포함하여 특정 방법과 수단에 의해 수집되고 처리, 이용되는 개인에 대한 정보를 말한다.
- 개인정보 유출경로는 쿠키, 대금 결제시 정보 노출, 개인정보 매매를 통한 무차별적 광고성 메일 살포가 이루어지고 있다.
- 전자문서란 정보처리시스템에 의하여 전자적 형태로 작성, 송수신 또는 저장된 정보를 말한다.
- 전자서명법은 전자문서의 안전성과 신뢰성 확보와 이용을 활성화하기 위해서 전자서명에 대한 정리와 국민생활 편의성을 증진함을 위함이다.
- 소비자보호법은 소비자의 기본권리, 소비자보호 의무, 국가의 위해 방지 의무, 정보제공 의무, 피해구제 의무, 소비자피해 보상기준, 사업자의 소비자보호 의무, 행정제제 등으로 구성되어 있다.

- 방문판매란 판매업자 또는 용역업자가 방문의 방법을 통해 사업장소 외에서 권유하여 상품 판매하거나 용역을 제공하는 것이다.
- 통신판매란 우편, 전기통신 기타 방법에 의하여 소비자의 청약을 받아 상품을 판매하거나 용역을 제공하는 것을 의미한다.
- 다단계판매는 판매업자 또는 용역업자가 소비자에게 일정한 활동을 하면 일정한 이익을 얻을 수 있다고 권유하여, 판매원의 가입이 단계적으로 이루어진 다단계 판매조직을 통하여 행해지는 상품판매 또는 용역제공을 의미한다.
- 저작권법은 지적재산권법 중 가장 기본이 되는 것으로서, 저작자의 권리와 이에 인접한 권리보호, 저작물의 공정한 이용을 도모할 수 있도록 하며, 문화발전에 이바지함을 목적으로 하고 있다.

제11장 물류배송

제11장
물류배송

제1절 물류관리

1. 물류의 개요

물류라는 말은 1960년대 초에 미국에서의 "Physical Distribution"이라는 용어를 일본에서 "물적 유통(物的流通)"으로 번역하고 이를 다시 "물류"로 축약해서 부르다가 1970년 말에 일본으로부터 그대로 도입해서 사용하고 있다.

물류는 두 가지 관점에서 정의가 필요하다. 첫째, 협의의 관점에서 미국 마케팅학회에서 물적 유통을 "생산거점으로부터 소비 또는 이용지점까지 재화의 이동을 관리하는 것"으로 정의하고 있다. 이 경우 물적 유통은 상적유통을 지원하는 것을 의미한다. 둘째, 광의의 로지스틱스(logistics)관점에서 미국 물류관리협회는 "원자재의 조달 및 제품의 생산을 거쳐 최종소비자에게 이르기까지 일련의 과정에서 물리적 재화 및 관련정보가 효율적이고 효과적으로 흐르도록 계획, 실시 및 통제하는 것"으로 정의하고 있다.

따라서 물류(Physical Distribution)란 원자재의 조달을 통해 생산과정에 투입되어 완제품이 최종사용자에게 전달되기까지의 제품 흐름의 일련 과정을 지칭한다. 물류는 다음과 같은 5R로 정의 내릴 수 있다

즉, 필요한 상품(right product)을, 필요한 장소(right place)에, 필요한 시기(right time)에, 적정한 가격(right price)에, 적정한 조건(right condition)으로 인도하는 것을 의미한다.

2. 물류의 중요성

제품의 운송, 보관, 재고통제 등의 물류분야는 관리의 혁신을 통하여 대폭적인 비용절감을 기대할 수 있으나 관심부족으로 인해 타 분야에 비하여 미개척 분야로 남아 있다. 이러한 물류의 중요성에 대하여 파커(D. D. Parker)교수는 "비용절감을 위한 최후의 미개척분야"로 제시하고 있으며, 일본에서도 1965년부터 물류에 대하여 "제 3의 이윤원", "비용절감의 보고(寶庫)"등으로 물류의 중요성을 표현하고 있다.

이같이 물류의 중요성이 강조되는 이유에 대하여 스튜워트(W. M. Stewart)는 다음과 같이 지적하고 있다.

첫째, 재고비용절감을 위해서는 증가된 주문회수를 처리할 새로운 시스템의 도입이 필요하다.

둘째, 소비자의 제품에 대한 다양한 요구는 재고 저장단위 수의 증대를 필요로 하며, 이는 다목적 창고재고 유지, 재고불균형 등의 문제를 발생시킨다.

셋째, 소비자의 상품에 대한 저가 압력은 능률적이며 간접적인 분배경로의 등장을 강요하게 되었다.

넷째, 가격결정에 있어서 신축성을 부여하기 위해서는 전국적인 평균비용에 의존하기보다는 개별시장으로의 운송에 소요되는 실제 분배비용의 산출이 필요하게 되었다.

다섯째, 물류 서비스를 개선하고 물류비 절감을 통하여 기업은 고객에 대한 서비스 수준을 높일 수 있으며 이는 높은 수요를 창출할 수 있다.

3. 물류의 범위와 기능

물류의 범위는 조달, 생산, 판매과정에서의 물적 흐름을 관리하는 조달물류, 생산물류, 판매물류, 반품물류, 폐기물류 등으로 구분할 수 있다.

1) 물류의 범위

(1) 조달물류

조달물류는 물류의 출발점으로 원재료가 납품업체로부터 운송되어 생산자의 자재 보관창고에 입고되어 생산 공정에 투입되기 직전까지의 물류활동을 지칭한다.

(2) 생산물류

생산물류는 원재료가 생산 공정에 투입 될 때부터 완제품의 생산과정을 거쳐 창고에 입고까지의 과정을 말한다.

(3) 판매물류

판매물류는 완제품의 판매로 고객에게 인도 될 때까지의 물류활동으로 제품 창고에서 배송센터를 거쳐 고객에게 배송되는 작업이 포함된다.

(4) 반품물류

반품물류는 고객에게 이미 판매된 제품이나 상품자체의 불량품의 발생으로 교환이나 반품을 위한 물류활동을 지칭하게 된다.

(5) 폐기물류

폐기물류는 파손 또는 제품의 진부화로 인해 제품이나 상품 또는 포장 등이 제 기능을 수행 불가능 하거나, 기능 수행 후 소멸시켜야 할 상황일 때 제품과 포장용기를 폐기처분하는 물류활동을 말한다.

2) 물류의 기능

(1) 수송 및 운송

수송은 상품을 공간적으로 이동시키는 것으로 수송에 의해 생산지와 소비지와의 공간적 거리가 극복되어 상품의 가치가 증대되는 것을 의미한다.

그리고 수송은 물품의 장소적 이동을 통한 장소적 효용을 창출한다. 즉, 수송기관에 의해 물류거점과 공급자와 구매자 간 물품을 이동시키는 것으로, 원자재의 조달 및 제품생산을 거쳐 최종소비자에 이르기까지 일련의 과정에서 화물의 흐름을 시간적, 공간적으로 효율화하기 위한 계획, 집행, 통제하는 시스템적 경제활동을 의미한다. 이러한 활동 가운데에서 수송은 물류네트워크 중 원재료 공급 및 생산, 배송 그리고 최종소비자의 각 접점을 물리적으로 잘 결합해야 한다. 이렇듯 물품을 이동시킨다는 행위자체는 매우 단순하지만 실세상의 수송활동기능은 매우 복잡하고 다양한 형태를 띠고 있어 수송 의사결정은 매우 신중하게 고려되어야 한다. 또한 적절하지 못한 수송서비스와 불확실한 운송시간의 문제는 많은 재고 부담의 문제로 연결되는 등 물류계획에 상당한 차질을 줄 수 있다.

그리고 수송은 기능적으로 복잡한 공급사슬과 지리적으로 집약적인 전 세계의 구조를 물리적 또는 표면적으로 연결하는 연계기능을 제공한다.

(2) 포장

상품의 배송, 보관, 하역 등에 있어서 상품의 가치 상태를 유지시키기 위해 적절한 재료와 용기 등을 활용해 포장을 통한 상품보호를 하게 된다. 포장은 단위포장(개별포장), 내부포장(속포장), 외부포장(겉포장)으로 구분할 수 있다.

(3) 보관

상품을 창고 등의 보관시설에 보관하는 것으로 생산시기와 소비시기 차이의 시간적 격차를 극복하여 상품의 시간적 효용을 증대시키는 것이다.

보관의 기능은 제품보관, 상품혼합 및 이동, 그리고 제품보호 등을 들 수 있다. 재화의 보관 또는 저장은 구매 및 생산의 결제를 촉진시킨다. 계절적 수요를 대비하기 위한 충분한 재고의 보관을 가능하게 하며 이로써 기업의 제조설비 투자를 원만하게 조정해준다.

보관은 설비 공간, 노동 그리고 장비를 포함하며, 제품의 입고, 보관, 출고되기까지 발생하는 모든 제품선적 프로세스에 존재하는 물리적인 시스템으로 볼 수 있다. 보관시스템은 물리적인 흐름의 관리를 통제하며, 제품의 적절한 취급 및 보관하게 하고, 보관상에 발생하는 모든 활동들의 서류들을 관리한다.

(4) 하역

수송과 보관의 과정에서 상품을 상하좌우로 이동하거나 시설 내에서 이동,

파킹, 분류 등의 작업으로 물품의 수송 및 보관과 관련하여 발생되는 작업을 의미한다.

(5) 정보

물류활동에 필요한 물류정보를 수집, 가공, 제공을 통해 운송, 보관, 하역, 포장, 유통가공 등을 전산화시켜 종합적인 물류관리의 효율화를 증대시킬 수 있게 된다.

그리고 완벽한 물류활동은 수요와 공급이 시간적, 공간적, 수량적으로 정확하게 일치할 때 이루어진다. 수요와 공급문제를 효과적으로 원활하게 해결하기 위해서는 표준화된 정보로서 신속하고 정확하게 활용할 수 있는 정보시스템의 역할이 무엇보다도 중요하다.

이렇듯 기업의 물류활동과 관련하여 가장 중요한 요인 중의 하나는 물류정보이며, 이는 기업내부의 측면뿐만 아니라 물류프로세스에 참여 기업들과 정보를 공유함으로써 전체 물류프로세스는 효율적으로 운영될 수 있다. 물류정보를 잘 활용함으로써 이를 통한 비용절감은 물론 동시에 서비스를 개선할 수 있으며, 통합된 물류정보를 통해 기업은 제품과 정보의 이동과 관련된 전반적인 활동을 동시에 대응할 수 있고, 기업 간 측면에 있어서도 물류정보의 활용을 통해 더욱 더 긴밀한 협력관계를 유지할 수 있게 한다.

(6) 유통가공

상품의 유통과정에서 물류효율을 향상시키기 위해 가공하는 활동을 의미하며, 단순한 가공, 재포장, 조립 등 제품이나 상품의 부가가치를 높이기 위한 물류활동이다. 즉, 보존을 위한 가공 형태 변환의 가공 등 물자유통상의 가동률의 향상에 도움이 되는 것을 지칭한다. 경제성장과 국민소득의 증대로 인해 소비자의 요구가 다양성이 추구되면서 유통가공의 중요성이 대두되었다.

4. 물류의 원칙

일반적으로 기업의 물류목표는 필요한 상품을, 필요한 장소에, 필요한 시기에, 적절한 가격으로 전달하는 것인데 이러한 물류의 원칙은 다음과 같다.

1) 물류관리의 4원칙

기업에게 있어서 물류의 목표는 필요한 상품을 신속히(Speedy), 저렴하게(Low), 안전하게(Safely), 확실하게(Surely) 전달하는 것이다.

[그림 11-1] 3S 1L원칙

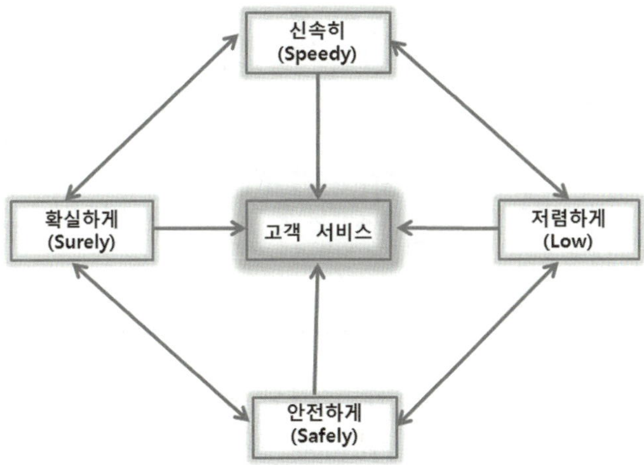

2) 물류관리의 7R 원칙

미국 미시건 대학의 Smykey 교수가 주장한 것으로 대고객 서비스의 수행을 기본으로 한 물류원칙은 고객에 대한 기본 서비스로 거래 선의 필요와 합치하는 상품인 적절한 상품(Right Commodity)을, 상품자체의 품질과 수송도중의 품질관리 포함하는 적절한 품질(Right Quality)과, 주문량을 정확하게 전달하는 적절한 양(Right Quantity)으로, 거래 선이 필요한 때에 거래 선의 수중에 들어가도록 하는 적절한 시기(Right Time)에, 지정된 장소를 의미하는 적절한 장소(Right Place)로, 상품뿐만 아니라 매장까지도 좋은 인상을 고객에게 주는

[그림 11-2] 물류관리의 7R 원칙

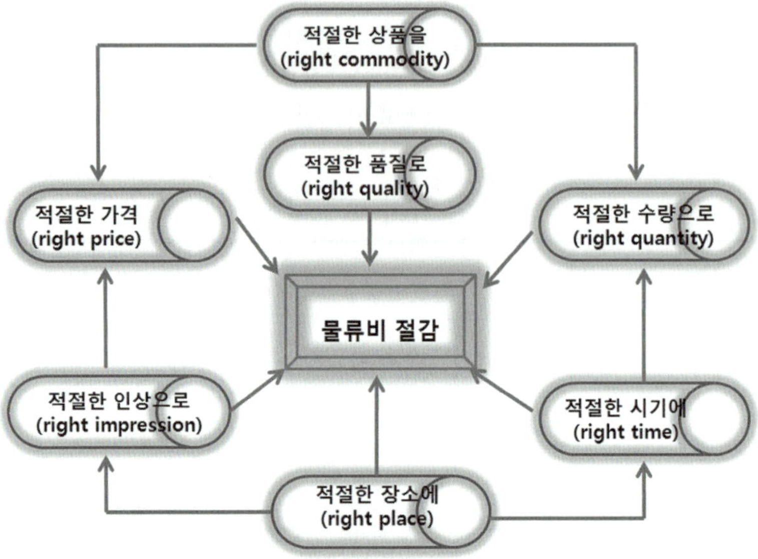

적절한 인상(Right Impression)아래, 수급에 의해 작동하는 가격 매커니즘에 의한 가격인 적절한 가격(Right Price)에 고객에게 전달하는 것이다. 여기서 "적절한"의 의미는 고객이 원하는 서비스 수준을 의미하며, 이 원칙을 효과적으로 수행하기 위해서는 운송, 하역, 보관, 포장, 정보, 유통가공 등을 통합해야 한다.

5. 물류관리

1) 물류관리의 개요

물류관리(Physical Distribution Management)란 원자재 및 부품의 조달에서부터 생산과정을 거쳐 제품이 소비자에게 전달되기까지의 전체 흐름을 위해 운송, 보관, 하역, 포장, 유통가공, 정보활동 등을 위해 인적자원을 계획, 조직, 통제하여 하나의 독립된 시스템 관리를 통해 물류효율성을 제고하는 것이다.

2) 물류관리의 목표

(1) 물류비 절감

① 물류경로의 단축

유통경로를 단축함으로써 얻어지는 비용의 절감효과를 얻을 수 있으며 상품분리를 완전하게 실현한다든지, 창고나 배송센터 등의 물류거점을 신설하는 것도 하나의 방법이다.

② 수송 로트의 확대

화물의 로트화는 물류경로의 단축과 함께 효과가 큰 방법이지만, 이 방법은 고객서비스 수준에 미치는 영향이 크기 때문에 판매부문과 조정이 필요한 부분이다. "화물의 로트화"는 1회당 수준 단위를 늘린다든지, 수송회수를 현행보다 줄인다든지, 동 업계 타사 또는 다른 업자와 공동으로 수송하는 방법 등이 있다.

③ 재고의 적정화

물류비의 관점에서 본다면 재고량은 적으면 적을수록 좋은 것이 사실이다. 그러나 재고라는 것이 고객서비스를 전제로 하여 보관하는 것이기 때문에 코스트만으로 판단할 문제는 아니다. 즉, 재고는 너무 적으면 품절이 발생하여 고객에게 실망을 주고, 너무 많으면 자금이 고정되고 상품이 진부화 될 우려도 있다.

④ 물류작업의 생력화(省力化)

생력화란 인력에 의존하던 작업을 기계로 대체하는 것으로 물류의 경우 포장・하역작업 등에서 많은 인력과 시간을 필요로 하기 때문에 이것을 기계화하는 것은 현재와 같이 인건비의 상승이 현저한 때에는 물류비의 절감에 있어 효과가 있다. 생력화의 대표적인 방법으로서 유닛 로드 시스템*, 자동창고, 자동포장기계 등이 있다.

---

* 유닛로드시스템(unit load system): 하역・수송・보관 등의 비용절감을 위해 출발에서 도착까지 하역작업을 거치지 않고 수송・보관 하는 시스템

그러나 생력화는, 코스트 절감효과는 크지만 이것을 도입하기 위해서는 대형 설비투자를 필요로 하는 경우가 많기 때문에 사전에 충분히 채산성을 검토할 필요가 있다.

⑤ 물류정보시스템의 확립

물류에 있어 물(物)이란 스스로의 의사에 따라 움직이는 것이 아니고 반드시 거래활동이 선행되어야 한다. 물류활동은 그 거래정보에 기초하여 행해지는 것이다.

따라서 거래정보가 적시에 적절하게 전달되는 시스템의 확립이야 말로 물류활동의 효율적 수행을 위해 꼭 필요한 부분이다.

⑥ 물류합리화 담당 조직의 확립

물류합리화를 효율적으로 수행하기 위해서는 물류에 관해 책임을 부여받은 독립된 물류조직이 필요하다. 종래의 물류는 판매부문이나 제조부문의 관리 하에 행해져 왔지만, 이것은 물류에 관한 책임을 분산시켜 버리기 때문에 물류관리를 통합적으로 할 수 없다.

물류의 기능들은 서로 밀접하게 관련되어 있기 때문에 합리적인 물류활동을 수행하기 위해서는 그것을 통합적으로 관리할 필요가 있다. 게다가 물류합리화는 전사적인 관점에서 행하는 것이 효과적이기 때문에 독립된 관리부문이 필요하다.

(2) 고객서비스 수준의 향상

고객서비스 수준의 결정은 고객 지향적이어야 하며, 경쟁사의 서비스수준을 비교 검토한 후 그 기업이 달성하고자 하는 특정한 수준의 서비스를 최소의 비용으로 고객에게 제공해야 한다.

제2절 전자상거래와 물류

1. 전자상거래와 물류와의 관계

IT를 이용한 전자상거래가 활성화됨에 따라 중간상이 배제된 판매자와 구매자간에 직거래가 활발해지고 있다. 전자상거래는 중간유통단계를 거치지 않고 소비자에게 저가격 및 편리한 구매방식으로 접근하여 소비자들의 호응도가 높다.

그러나 전자상거래가 성공적으로 자리매김 하기 위해서는 물류관리시스템도 정비할 필요성이 있다. 즉, 생산자로부터 소비자에게 상품이 바로 수송되고 결제대금을 회수하는 일련과정이 하나로 연결되어 물류의 효율성과 비용절감이 절실히 요구되고 있다.

인터넷 쇼핑몰에서 소비자가 구매하는 상품의 경우 디지털 제품을 제외한 모든 제품들이 택배업체를 통해 신속 정확하게 배송되어야 한다. 아무리 멋진 홈페이지와 인터넷쇼핑몰을 구축했더라도 소비자가 구매한 상품을 신속정확하게 전달할 수 있는 물류체계가 없으면 성공을 장담할 수 없다.

따라서 상품이 판매자로부터 소비자에게 도착하는 수송속도가 신속하고 비용을 최소화하는 새로운 물류정보시스템을 구축하는 것이 매우 중요한 요인이다. 따라서 성공적인 쇼핑몰을 운영하기 위해서는 업체와 소비자 간의 효율적인 배송관리 구축이 선행되어야 한다.

특히 전자상거래는 물류, 배송 시스템의 선택이나 구축이 핵심이며, 전자상거래 기업의 성패와 직결되는 요소이다. 모든 구매활동이 인터넷상에서 이루어지더라도 상품배송은 여전히 택배업체의 몫인 것이다.

2. 전자상거래와 물류의 변화

인터넷을 인프라로 하는 전자상거래의 발전에는 물류분야도 예외가 될 수 없으며, 최근에는 정보통신업체나 벤처기업체들이 인터넷 기반의 물류서비스를 제공하는 등 물류서비스 시장의 다변화가 이루어지고 있다.

e-Logistics란, 물류서비스 제공업체가 정보통신기술을 기반으로 다양한 부가가치 물류서비스를 온라인상에서 구현하여 화주기업의 물류프로세스를 효율적으로 지원하는 활동이다. 이와 같은 인터넷을 기반으로 한 e-Logistics 서비스의 발전단계는 다음과 같다.

첫째, 1단계로 웹을 통해 화주가 운송업체 위치를 파악할 수 있고, 운송업체가 제공하는 정보를 획득할 수 있으며, 실시간은 곤란하지만 화물위치 추적이 가능하다.

둘째, 2단계로 실시간 재고파악이 가능하며, 운송업체가 운송지연과 같은 사항을 화주에게 통보가능하게 된다. 이 단계는 단순한 화물정보 제공차원을 지나 공급사슬 정보제공 단계로 발전하고, 웹을 통해 화주와 고객 간의 연계가 강화된다.

셋째, 3단계로 화주와 운송업체간 물류업무 협력이 가능해지고, 온라인 계약, 운송서비스 평가, 운임청구 및 정산 등 보다 나은 서비스가 웹을 통해 형성되게 된다.

우리나라의 경우에는 e-Logistics 서비스 제공을 지향하는 웹의 구축이 추진되고 있고, 이런 웹구축의 주체는 물류업체, 제3자 업체 등이 가능하다. 기존 물류업체를 제외하고 대부분 자사를 소개하는 홍보용 웹페이지 수준이고, 제3자 업체의 경우도 이용수준이 미미한 상태로 준비단계에 있다고 할 수 있다.

3. 전자상거래와 물류관리

전자상거래는 오프라인 구매과정과 달리 인터넷을 통하여 상품을 주문하고 판매자는 배송을 통해 고객에게 상품을 전달하기 때문에 물류 및 배송의 역할의 중요성이 대두되고 있다.

1) 물류관리의 문제점과 추세

(1) 물류관리의 문제

전통적 측면의 물류관리는 첫째, 과다 재고로 제조업자와 소매상으로 하여금 재고에 대한 걱정을 하게 한다. 둘째, 느린 반응이 문제이다. 이 시스템은 추가 주문공정에 따라 공급체인이 흐트러지기 때문에 급박한 제품주문을 소화하지 못하게 된다. 셋째, 모든 것이 하나의 타입에 맞추어 진다. 즉, 전통적인 접근은 같은 방법으로 모든 아이템을 처리한다.

(2) 물류관리의 추세

물류관리 추세는 시스템적 관점에서 물류활동을 전개해 나가는 통합물류시스템을 도입하는 추세이다. 통합물류는 기업 내의 물류활동이 판매물류, 생산물류, 조달물류를 연결하여 하나로 통합하는 것에서 납품사, 고객, 물류관련 제3자와의 전략적 제휴를 확보하여 물류의 효율성을 실현하는 단계를 의미한다.

통합물류를 실현하기 위해서는 기업들은 공급사슬관리 혹은 유통촉진망관리(SCM)를 추진하게 된다. 공급사슬관리는 제조업체, 납품사, 소매업, 운송회사 등 상품의 유통과정에 관여하는 모든 업체들이 공동으로 DB를 구축하여 정보공유를 통해 가격인하와 고가치 물류서비스를 달성하려는 것을 의미한다.

2) 물류정보시스템

(1) 물류정보시스템의 개념

물류정보시스템이란 정보 주체간, 수배송, 포장, 하역, 보관 등의 유기적으로 결합된 정보관리 차원에서 효율화를 도모하도록 지원하는 시스템을 말한다. 즉, 물류정보시스템은 종합적인 물류활동의 원활화를 위해 생산에서 소비에 이르기까지 물류활동을 유기적으로 결합하여 전체적인 물류관리를 효율적으로 수행하게 하는 정보시스템을 말한다.

(2) 물류정보시스템의 필요성과 구축효과

물류정보시스템의 필요성은 첫째, 발주단위의 소량화, 다빈도 발주, 긴급배송 의뢰의 증가, 상품의 다품종화 등의 요인으로 인한 고객의 요구변화이다.

둘째, 재고량 증가, 다빈도 배송, 물류작업 부담의 증가, 수발주 업무량의 증가, 고객별 물류정보 입력 등으로 물류비 증가요인이 발생되었다.

셋째, 물류정보시스템 구축을 통한 물류비 절감대책이 필요하다.

그리고 물류정보시스템의 구축을 통한 효과는 첫째, 물류 업무의 근본적인 개선과 물류비의 대폭적인 절감을 실현할 수 있다. 둘째, 물류 업무는 고객 서비스의 향상과 물류비용의 발생은 상쇄효과 관계에 있다. 셋째, 기업내부에서 물류 업무와 관련된 인원이 증가하는 경향을 보이며, 정보 네트워크가 급속하게 진전된다. 넷째, 재고관리의 정확도 향상으로 재고량을 줄일 수 있고, 상품 확보와 재고량 확보를 미리 꾀할 수 있다. 다섯째, 대외 환경에 대한 공급사슬상의 유기적인 체제의 확립과 대응에 있으므로 선진 기업들은 신뢰의 토대를 구축하고, 파트너간의 협력과 정보를 공유하고 있다.

(3) 물류정보시스템의 유형

① 수주출하처리 시스템

수주 및 출하처리 시스템은 접수한 주문으로부터 출하에 이르기까지 처리를 말하며, 일반적으로 판매 물류시스템에 해당하기도 한다. 또한 수주 및 출하는 물류 등의 기초가 되는 부분이다. 고객으로부터 주문정보를 받아 이것을 주문으로 바꾸어 등록하는 업무를 주문등록이라 부르며, 주문 등록의 정보처리는 출고 수배송 등 구체적인 행동을 수행하기 전에 완료되어야 한다.

② 수·배송 관리시스템

수배송 관리시스템은 주문 상황에 대해 적기에 배송체계의 확립과 최적 운송계획 수립, 출하계획의 작성, 출하서류의 전달, 화물 및 운송차량의 추적과 확보, 적절한 배송경로의 설정, 차량적재 효율의 분석, 운임계산의 명확성 등을 컴퓨터와 통신기기를 이용하여 처리하는 것으로 수·배송 관리시스템의 대표적인 것이다.

③ 재고관리 시스템

재고관리 시스템은 판매에 대비하여 제품을 필요한 장소에 필요한 양만큼 보유하고 있거나, 제조에 대비하여 부품이나 원재료를 공장 내에 비축하여, 최소 요구 수준에서 사용자 만족시킬 수 있게 관리하며 보관비 증가가 발생하지 않도록 최소 비용이 되게 하는 시스템이다. 재고관리 시스템은 창고 단위에서 재고를 관리하는 시스템과 전사적 차원에서 재고 관리하는 시스템으로 구분된다. 창고 단위의 재고관리 시스템은 입출고 작업에 의한 품목별 창고 보유의 재고를 관리하고 재고 실사를 통해 재고조정을 한다.

④ 도매정보시스템

도매정보시스템은 대도시 주변이나 공단 주변의 수배송센터나 유통단지의 정보시스템으로서 이 시스템은 고객관리, 재고관리, 배송계획관리, 조달 및 판매관리, 도매관리 정보시스템으로 구성된다.

⑤ 물류관리정보 시스템

물류관리정보시템은 수주부터 배송에 이르는 전 과정을 계획, 실시, 평가 또는 통제하는 시스템으로 각종 정보시템을 총괄하는 것이라고 할 수 있다.

3) 물류정보시스템과 관련된 정보기술

(1) EDI(Electronic Data Interchange)

EDI는 기업 간의 거래내용이나 관련된 정보를 표준화된 형식과 코드체계를 이용해 전송하고 처리하는 시스템이다. 즉, 기업 간의 일상적 거래과정에서 교환되는 거래서류를 상호간 컴퓨터와 연결된 통신망을 통해 컴퓨터가 이해하는 자료형태로 직접 전송하는 전자식 정보교환방식을 의미한다.

(2) 바코드(Bar Code)

바코드는 제조업자 또는 중간상에 의해 부착되는 데, 제조업체가 생산시점에 바코드를 인쇄하는 것을 소스마킹(Source Marking)이라 하고, 소매상이 소스마킹이 되어 있지 않은 제품에 자신의 코드를 부여해 부착하는 것을 인스토어 마킹(Instore Marking)이라 한다.

소스마킹은 생산시점에 저렴한 비용으로 바코드를 부착가능 하고 동일상품에 동일코드가 지정된다는 점에서 매우 효율적이지만 인스토어마킹은 유통업체에게 마킹비용이 발생되고 코드 자체가 비표준화로 비용, 시간적인 측면에서 소스마킹에 비해 상대적으로 비효율적이다.

(3) POS 시스템(Point of Sale System)

바코드와 POS 시스템을 동일하게 간주하는 경우가 있는데 이는 잘못된 것으로 POS 시스템은 판매시점에 자료를 수집, 처리하여 경영활동에 이용하는 시스템을 말한다. 자료의 수집은 바코드의 자동방식이거나 수작업을 통한 자료입력 방식이 될 수 있다.

그러므로 바코드는 POS 시스템에 있어서 자동화된 입력방식이라고 하며, 선진화된 POS 시스템은 대부분 바코드의 스캐닝 작업에 의한 입력방식을 채택하고 있다. POS 시스템에서 바코드는 입력단계에서 중요한 역할을 차지한다.

그리고 POS 시스템의 도입장점은 다음과 같다. 첫째, 매상 등록시간이 단축되어 고객 대기시간을 줄이며 계산대의 수를 줄이게 된다. 둘째, 판매원 교육 및 훈련시간이 단축되고 입력 오류를 방지할 수 있다. 셋째, 단품관리에 의해 잘 팔리는 상품과 팔리지 않는 상품을 검색할 수 있다. 넷째, 전자주문시스템과 연계하여 신속하고 적절한 구매를 할 수 있고, 그 외에 재고의 적정화, 물류관리의 합리화, 판촉 전략의 체계화 등을 가져오게 된다.

(4) 소비자 ID 카드

스캐너에 의한 정보를 개별고객에 대한 자료수집 하기 위해서는 고객의 ID 번호와 바코드 상품고유번호가 동시에 입력되도록 하는 것으로 정보를 수집할 수 있다. 이것은 상품정보와 소비자 개인정보를 연계하여 사용함으로써 개별적인 특성을 가진 소비자가 언제, 어떠한 방법으로 상품을 구매하였는지를 분석하고 이를 토대로 마케팅전략에 반영하게 된다. 제조업체나 소매업체는 소비자에게 어떤 형태로든지 ID카드를 발급하면서 신상정보를 획득, 이를 저장하고 정기적으로 업데이트해야 한다. 소매점이나 서비스 점에서 거래된 모든 내역을 POS시스템을 통해 자동 입력이 가능하다.

(5) GPS(Global Positioning System)

GPS는 인공위성 자동위치측정시스템으로 통신사들이 GPS를 이용하여 차량 위치확인이 가능하고 물류회사의 경우 자사 차량위치를 추적하여 효율적 차량 운행이 가능하게 된다. 아울러 자동차의 경우 운행위치와 각종 교통상황정보를 파악할 수 있게 한다. 즉, 물류업체의 경우 GPS와 인터넷을 연계시켜 실시간으로 화물추적서비스가 가능하고 화물차 대상 첨단화물운송 체제구축도 가능하게 해준다.

(6) TRS(Trunked Radio System)

TRS는 특정 주파수를 이용했던 종전 방식과 달리 중계소에 할당된 주파수를 다수의 이용자가 공동으로 사용하는 방식을 말한다. TRS는 시스템 전체를 제어하는 제어국과 안테나가 있는 기지국으로 구성되고 모뎀을 이용해 휴대용 단말기를 연결하면 무선데이터 통신도 가능하고 다양한 부가적인 서비스가 가능하다.

4. 제3자 물류(Third-Party Logistic)

1) 제3자 물류의 개념

원재료의 조달에서부터 소비에 이르는 공급망(Supply Chain)의 물류기능 또는 일부분을 물류업체가 화주기업으로부터 위탁받아 대행해 주는 물류활동을 의미한다.

제3자 물류를 정의해 보면 기업의 물류활동을 수행하는 주체가 누구인가에 따라 분류방법이 다를 수 있다.

첫째, 기업이 사내에 물류조직을 두고 물류업무를 직접 수행하는 경우로 이를 자사물류(First-party Logistics, 1PL)라고 하며, 둘째, 기업이 사내의 물류조직을 별도로 분류하여 자회사로 독립시키는 경우로 이를 자회사 물류(Second-party Logistics, 2PL)라고 한다. 셋째, 외부의 전문물류업체에게 물류업무를 아웃소싱 하는 경우로 이를 제3자 물류(Third-party Logistics, 3PL)라고 한다.

표 11-1 제3자 물류와 일반 물류의 비교

구 분	제3자 물류	일반 물류
화주와의 관계	계약에 기반, 전략적 제휴	거래에 기반, 수발주 관계
관계지속 기간	장기(1년 이상)	일시적 또는 수시
서비스 범위	종합물류 서비스	기능별 서비스
정보 공유	필수	불필요
도입결정권한	최고 경영층	중간관리자
도입방법	경쟁계약	수의계약

2) 제3자 물류의 장점

첫째, 물류업무를 전문 업체에 위탁함으로써 운영비가 감소하고, 둘째, 물류 전문 업체의 노하우를 이용함에 따라 물류서비스 개선효과를 기대할 수 있다. 셋째, 핵심 사업에 기업역량을 강화할 수 있다. 넷째, 기업의 물류관련 인력 감축으로 인해 인건비 절감효과를 가져오게 된다. 다섯째, 시설 투자에 따른 자본비용 감소를 가져온다.

3) 제3자 물류의 단점

첫째, 서비스 수준에 대한 불확실성이 존재하고, 둘째, 물류활동에 대한 통제성 상실과 발생한 비용에 대한 측정이 어렵게 된다. 셋째, 자사 내 관련업무 담당자들의 직업 안정성을 상실하여 근로의욕 저하를 가져오게 된다. 넷째, 새로운 협조관계를 추진함에 따른 근본적인 문제가 발생할 수 있고, 다섯째, 자사업무 유출로 기업 존립 위협과 기업내부 정보가 외부로 유출될 수 있다.

4) 제3자 물류의 기대효과

첫째, 물류산업 합리화 및 고도화를 촉진시킬 수 있다. 둘째, 고품질의 물류서비스 제공으로 제조기업의 경쟁력을 강화시킨다. 셋째, 종합 물류 서비스의 활성화와 거점운송 방식을 적용할 수 있다. 넷째, 공급망관리(SCM: Supply Chain Management)의 도입, 확산을 촉진시키게 된다.

5. 제4자 물류

1) 개념

제4자 물류(Fourth Party Logistics)란 제조업체나 유통업체 등의 기업들로부터 외주를 받아 물류서비스를 제공하는 전문물류업체가 화주기업에게 포괄적인 공급사슬 솔루션을 제공하기 위해 자사가 부족한 부분을 보완해 줄 수 있는 정보통신사업자, 전문 컨설팅 업체, 다른 물류사업자의 경영자원, 능력 및 기술과 연계하여 보다 완전한 공급사슬 솔루션을 제공하는 종합 물류솔루션을 제공하는 것이다.

2) 제4자 물류 도입배경

정보통신과 수송 분야가 결합된 기술혁신은 전자상거래 기업에게 제3자 물류를 통한 비용절감과 고객서비스의 향상을 가능하게 했고, 기업의 경쟁력 유지에 커다란 역할을 하고 있다. 전자상거래 기업들이 제3자 물류업체에게 아웃소싱이 증가하는 이유는 비용을 절감하면서도 타 기업과의 경쟁에서 경쟁우위 확보를 위한 것이다.

그리고 물류서비스를 제3자 물류에 외주를 주는 제조업체나 유통업체들은 공급체인을 효율적 관리를 위해 종합적인 물류서비스를 제공받기를 원하지만 제3자 물류서비스에서는 불가능하다.

제4자 물류는 기존 제3자 물류업체가 제공할 수 없는 공급체인에 대하여 지속적으로 업무개선 효과를 유발시키는 새로운 물류관리 형태로 한 단계 개선된 형태이다.

3) 제4자 물류의 전망

제3자 물류의 대안으로 제시된 제4자 물류는 대기업보다 중소기업이 많이 존재하는 전자상거래 분야에서 기업들이 제4자 물류를 적극 활용하여 다수 기업의 업무를 통합함으로써 공급사슬상 규모의 경제효과로 비용절감의 효과를 얻게 한다.

전자상거래 시장에서 제4자 물류체제가 형성될 경우 물류 정보화 수준과 정보 인프라의 정도에 따라 기존 물류산업이 재편될 것이다. 특정산업에 특화된 물류 솔루션을 개발한 업체들을 중심으로 특정산업에 집중화된 물류가 가능해짐으로서 산업별 물류체계 구축이 가속화될 것이며, 제4자 물류업체로의 끊임없는 변화가 필요하다.

6. 통합물류

1) 통합물류의 개요

통합 물류시스템은 비용을 최소화하고 고객 시스템 수준을 최대화한다는 목표 아래 구매 관리, 자재관리, 완제품 물적 유통의 개념을 단일 시스템으로 통합한 개념이다. 따라서 이러한 통합적 물적 유통시스템을 통해 기업의 모든 기능과 활동들이 기업 전체의 목표를 달성하고 전사적 전략에 부합하도록 실행하고 조정된다.

2) 통합물류시스템의 효과

물류시스템의 통합을 통해 수요 예측의 정확도를 제고시키고 동시에 재고 유지의 필요량도 감소시킬 수 있다. 통합된 물류시스템은 물류관리 활동의 오차와 불확실성을 감소시키고, 시스템의 유연성 제고를 통해 고객 서비스 수준을 높여준다.

이는 궁극적으로 물류비를 줄이는 동시에 고객 서비스의 수준을 높일 수 있다. 이를 위해서 시장 환경의 변화에 대한 신속한 대응이 필요하며, 정보기술 및 설비의 효율적 이용이 필요하다.

3) 통합 물류 시스템 종류

(1) QR시스템

QR(Quick Response:신속대응)시스템은 제품 제조에서 소비자에게 전달되기까지의 제조 과정을 단축시키고, 소비자의 욕구 및 수요에 적합한 제품을 공급함으로써 제품 공급 사슬의 효율성을 극대화하는 시스템을 의미한다.

신속대응시스템의 목표는 첫째, 재고수준 절감 및 과정 소요시간의 단축, 둘째, 제조업자와 소매업자간의 상호간 협조체제 구축, 셋째, 소비자 요구에 부응하는 제품준비 등이다.

그리고 신속대응시스템을 도입함으로서 기업이 획득 가능한 효과는 납기의 단축, 수익성 증대, 생산성 향상, 총비용 절감, 재고수준의 감소, 할인판매 빈도의 감소, 시장점유율 증가 등이다.

(2) ECR 시스템

ECR(Efficient Consumer Response: 효율적 소비자 반응)시스템은 소비자가 기업의 제품에 대해 어떤 반응을 보이는가를 파악하여, 생산 효율성을 높이고 재고 관리를 개선하여 효과적인 촉진 정책을 쓰기 위해 만든 첨단 유통시스템이다. ECR은 선진국에서 소비자 가치와 만족을 극대화시키는 유통전략으로 추진해 오고 있는 것으로 국내에서는 최근 들어 유통시장 개방으로 유통업체와 제조업체들로부터 생존전략수단으로 수용되고 있다. ECR시스템이 성공을 거두기 위해서는 유통업체, 제조업체, SW/HW업체, 네트워크 서비스 프로바이더간 긴밀한 협조가 필요하다.

(3) ERP 시스템

ERP(Enterprise Resource Planning: 전사적자원관리)시스템은 구매, 재고, 생산, 영업, 물류, 재무, 회계 등 모든 기업 업무를 표준 업무 절차에 따라 최적화 및 통합 관리하는 시스템이다. 기업 운용의 모든 업무는 물론이고 고객에게 가치를 제공하는 가치사슬을 구성하는 비즈니스 프로세스를 부분이나 조직을 연결하는 횡단적인 역으로 파악하게 된다. 이러한 전체의 가치 사슬 속에 경영자원의 활용을 최적화하는 계획을 관리하는 것을 의미한다.

(4) SCM

SCM(Supply Chain Management)은 공급 사슬 관리 또는 공급망관리라 한다. 부품, 기자재, 원재료 등의 구매 조달뿐만 아니라 제조, 보관, 운송, 유통 및 판매까지 포함한 가치사슬(value chain)전부에 대한 통합을 추구하게 된다. SCM은 원자재를 공급받아 이를 완제품으로 만들고 최종소비자에게 판매하는 일련의 사업 단위를 관리하는 기법이다. 원자재의 공급자로부터 최종소비자에까지 연결하는 생산 흐름을 최적으로 운영하고 조율하는 것이 목적이다. 공급사슬은 부품 및 원재료 또는 기자재 공급업체, 제조 및 조립업체, 운송 및 보관업체, 유통 및 판매업체, 아울러 소비자 간의 물류, 정보, 자금의 흐름과 상호작용과정 전부를 의미한다.

공급사슬관리의 성공요인은 첫째, 활동 기준 원가의 도입이 필요하다. 둘째, 기업 내외부 간의 협력이 요구된다. 셋째, CEO의 지속적인 관심이 있어야 된다. 넷째, 공급사슬관리에 필요한 정보기술의 도입이 요망된다.

제3절 배 송

1. 배송의 개요

1) 배송의 개념

배송은 재화와 서비스에 대한 효용가치가 낮은 곳에서 높은 곳으로 이동시키는 행위, 즉 재화와 서비스의 장소적 효용창출 활동으로 정의할 수 있다. 인터넷 쇼핑몰에서는 디지털 제품을 제외하고 모두 배송이 이루어져 하며, 배송은 상품의 물류 정책과 직접적인 연관성이 있다. 인터넷 쇼핑몰 사업자가 직접 생산 또는 가공 하는 상품은 사업자가 직접 물류시스템을 갖추어야 한다. 상품 배송은 공급자가 직접 배송하는 경우와 인터넷 쇼핑몰 사업자가 배송하는 경우가 있다. 사업자가 판매만 하는 경우와, 사업자가 직접 배송을 할 경우 적정 재고가 필요하며, 공급사로 배송업무를 위임할 경우 재고 없이도 운영할 수 있다. 공급자의 재고와 인터넷 쇼핑몰의 가상재고를 동시에 확인할 수 있어야 한다.

2) 배송의 기능

동일지역과 업종을 중심으로 수・배송 효율을 높이고, 비용을 절감하기 위해 공동 수・배송을 추진하는 경우도 있다. 공동 수배송의 경우 첫째, 사람, 물자, 시간 등 물류자원을 최대한 활용하여 비용절감을 가져오게 된다. 둘째, 대 고객 서비스를 향상시킨다. 셋째, 대기오염, 소음, 교통체증 등에 대한 사회적 요청을 수용한다. 이러한 공동 수・배송을 달성하기 위해 전제조건이 필요하다. 먼저 일정지역 내에서 공동 수・배송에 참여하는 복수의 화주가 존재해야 하며, 화주 상호간 원활한 커뮤니케이션이 가능해야 하고, 거리가 인접해서 화물의 집하가 용이해야 하며, 배송지역이 일정지역 내에 위치해야 한다. 아울러 참여기업의 조건이 유사하고 대상화물의 공동화에 적합해야 한다.

2. 전자상거래와 배송

1) 물리적 상품의 배송

물리적 상품은 그 크기가 크고 작음에 상관없이 형태를 가지고 있으며, 물리적인 운송수단을 이용하여 배송한다. 기업 내에 자체적인 배송 서비스 부서를 갖추고 있거나 외부 전문 업체에 의뢰하여 배송할 경우 비용을 비롯한 제반 고려사항을 통해 배송 방법과 수단을 결정해야 한다.

물리적 배송의 문제점은 손상된 상품을 보내는 경우, 주문한 상품을 발송하지 않은 경우의 문제, 주문한 내용과 상이한 상품을 배송의 문제, 인터넷 경매에서 담합하여 낙찰가에 직접적인 영향을 미치거나, 낙찰된 물건을 보내지 않을 경우 문제가 발생하게 된다.

그리고 연도별 인터넷 쇼핑몰 배송수단별 변화추이를 비교해 보면 아래의 표와 같이 정리해 볼 수 있다.

표 11-2 연도별 배송수단 구성비

구 분	2009년	2010년	2012년	2013년
자체배송	2.9%	2.9%	5.2%	5.2%
택 배	86.7%	92.1%	89.3%	89.5%
우 편	1.6%	1.2%	1.2%	0.5%
offline제휴	6.4%	2.2%	1.7%	1.7%
기 타	2.4%	1.6%	2.6%	3.0%

자료: 통계청, 전자상거래 및 사이버쇼핑 동향, 수정

2) 디지털 상품의 배송

디지털 상품은 형태가 없이 네트워크를 이용하여 전송되고, 물리적 상품과 같은 배송기관이나 절차가 생략된다. 아울러 고객이 상품 접근이 용이하게 되어 있어야 한다. 일반적으로 디지털 상품은 다운로드(Download), 전자우편(E-mail) 등을 통해 고객에게 전달된다. 첫째, 직접 다운로드의 경우 가장 쉽고, 고객이 주문한 상품을 직접 다운 받을 수 있도록 링크를 통해서 가능하다. 둘째, 전자 우편을 이용하는 방법은 대부분의 네티즌들이 전자우편을 가지고 있으므로 전자우편을 통해 빠른 시간 내에 디지털 제품을 전송할 수 있다. 셋째, 인터넷 주소(URL)를 통한 방법으로 고객은 언제든지 상품을 다운로드 받을 수 있는 URL과 주문번호를 지급받아 이 주소로 접속하여 상품을 다운로드하게 된다.

그리고 디지털 상품 배송의 문제점은 네트워크의 불안정에 의해 전송 오류가 발생할 수 있으며, 고객의 정보유출이 일어날 가능성도 배제할 수 없다. 아울러 불법 복제와 변형에 의한 디지털 상품의 판매권 침해, 저작권 침해 문제가 발생할 수 있다.

3. 배송관리

1) 배송정보 입력

고객이 원하는 배송지와 날짜를 비롯한 배송정보를 추출하고, 배송정보를 배송부서 또는 배송업체로 전송한다. 또한 물류센터 또는 상품 창고로 배송정보를 전송해야 한다.

2) 배송

상품에 가장 적절한 배송 수단을 선택하여 가장 비용이 저렴하며 신속한 루트를 이용하여 배송한다.

3) 배송추적

상품이 고객에게 도착하기까지 상품의 위치 및 상태를 추적하고, 상품의 이동 경로 및 상태 정보를 고객에게 제공할 필요가 있다. 이는 고객의 물품의 이동 상황에 대한 정보 파악 욕구를 충족시켜주는 서비스라 할 수 있다.

4) 배송확인

배송되어진 상품이 고객이 주문한 상품과 일치하는지를 확인하는 과정으로 고객이 상품에 대한 만족하면 모든 배송절차가 완료된다.

5) 반품 또는 교환

고객이 원하지 않는 상품이나 상품이 훼손되었을 경우 반품 또는 교환 처리해야 한다. 고객의 주된 불만사항을 개선시켜 주거나 배송된 제품에 대한 사후관리 과정이라 할 수 있으며, 여기서 제품 판매 및 생산에 주요한 정보가 획득될 수 있다.

핵심정리

- 물류(Physical Distribution)란 원자재의 조달을 통해 생산과정에 투입되어 완제품이 최종사용자에게 전달되기까지의 제품 흐름의 일련 과정을 지칭한다.
- 물류의 범위는 조달물류, 생산물류, 판매물류, 반품물류, 폐기물류 등이 있다.

- 물류의 기능은 수송 및 운송, 포장, 보관, 하역, 정보, 유통가공 등이 있다.
- 물류관리의 4원칙 필요한 상품을 신속히(Speedy), 저렴하게(Low), 안전하게(Safely), 확실하게(Surely) 전달하는 것이다.
- 물류관리의 7R원칙 적절한 상품(Right Commodity)을, 적절한 품질(Right Quality)과, 적절한 양(Right Quantity)으로, 적절한 시기(Right Time)에, 적절한 장소(Right Place)로, 적절한 인상(Right Impression), 적절한 가격(Right Price) 등을 지칭한다.
- 물류관리(Physical Distribution Management)란 원자재 및 부품의 조달에서부터 생산과정을 거쳐 제품이 소비자에게 전달되기까지 하나의 독립된 시스템 관리를 통해 물류효율성을 제고하는 것이다.
- 물류관리의 목표는 물류비 절감과 고객서비스 수준의 향상을 도모하는 것이다.
- 물류정보시스템이란 정보 주체간, 수배송, 포장, 하역, 보관 등의 유기적으로 결합된 정보관리 차원에서 효율화를 도모하도록 지원하는 시스템을 말한다.
- 물류정보시스템의 유형은 수주출하처리 시스템, 수배송관리 시스템, 재고관리 시스템, 도매정보 시스템, 물류관리정보 시스템 등이 있다.
- 물류정보시스템 관련 정보기술은 EDI, 바코드, POS 시스템, 소비자 ID카드, GPS, TRS 등이 있다.
- 제3자 물류는 원재료의 조달에서부터 소비에 이르는 공급망(Supply Chain)의 물류기능 또는 일부분을 물류업체가 화주기업으로부터 위탁받아 대행해 주는 물류활동을 의미한다.
- 제4자 물류(Fourth Party Logistics)란 전문물류업체가 화주기업에게 포괄적인 공급사슬 솔루션을 제공하기 위해 자사가 부족한 부분을 보완해 줄 수 있는 완전한 공급사슬 솔루션을 제공하는 종합 물류솔루션을 제공하는 것이다.
- 통합 물류시스템은 비용을 최소화하고 고객 시스템 수준을 최대화한다는 목표 아래 구매 관리, 자재관리, 완제품 물적 유통의 개념을 단일 시스템으로 통합한 개념이다.
- 통합물류 시스템의 종류는 QR 시스템, ECR 시스템, ERP 시스템, SCM 등이 있다.
- 배송은 재화와 서비스에 대한 효용가치가 낮은 곳에서 높은 곳으로 이동시키는 행위로 재화와 서비스의 장소적 효용창출 활동이다.
- 배송관리는 배송정보 입력, 배송, 배송추적, 배송확인, 반품 또는 교환 등을 통해 이루어진다.

제12장 인터넷 쇼핑몰 창업

제12장
인터넷 쇼핑몰 창업

제1절 창업의 개요

1. 창업의 개념

사업을 새로이 개시(start-up)함을 창업이라고 한다. 즉, 기업의 창업이란 재화나 서비스를 생산·판매하는 하나의 시스템을 구축하는 일이다.

창업지원법상의 중소기업창업이라 함은 새로이 중소기업을 설립하는 것을 말하며, 창업으로 보지 않는 경우는 타인의 사업을 승계하여 승계전의 사업과 동종의 사업을 계속하는 경우, 법인 전환 또는 법인간의 기업형태를 변경하여 동종의 사업을 계속하는 경우, 폐업 후 다시 사업을 개시하여 동종의 사업을 계속하는 경우 등을 의미한다.

2. 창업의 필수요소

창업이란 말은 "사람(창업자)이 사업아이디어를 가지고, 자본을 동원하여 특정 재화나 서비스를 생산하는 시스템"이라고 정의했을 때, 창업자, 사업아이디어, 자본 등 세 가지가 창업의 필요요소가 된다.

1) 창업자

중소기업의 설립자를 창업자라고 한다. 이러한 창업자형 경영자의 특징은 첫째, 기술 및 지식의 축적이 이루어진 현장경험자가 많고, 둘째, 자금력이 부족한 대신 왕성한 사업의욕을 가지고 있으며, 셋째, 일반적으로 이러한 경영자는 경영관리의식이 부족하다.

따라서 창업자의 적성과 능력에 적합한 기업을 창업하도록 노력해야 하며, 일단 창업을 하고 난 다음에도 성공적인 기업가가 되기 위해서는 계속 부단한 자기개발이 이루어져야 한다. 즉, 창업자의 재능, 지식, 경험 등은 창업기업의 효율성, 환경적응력, 성장과 발전 등에 결정적인 영향을 미치는 것이다.

대체로 중소기업은 전문경영자에 의해 기업이 운영되기보다는 기업가에 의해 운영되는데, 여기서 기업가란 기업의 실질적인 소유자로서 기업경영에 직접 참여하는 자이기 때문에 전문경영자와 구별된다. 아울러 기업가에게 필요한 기업가 정신은 다음과 같다,

첫째, 위험을 무릅쓰고 과감한 투자를 행하는 도전력이다. 도전적인 기업가는 경쟁에서 이기기 위해 보다 혁신적인 신제품을 개발하여 소비자의 까다로운 욕구를 충족시키는 고객지향적인 제품을 생산하여 기업경쟁력을 높인다.

둘째, 혁신력으로 기업의 위험요소를 발전기회로 전환시키는 능력을 가져야 한다. 기업을 둘러싸고 있는 여러 가지 환경요소 중 특히 위협적인 요소들은 적극적으로 이용하여 오히려 발전의 기회로 삼는 능력을 말한다.

셋째, 장기적 사고력으로 단기업적을 추구하는 것이 아니라 미래지향적인 관점에서 비전을 제시하여 종업원의 공감대를 형성하는 능력을 가져야 한다. 기업가란 단기적인 수익성을 추구하는 것이 아니고 장기계획 하에 연구개발이나 교육에 과감한 투자를 하여야 한다.

2) 사업아이디어

창업자가 무엇을 생산할 것인가 하는 문제는 기업의 가장 큰 관심사라고 할 수 있다. 즉, 사업아이디어는 창업을 결정하는 가장 큰 변수이다. 이러한 사업아이디어는 기업이라는 시스템의 최종산물을 규정하는 것이다. 이러한 생산품은 구체적 형태의 재화일 수도 있고, 물리적 규정이 불가능한 서비스일 수도 있다. 또 창업기업의 생산품은 발명품일 수도 있고, 이미 시장에 나와 있는 기존의 상품일 수도 있으며, 국내시장에 처음 소개되는 외국상품일 수도 있다.

사업아이디어는 창업의 시발점이기 때문에 이러한 아이디어를 둘러싼 환경 문제에 특별한 관심을 기울여야 한다. 한편 이러한 사업아이디어는 쉽게 얻어지는 것이 아니기 때문에 이러한 아이디어를 창출할 수 있는 여러 가지 가능성은 다음과 같다.

(1) 현장경험

새로운 사업아이디어의 가장 좋은 출처는 작업현장이다. 현재 또는 최근의 경험을 통해, 현장종사자들은 기존제품의 개선, 서비스의 개량, 공장입지의 조정 등에 관한 아이디어를 제공한다.

(2) 신상품의 발명

창업자는 발명가들로부터 또 다른 아이디어를 획득할 수가 있다. 각종 연구소나 대학의 연구기관 등을 통해 발명아이디어를 획득하여 상품화함으로써 신선한 새 상품을 개발할 수가 있다.

(3) 취미

취미가 사업에 적용되는 경우도 있다. 가정에서의 취미생활이 어린이 홈패션과 그대로 연결되어 훌륭한 사업으로 정착될 수 있다.

(4) 우연한 발견

뜻밖의 발견으로 사업아이디어가 발견될 수도 있다. 어떤 사람은 매일 매일의 평범한 생활 속에서 멋있는 사업아이디어를 발견할 수도 있다.

3) 자본

자본은 창업자가 의도하는 기업을 설립하는 데 필요한 인력, 설비, 기술, 원자재 등을 동원하는 데 필요한 원천적 요소이다. 중소기업은 규모가 영세하고 자본이 부족한 것이 특징인 것과 마찬가지로 창업 시에도 그 투자규모가 작기 마련이다. 따라서 중소기업은 창업 이후에도 여러 가지 면에서 취약성을 지니기 때문에 기업경영이 정상이윤을 유지하는 수준에 이르기까지 많은 난관을 극복해야 한다.

제2절 전자상거래 쇼핑몰 창업

전자상거래 쇼핑몰과 관련된 창업 절차는 기존의 쇼핑몰에 입점하느냐 아니면 독자적인 쇼핑몰을 구축하느냐에 따라 절차가 달라진다.

기존의 인터넷 쇼핑몰 등에 입점하는 절차는 각 입점 희망 쇼핑몰에 매장의뢰를 하면 해당 상품별 바이어(구매담당자)가 이를 심사하여 입점 여부를 결정하여 준다. 인터넷에 대한 전문적인 지식이 부족하고 기존에 매장을 운영하거나 상품을 취급하고 있는 사람이라면 이러한 쇼핑몰을 이용하여 초기 투자의 위험도 줄이고 시장의 흐름도 파악할 수가 있어 유익한 전자상거래 쇼핑몰진입이 될 수 있을 것이다.

기존의 쇼핑몰에서 요구하는 상품은 현재 취급하지 않는 상품으로서 시장성이 있는 상품을 찾고 있으므로 이러한 특성이 있는 상품을 선택해야 만이 구매담당자들에게 호소력이 있다. 입점은 상품만 탁월하다면 여러 쇼핑몰에 입점하여도 가능하다. 수익은 판매에 따른 일정액을 쇼핑몰 운영업체와 배분하도록 되어 있어 입점에 따르는 입점비용은 큰 부담이 되지 않는다.

독자적인 쇼핑몰을 구축하기 위해서는 사업자 등록과 아이템 개발이 선행되고 시장 조사 등이 실시되어야 하며, 이에 따른 시스템의 구축과 지불구조의 방식을 구축해 두어야 한다. 여기서는 시스템의 구축과 지불구조 방식의 기술적인 측면에서의 창업절차를 중심으로 알아보기로 한다.

1. 매장 시스템의 구축

1) 네트워크

네트워크를 포함한 각종 설비 즉 인프라에 대한 고려가 있어야 한다. 인터넷 회선, 네트워크 장비, 웹서버, 홈페이지 등을 구비하여야 한다. 쇼핑몰 사업자는 전자상거래 솔루션도 필요하고, 네트워크 장비 선정과 설치에는 전문가의 도움이 필요하다.

2) 하드웨어

(1) 유닉스(UNIX)서버

전문지식이 있는 운영자를 고용시 유닉스 서버를 도입할 수 있다. 유닉스 서버의의 장점은 다중사용자, 다중작업 시스템의 중요한 특징 중의 하나인데, 컴퓨터를 여러 사용자가 동시에 사용할 수 있다. 각 사용자는 여러 프로그램을 동시에 여러 대를 실행할 수 있다. 단점은 PC에 익숙한 사용자라면 환경체제가 상이하기 때문에 따로 공부할 필요성이 있다.

(2) 인텔기반 서버

인텔 펜티엄Ⅱ나 Ⅲ 기반의 서버가 가장 무난하다. 가격은 사양에 따라 천차만별이나 저가형의 경우에는 300-400만 원대에서 부터 시작한다.

(3) PC 서버

PC서버는 인텔프로세서의 하드웨어를 통해 네트워크 관리의 서비스주체의 기능을 갖춘 시스템을 지칭한다. 이 서버시스템의 경우 트래픽처리, 네트워크 복구, 관리기능으로 성능을 개선시켜 가고 있다.

PC서버의 경우 24시간 운영, 데이터 복구 및 백업기능이 필요하며, 용도에 따라 파일과 네트워크 통신 기능이 제공되는 File서버와 DB, e-mail, Groupware 등을 제공하는 애플리케이션서버로 구성되어 있다. 이 형태는 일반PC와 중형 서버의 중간위치의 형태이다.

(4) 일반 PC

일반 데스크 PC도 펜티엄급 이상이면 서버로 사용 가능하고, 안정적인 부품 공급이 가능하다는 장점이 있다. 그러나 사용자가 급증하고 동시에 고객이 늘어나면 시스템이 다운될 확률이 높아 일반 PC보다 서버를 선호한다. 따라서 초기에는 일반PC로 시작하여 사용자가 증가하게 되면 서버로 교체하는 업그레이드 전략이 필요하다.

3) 소프트웨어

(1) 머천트 시스템

머천트 시스템에는 쇼핑고객이 쇼핑몰을 검색하면서 직접 물건을 선택하도록 쇼핑몰을 구축하는 머천트 서버와 거래방식에 대한 통보와 전자 영수증의 발급에 이르기까지 거래관리를 담당하는 트랜섹션 서버(Transaction Server), 고객과 전자상거래를 실제로 하기 전에 실제 상황과 동일한 상황에서 상품을 로드 하여 디스플레이 가격 등을 보고 자신이 원하는 형태의 상태로 로드 되었는지 검토할 수 있는 스테이징 서버(Staging Server)와 상품정보와 주문정보 카드 결제 정보 등 데이터베이스를 처리하는 RDBMS로 구성되어 있다.

첫째, 전자상거래 쇼핑몰 프로그램인 머천트 서버로 인터넷상의 전자상거래 쇼핑몰은 이용자가 쇼핑몰을 방문하여 상품정보 확인 후 해당상품을 구매하게 도와준다. 머천트 서버는 DB와 웹을 연동시켜 온라인 페이지 구축을 통해 주문정보 처리, 결제관련 정보를 지불처리시스템에 전송하여 결제를 가능하게 한다.

둘째, 카탈로그 프로그램이 있는데 상품종류가 다양해지면 정리가 힘들어지고 가격변동이 심한 경우 일일이 찾아서 수정해야 하므로 어려움이 많게 된다. 따라서 검색기능을 제공하여 고객이 상품을 찾기 쉽게 해주고 카탈로그 프로그램을 통해 다양한 상품을 유지관리 용이하게 지원해 준다.

셋째, 프로모션 관리프로그램을 통해 고객의 구매 욕구를 자극할 수 있도록 가격할인, 사은품 증정, 고객의 구매실적에 따른 마일리지 적립 등을 운영하게 된다.

넷째, 고객관리 프로그램은 다양한 고객정보를 관리를 통해 개개인의 특성에 적합한 마케팅이 가능하게 한다. 효율적인 전자상거래 운영을 위한 회원의 등록, 현황조회, 회원의 구매실적 조회 등의 기능을 제공한다.

다섯째, 장바구니 관리 프로그램은 고객이 쇼핑한 상품을 장바구니에 담아 구매하기 전에 자신의 구매내역을 확인하고 구매수량을 수정하거나 삭제할 수 있는 기능을 제공한다.

여섯째, 관리 및 정산 프로그램은 고객의 주문내역과 결제, 배달 정보를 볼 수 있으며 배달된 상품에 문제가 있을 경우에 상품 교환이나 환불 처리를 할 수 있어 쇼핑몰의 관리를 용이하게 지원한다.

일곱째, 결제처리 프로그램은 상품 주문 내역, 취소 내역, 정산 내역을 집계하여 관련 지불 서비스 회사 또는 금융기관과의 결제정보를 생성하여 수입 및 지출 정보로 활용할 수 있도록 지원한다.

여덟째, 각종 데이터베이스를 통해 머천트 서버가 필요로 하는 상품 데이터베이스, 고객 데이터베이스, 주문내역 데이터베이스, 결제 처리 데이터베이스 등을 관리하며 아울러 이들 정보의 저장 및 복구 기능도 처리한다.

4) 인터넷 연결

이제 전자상거래 쇼핑몰을 끝났으면 준비가 80-90%는 끝난 상태이다. 다음으로 필요한 것이 전자상거래 쇼핑몰을 인터넷 전용선에 접속시켜서 서비스를 개통시키는 일이다. 전용선이란 컴퓨터 시스템이나 네트워크를 전화선보다 빠른 속도로 인터넷 망에 연결해 주는 서비스로서 구성원 여러 명이 동시에 인터넷을 사용하는 기업이나 학교, 학원 등에 적합하다. 전용선을 이용하면 전화요금을 추가 부담 할 필요가 없고 통신 속도가 향상된다는 점이다.

전용선을 신청하기 전에는 전문가와 충분한 상담을 거치는 것이 좋다. 전문가의 상담을 통해서 회사의 인터넷 사용 환경에 적합한 서비스를 선택해야만 불필요한 비용을 줄일 수가 있다.

2. 결제방법의 선택

1) 무통장 입금방식

이 방식의 단점으로는 고객이 이용하기에 불편하기 때문에 바람직하지 못하고 또한 신용도가 낮은 전자상거래 쇼핑몰의 경우에는 신뢰감 부족으로 인하여 고객의 입장에서는 입금을 주저하는 경우도 있다.

무통장 입금의 경우에는 선 입금이 원칙이며, 입금여부의 확인이 번거롭고 거래량이 많을 경우 많은 시간이 필요하다. 물론 금융기관과 기업 간 무통장 입금내역을 자동으로 고지해 주는 펌뱅킹(Firm Banking) 서비스약정을 맺을 수는 있는데 처리과정이 복잡하고 전자문서(EDI) 서비스 시스템을 갖추는데 비용이 많이 들기 때문에 소규모 점포에는 부담이 된다.

2) 신용카드

신용카드는 후불이기 때문에 고객의 입장에서는 당장 돈이 입금되는 방식보다는 가장 일반적으로 사용하는 결제방식이다. 신용카드를 사용하기 위해서는 필연적으로 자신의 카드 번호와 경우에 따라서는 비밀번호를 입력해야 하기 때문에 보안에 신경을 쓰는 고객의 경우에는 이 과정을 망설이게 된다. 이런 보안적인 취약점을 보완하기 위해서 제시된 방식이 SSL, SET와 같은 결제보안이다.

그리고 인터넷상에서는 일반 상거래에서의 카드 서명을 통한 본인의 사용 유무를 판단하는데 반하여 카드 서명이 불가능하므로 본인 사용유무 및 카드 소지자가 정말로 사용했는지 알 수 없다는 문제점이 있다. 이러한 문제점에도 불구하고 현재 대부분의 국내외 전자상거래 쇼핑몰에서는 신용카드 결제 방법을 주요 결제 방법으로 큰 문제없이 사용하고 있다.

3) 전자화폐와 전자지갑

전자상거래가 활성화되면서 본인 사용 여부를 보다 확실하게 알 수 있는 새로운 결제방식으로 전자지갑을 이용한 SET기반의 결제방식이 있다. 전자지갑은 신용카드뿐만 아니라 직불카드, 계좌이체 등을 포괄적으로 지원할 수 있는 방식으로 1998년부터 상용화되어 현재 전 세계에 보급되었다. 고객은 전자지갑이라는 디지털 지갑 프로그램을 다운로드받아 고객의 PC에 설치하고 사전에 신용카드 등의 결제 수단에 대하여 카드 번호(또는 계좌번호), 유효기간, 비밀번호 등을 입력하면 미리 발급받은 고객의 전자인증서와 함께 전자상점에 전달되어 금융기관에게 이의 결제 승인을 요청하는 지불시스템이다. 최근에는 K-cash 등 한국형 전자화폐를 춘천 등 일부지역에서 시범적으로 운영되고 있다.

4) 배달 시점의 수금

COD(Cash on Delivery)라고 불리는 배달 시점 수금은 상품을 배달 할 때 택배 담당자가 직접 배달과 동시에 상품결제 대금을 수령하는 방법이다. 따라서 인터넷 쇼핑몰 직원이 직접 배달 서비스를 실시할 때는 가능하나 기존의 택배 서비스를 이용할 때나 우편을 이용하는 경우에는 특별한 서비스 계약이 없으면 처리나 의뢰가 불가능하다.

5) 직불카드 및 계좌이체 서비스

고객의 은행계좌에서 전자상점의 은행계좌로 상품대금에 계좌이체 서비스도 가능하며 직불카드를 이용하는 경우도 가능하다.

6) 결제처리 노하우

(1) 결제처리 업무의 고려사항

인터넷 쇼핑몰에서 결제 수단은 신용카드를 중심으로 하고 계좌이체, 체크카드 등을 보조적인 수단으로 처리한다. 하지만 신용카드 결제처리의 경우 금융기관과 가맹점 계약을 체결하고 통신회선을 연결하여야 하기 때문에 소규모 상점의 경우에는 어려움이 많다.

(2) 지불중계 부가통신망(VAN) 서비스 이용

결제 대행서비스가 대금 정산시 금융기관에서 결제 대행 서비스 회사를 거쳐 입금하는데 비하여 지불 중계VAN서비스는 전자상거래 쇼핑몰이 금융기관과 직접 정산할 수 있다는 점과 결제 대행서비스에 비해 상대적으로 대행수수료가 낮다는 장점이 있어서 보통 대형 전자상거래 쇼핑몰에서 주로 사용하는 방법이다.

(3) 결제 대행서비스의 이용

결제 서비스는 인터넷 전자상거래에서 가장 손쉽게 이용할 수 있는 인터넷 결제처리 전문서비스이다. 결제 대행서비스회사는 국내 대부분의 금융기관과 전용회선으로 연결되어 있기 때문에 금융기관 계정 정보를 조회 할 수 가 있고 온라인 거래 승인 및 대금정산을 일괄적으로 대행할 수가 있다. 또 결제대행 서비스를 이용할 때는 SSL이나SET 등 다양한 종류의 보안 시스템의 이용도 가능하다. 대금 정산도 보통 1주일 정도의 기간만 지나면 결제대행서비스 회사가 금융기관과 정산하여 해당 전자상거래 쇼핑몰에 일정 수수료를 공제하고 입금시켜 주므로 소규모의 전자상거래 쇼핑몰에서 이용하기가 편리하다.

메타랜드의 경우 중소 규모의 전자상거래 쇼핑몰이 손쉽고 저렴한 가격으로 전자상거래 쇼핑몰을 도입하여 운영할 수 있도록 결제와 정산에 관련된 제반 사항을 패키지로 제공하는 서비스이며, 지불결제 시스템 이용료는 무료이며 결제 대행수수료는 2%,신용카드 가맹점 수수료는 3%를 받고 있다.

3. 인 · 허가 사항 및 관련 제도

인터넷 쇼핑몰을 구축하는 데는 특별한 인・허가 사항은 필요 없지만 해당 상품 자체의 판매를 위해 인・허가가 필요한 경우에는 인터넷에서 판매의 경우에도 인・허가가 필요하다.

전자상거래 쇼핑몰에서 판매하는 일반적인 생활용품의 경우에는 특별한 인・허가 사항은 없으므로 그만큼 창업은 자유스럽다. 다만 거래에 수반되는 세금관계를 위하여 사업자 등록이 필요한 정도이다. 이를 알아보면 다음과 같다.

1) 사업자 등록

사업자 등록은 사업을 시작한 날로부터 20일 안에 구비서류를 갖추어 사업장 소재지 관할 세무서 민원봉사실에 신청하면 된다. 사업장이 한 곳 이상이면 사업자 등록은 사업장마다 하여야 한다. 일반적으로 사업자 등록을 신청할 경우에 필요한 서류는 다음과 같다.

① 사업자 등록증 신청서 1부(민원 봉사실에 비치)
② 개인은 주민등록 등본, 법인은 법인 등기부 등본 1부
③ 사업 허가증 사본 1부(허가나 등록을 해야만 하는 경우)

④ 2인 이상 공동으로 사업을 하는 경우 공동사업자 전원의 주민등록 등본과 공동 사업 사실을 증명할 수 있는 서류(동업계약서 등)

전자상거래 쇼핑몰을 구축하기 위해서는 사업자 등록 방법이 대체로 위에 기재된 절차와 크게 다르지 않지만 주의할 내용은 다음과 같다.

첫째 사업장 소재지의 결정으로 우선적으로 사업장을 결정할 필요가 있다. 사업장의 경우 본인의 소유건물, 임대사무실도 상관이 없다.

둘째, 사업자 등록 작성이 필요한데 사업장 소재지가 결정되면 사업장 소재지 관할 세무서에 가서 사업자 등록 신청서 내용을 기입하고 접수 한다. 이때에 중요한 사항은 업종을 정하는 일이다. 그 이유는 업종에 따라 과세방법이 차이가 날 수 있기 때문이다.

전자상거래 쇼핑몰은 대개 도·소매업 등록이 가장 많은 편이다. 신청서 작성 시 주의할 점은 사무실을 임대하였을 경우에는 반드시 임대한 건물 소유주의 이름과 주민등록번호를 "임대인 명세란"에 기입해야 한다.

셋째, 사실 확인으로 사업자 등록 신청이 접수되고 나면 세무서에서는 사업장 확인과 신청한 사업이 실제로 가능한지를 점검하는 사실 확인이 있을 수 있다. 그러므로 세무 담당자에게 사업 내용을 정확하고 자세하게 이해를 시켜야 한다.

2) 기존 사업자의 경우

기존의 사업자가 현재 사용하는 사업장을 그대로 두면서 인터넷으로 상품이나 서비스를 판매하려고 하면 새로 사업자 등록을 할 필요가 없이 현 사업자 등록원본과 신분증, 도장을 지참하고 세무서에 정정신고를 내면 된다. 이때 "부업종"란에 해당업종을 추가로 표시하면 된다. 그러나 현재 사용하고 있는 사업장이 아닌 다른 사업장을 이용하여 전자상거래를 하려면 새로운 사업장에 대한 사업장 등록을 추가하여야 한다. 자신의 집을 사업장으로 사용해도 가능하며 집이 반드시 자신의 소유일 필요는 없다.

4. 상권 및 입지분석

상권 및 입지분석은 제조업이나 기존의 유통업인 오프라인 상태에서는 매우 중요한 영역을 차지하고 있다. 인터넷을 이용한 전자상거래 쇼핑몰에서는 점포의 비교분석과 가상점포의 분석이 여기에 해당한다고 할 수 있다.

따라서 어떠한 상권인가 혹은 입지인가에 따라 유통업의 매출이 좌우 되듯이 어떠한 가상 매장을 구축하고, 웹사이트를 선택하고, 쇼핑 동선을 설계하고 분석하며, 어떻게 쇼핑솔루션을 선택하는가가 상권 및 입지에 해당한다고 볼 수가 있다. 이를 알아보면 다음과 같다.

1) 매장구축

사업자 자신이 전자 상거래의 운영에 개입하는 첫 번째의 경우는 프런트 몰(mall of mall)을 표방하고 있는 사업자에게 상점 구축을 의뢰하는 경우다. 이 경우는 마치 백화점의 임대매장과 동일한 입점의 형태로서 해당 상점의 구축과 운영을 의뢰하고 이에 따른 수수료를 제공하게 된다. 또한 이 경우에는 기존 매장에 입점하는 것보다는 자유롭게 상점을 운영할 수가 있다.

궁극적으로 완전한 자유를 갖고 전자상거래에 진입하는 것은 단독 서버를 운영하는 방법인데, 사업자가 하드웨어와 전자상거래 쇼핑몰 구축용 소프트웨어를 구비하고 자신이 원하는 형태의 점포를 구축하여 운영하는 것이다.

(1) 기존 매장에 입점

사업자가 전자상거래에 대한 지식이 적거나 사업의지가 강하지 않을 경우에 많이 쓰이는 방법이다. 중소 쇼핑몰 중에도 대행 서비스를 병행하는 곳이 있으나 판매능력에 대해서는 신뢰성이 낮다. 비용은 제공하는 서비스의 내용에 따라 차이가 나는데 보통 상점 구축비를 별도로 하고 월 회비로 10만원에서 30만원을 지불한다. 판매액의 일정비율을 수수료로 내는 곳도 있다.

상점 구축에서 운영, 대금회수까지 대신해 주지만 고객 정보, 판매 정보 등의 노출로 경쟁사가 같이 입점해 있는 경우에는 기업 비밀유지 하기가 곤란하다.

(2) 임대

일반적으로 호스팅(hosting)서비스라고 하며, 서버와 네트워크를 갖춘 사업자에게 월별로 일정 금액을 내고 임차한 공간을 사용하는 것이다. 이 경우 임대료는 호스팅 서비스 제공시 단순히 사용료를 부과하는 방식에서 마진을 공유하는 방법까지 다양한 방식을 나타낼 수가 있다.

초기의 전자상거래 쇼핑몰을 시작하는 사업자나 개인이라면 비교적 어려움 없이 시장에 진입할 수 있는 장점이 있다.

호스팅 서비스에 의존하는 가장 큰 단점은 시행착오에서 배우는 값진 과정을 거칠 수 없다는 점이다. 대개 기술적인 것을 제외하고 나면 전자상거래 쇼핑몰이란 영역은 대부분의 비즈니스과정과 큰 차이가 없기 때문에 창의적인 전략과 아이디어를 끊임없이 갱신해 나가는 것이 필요하다. 그러나 호스팅 서비스는 그 속성상 남에게 운영을 의뢰하는 것이므로 발전 속도가 더딜 수밖에 없다.

월별 운영비도 적지 않은 부담이 된다. 보통 판매량에 관계없이 기본비용이 20-30만원을 납부해야 하며, 경우에 따라서는 판매금액의 일부를 지불하는 경우도 있다. 자신이 원하는 형태로 매장을 꾸미기가 어렵고 서비스 업체가 만들어 놓은 형태에 따라가야 한다. 기업의 큰 자산으로 분류되고 있는 고객정보와 매출 정보 등이 타인에 의해 관리된다는 점도 간과할 수가 없는 점이다.

(3) 단독 상점의 구축

자신의 점포를 갖고 진열 및 판촉, 고객관리, 대금회수 등을 자신이 직접 하는 경우이다. 비용 면에서 보면 자신이 직접 전자상거래 쇼핑몰을 운영하기 때문에 기존 매장에 입점할 경우에 지불하는 판매수수료 및 호스팅 운영비 등은 당연히 절감할 수가 있다. 일반적으로 판매 수수료는 5-10%, 운영비는 월 20-30만원을 절감할 수 있는 것이 큰 장점이다.

또한 자신의 상점에 등록한 고객의 신상정보를 직접 관리한다는 점과 상품 진열과 상점 구성을 운영자의 의도에 맞게 적절하게 조절할 수 있는 장점이 있다.

반면 직접 자신의 쇼핑몰을 운영하기 위해서는 서버와 네트워크를 직접 운영해야 하는 부담이 있다. 대부분의 하드웨어의 장애는 제조업체가 1-2년간 보증을 해주기 때문에 큰 문제는 없지만, 문제는 소프트웨어적으로 문제가 발생할 경우에 지원이 필요한 사례가 많다. 물론 어느 정도의 교육이 필수적이며 전문적인 도움이 필요한 경우를 대비하여 별도의 유지보수 계약을 맺어 두는 것도 현명한 방법이다.

2) 웹사이트 화면 설계분석

웹사이트 화면은 단지 전자상거래 쇼핑몰에서 물건을 진열해 놓은 그 자체를 말할 수가 있고, 고객 개개인에게 물건에 대한 정보를 웹페이지 형태로 제작하여 전달하는 형태로 확장 할 수가 있다. 따라서 전자상거래에서 웹사이트 화면 디자인은 매우 중요하다.

사이트 화면 디자인 개발은 구매의지가 약한 고객에게 구매를 촉진시키고 고객에게 원하는 제품에 대한 정보를 별도의 과정 없이 살펴 볼 수 있다는 점에서 좋은 효과를 거둘 수가 있다. 최근의 여러 전자상거래 쇼핑몰에서 이러한 웹사이트 디자인 개발을 통한 상품 전달 커뮤니케이션의 차별화를 보여 주고 있다.

3) 쇼핑동선의 설계 및 분석

전자상거래 쇼핑몰을 설계할 때 고객은 어떠한 형태로 움직이게 될 것인가. 또 어느 곳으로 이동하기를 바랄 것인가에 대한 고려가 필요하다. 전자상거래 쇼핑몰은 웹이라는 환경에서 구축됨으로 페이지라는 단위로 구성된다. 각각의 페이지는 고객들이 머무르고 이동하는 단위가 되며 고객이 이런 여러 페이지들 중에서 어떤 페이지로 이동할 것인지를 예측, 해당 페이지로 직접 이동할 수 있는 통로를 만들어 두는 것이 필요하다.

4) 전자상거래 쇼핑몰 솔루션 분석

전자상거래 쇼핑몰을 쉽게 구축할 수 있도록 제공하는 소프트웨어를 솔루션이라고 하는데 이 솔루션의 선택이 전자상거래 쇼핑몰에서 중요한 입지를 형성하게 된다. 시중에는 다양한 솔루션들이 나와 있는데 가격과 성능 그리고 운영할 전자상거래 쇼핑몰을 비교하여 최적의 솔루션을 선택하는 것이 필요하다.

5. 사업계획 수립 및 사업성 분석

1) 계획수립

좋은 계획 수립에 대한 정보를 얻으려면 우선 다른 성공 사례들을 면밀하게 검토하고 참조하는 것이 좋다. 일차 진입이 아니라면 전자상거래 쇼핑몰창업에서 성공을 거두기가 쉽지가 않지만 과거의 성공 사례들을 잘 살펴보면 여러 가지 좋은 아이디어를 잘 얻을 수가 있다. 구체적으로 사업계획 수립은 ① 회사의 향후 사업 전개방향에 대한 계획이 있어야 하고, ② 이러한 사업 전개 방향에 따라 아이템이 개발되어야 하고, ③ 아이템의 개발 후 이 아이템에 대한 시장 환경 분석이 실시되며 ④ 마케팅 계획이 제시되고 ⑤ 생산이나 조달계획이 제시되며 ⑥ 자금 조달계획이 제시되고 ⑦ 조직 및 인적 구성도에 대한 계획까지 제시되어야 한다.

2) 취급 아이템의 설정

전자상거래 쇼핑몰의 구축에 있어서 가장 중요한 것은 바로 무엇을 팔 것인가 하는 점이다. 성공할 수 있는 아이템을 선택하는 것이 사업의 성패를 좌우한다고 볼 수가 있다. 보통 전자상거래 쇼핑몰을 하기로 마음먹은 경우는 새로운 아이템을 발견했을 경우가 많다. 과연 이 아이템으로 성공할 수가 있을까하는 고심하는 단계로서 오로지 창업자 자신만이 고민하고 결정 내려야 할 부분이다.

두 가지 측면에서 취급아이템의 선정 기준을 마련하면 좋다. 첫째가 신규성이다. 현재 전자상거래 쇼핑몰에서 판매되지 않고 오프라인 상에서 판매되는 모든 아이템은 신규성이 있다고 볼 수 있다.

둘째가 차별성이다. 찾아낸 아이템을 이미 다른 누군가가 취급한다면 그들과는 나른 판매번에서 무엇인가 다른 차별성을 개발해야 한다. 예를 들어 서비스 측면, 결제면, 배송면에서의 차별화가 가능할 수가 있다. 즉 이와 같은 차별화가 가능한 아이템이 선정되어야 한다.

3) 시장 환경 분석

시장 환경의 분석에서는 목표 시장이 설정되어야 하고 이들 목표 시장에서의 시장 규모 및 성장 추이를 파악하고 경쟁 및 경쟁관계에 있는 업체에 비하여 우위전략은 무엇인가를 찾아내어야 한다. 그리고 어떻게 시장에 진입할 것인가를 정하고 나아가서는 성장전략을 계획하여야 한다. 또한 예상매출 규모를 정하여 계수로 관리되는 매출실적이 유지되어야 한다.

계획단계에서 구매할 고객이 누구인가를 알아내는 일이 매우 중요하다. 고객층의 분류를 잘못하게 되면 사업의 성공을 이루기는 매우 어려운 일이다.

4) 소요자금과 자본 조달

창업자금은 창업 성공의 결정적인 요인이다. 창업 규모에 비하여 모자라는 창업자금으로 사업을 시작하는 경우에는 초기사업자들이 겪는 신용도 부족으로 인하여 의지와 열정으로 열심히 노력하지만 업체가 문을 닫는 경우가 많다.

초기의 창업자금은 계획했던 것보다 예상외로 지출이 초과하므로 항상 현금화할 수 있는 자금 여력이 소요자금 계획의 1.5배 이상은 준비되어야 한다.

(1) 소요자금

기존 전자상거래 쇼핑몰에 입점하는 경우에는 특별히 입점비용이 들지는 않는다. 입점 된 상품이 팔리면 수익을 배분하는 형식이므로 기존의 오프라인 상에서 상품을 취급하는 사람에게 적당하며, 이 경우에는 상품의 취급에 관련된 상품 투자비용이 소요된다. 따라서 기존의 점포를 운영하는 업체가 유명 인터넷 쇼핑몰에 입점하는 경우에는 별도의 신규 추가비용이 거의 들지 않는다고 볼 수가 있다.

독자적인 쇼핑몰을 구축하는 경우에는 규모에 따라 다시 두 가지 형태로 나눌 수가 있다. 즉 소호(SOHO)형태로 가정이나 기존의 사무실에 인터넷을 활용하여 상품을 판매하는 경우가 있고, 본격적으로 사무실을 임대하여 기업형으로 운영하는 경우를 들 수가 있다. 투자가 클수록 수익성은 높은 반면에 사업이 계획대로 진행되어 나가지 않을 경우에는 위험 또한 투자액에 비례한다는 사실이다.

(2) 자본의 조달

자본의 조달에는 크게 자기 자본과 타인자본으로 나누며 타인자본에는 친지 등에게 차입하는 인적융자금과 은행 등 공적기관에서 차입하는 공적융자금으로 나눌 수가 있고 공적융자금에는 다시 일반 금융기관 융자금과 정부 및 공공단체에서 지원하는 정책융자금으로 나눌 수가 있다. 이를 분류하면 다음과 같다.

소상공인 지원센터의 창업지원자금 내용을 보면 도·소매업의 경우 종업원 5인 이하(제조업 10인 이하)인 경우에 대출한도 5,000만 원 이하 최장기간 4년 이내에서 대출이 가능하고, 여성창업자인 경우에는 우대하며, 담보가 없는 경우라도 센터에서 평가하여 사업성공 가능성이 높은 경우에는 신용보증기관에 신용보증서 발급추천서를 발급하여 무담보 대출을 지원해 주고 있다.

6. 광고 및 판촉계획

1) 전략적 제휴

운영하고자 하는 전자상거래 쇼핑몰과 함께 연계할 수 있는 전자상거래 쇼핑몰이 있다면 그들과 전략적 제휴를 하는 것이 매우 중요하다. 이는 전자상거래 쇼핑몰을 방문한 고객이 해당 사이트에 있는 링크를 통해 연계하고 있는 다른 전자상거래 쇼핑몰로 이동하여 고객이 편하게 연관된 상점에서의 쇼핑을 도와줄 수도 있을 뿐만 아니라 그 반대로 다른 전자상거래 쇼핑몰에서 새로운 고객을 유도해 줄 수도 있다.

전자상거래 쇼핑몰은 고객이 구매한 제품을 집까지 배달해야 하기 때문에 배송업체와의 연계는 필수적이다. 때로는 외국으로 상품을 배달할 경우도 발생함으로 국제적인 배송업체나 그와 연계하고 있는 국내 배송업체를 이용하면 될 것이다.

2) 광고홍보

구축한 전자상거래 쇼핑몰을 고객들에게 어떻게 알릴 것인가. 되도록 많은 사람에게 알려야 하지만 그렇게 하기에는 광고에 투자하는 비용이 너무 커지게 된다. 따라서 주요 공략 대상에 대해서 집중적인 홍보가 필요하다.

인터넷에서의 광고는 일반 광고보다 더 저렴하고 일반적으로 전자상거래 쇼핑몰에서는 효과가 큰 편이다. 신문광고의 경우에는 사람들이 기사를 읽고 직접적으로 광고에 반응을 나타내게 된다. 따라서 신문지상에서의 광고의 위치가 기사와 관련성을 가지는 부분에 배치하는 것이 보다 효과적일 수가 있다.

때로는 광고비용을 줄이기 위해 뉴스그룹이나 검색엔진에 등록을 하기도 한다. 검색엔진에 내 상점을 등록하였을 경우에 내가 취급하고 있는 아이템들에 대한 정보를 필요로 하는 사람들이 내 상점을 찾게 되는 확률이 높게 되므로 좋은 효과를 거둘 수가 있다.

광고의 시기는 고객이 전자상거래 쇼핑몰을 방문하여 최소한 실망을 주지 않는 내용들이 구비되어 있는 쇼핑몰의 모습이 드러난 후에 하는 것이 좋다. 기존의 신문, 방송 등 전통적인 광고의 방식에서부터 인터넷 검색엔진을 이용한 광고까지 선택의 폭이 넓다.

7. 개업 준비절차

1) 쇼핑몰의 이름과 주소설정

전자상거래 쇼핑몰의 이름은 광고시 중요한 역할을 한다. 전자상거래 쇼핑몰은 사용자들이 쉽게 상점에 올 수 있도록 간단하며, 이름을 통해 연상이 가능한 주소를 사용해야 한다. 인터넷은 먼저 주소가 등록되어 있으면 그 주소를 사용할 수 없으므로 먼저 어떤 주소들이 등록되어 있는가를 살펴보는 것이 중요하다. 그리고 유사한 이름이 등록되어 있지는 않는가를 살펴보는 일도 중요하다. 인터넷 쇼핑몰의 이름을 어떻게 해야 쇼핑몰에 한 번도 들리지 않은 고객이 어떤 물건을 취급하고 있는지 쉽게 알 수 있을 것인가에 대한 충분한 고려가 있어야 할 것이다.

2) 택배수단 선택

택배는 가상공간에서의 거래가 실제 공간상에서 마무리 되는 중요한 과정이

기 때문에 잘 정리해 두어야 한다. 배송수단은 소규모의 전자상거래 쇼핑몰인 경우에는 외부에 배송을 의뢰하며 우체국을 이용하는 방법과 택배사를 이용하는 두 가지 방법이 있다. 가벼운 물건이라면 우체국을 이용하고 무거운 물건이라면 택배사를 이용하는 것이 비용 면에서 유리하다.

(1) 우체국 이용

우체국을 이용하려면 각각의 배송지 별로 낱개 포장을 하여 우체국에 직접가지고 가서 발송하여야 한다. 배송품의 중량에 따라 요금을 계산해보면 1kg이하일 경우에 우편으로 보내는 것이 저렴하고 1kg이상일 경우에는 소포로 보내는 것이 저렴하다. 배송중량이 무거우면 택배사를 이용하는 것이 바람직하고, 가벼운 것은 우체국을 이용하면 된다.

(2) 택배사 이용

택배사를 이용할 경우에는 직접 배송품을 택배사로 가지고 가야 하는 번거로움 없이 전화신청이나 인터넷 신청이 가능하여 편리하다. 택배사를 이용할 경우 가능하면 택배사와 장기적인 계약을 통해 일반 요금보다 할인 받을 수 있도록 금액 조정을 잘 할 필요가 있다.

3) 재고관리 가동

고객이 주문한 상품이 재고가 없어서 주문을 받지 못할 경우에는 고객으로부터 신뢰감을 잃어 단골을 잃게 된다. 그래서 일정량의 재고는 가지고 있으며 적정량의 재고를 유지하는 노하우를 개발하여야 한다. 즉, 가능한 한 기초재고 수량을 줄이고 상품회전율을 높이는 방법을 모색하여야 한다.

전자상거래 쇼핑몰에서 재고관리는 자동화된 방법과 관리자가 관리하는 방법 두 가지가 있다. 자동화된 방법은 물품창고에 재고 수발주 시스템이 설치되어 데이터베이스와 연결하여 고객에게 실시간으로 재고 유무를 알려주어 주문 후의 취소, 환불 등의 복잡한 후처리를 미연에 방지하는 것이다.

일반적으로 소형 점포의 경우에는 재고관리는 수작업을 통해 재고 수량을 머천트 소프트웨어에 입력하여 기초재고를 표시하고 고객이 주문할 경우 이 숫자를 줄여나가 자신이 설정한 최소 재고량 이하가 될 경우에 관리자에게 미리 알려주도록 시스템을 구성하는 것이 바람직하다.

4) 반품처리 관리숙지

반품처리를 적극적으로 하는 것은 당장에는 손해되는 것처럼 보인다. 그러나 궁극적으로는 단골을 확보하는 지름길이다. 실제로 단골 고객의 재구매율이 60%에 이르고 있으므로 사전에 반품이 생기지 않도록 최선을 다해야겠지만, 일단 고객이 반품이나 환불요청이 들어오면 이를 고객만족 차원에서 해결하려는 노력이 필요하다.

방문판매법에서 통신판매 등의 비대면 판매로 이루어진 거래의 경우에는 고객을 보호하기 위하여 청약철회권(cooling off)이라는 제도를 마련해 놓고 있다. 청약철회권은 7일 이내에 행사하여야 하며 소비자가 내용증명 3통을 작성하여 우송하면 된다.

반품시 택배비에 대한 비용도 명확히 규정된 바가 없고 반품요청은 전화로 접수하는 경우가 많다. 미국 등 선진국의 경우에는 소비자가 반품을 원할 경우에는 택배비용까지도 전액 판매사가 부담 한다는 반품조건을 상세하게 알려주고 있다.

8. 창업시 유의사항 및 사업전략 포인트

1) 소비자의 관점에서 본 창업시 유의사항

소비자들이 인터넷 쇼핑과 관련하여 소비자보호원에 문의하는 가장 많은 문의사항이 "인터넷 쇼핑몰에서 물건을 싸게 판매하고 있는데 그 인터넷 쇼핑몰을 믿어도 되느냐?"라는 것이다. 소비자의 관점에서 이러한 피해사항을 제공하지 않는 전자상거래 쇼핑몰 창업시의 유의사항은 다음과 같다.

첫째, 저가격을 지양하고 소비자가 원하는 서비스를 개발해야 한다. 피해 입은 소비자들이 쇼핑몰을 선택한 이유는 다른 쇼핑몰보다 훨씬 싼 가격, 쇼핑몰이 깔끔하고 멋있는 웹디자인 등 외형적인 면에 많이 치중하고 있는 것으로 나타났다. 단순한 저가격지향이 아니라 장기적인 관점에서 고객가치를 증대시켜야 한다.

둘째, 인증마크를 확보하는 것이다. 학계 및 관련전문가, 업계 전문가들이 심사기준을 제정하여 인증마크를 부여하는데, 현재 우리나라의 경우 국가인증기관에서 부여하는 인증마크로는 산업자원부가 후원하는 전자거래진흥원의 "우수 사이버몰"과 정보통신부가 후원하는 한국정보통신진흥협회의 "인터넷 모범상점"이 있다.

그리고 상호, 대표자 성명, 전화번호, 영업 신고필증 등 인터넷 쇼핑몰 정보기재가 충실하도록 한다.

셋째, 게시판의 전략적 활용이 필요하다. 인터넷 쇼핑몰의 고객게시판에 가면 해당 인터넷 쇼핑몰에 있었던 크고 작은 불만 사항이나 반대로 장점 등이 올라와 있는 것을 알 수가 있다. 게시판 자체가 없는 쇼핑몰은 가급적 피하게 되고 게시판에 꼭 들러 사용자로부터 어떤 내용이 올라와 왔는지 답변은 얼마나 잘되고 있는지 소비자들은 확인한다.

넷째, 틈새시장의 공략이 필요하다. 전자상거래 쇼핑몰의 경우 기존의 업체가 하는 상품의 아이템을 피하고 가급적이면 알려지지 않은 상품이나 틈새고객을 대상으로 하는 것이 소규모 투자의 전자상거래 쇼핑몰에서 유리할 수 있다.

다섯째, 차별화가 필요하다. 기존의 전자상거래 쇼핑몰 업체와 경쟁에서 자금이나 규모면에서 열세인 창업초기의 경우에는 이를 극복할 수 있는 차별화 전략이 필요하다. 여기에는 서비스의 독특함을 통하여 고객들에게 강렬한 인상을 심어주는 것이 바람직하다. 또한 장기적으로는 중소기업이 한 곳에 뭉쳐 상품의 다양성을 제공하는 것도 필요하다.

여섯째, 홍보매체를 적극 활용해야 한다. 언론매체에서도 전자상거래 쇼핑몰의 독특한 아이템이나 서비스 방식에 대해서는 뉴스 발굴 차원에서 많은 관심을 가지고 있다. 따라서 항상 보도자료 들을 언론사에 보내어 자사의 취급상품이나 서비스 내용이 기사화되어 광고비용을 절약하면서 홍보되도록 함으로써 고객신뢰성을 증대시킨다.

일곱째, 오프라인과 온라인을 병행하는 것이 필요하다. 전자상거래 쇼핑몰 선택에서 고객의 선택 기준은 신뢰성이다. 현재 오프라인 상태에서 상품을 취급한다면 이를 통하여 기업의 신뢰성을 제고하며 양면적인 상품 판매를 통하여 취급상품의 전문화를 추구해 나가는 것이 바람직하다.

여덟째, 단골고객 확보가 중요하다. 전자상거래 쇼핑몰에서 단골고객의 역할이 매우 중요한바, 대체로 단골이 구매하는 비율은 20:80법칙이 그대로 적용되고 있다. 즉 단골20% 고객이 매출의 80%를 차지함으로 철저하게 단골고객의 관리를 통하여 재구매의 편의성을 제공하여야 한다. 전자상거래 쇼핑몰은 믿을 수 있는 점포의 선택이 중요하다. 단골의 경우에는 이미 그 점포에 대한 검증이 끝났으므로 밀착된 고객관리를 통하여 주위 사람에게 권유도 하는 적극적인 고객유도 전략이 필요하다.

2) 창업 전 경쟁 가능 전자상거래 쇼핑몰의 분석

창업 전에는 반드시 거쳐야 분석단계가 경쟁관계에 있는 다른 상점들의 분석단계를 반드시 거쳐야 한다. 경쟁상대가 없다면 좋겠지만 그렇지 않을 경우에는 이 과정은 필수적이다. 먼저 경쟁상대 들이 어떤 마케팅 전략을 취하고 있으며 그들이 취약한 부분은 어떤 것이 있으며, 어느 정도의 수익을 현재 올리고 있는가를 분석해 볼 필요가 있다. 이런 경쟁상대에 대한 분석 후 자신이 어떤 정책으로 경쟁 상대를 앞지를 수 있는 지를 연구하여야 한다. 그리고 그것은 곧 자신의 전자상거래 쇼핑몰 운영방침에 포함시켜야 한다.

9. 기타 참고사항

1) 전자상거래 쇼핑몰 창업에 필요로 하는 전문지식

전자상거래 쇼핑몰의 운영은 비교적 적은 자본으로 손쉽게 창업하며 전 세계를 대상으로 24시간 365일 영업할 수 있는 장점이 있다. 반면에 이를 운영하기 위해서는 두 분야의 전문 능력이 요구 된다. 즉, 전자상거래 쇼핑몰이란 비즈니스 운용능력과 시스템을 다룰 줄 아는 전문적인 정보통신 관리능력인 바, 이러한 두 분야에서의 전문성의 확보가 창업 능력의 평가 척도가 된다. 두 분야를 구체적으로 살펴보면 다음과 같다.

첫째, 정보 통신기술을 다룰 줄 아는 전문적인 지식이 최소한 갖추고 있어야 한다. 전문적인 통신기술 능력이 없다면 전자상거래 쇼핑몰의 창업은 철저하게 이러한 전문능력을 보완할 대책을 수립하여야 한다. 특히 소액 자본으로 창업을 시작하는 경우에는 전문 인력의 고용을 통한 운영은 초기의 인건비 부담이 너무 과중하므로, 전문적인 지식을 소지하지 못하는 경우에는 과도한 초기 투자보다는 기존의 쇼핑몰에 임대하여 운영능력을 기르는 것이 필요하다.

둘째, 판매 전문지식 능력의 겸비이다. 온라인상에서뿐만 아니라 팔려고 하는 상품은 대부분 오프라인 상태에서도 경합판매가 되므로 오프라인 상태보다 유리한 판매를 하기 위해서는 해당 상품의 유통경로와 취급처, 제품의 특성 등에 대하여 전문가 수준이 되어야 한다. 그러므로 전자상거래 쇼핑몰 운영자로 가장 유리한 사람은 오프라인 상태에서 수년간 그 분야의 판매 취급능력을 배양한 전문가이다.

전자상거래 쇼핑몰을 창업하려면 이러한 정보 통신 기술이나 취급 희망 상품에 관하여 적어도 한 분야에서는 전문가이면 다른 한 분야는 보완해 갈 수가 있다. 따라서 전자상거래 쇼핑몰분야의 창업은 어떤 상거래 분야보다 치열하므로 신중하게 고려하는 것이 바람직하다고 본다.

2) 정부 및 관련 지원 단체

(1) 정부의 지원

정부의 경우에는 중소기업청(www.smba.go.kr) 산하 소상공인 지원센터에서 소자본 창업에 관한 일련의 지원업무를 시행하고 있다. 창업자금의 지원은 물론이고 상권의 분석 및 판매와 경영전반의 지도를 무료로 실시하고 있어 소자본 창업을 염두에 둔 예비창업자의 경우에는 이러한 정부가 제공하는 서비스를 활용할 필요가 있다. 또한 시군 구청의 창업민원실에서도 창업에 관한 지원정보에 대하여 자료를 제공하고 있다.

특히 벤처창업인 경우에는 중소기업청 벤처기업국 산하에 창업지원 정보센터 (SPIC: Start-up Promotion Information Center, changup. smipc. or. kr)의 지원을 통한 계획수립도 바람직할 것이다.

(2) 공공단체의 지원

공공단체의 경우에는 중소기업진흥공단의 창업지원과(changeup.smipc.or.kr)와 중소기업협동중앙회(assessto.co.kr), 대한 상공회의소(kcci.or.kr), 한국발명진흥회(kipa.org), 한국산업단지공단(kicox.or.kr), 한국생산기술연구원(kitech.re.kr) 등에서 창업에 관련된 정보지원을 받을 수가 있다.

(3) 소호(SOHO) 창업관련 인터넷사이트

인터넷과 관련된 소자본 창업의 경우 다음과 같은 사이트들이 있으므로 참조할 수가 있다. 소호월드(sohoword.co.kr), 소호연합회(sohounion.co.kr), 소호네트(soho.net), 코리아소호(korea.co.kr), 소호클럽(sohoclub.net), 사업정보(saup.com) 등에서 참조할 수가 있다.

핵심정리

- 창업이란 재화나 서비스를 생산 판매하는 하나의 시스템을 구축하는 것이다.
- 창업의 필수요소는 창업자, 사업아이디어, 자본 등 세 가지가 있다.
- 매장시스템 구축에 필요한 것은 네트워크, 하드웨어(유닉스 서버, 인텔 기반 서버, PC 서버, 일반 PC), 소프트웨어, 인터넷 연결 등이 필요하다.
- 결제방법으로는 무통장 입금방식, 신용카드, 전자화폐와 전자지갑, 배달 시점의 수금, 직불카드 및 계좌이체 서비스 등이 있다.
- 결제처리 방법으로 지불중계 부가통신망 서비스 이용, 결제 대행서비스의 이용 등이 있다.
- 사업자 등록시 사업장 소재지 결정, 사업자 등록 작성, 사실 확인 과정을 거치게 된다.
- 매장구축 방법은 기존 매장에 입점, 임대, 단독상점의 구축 등이 있다.
- 웹사이트 화면 설계시 상품을 진열해 놓은 그 자체로 화면 디자인이 매우 중요하다.
- 고객이 여러 페이지 중에서 어떤 페이지로 이동할 것인지를 예측하여 이동통로를 만들어 주는 쇼핑동선의 설계 및 분석이 필요하다.
- 쇼핑몰 솔루션 선택 시 가격과 성능, 운영 쇼핑몰을 참고하여 최적의 솔루션을 선택할 필요가 있다.
- 사업계획 수립절차는 계획수립, 취급 아이템 선정, 시장 환경 분석, 소요자금과 자본 조달을 통해 이루어진다.

- 개업 준비 절차는 쇼핑몰의 이름과 주소 설정, 택배수단 선택, 재고관리 가동, 반품처리 관리 숙지가 필요하다.
- 소비자 관점에서 창업 시 유의 사항은 저가격을 지양하고 소비자가 원하는 서비스 개발, 인증마크 확보, 게시판의 전략적 활용, 틈새시장의 공략, 차별화, 홍보매체의 적극 활용, 온라인 오프라인 병행, 단골고객 확보가 필요하다.
- 정보 통신기술을 다룰 줄 아는 전문적인 지식이 최소한 갖추고 있어야 한다. 전문적인 통신기술 능력이 없다면 전자상거래 쇼핑몰의 창업은 철저하게 이러한 전문능력을 보완할 대책을 수립하여야 한다.
- 판매 전문지식 능력의 겸비이다. 온라인상에서뿐만 아니라 팔려고 하는 상품은 대부분 오프라인 상태에서도 경합판매가 되므로 오프라인 상태보다 유리한 판매를 하기 위해서는 해당 상품의 유통경로와 취급처, 제품의 특성 등에 대하여 전문가 수준이 되어야 한다.
- 창업 시 정부의 지원, 공공단체의 지원, 소호 창업 관련 사이트를 참고하여 재정적 지원 및 정보 활용을 통해 창업에 도움을 받는 것이 바람직하다.

제13장 Internet shopping mall

제13 장 Internet shopping mall

제1절 인터넷 쇼핑몰

1. 인터넷 쇼핑몰의 개요

인터넷의 확산과 더불어 전자상거래는 이제 생활의 한 부분으로 차지할 만큼 확산되고 있다. 그러나 대면접촉을 통한 구매 관습과 제품을 직접 접하는 구매 관습행위가 이루어지는 관계로 전자상거래를 통한 거래의 경우 인터넷 쇼핑몰 업체에 대한 신뢰, 배송문제, 결제형태 등이 중요한 요인으로 나타난다. 특히, 소비자가 전자상거래를 이용하지 않는 이유로 가장 많이 언급되는 것 중에 하나가 바로 신뢰성의 결여이다.

소비자들은 인터넷 쇼핑몰을 구매목적을 가지고 방문하기도 하지만 우연한 방문을 통해 인터넷 쇼핑몰에서 다양한 정보와 경험을 하게 된다. 아울러 방문자들의 경우 구매자의 상품에 대한 댓글을 보게 됨으로써 구매전의 상품에 대한 간접적인 경험을 하게 된다. 특히 댓글에서 드러난 고객 불만족은 인터넷 쇼핑몰 판매에 직접적인 영향을 미치게 되고, 상품검색, 결제형태 및 과정, 배송에 있어서 다양한 불만족이 생길 수 있다.

인터넷 쇼핑몰을 통한 제품 구매의 경우 품질에 대한 불신, 결제시 보안문제, 개인정보의 유출에 따른 프라이버시 문제가 유발되기 때문에 인터넷 쇼핑몰의 판매제품, 거래과정을 소비자들이 신뢰하지 못한다는 것이다.

인터넷 쇼핑몰은 전자상거래의 한 형태로 인터넷을 이용하여 기업과 소비자

간의 거래가 이루어지는 것으로 다양한 형태의 가상점포를 말하며, 화상으로 제품정보를 제공하고 고객들에게 선택의 자유를 주어 원하는 상품을 쉽고 빠르게 화면상으로 검색하고 주문하여, 대금결제와 배송까지 간단한 컴퓨터 조작으로 한 번에 가능하게 되어 있는 것을 의미한다.

2. 인터넷 쇼핑몰의 분류

인터넷 쇼핑몰은 그 형태가 On-line 형태인지 Off-line을 병행하는가에 따라 그리고 판매하는 상품이 디지털형태인지 또는 물리적 형태인지에 따라 다음과 같이 분류할 수 있다.

표 13-1 인터넷 쇼핑몰의 분류

유형별 분류	특 징	실제 구현 예
종합쇼핑몰	다양한 제품 판매 On-line형태와 Off-line 병행 형태	롯데, 신세계, 현대백화점 인터파크, 골드뱅크
전문쇼핑몰	특정 분야의 정형화된 상품 취급 도서, 음반, 컴퓨터 및 부품	대한항공, 아시아나(직판점) 교보문고, 종로서적(유통점)
디렉터리형	자체적 상품 판매보다는 링크를 통해 수수료 수입	네이버, 다음, 엠파스 등의 쇼핑몰
백화점형	한 사업자가 상품 조달 및 판매	G마켓, CJ몰, GS-eshop
메타몰형	각 입점사의 자율성을 보장한 백화점식 운영	메타랜드, 쇼핑마루

자료: 한국전산원, 전자상거래 협회, 전자상거래백서, 1999.

3. 인터넷 쇼핑몰의 특성

인터넷 쇼핑몰은 전자상거래 환경을 기본으로 하고 있으며, 전자상거래와 유사한 특징을 가지고 있다. 첫째, 인터넷 쇼핑몰은 24시간 점포를 오픈하여 상품을 판매하는 시간적 이점과 상품판매 거점인 물리적 공간이 없어도 가능하다. 둘째, 인터넷 쇼핑몰에서 다룰 수 있는 상품의 다양성으로 실제 상점 판매에 비해 훨씬 많은 상품을 판매할 수 있다.

셋째, 쌍방향 커뮤니케이션이 가능하다. 오프라인 구매 방식은 고객이 정보를 수동적으로 받아들이는 위치에 있었으나 인터넷 쇼핑몰에서는 고객의 적극적 행동이 쌍방향 커뮤니케이션으로 실시간 가능하게 한다. 그러나 이런 이점에도 불구하고 고객이 직접 상품을 만지거나 보지 않고 구매한다는 약점이 있다. 결국 구매자는 충분하지 못한 정보에 의존하여 구매 의사결정을 내려야 한다. 따라서 인터넷 쇼핑몰은 자세한 상품 정보를 편리한 방법으로 구매자에게 제공하느냐가 관건이다.

그리고 인터넷 쇼핑몰의 장점은 첫째, 유통비용의 감소와 판매기능의 고객이전, 둘째, 고객의 특성과 반응에 적합한 효율적 마케팅, 셋째, 지역 제한이 없는 신 시장의 진입용이, 넷째, 제품정보에 대한 탐색용이, 비교쇼핑, 구매 전 테스트를 통한 효과적 쇼핑, 다섯째, 공동구매 등을 통한 구매비용 절감 등이 있다.

인터넷 쇼핑몰의 단점으로 첫째, 불완전한 배송과정에서의 문제점, 둘째, 지불과정의 보안문제, 셋째, 개인정보 유출과 개인 프라이버시의 침해, 넷째, 비대면성 거래로 인한 신뢰부족 등이 인터넷 쇼핑몰의 거래에 문제점으로 대두되고 있다.

4. 인터넷 쇼핑몰의 거래절차

인터넷 쇼핑몰의 거래 시 다음과 같은 절차에 따라 진행된다.

첫째, 자신이 구매하고자 하는 쇼핑몰에 접속하여 구매하고자 하는 상품을 검색한다. 서치(Search)기능을 이용하여 검색할 수도 있고 디렉터리를 이용하여 상품검색을 할 수 있다. 검색한 상품에 대한 자세한 정보를 확인하여 구매여부를 결정하게 된다.

둘째, 고객이 구매를 위해 장바구니에 담거나 바로구매 기능을 활용하여 구매결정을 하게 된다. 특히 이 단계에서는 제품에 대한 모델명, 사양, 구매수량 등에 철저한 체크가 필요하다. 아울러 이 단계에서는 회원으로 구매할 것인가

비회원으로 구매할 것인가를 결정해야 하고 구매자의 정보(주소, 전화번호) 등을 입력해야 한다.

셋째, 결제를 하는 단계로 쇼핑몰에서 제시되는 결제방법은 무통장입금, 계좌이체, 신용카드 등이 있고 아울러 할인쿠폰이나 마일리지 등을 통해 추가 할인을 통해 구매가 가능하다. 구매자의 결제방법을 선택하고 구매확인 버튼을 누르게 되면 구매자 정보, 결제방법 등에 대한 정보가 정리되어 한 번 더 확인할 기회를 갖게 된다.

넷째, 배송단계로 구매자의 결제승인이 확인 되면 쇼핑몰업체는 배송을 준비하게 되는데 자가 배송업체가 있을 경우와 외부 업체를 활용하는 형태가 있다. 이 단계에서는 소비자가 구매한 상품을 배송업체에게 배송을 의뢰하는 단계이다. 특히 이 단계에서는 상품의 특성을 잘 감안하여 포장을 해야 하고 신속한 배송이 가능하도록 해야 할 필요성이 있으며, 실시간으로 인터넷상에 상품의 흐름을 구매자가 확인할 수 있다.

다섯째, 정산단계로 상품배송이 완료되면 고객과 쇼핑몰간의 판매대금의 정산과 쇼핑몰과 상품 공급업체간의 판매대금정산이 이루어진다.

여섯째, 관리단계로 고객이 주문 후 주문취소 하거나 상품 배송 후 교환 또는 환불을 처리하고, 쇼핑몰이 안정적으로 운영될 수 있도록 시스템관리, 주문통계관리, 배송처리 관리, 결제관리 등을 하게 된다.

제2절 인터넷 쇼핑몰의 구축 과정

1. 사업성 검토 및 아이템 선정

인터넷 쇼핑몰에 판매하고자 하는 상품이 인터넷쇼핑몰에서 판매되고 있는 상황을 파악해야 한다. 인터넷 쇼핑몰과 오픈마켓을 조사해서 수요, 상품질과 가격대는 어느 정도인지 파악(벤치마킹)하여 사업성 검토 및 아이템을 선정해야 한다.

2. 쇼핑몰 기획 및 도메인 등록

인터넷 쇼핑몰 창업 초기에 가장 중요한 것은 컨셉과 기획이며, 아무리 좋은 아이템도 철저한 기획 없이는 실패할 확률이 높다. 경쟁이 치열한 아이템일 경우 세분화시켜 컨셉을 차별화하고 자금과 손익분기점, 아이템, 홍보 마케팅 등을 감안한 기획을 실시하여 시행착오를 줄이므로 성공가능성이 높을 수 있다.

그리고 무엇보다 중요한 것은 도메인 등록인데 국제인터넷정보센터(INTERNIC), 한국인터넷정보센터(NIC)등과 기관에 온라인으로 등록신청을 하고 도메인명(Domain Name)을 부여 받아야 한다. 특히 도메인명은 사이버공간에서 상표처럼 중요한 역할을 하기 때문에 회사의 특성을 대표할 수 있는 것으로 알기 쉽고, 기억하기 쉬운 것으로 사용하는 것이 바람직하다.

따라서 도메인 네임의 원칙은 첫째, 기억하기 쉬운 단어, 숫자를 조합해야 한다. 둘째, 재미있고 판매상품의 특징을 연상하는 것이 바람직하다. 셋째, 도메인을 이용하는 고객 입장을 고려해야 한다. 넷째, 도메인을 길게 하는 것 보다 짧게 표현하는 것이 기억하기 쉽다. 다섯째, 회사 브랜드 전략과 일치하도록 한다.

3. 사업자 등록과 통신판매업 신고

인터넷 쇼핑몰을 운영하기 위해서는 필히 사업자등록증이 있어야 하므로 사업개시 20일 이내에 관할 세무서에 사업자등록을 신고하여야 한다. 일반적으로 쇼핑몰 창업의 사업자등록은 간이과세자와 일반 과세자 중에서 선택해야 되는데 간이과세자는 통신 판매업에 대한 신고의 의무는 없지만 일반과세자로 사업자등록을 낼 경우 필히 신고해야 한다.

4. 쇼핑몰 설계 및 제작

쇼핑몰은 크게 임대형 쇼핑몰과 독립형 쇼핑몰로 구분하는데, 임대형 쇼핑몰은 회원가입 후 모든 기능이 포함된 쇼핑몰을 임대받는 것으로 단지 개별 디자인 제작과 상품 등록만 하면 된다. 장점으로는 초기 쇼핑몰 제작비용이 저렴하고 초보자가 쉽게 쇼핑몰을 운영할 수 있도록 교육과 마케팅을 포함한 전반적인 지원을 해준다.

독립형 쇼핑몰은 초기 제작비용이 많이 들게 되고 교육과 마케팅 지원이 거의 없기 때문에 초보자들보다는 쇼핑몰을 이미 운영해 본 사람에게 유리하다. 쇼핑몰 운영자의 개성 있는 쇼핑몰을 제작할 수 있고 수정이 편리하다.

그리고 쇼핑몰을 설계시 고려할 사항은 다음과 같다. 첫째, 쇼핑몰 구축목적에 적합한 쇼핑몰을 설계할 필요가 있다. 판매하고자 하는 상품 특성을 고려한 쇼핑몰을 디자인해야 한다. 둘째, 장기적인 관점에서 필요에 따라 유지 갱신에 용이하도록 설계되어야 한다. 셋째, 쇼핑몰 설계시 자신이 판매하고자 하는 상품에 대한 노골적인 판매성향을 담기보다는 쇼핑몰의 콘텐츠 차별화와 전문성이 가미되어야 한다. 넷째, 소비자와 상호작용이 가능하도록 의견에 대한 답변이나 불만사항을 해결할 수 있는 공간의 마련이 필요하다. 다섯째, 소비자가 접속시 문제가 없도록 과다한 그래픽 사용을 자제하고 그래픽과 텍스트간의 적절한 조화가 필요하다.

아울러 아래와 같은 사항들을 점검하여 철저한 준비가 필요하다.

① 기본유형

회사의 로고, 이름, 이미지의 배경, 툴바나 하이퍼링크 등의 기본사항을 결정한다.

② Homepage

회사의 이미지와 그래픽한 요소를 넣고 서브페이지와 갱신날짜 등이 포함되도록 한다.

③ 제품정보

소비자의 욕구를 충족할 다양한 제품정보(사양선택, 모델별 가격 등)를 제공하여야 한다.

④ 소비자 서비스

소비자와 상호작용 요소가 크므로 소비자위주의 관점(반품, 서비스코너, 전자우편(E-mail) 등)에서 제공되어야 한다.

⑤ FAQ(Frequently Asked Question)

자주 문제가 되는 요소에 미리 질문과 답을 만들어 주어 고객이 답을 얻을 수 있도록 하면 좋다. 특히 기술적인 요소가 많은 제품은 우선적으로 고려해야 한다.

그리고 상품이미지를 직접 촬영하거나 대행업체를 통해 촬영할 수 있고, 배송에 필요한 택배회사를 선정하여 신속하고 안전한 배송이 가능하도록 준비하여야 한다.

5. 홈페이지와 검색사이트 등록

쇼핑몰을 제작 후 검색사이트에 등록하여 소비자가 검색사이트를 통해 쇼핑몰에 접속하거나 구매할 수 있도록 준비하여야 한다. 국내의 경우 대표적인 포탈업체인 다음, 네이버, 야후 등에 등록할 필요가 있으며, 키워드 선정이 중요하다.

6. 결제시스템 등록

인터넷 쇼핑몰의 중요요소 중의 하나가 결제관련 부분이다. 그러므로 소비자가 결제관련 불편함을 느끼지 않도록 일반화된 신용카드, 계좌이체, 소액결제에 필요한 폰 결제 등을 통해 결제시스템을 등록해야 한다.

7. 상품구매

인터넷쇼핑몰에 판매하고자 하는 상품을 구입해야 하는데 재고문제를 감안하여 적정량을 구입할 필요가 있다. 상품을 구입할 수 있는 단골거래처를 확보하여 상품 구입시 가격이나 품질면에 도움을 받을 수 있는 업체를 잘 선정해야 한다. 의류를 판매할 경우 동대문이나 남대문 도매시장을 통해 구입하는 것이 바람직하며, 특히 심야 시간대를 활용하는 것이 가격면에 이점을 살릴 수 있다.

8. 배송업체 선정

고객이 주문한 상품을 최종적으로 마무리하는 것이 배송이므로 업체선정이 상당히 중요하다. 배송은 쇼핑몰업체의 고객과 접점을 이루는 것으로 택배기사의 태도와 말씨 등 친절함이 중요하다고 할 수 있다. 배송은 고객이 주문한 상품을 신속하고, 안전하고, 정확하게 원하는 장소와 시간에 맞게 배송이 되도록 할 필요성이 있다. 그러므로 택배회사를 선정시 업체의 정확한 정보를 토대로 장기적인 계약을 통해 택배비를 절감할 수 있게 준비할 필요가 있다.

9. 홍보 마케팅

쇼핑몰을 제작하는 궁극적 이유는 수익을 창출하기 위한 것으로 아무리 좋은 아이템을 선정하고 쇼핑몰을 멋지게 구축했다 하더라도 홍보부족으로 폐업하는 경우가 발생할 수 있다. 그런 관계로 홍보는 쇼핑몰 성공을 위한 가장 중요한 요소가 된다. 다양한 마케팅 방법을 통해 효과적이고 적절한 홍보 마케팅을 통해 인터넷 쇼핑몰에 방문자가 많아지고 더불어 매출액을 증대시켜야 한다.

10. 분석과 갱신

쇼핑몰 운영을 통해 방문객 로그분석, 마케팅 성과분석 등을 실시하여 쇼핑몰의 문제점과 고객의 성향파악과 매출을 극대화시키기 위한 각종 전략을 수립하여 발전시킬 필요가 있다. 아울러 소비자에게 게재된 정보의 유용성을 위해 갱신방법, 갱신주기와 범위를 설정해 두고 쇼핑몰의 변화를 주는 것이 바람직하다.

제3절 인터넷 쇼핑몰의 관리

1. 사이트 모니터링(Site Monitoring)

1) 사이트 모니터링의 개요

사이트 모니터링(Site Monitoring)은 웹서버 관리자가 고객의 로그파일(사용자의 사용 흔적을 기록한 것)을 분석하고 방문객의 웹서버 접속, 방문, 비율에 대한 통계를 내거나 분석하는 것을 말한다. 이는 시간대, 일별, 월별대로로 분류할 수 있고 방문자가 집중적으로 이용하는 시간대나 요일을 쉽게 파악하여 미래에 고객들이 어떤 성향을 보이고 행동할 것인가를 예측하는데 중요한 역할을 하게 된다.

2) 사이트 모니터링의 필요성과 원칙

먼저 필요성은 수많은 웹 사이트들 중에서 지명도를 갖는 사이트가 되기 위함이며, 이를 위해서 목표시장에서의 정확한 사이트 모니터링이 필요하게 된다.

그리고 사이트 모니터링의 원칙은 첫째, 신뢰성 확보가 중요하다. 신뢰성은 주로 인터넷 비즈니스의 기술적인 특성으로 우선 시스템이 지속적으로 고객의 요구에 응답할 수 있어야 한다. 시스템이 자주 다운되거나 보안이 허술하다면 신뢰를 잃게 된다. 둘째, 유용성 문제이다. 전자상거래가 고객에게 얼마나 유용한 가치를 제공하는가의 문제를 측정하는 것이다. 즉, 정보수집 단계의 경우 고객이 찾고 있는 상품정보를 충분히 제공해야 하고, 주문단계에서는 다양한 지불수단 및 정확 안전 신속한 배송방안을 제시해야 하고, 사후 정리단계에서는 교환과 환불이 원활해야 한다. 셋째, 편리성을 제공해야 한다. 이는 주로 디자인적 요소로 시스템과 고객 간에 상호 작용이 얼마나 편리한가, 고객 간의 의사소통 편리성이 제공되어야 한다. 따라서 기업이 가지고 있는 신뢰성, 유용성,

편리성을 종합적으로 평가하고 이를 기초로 자신의 기업이 어떤 면에서 장점이 있고, 어떤 면을 개선해야 하는지를 살펴봄으로써 기업의 경쟁력을 강화시킬 수 있다.

2. 백오피스

1) 백오피스의 개념

웹사이트를 통해 전개되는 과정에서 뒤쪽에서 시스템적으로 충족될 부분을 관리하는 시스템을 지칭한다. 즉, 인터넷 쇼핑몰을 기획시 필요한 각종 의사결정을 지원하기 위해 웹사이트 뒤에서 정보의 수집 가공 저장 배포하는 작업이며, 아울러 이들의 상호 관련성 있는 요소들의 집합체를 의미한다.

2) 백오피스의 필요성

인터넷 쇼핑몰 성패여부는 사이트의 총체적인 활동을 지원하고 새로운 콘텐츠와 서비스를 제공하기 위해 새롭고 혁신적인 백오피스 환경을 개발하고 운용할 필요가 있다. 아울러 웹사이트 운영자들 간의 자원과 정보기술을 효율적으로 조화시키는 접근법이 요구된다.

백오피스 운영자들은 기술적인 측면과 조직 간의 상호관계를 분석을 토대로 백오피스 기획 및 실행에 옮겨야 한다.

3) 백오피스 관리

백오피스 시스템은 고객관리, 트래픽 관리, 거래관리, 광고관리 등으로 구분한다.

(1) 고객관리

고객관리는 시스템을 통하여 통합적인 구성이 필요하고, 지속적으로 갱신되어 진 고객파일을 이용하여 고객 서비스 제공시 활용되어야 한다. 고객별 트래픽과 거래에 대한 정보는 웹사이트를 통해 전개되는 비즈니스를 지속시키기 위해 활용 가능해야 한다.

(2) 트래픽관리

트래픽관리는 광고주에게 기본적으로 제공해야 할 트래픽 정보라고 할 수 있다. 트래픽 정보를 토대로 광고주는 자신의 광고가 효과적인지 여부를 판단하게 되고, 광고료도 트래픽을 토대로 결정하게 된다. 또한 트래픽 정보는 상품을 판매하고자 하는 경우에도 고객들의 관심대상이 된다. 구매할 가능성이 높은 것이 무엇인가를 판단하는 데이터로 활용되면서 효과적인 판매가 가능하도록 하게 한다.

(3) 거래관리

백오피스 시스템에서 거래 처리를 지원해야 하는 시스템은 주문시스템, 결제시스템, 배송시스템, 재고관리시스템 있다.

(4) 광고관리

광고관리에서는 사이트 방문건수(hits), 사이트 방문자의 수 (web visit), 광고에 노출된 사람의 수(impression), 배너광고에 클릭한 사람의 수(click-through), 구매의사를 표명한 사람의 수(leads), 실제로 제품을 구매한 사람의 수 (sales) 등이 있다.

3. 사이트 관리

1) 콘텐츠 관리

콘텐츠는 웹상에서 구현되는 웹사이트를 구성하는 내용이나 목록 등을 지칭한다. 그러므로 특히 인터넷 쇼핑몰의 경우 콘텐츠가 어떻게 구성되는 가에 따라 방문자 수나 매출액에 중대한 영향을 미치게 된다.

그리고 콘텐츠를 분류하면 정보(information)중심형, 커뮤니케이션(communication)중심형, 커뮤니티(community)중심형, 엔터테인먼트(entertainment)중심형, 전자상거래(e-commerce)중심형 등으로 구분 지을 수 있다. 이와 같은 콘텐츠 등에 대한 관리는 크게 텍스트(text)관리, 그래픽(graphic)관리, 메인페이지(main page)관리로 나누어진다.

(1) 텍스트관리

첫째, 전자상거래는 접속시간과의 문제이므로 중요한 내용을 전면 배치해야 한다. 둘째, 가능한 중요한 단어는 링크가 되도록 설계할 필요가 있다. 셋째, 문장은 간단명료하게 표현하도록 하며, 문장에 대한 의미를 한눈에 파악할 수 있도록 표현해야 한다. 넷째, 고객에게 수많은 정보를 제공하려는 과욕을 부리지 말고 링크수를 적절하게 조절할 필요가 있다. 다섯째, 유행이 지나간 정보를 사용을 지양해야 하고 즉, 고객들은 유행 및 추세에 민감하므로 지속적인 업데이트가 필요하고 양적인 것보다 질적인 측면의 내용 갱신이 요구된다.

(2) 그래픽관리

첫째, 과도한 그래픽 사용을 자제해야 한다. 그래픽 사용의 과다로 고객의 접속장애가 방문자 수와 매출의 감소를 초래할 수 있다. 둘째, 그래픽 사용 시 부가적인 문자 설명이 필요하다. 그래픽에 대해서는 설명을 덧붙여 이해를 도울 필요가 있다. 셋째, 사용자의 시스템 환경을 고려해야 한다. 즉, 웹사이트에 접속하는 사용자가 자신의 시스템에 크게 영향을 받지 않도록 사용자 입장에서 설계되어야 한다. 넷째, 웹사이트의 여백의 미를 살려야 한다. 특히 메인 페이지에 한꺼번에 수많은 정보를 제공하기 위해 여백도 없이 구축되면 메인 페이지 접속시 문제가 유발될 수 있다.

(3) 메인페이지 관리

메인페이지는 고객이 처음으로 접하게 되는 출입문과 같은 역할을 하며 중요한 영향을 미치게 된다. 그러므로 메인페이지에 구성될 내용에 심사숙고하여 설계되어야 한다. 그러므로 타 웹사이트를 참고하여 메인페이지에 포함될 내용을 정리할 필요가 있다. 일반적으로 대부분 웹사이트의 공통된 내용은 업체명, 업종, 영업방침, 사이트의 기타분야 등이 있다.

2) DB관리

데이터베이스는 사용자가 이용할 수 있는 데이터를 모아 놓은 것이다. 일반적으로 은행의 고객DB, 학교의 학생DB, 도서관의 도서관련 DB 등을 예로 들 수 있다. 데이터베이스는 새로운 데이터가 저장되면서 변경되고 사용자가 적절하게 저장된 데이터를 변경시킬 수 있도록 해야 한다.

그리고 데이터베이스 관리에 DBMS(Database Management System)가 필요하다. 데이터베이스관리시스템은 다양한 응용프로그램을 위해서 데이터베이스의 구조를 정의하고, 정의한 대로 데이터베이스를 구축하여 여러 사용자 또는 여러 응용프로그램이 용이하게 사용할 수 있게 지원하는 소프트웨어를 말한다.

(1) 상품관리 DB

① 상품관리

인터넷 쇼핑몰의 웹 카탈로그를 만들기 전에 각 페이지에 전시될 상품에 대해 관리를 하는 것이다. 인터넷쇼핑몰의 경우 오프라인 매체와 달리 상품의 수량에 관계없이 전시가 가능하나 인터넷 쇼핑몰에서 고객이 원하는 상품을 검색이 용이하도록 해야 한다.

② 상품속성

상품속성은 쇼핑몰 전자 카탈로그를 만드는 기본 자료로 사용되는 것으로써 대개의 경우 거의 모든 업체가 공통적으로 사용하고 있지만 국내 쇼핑몰 업체간에 표준으로 정해 놓은 것은 없다. 아울러 인터넷 쇼핑몰에서 판매할 상품에 대해 판매가격, 제조업체, 상품정보, 상품명을 표시해야 한다.

③ 상품분류

고객이 구매하고자 하는 상품명을 모를 경우 상품검색 방법은 상품분류에 따라 상품목록을 확인한 후 상세화면으로 이동하게 된다. 즉, 인터넷 쇼핑몰 업체마다 상품분류가 상이하므로 자사에 적합한 분류체계를 구축해야 한다.

(2) 고객관리 DB

고객관리정보란 특정회원이 쇼핑몰 이용하는 형태를 쇼핑몰 시스템에서 검색하여 회원의 쇼핑정보를 추출할 수 있는 것으로 쇼핑몰 접속 횟수, 쇼핑몰에서 검색하는 상품형태, 구매한 총액 등이 있다. 따라서 고객관리정보는 회원분류, 마일리지, 회원구매 이력 등으로 구분해 관리한다.

(3) 주문처리 DB

주문관리는 고객으로부터 주문 받는 접수단계와 상품배달, 환불, 교환 등에 관련된 주문관리단계로 이루어진다. 주문접수 단계는 고객이 구매한 상품에 대한 배달정보와 결제를 할 지불정보를 고객으로부터 입력받아서 쇼핑몰 시스템에 주문거래를 발생시키는 단계를 말한다.

인터넷 쇼핑몰의 주문정보는 상품을 구매하는 구매자 정보, 고객이 구매한 상품정보, 상품배달이 필요한 경우의 상품배송 정보, 상품대금 지불 정보 등으로 구성된다. 구매자 정보는 쇼핑몰의 회원정보에 해당하는 것으로 회원관리를 하는 쇼핑몰에서 구매자 정보관리와 회원관리는 동일한 의미로 해석된다. 이에 상품 배달정보란 상품을 누구에게 보낼 것인가 하는 것과 배달 수단 등에 관한 것이다. 지불정보란 상품대금에 관련된 것으로 결제를 카드로 할 경우 카드번호 등을 입력하고 현금인 경우 입금할 은행명과 입금일 등을 입력하게 된다.

제4절 인터넷 쇼핑몰 성공요인

1. 기술적 측면

1) 웹사이트 구성

자체 사이트의 정보도 중요하고 다른 사이트와 링크를 통해 다양한 객관적 정보를 제공할 필요가 있다. 홈페이지 구축할 경우 기술상의 문제가 중요하며, 디자인과 구조와 내용을 위해서는 멀티미디어 형태의 제공이 필요하지만 사용자의 컴퓨터 사양까지 고려할 필요가 있다.

아울러 소비자들에게 재방문 빈도가 높은 웹사이트를 구축하기 위해 신속한 정보제공과 편리한 이용자 환경을 위해서 검색엔진에 등록할 필요가 있다.

2) 솔루션 선택

솔루션의 효과적이고 효율적 사용할 수 있어야 하고, 구입 가능한 가격의 제품선택이 필요하다. 여기에 기본적으로 제공되어야 하는 기능은 보안, 인증, 지불 등 기본적인 전자상거래 요소들을 제공해 주어야 하다.

아울러 신속한 배송체계를 구축해야 하고 지불수단이나 인증기관 이용 시 확장성을 지니고 있어야 한다.

3) 지불수단의 선택

현재 사용 중인 지불수단으로는 신용카드, 계좌이체, 전자화폐 등이 있다. 국내외의 경우 대부분 신용카드나 계좌이체가 많이 사용되고 있으며, 지불은 안정성과 보안성이 입증이 필요하다.

인터넷 쇼핑몰을 운영하는데 있어 가장 중요한 것은 대금결제이다. 전자상거래의 결제수단으로 신용카드는 필수적인데 최근에는 다양한 지불수단을 이용할 수 있는 전자결제 대행 서비스가 도입되고 있다. 가장 대표적인 전자결제 서비스 대행업체로는 데이콤의 이크레딧, 삼성 SDS의 유니크레딧, LG의 넷 크레디트 서비스 등이 있다.

2. 마케팅 측면

1) 아이템 선정

인터넷 쇼핑몰 구축시 가장 중요한 것은 아이템 선정이 인터넷 쇼핑몰 사업 성패의 중요한 요소가 된다. 아이템 선정이 고려되어야 할 사항은 타깃으로 삼는 소비계층 파악, 소비계층에 적합한 인터넷쇼핑몰을 구축해야 하고 아울러 고려할 사항은 다음과 같다.

첫째, 판매상품 선정으로 인터넷 쇼핑몰의 주 고객층이라고 할 수 있는 20-30대에 적합한 품목을 선택하는 것이 중요하다.

둘째, 유통기한 제한이 없는 제품을 선정하는 것이 바람직하다. 배송기간을 고려하여 1-2일, 또는 2-3일 정도가 적정하다.

셋째, 인터넷 쇼핑몰의 특징인 판매가격이 저렴해야 한다. 가급적이면 품질이 균일한 상품을 택하는 것이 좋으며, 품질이 균일해야 반품이나 환불을 줄일 수 있다.

넷째, 무게가 무겁거나 부피가 클 경우 배송비의 문제가 발생하므로 배송비용은 상품가격의 10%를 넘지 않도록 해야 한다.

2) 마케팅 전략

마케팅 전략을 배너광고, 홍보, 이벤트 등을 통해 매출액을 신장시키도록 해야 한다.

첫째, 배너광고를 통해 소비자들의 시선을 끌도록 해야 한다. 다른 사이트와의 배너교환을 통하거나 전문적인 배너 교환 사이트를 통해 비용을 지출하지 않으며 효과적인 광고 활동을 할 필요가 있다. 배너 크기도 고려하여 로딩 시간을 줄여 광고효과를 보도록 해야 한다.

둘째, 홍보가 필요하다. 항상 노출을 통해 자신의 인터넷 쇼핑몰을 알리는 것이 필요하고 특히 대중매체를 활용하여 홍보가 필요하다.

셋째, 지속적인 이벤트를 해야 한다. 경품과 이벤트만큼 큰 효과를 보는 것이 없을 것이다. 단순한 경품 제공보다는 정보를 가미한 이벤트로 이용자들 간의 적극적인 참여를 도출해 내는 것이 필요하다. 이용자들의 참여를 유도하고 소비자들이 좋아할 수 있는 이벤트를 개발하는 적극적인 노력이 필요하다.

3) 쇼핑몰 이용 편의성

인터넷쇼핑몰에서는 소비자들에게 편의를 위해 서치기능(검색)이나 에이전트를 제공한다.

먼저 서치 기능의 경우 주어진 조건검색 기능만을 가진 단순형과 인공지능을 추가시킨 지능형 등이 있다. 연령과 성별, 기호 등을 입력 시 선물을 추천해 주는 선물 도우미 같은 것이 지능형이다. 국내외 다수 인터넷쇼핑몰에서 약간의 차이는 있지만 서치 기능을 기본적으로 제공하고 있다.

지능형 서치기능에서 더 발전한 것이 에이전트이다. 에이전트는 비서 역할을 하는 프로그램으로 소비자가 요구할 때만 결과를 보여주는 수동적인 서치기능과 달리 요구가 있든 없든 능동적으로 소비자에게 정보를 제공한다.

4) 고객관리 철저

고객관리에 있어서 회원제와 비회원제가 있는데 국내의 경우 회원제가 많지만 국외의 경우 비회원제가 많다. 인터넷 쇼핑몰이 기존 상거래와 같은 구매력을 유발시키려면 누구나 제품을 구입할 수 있도록 해야 한다. 하지만 인터넷 쇼핑몰 운영시 지불, 보안, 신용 등의 이유로 구매 시 회원제가 안전하다고 생각한다.

고객과의 관계가 지속되기 위해서는 확보된 고객정보를 토대로 금전적인 이외에 부가적인 이익을 제공해야 하고, 지속적으로 메일을 통해 필요한 정보와 변경된 최신정보를 제공하는 것이 필요하다.

5) 품질보증 문제

소비자가 구매 시 제품을 확인할 수 없으므로 소비자에게 최대한 제품정보를 고객에게 제공하지만 제한성이 있다. 그런 관계로 고객이 품질에 대한 확신을 줄 수 있도록 쇼핑몰에서 품질보증을 위해 최대한 충분한 정보를 제공해야 한다.

3. 인터넷 쇼핑몰 성공의 핵심

1) 매출액 증대 요소

첫째, 브랜드가치를 높일 수 있는 도메인 선정이 중요하다. 한글이름은 3자가 기억하기 쉽고 도메인은 5자가 최상이라고 할 수 있다. 일반적으로 국내의 도메인명은 4자에서 7자 정도의 형태가 바람직하다. 업종별로 차이를 두어 도메인 선정해야 하고, 기억하기 쉬운 도메인을 선정하는 것이 도메인 브랜드 가치를 높인다고 할 수 있다.

둘째, 쇼핑몰 제작방식에 따라 매출과 고정비에 영향을 미치게 된다. 쇼핑몰 구축방식은 독자적으로 쇼핑몰을 만들어서 관리하는 방식과 임대형 쇼핑몰 솔루션 서비스를 이용하는 방식이 있다. 이 두 가지 방식을 실제 비교해 본 결과 임대형 솔루션을 사용한 업체가 이익 폭이 훨씬 크다는 결과가 제시되었다. 그러므로 현재 업체의 전반적인 상황을 고려하여 최적의 방식을 선택해야 한다.

셋째, 메인페이지 구성시 고객편의성을 고려해야 한다. 즉, 메인페이지 제작 시 분위기를 중요시하는 것보다 고객들의 편의성과 궁금증을 고려한 메인 페이지가 훨씬 고객들에게 많은 영향을 미치게 된다.

넷째, 구매 욕구를 자극하는 상품 이미지로 구성되어야 한다. 인터넷 쇼핑몰은 화면을 통한 쇼핑이므로 이미지에 대한 작은 배려가 고객에게 영향을 미치게 된다.

다섯째, 소비자의 마음을 움직일 수 있는 차별화된 상품설명이 필요하다. 상품에 대한 설명도 중요하지만 상품에 따라 특징과 문제점을 해결할 수 있는 정보제공도 상품 구매 시 중요한 역할을 하게 된다.

여섯째, 게시판 관리를 통해 고객들의 요구사항과 불만 등에 관심을 가져야 한다. 여러 업체들이 사례를 보면 3-6개월 정도 인내를 가지고 꾸준히 관리해 주면 결과적으로 많은 것을 얻게 된다. 실제로 게시판을 보는 사람은 나쁜 의도로 올린 사람의 글도 관심이 있지만 이에 대한 운영자의 태도에 더욱 관심이 있다. 그러므로 운영자가 긍정적으로 고객을 위하는 태도를 보여준다면 구매로 결심하는데 큰 영향을 미치게 된다.

일곱째, 운영자의 정성을 고객에게 전할 수 있는 상품의 포장과 배송에 쇼핑몰 운영자의 세심한 관심과 배려가 필요하다. 상품의 포장은 일차적으로 상품보호도 중요하지만 구매자가 보았을 때 처음으로 접하게 되는 상품에 대한 접점이므로 신경을 써서 포장해야 한다. 아울러 배송에 걸리는 시간도 중요하지만 배송 후 교환 반품에 대한 철저한 A/S가 중요하다. 배송은 약속한 시간 내에 구매자에게 안전하게 도착되도록 최선을 다해야 하고 재 구매를 유발시킬 수 있도록 최선을 다해야 한다.

여덟째, 매출과 수익에 영향을 미치는 회원 수가 중요하다. 인터넷 쇼핑몰에서 회원 수가 매출액을 결정할 정도로 중요한 역할을 하게 된다. 많은 쇼핑몰 운영자들은 회원이 많으면 매출이 높고, 수익의 안정성도 높아지게 된다고 믿고 있다.

아홉째, 장기적 안정성에 영향을 미치는 고객관리가 철저히 해야 한다. 회원이 있는 쇼핑몰과 없는 쇼핑몰은 사업의 장래성과 안정성에 확연히 차이가 난다. 실제 쇼핑몰 방문자의 구매력을 측정하는 매출 측정 로그분석을 통해서 보면 재방문자의 구매율은 10%대를 기록하고 있어서 처음 방문자의 구매율보다 3-4배 정도 높게 나타난다. 그래서 기존 고객을 관리하여 재 구매를 만들어 가는 고객관리는 그 중요성이 더욱 높아진다.

열 번째, 수익에 직접적 영향을 미치는 광고를 효과적으로 관리해야 한다. 종전에는 광고효과 보다는 장기계약으로 할인을 받는 것과 유명 사이트에 광고할 수 있다는 것에 현혹되었지만, 이제는 자기만의 광고 선택의 기준을 갖게 되어야 한다. 계절이 바뀔 경우 계절에 맞게 광고비를 책정하고 시행해야 한다.

2) 사업계획서

일반적으로 오프라인 창업절차는 첫째, 예상 창업비용과 수익, 장래성 분석이 필요한 창업아이템의 결정, 둘째, 임대료, 권리금, 유동인구, 주변 상권분석 등의 창업위치 결정, 셋째, 계약기간, 공사견적, 완성도 점검 등의 점포계약 및 공사, 넷째, 오픈행사 기간, 정상화 될 때까지 운영계획 등 오픈 및 이벤트가 필요하다.

반면에 오프라인 창업에서 중요한 사항들과 결부시켜 인터넷 쇼핑몰 사업의 검토 사항은 다음과 같다. 판매하려는 상품이 인터넷 쇼핑몰에 적합한 아이템인 지 분석, 인터넷에 수요가 있는 아이템인지 분석, 인터넷에 얼마나 공급이 되는 아이템인지 분석, 필요한 예산과 사업성 예측, 홍보 및 고객관리 계획 등이 필요하다.

그리고 인터넷 쇼핑몰에서 판매하기 적합한 품목들의 기준은 첫째, 인터넷으로 정보 전달이 가능한 품목, 둘째, 샘플과 실제 제품이 차이가 나지 않는 품목, 셋째, 배송비의 부담을 고려하여 고객의 1회 구매가격이 약 3만-5만 원 정도 품목, 넷째, 고객이 인터넷으로 구매결정을 하는데 불안한 요소가 없는 품목 등이다.

〈표 13-2〉 사업계획서

사업계획서
Ⅰ. 기업체 현황 1. 회사개요 2. 회사연혁 3. 창업동기 및 사업의 기대효과 4. 사업전개 방안 및 향후계획
Ⅱ. 조직 및 인력현황 1. 조직도 2. 대표자 및 경영진 현황 3. 종업원 현황 및 고용계획 4. 인력구성의 강·약점
Ⅲ. 제품(상품)의 내용 및 사업전망 1. 제품(상품)의 선정과정 2. 제품(상품)의 사업전망
Ⅳ. 판매계획 및 시장현황 1. 관련 산업 및 동업계 현황 2. 경쟁사 현황 3. 시장 총 규모 및 자사제품(상품) 수요전망 4. 마케팅 전략
Ⅴ. 창업자금 예산계획 1. 추정대차대조표 및 추정손익계산서 2. 손익분기점 분석 3. 소요자금 4. 자금조달 계획
Ⅵ. 사업추진 일정계획
Ⅶ. 특기사항
Ⅷ. 첨부서류

〈표 13-3〉 사업계획서 사례

easy T-shirts 사업 계획서	
업체명	easy T-shirts
도메인명	http://www.easy T-shirts.co.kr
쇼핑몰 기획의도	간편하게 입을 수 있는 T-shirts를 인터넷 쇼핑몰을 통해 판매
주요 고객층	주로 자유스럽고 편안한 복장을 원하는 10대-20대를 대상으로 함
쇼핑몰 솔루션	임대형 솔루션
의류 사입처	동대문 또는 남대문 시장 도매업체를 통해 구입예정
서류준비	도메인 등록, 사업자 등록 및 오픈에 필요한 제반적인 서류 준비
인터넷 쇼핑몰 제작 및 오픈	○월 ○일까지
필요예산	솔루션 사용료-40만원(1년) 검색엔진 등록비-60만원(1회 3개 검색엔진) 검색광고비용-200만원(1년) 물품구입비-100만원 총예산 400만원 예상
예상 이익률	18%
예상 매출액 및 수익	매출액 700만원, 수익 126만 원 정도
판매 및 판촉전략	블로그, 인터넷 카페, 트위터, 페이스북을 활용한 홍보활동으로 소비자의 인지도 제고, 게시판 관리를 철저히 하여 단골고객 확보

3) 쇼핑몰 제작과 초기 운영

(1) 쇼핑몰 제작의 중요성 인지

쇼핑몰 제작을 어떻게 하느냐가 중요한 관건이므로 오프라인 매장처럼 중요한 역할을 하게 된다. 첫째, 상품을 보여주는 전시공간으로서의 역할이다. 고객이 많이 찾는 제품을 먼저 보여주고 구매욕구가 발생하도록 이미지를 보여주고 상품을 설명하는 공간이다. 둘째, 구매와 결제가 발생하는 곳이다. 신용카드 결제의 비중이 높기 때문에 신용카드 결제가 가능하도록 결제시스템을 구축해야 하고, 전화나 이메일을 통해 상담이 되도록 해야 한다. 셋째, 고객관리가 쇼핑몰을 통해서 이루어지게 된다. 배송에 관한 정보의 알림이나 회원 고객에게 구매를 권유할 수 있는 메일 발송을 제공할 필요가 있다.

(2) 쇼핑몰 도메인 선정

도메인은 주소 이상의 가치와 활용도가 높은 것으로 좋은 도메인은 좋은 상호와 브랜드가 된다. 브랜드가 좋으면 쇼핑몰 이미지가 다르게 되고 브랜드가 높은 도메인을 만들기 위해서는 다음과 같은 절차가 필요하다.

1단계: 인터넷 쇼핑몰과 연상할 수 있는 키워드 선정

음식과 관련된 경우 "food"가 사업을 상징할 수 있는 키워드이다. 하지만 단어의 결합으로 인해 도메인이 길어지고 이해하지 못하는 형태가 될 수 있으므로 주의를 기울일 필요가 있다.

2단계: 인터넷 쇼핑몰 성격에 적합한 단어 선택

단어를 통해 자신이 오픈하고자 하는 쇼핑몰에서 취급할 제품의 특성에 맞는 단어를 사용하여 쇼핑몰의 성격을 표현하도록 해야 한다. 쇼핑몰의 장점을 잘 나타내는 단어를 찾는 것이 무엇보다 중요하다.

3단계: 도메인 검색과 엔진 검색 후 등록 신청

도메인을 등록하기 이전에 현재 도메인이 사용 중인지 검색해야 한다. 도메인 서비스의 경우 후이즈 등에서 확인 가능하고, 검색사이트에서 도메인 활용되고 있는지 검색할 필요성이 있다. 그리고 상표권으로 지정되어 있는 경우에는 브랜드로 사용에 불편하게 되므로 처음부터 상표권을 등록하는 것보다 상표권을 등록할 정도의 브랜드 가치가 정착되면 등록하는 것이 바람직하다.

(3) 쇼핑몰 구축 절차

먼저 인터넷 쇼핑몰 디자인을 통해 소비자의 구매 욕구를 자극시킬 수 있는 쇼핑몰을 만들기 위해서 다음과 같은 절차가 필요하다.

첫째, 방문고객의 요구를 분석해야 한다. 방문객은 상품을 구매하기 이전에 여러 정보를 획득한 후 구매하게 되므로 방문고객에게 구매와 직결될 수 있는 적합한 정보가 제공될 수 있도록 해야 한다.

둘째, 소비자 요구에 적합한 디렉터리 구성이 필요하다. 고객이 즐겨 찾는 상품, 신상품이나 인기상품과 같은 콘텐츠를 비중 있게 나타내야 한다. 쇼핑몰이라고 해서 모두 유사한 형식으로 진열하게 되면 품목의 특성을 상실하게 된다.

셋째, 회사의 이미지를 부각시켜야 한다. 회사의 장점을 부각시켜 방문자에게 전달할 수 있도록 해야 한다. 제조업, 도매상, 소매상 등의 이미지가 필요하고 인기상품과 단골관련 내용을 가미하여 친밀감을 주도록 해야 한다.

넷째, 메인 페이지에서 너무 많은 정보를 보여주려는 과욕을 버려야 한다. 인터넷은 모든 페이지가 링크되어 있으므로 메인페이지에 많은 정보를 수록하여 접속속도에 영향을 미칠 수 있으며, 자세한 내용은 링크를 통해 다음 페이지에 전달할 수 있도록 해야 한다.

다섯째, 고객의 입장에서 쇼핑몰 상품을 소개해야 한다. 인터넷의 경우 이미지와 부가적인 설명이 중심적인 사항이다. 그러므로 이미지를 쉽게 볼 수 있도록 해야 하고 부가적인 설명은 소비자가 쉽게 이해하고 공감할 수 있게 작성해야 한다.

그리고 성공적인 인터넷 쇼핑몰 구축 방법은 다음과 같다. 일반적으로 인터넷쇼핑몰 구축하는 방법은 임대형 쇼핑몰과 모든 작업을 독자적으로 수행하는 방법이 있다. 인터넷 쇼핑몰을 구축시 여러 가지 문제에 봉착하게 되어 시간과 비용을 낭비할 경우가 많으므로 단계별로 준비하는 것이 바람직하다.

첫째, 쇼핑몰 구축시 필요한 예산이 어느 정도인지 파악해야 한다. 이 경우는 임대형, 독립형 쇼핑몰인가에 따라 많은 차이가 발생하게 된다. 임대형의 경우 적은 비용으로 구축이 가능하지만 독립형의 경우 구축에 따른 비용이 상승하게 되므로 두 가지 형태의 차이점을 감안하여 적합한 형태를 선택해야 한다.

둘째, 충분한 자료 확보를 토대로 쇼핑몰 구축을 해야 한다. 인터넷 쇼핑몰은 소비자가 콘텐츠를 보고 구매결정하게 되므로 제품에 대한 정보와 고객에게 유익한 부가적인 정보를 소비자에게 제공해야 한다.

셋째, 아웃소싱을 할 경우 계약사항을 명확하게 해야 한다. 즉, 계약 시 구체적인 내용을 문서화 하지 않으면 차후에 의견 충돌과 충분한 서비스 제공을 받을 수 없게 된다.

넷째, 게시판 관리까지가 쇼핑몰 구축에 해당된다. 인터넷 쇼핑몰 소비자의 경우 구매이전에 게시판을 통해 상품에 대한 불만사항, 상품평가, 문의사항 등을 통해 구매결정에 도움을 주게 된다. 이런 관계로 게시판 관리가 인터넷 쇼핑몰에서 중요한 역할을 수행하게 되므로 소홀히 해서는 안 되는 부분이다.

(4) 인터넷 쇼핑몰 운영 초기 전략

쇼핑몰을 구축하여 초기에 해야 할 일들은 쇼핑몰에 대한 홍보가 절실히 요구된다. 홍보를 위한 가장 중요한 방법으로는 검색엔진 등록이라고 할 수 있다. 검색엔진은 쇼핑몰 성공을 좌우하는 중요한 나침반 역할을 하게 된다. 아울러 고객과의 대화창을 관리하고, 고객의 반응을 파악할 수 있는 이벤트 개최, 회원 확보를 위한 이메일 서비스 강화 등이 있으며 구체적인 절차는 아래와 같다.

1단계: 검색엔진 등록

쇼핑몰 구축 후 제일 중요한 것이 검색엔진 등록이다. 검색엔진 등록을 통해 사업 성공여부와 수요분석이 가능하게 된다. 검색엔진 등록을 통해서 방문자가 인터넷 쇼핑몰에 방문하게 되면 오픈의 의미를 부여하게 된다. 검색엔진은 네이버, 야후, 다음, 엠파스, 네이트 등이 있고, 이 중에서도 네이버, 야후, 다음 정도가 안정된 효과를 내고 있으며 네이버는 필수 등록 검색엔진이며 야후, 다음은 쇼핑몰의 타겟층에 따라 선택할 수 있다.

2단계: 로그분석

로그분석은 방문자의 어떤 경로를 통해 인터넷 쇼핑몰에 방문하게 되었는지를 파악 가능한 것이다. 로그분석을 통해 방문자의 쇼핑행태를 파악하여 이것을 토대로 마케팅 전략을 전개할 수 있다. 즉, 방문자가 어떤 검색엔진을 통해 접속하였고, 어떤 광고를 보고 오는지, 고객의 관심이 무엇인지를 파악할 필요가 있다. 이를 토대로 어떤 검색엔진, 광고, 홍보가 효율적인지를 분석하여 소비자의 관심을 유발시키는 방향으로 전개해야 한다.

3단계: 게시판 관리

인터넷 쇼핑몰은 소비자의 방문과 매출액을 저조한 쇼핑몰은 구매를 주저하게 된다. 인터넷 쇼핑몰의 경우 방문 고객이 어느 정도인지를 파악하기 곤란한 데 게시판을 통해 고객들의 현 상태를 파악하게 된다. 구매자들의 경우 게시판을 통해 고객들의 구매만족도를 파악할 수 있으므로 철저한 게시판 관리를 통하여 고객들의 질문이나 불만사항을 즉시 처리해 주는 적극적이고 진실한 관리가 필요하다.

4단계: 판촉 전략 수립

인터넷 쇼핑몰을 오픈 후 안정적인 방문자가 유지되면 이벤트를 분석할 필요가 있다. 가격 할인 대에 따라 매출이 어떻게 변화되는지, 요일 특판을 할 경우 요일에 따라 방문자 수나 매출액을 분석이 필요하다. 이와 같은 분석을 통해 고객들이 재방문, 재구매가 발생하도록 새로운 판촉 전략을 수립해야 한다.

5단계: 회원확보

회원확보는 회원가입으로 여러 가지 혜택이 주어지게 되면 구전마케팅으로 가입한 회원이 다른 회원에게 소개를 통해 가입을 유도하게 된다. 아울러 회원가입 시 이메일 주소를 기재하게 하여 주기적으로 정보를 제공하여 방문 및 구매가 발생하도록 해야 한다. 특히 재구매가 이루어지는 상품의 경우 회원확보가 중요한 관건이 된다. 따라서 회원 가입률을 높이는 방법과 이메일을 열어보도록 하는 기법이 오픈 초기의 중요한 요인이다.

6단계: 효과적인 홍보전략

인터넷 쇼핑몰을 구축하여 놓았다 하더라도 고객에게 알려지지 않으면 방문자도 적게 되고 이로 인해 매출액에 중대한 영향을 미치게 될 것이다. 따라서 우선적으로 인터넷 쇼핑몰을 홍보할 다양한 방법을 통해 고객들에게 다가가는 쇼핑몰이 되어야 한다. 현재 인터넷 쇼핑몰의 가장 유리한 광고는 검색 키워드를 통한 광고가 가장 효과적이고, 이외에도 가격비교 서비스, 카페, 이메일 서비스를 통해 홍보를 적극적으로 해야 할 필요성이 있다.

4) 성공하는 쇼핑몰 운영원칙

인터넷 쇼핑몰을 성공적인 사업을 위해서 인터넷 쇼핑몰도 유통업이며, 다양한 수익모델이 존재하고, 성공에 대한 확신, 빠른 변화에 대응 하는 등의 노력이 필요하며 구체적인 운영원칙은 다음과 같다.

첫째, 인터넷 쇼핑몰을 업종측면에서 유통업으로 인식해야 한다. 유통업은 현금과 물량을 통한 시장점유율 경쟁이므로, 매입처의 선정이나 사입가격 등이 경쟁력이 될 수 있다. 유통업은 새로운 진입자가 많으므로 경쟁력을 높이기 위해서는 유통업의 특징과 유통에서 자사가 가지는 강점을 확보해야 한다.

둘째, 인터넷의 경우 수익모델의 다양성이 존재한다. 인터넷에서 다양한 쇼핑몰이 존재하고 아울러 이를 통한 다양한 수익모델이 나타나고 있다. 현재의 매출액과 이익에 집착하지 말고 방문자수, 회원 수를 확보하여 차후에 좋은 결과를 얻는 것이 바람직하다.

셋째, 성공에 대한 자신감이 필요하다. 인터넷 이용자수가 계속 증가하고 있으며 인터넷 쇼핑몰의 수도 늘어나고 있다. 그러나 운영측면에 있어서 경험부족과 관리능력, 지식부족으로 실패하는 사례가 발생하고 있다. 하지만 철저한 준비와 자신감을 바탕을 차근차근 운영해 가면 성공 가능성 높아지게 된다.

넷째, 타인의 의존도가 높아져서는 안 된다. 인터넷 쇼핑몰은 복잡하고 다양한 지식이 요구된다. 그러므로 타인에게 의존하게 되면 매출액의 감소할 경우 어떤 조치가 필요한지를 알 수 없게 되고 쇼핑몰 운영에 대한 두려움이 발생하게 된다.

다섯째, 인터넷이 가지는 기술을 적극적으로 활용해야 한다. 인터넷의 다양한 기술과 서비스가 존재하므로 이를 토대로 회원가입자수 증대, 광고의 효과측정, 재방문을 유도할 수 있는 기법들을 활용하면 바람직한 결과가 발생하게 된다.

여섯째, 빠르게 변화하는 인터넷에 순응하고 관련성을 가진 업체와 상호간 협력구축이 필요하다.

핵심정리

- 인터넷 쇼핑몰은 전자상거래의 한 형태로 인터넷을 이용하여 기업과 소비자간의 거래가 이루어지는 것으로 다양한 형태의 가상점포를 의미한다.
- 인터넷 쇼핑몰은 종합 쇼핑몰, 전문 쇼핑몰, 디렉터리형, 백화점형, 메타몰형 등이 있다.

- 인터넷 쇼핑몰의 거래절차는 쇼핑몰에 접속하여 구매상품 검색, 구매결정, 결제단계, 배송단계, 정산단계, 관리단계(배송 후 교환 또는 환불)를 거치게 된다.
- 인터넷 쇼핑몰 구축과정은 사업성 검토 및 아이템 선정, 쇼핑몰 기획 및 도메인 등록, 사업자 등록과 통신판매업 신고, 쇼핑몰 설계 및 제작, 홈페이지 등록, 홍보 마케팅, 분석과 갱신 등의 과정을 거치게 된다.
- 사이트 모니터링은 웹서버 관리자가 고객의 로그파일을 분석하고 방문객의 웹 서버 접속, 방문, 비율에 대한 통계를 내거나 분석을 의미한다.
- 사이트 모니터링의 원칙은 신뢰성 확보, 유용성 문제, 편리성을 제공해야 한다.
- 백오피스는 웹사이트를 통해 전개되는 과정에서 뒤쪽에서 시스템적으로 충족될 부분을 관리하는 시스템이다.
- 백오피스 관리는 고객관리, 트래픽관리, 거래관리, 광고관리 등이 있다.
- 사이트 관리는 콘텐츠 관리(텍스트 관리, 그래픽 관리, 메인페이지 관리) DB 관리(상품관리 DB, 고객관리 DB, 주문처리 DB) 등이 포함된다.
- 인터넷 쇼핑몰 성공요인을 기술적 측면의 경우 웹사이트 구성, 솔루션 선택, 지불수단의 선택, 마케팅 측면의 경우 아이템 선정, 마케팅 전략, 쇼핑몰 이용 편의성, 고객관리 철저, 품질보증 문제 등이 있다.
- 쇼핑몰 구축절차는 방문고객 요구 분석, 디렉터리 구성, 회사 이미지 부각, 메인페이지 구성, 고객입장에서 쇼핑몰 상품 소개 등이 필요하다.
- 인터넷 쇼핑몰 운영 초기 전략은 검색엔진 등록, 로그분석, 게시판 관리, 판촉 전략 수립, 회원확보, 효과적인 홍보전략 등의 단계를 거치게 된다.
- 성공하는 쇼핑몰 운영원칙은 유통업 인식, 수익모델의 다양성 존재, 성공에 대한 자신감, 타인의 의존도가 높아서는 안 됨, 인터넷 기술 적극적 활용, 업체간 전략적 제휴가 필요하다.

참고문헌

국내문헌

강동범, 사이버범죄 처벌규정의 문제점과 대책, 형사정책 제19권 제2호, 한국형사정책학회, 2007.

강성진, 전자상거래 소비자 보호에 관한 OECD의 논의와 정책적 시사점, 대외경제정책연구원, 1999.

강동호 외, 스마트폰 보안 위협 및 대응 기술, 전자통신동향분석 제25권 제3호, 2010. 6.

강요식, 소셜리더십, 미다스북스, 2011.

강승원 외, 전자상거래의 이해, 학현사, 2004.

강육모, 비즈니스 모델로서 유비쿼터스 컴퓨팅의 전망, 혜천대 논문집 23집, 2005.

강학주, face to face: 소셜네트워크 페이스북으로 리드하라, 인피니티북스, 2010.

강현순, 전자상거래 구축 기술, 기한재, 2006.

김국진, "T-Commerce와 M-Commerce의 현황과 정책방향," 정보통신정책, 제14권 제1호, 정보통신정책연구원, 2002.

김경규 외, 경영전산개론, 법영사, 1997.

김경준, 유비쿼터스 컴퓨팅 개념 및 기술, 흥릉과학출판사, 2008.

김대진, "스마트TV 현황 및 발전 방향," 방송공학회지, 15(3), 122-131, 2010.

김병학, 유비쿼터스 e-비즈니스와 전자상거래, 두양사, 2006.

김명호, 전자상거래의 이해, 두남, 2005.

김병철, Mobile Commerce의 수용에 영향을 미치는 요인과 서비스 유형 선택에 관한 연구, 국민대학교 대학원 석사학위논문, 2002.

김선기, 옥션 성공을 위한 10계명, 영진닷컴, 2005.

김승규, 삼성 스마트TV 1000-10000클럽, 전자신문, 2011. 10.

김성희 · 장기진, 전자상거래관리사, 한국전자거래진흥원, 2001.

김인구, 전자상거래개론, 형설출판사, 2007.

김용호 · 하명환, 전자상거래, 형설출판사, 2005.

김일호, 우리나라 전자상거래 활성화 방안에 관한 연구, 목원대학교 대학원 석사학위 논문, 2003. 6.

김윤화, 소셜커머스 시장현황 및 정책이슈, 정보통신정책, 제23권 11호.

김인구, 전자상거래 이론과 실제, 두남, 2000.
김영환, 정보사회에 따른 법 이론적 문제들, 통신개발연구원, 1997.
김종재, 중소기업경영론, 박영사, 1992.
김재일, 인터넷 마케팅, 박영사, 2001.
김준한, 유럽 모바일 지급결제 시장 전망 및 성장 장애요인 분석, KISDI IT FOCUS, 2001. 8.
김재우, 전자상거래관리사 필기, academysoft, 2003.
김재윤 · 권기덕 · 임진호, "유비쿼터스 컴퓨팅 환경에서의 교육의 미래 모습", 한국교육학술정보원 연구보고서, KR-2004-27, 2004.
김재윤 · 민병석, 「유비쿼터스 컴퓨팅: 비즈니스 모델과 전망」, 삼성경제연구소, 2003.
김주윤, "국내 블로그의 특성에 관한 연구: 저널리즘 기제로서의 발전 가능성을 중심으로", 한국외국어대학교 대학원 석사학위논문, 2005.
김진택, 클라우드 컴퓨팅 기술 및 표준화 동향, IT Standard & Certification TTA.
김창수 외, e-비즈니스 원론, 법문사, 2004.
김철호 · 윤광운, 전자상거래, 삼영사, 2006.
김철환 · 노전표 · 김민희, 이동통신을 이용한 기업의 마케팅 현황 및 전략, 정보통신정책연구원, 2002.
김철환, 소셜커머스, 블로터앤미디어, 2011.
김태욱 · 이영균, 소셜마케팅 7가지 법칙, 다우, 2011.
김형준 · 조준호 · 안성화 · 김병준, 클라우드 컴퓨팅 구현 기술, 에이콘, 2011.
김효근 · 문남미, T-Commerce 전략과 기술, 서울: 시그마 인사이트, 2002.
김현희 · 홍성찬, "국내외 T-Commerce 시장동향 및 서비스 전망," 인터넷정보학회지, 제5권 제2호, 한국인터넷정보학회, 2004.
김현화, 유비쿼터스와 e-커머스, SERI 열린 지식, 2006.
김현주 · 정승우, 알기 쉬운 물류, 삼성경제연구소,1992.
구본창, 소셜커머스, 채륜, 2011.
구창환 · 최규문 · 정단비, 페이스북 비즈니스, 더숲, 2011.
국가통계포털 국내통계: 〈도소매 · 서비스〉 전자상거래동향조사.
권기덕 외, 스마트폰이 열어가는 미래, 삼성경제연구소, 2010. 2.
권미영, 전자상거래와 e-비즈니스, 범한, 2008.
권수갑, Ubiquitous Computing: 개념과 동향, 전자부품연구원 전자정보센터, 2003.

권용현, 무선인터넷 활성화 정책방향, 전파 제99호, 2001.
노재범, "전자상거래의 대두와 기업의 대응", 삼성경제연구소, 1996.
노형진 · 장명복 · 정한열, e-Business 이론과 활용, 형설출판사, 2002.
노리히코 이쑤이구로, 박춘석 역, 전자상거래, 이한출판사, 1997.
디지털타임스, 2000년 12월 5일.
디지털타임스, 쿠팡 2013년 나스닥 상장 추진 김범석 대표 창업 1주년 기념식서 중장기 비전 발표, 정유진 기자, 2011년 08월 19일자 10면 기사
류원 외, 차세대 스마트TV 발전 방향, TTA 저널135호, 2011. 5.
민옥기 외 3인, 훤히 보이는 클라우드 컴퓨팅, 전자신문사, 2009.
민옥기 외, 전자통신종합분석, 제24권 제 4호, 2009.
문양선 외, 무선인터넷 개론, 연학사, 2002.
문형동 · 이재환, 국내외 무선인터넷 시장 동향, 전자통신동향분석 제 17권 제3호, 2002.
문희철 · 정재윤, 전자상거래관리사, 한국전자거래진흥원, 2001.
박승봉 · 서준석, e-Logistics 실행에 영향을 미치는 조직특성 요인에 대한 탐색적 연구, vol 3, No 2, 2003.
박용광, 클라우드 컴퓨팅 발전방향에 관한 연구, 한양대학교 석사학위논문, 2009년 2월.
방송위원회, 통신망 이용 방송서비스 도입방안 마련을 위한 토론회, 2006.
박용이, 와이브로(WIBRO) 서비스에 대하여, SERI, 2007.
백형기 · 최창렬, 전자상거래 시대의 법, 미래와 경영, 2000.
박종영, 전자상거래에서 소비자피해유형과 인식변화에 관한 연구, 동국대학교, 2001.
박주상, RFID 기술 및 산업동향, 한국전자통신연구원, 정보통신 9호, 2003.
박재범, 유비쿼터스 시대의 핵심 인프라, RFID, LG주간경제 , 2004.
박상범, 중소기업론, 삼영사, 1994.
박춘엽, 중소기업창업과 사업성 분석, 진선, 1986.
박태석, 데이터베이스 마케팅, Marketing Forum Vol.4, No.2 가을호, 1996.
방희석 · 이규훈, 물류관리론, 박영사, 1999.
배성환, SNS 파워마케팅, 명진출판, 2011.
배상기, "뉴미디어시대 케이블 TV 활성화 방안에 대한 연구", 한남대학교 석사학위논문, 2008.
배재권 · 정화민, 스마트폰의 기능적 속성이 채택 결정요인에 미치는 영향, e-비즈니스연구, 2008, Vol. 9, No.4

삼성경제연구소, 인터넷라운드와 기업의 대응, CEO Information, 102호, 1997. 8.

삼성경제연구소, TV 홈쇼핑의 신성장 동력 T-Commerce, 2006.

삼성경제연구소, 유비쿼터스 컴퓨팅: 비즈니스 모델과 전망, 삼성경제 이슈리포트, 2003.

삼성경제연구소, "국내기업의 인터넷 비즈니스 성공전략", 매일경제신문사. 1999.

산업자원부, 한국전자거래(CALS/EC)협회, supra note 1.

신기섭 · 류성경, "T-커머스의 성장가능성과 금융기관에의 시사점," 전자상거래학회지, 제7권 제3호, 한국전자상거래학회, 2006.

신일순 외 2인, 전자서명 및 인증제도, 정보통신정책연구원, 1998.

선진국, 엔터프라이즈 클라우드 컴퓨팅 성공요인에 관한 연구, 고려대학교 대학원, 2010년 12월

신해웅, 전자상거래 기획 및 관리, IT미디어, 2008.

신흥식 · 김창연, 전자상거래 보안과 전자인증, 정보산업, 1999.

신현암 · 이웅희, 인터넷 비즈니스 모델의 성공조건, 삼성경제연구소, 2000.

심종석 · 유병옥, 전자상거래 전략기획론, 형설출판사, 2001.

심상렬 · 김우주 · 하재구, 전자상거래관리사 Ⅱ, edunet, 2000.

안중호 · 박철우, 인터넷과 전자상거래, 홍문사, 2006.

안웅 · 김재현 · 정한경, 전자상거래 개론, 연학사, 2003.

안철민, 인터넷과 인터넷 광고, ADZINE, 1997.

안영효, 제3자 물류산업의 지식경쟁력 강화 방안, 산업연구원, 1999.

이근화, 유비쿼터스 무선기술 개요 및 개발전략 방향, 한국전파진흥협회, 2003.

이경근 · 노영, e-Biz A to Z, 이프레스, 2004.

이경전, 「인터넷 비즈니스 어떤 것이 있나?」, 주간 중앙이코노미스트, 1999. 이두원, 인터넷 홈페이지 광고의 메시지에 대한 분석연구, 광고연구, 1997, 가을호.

이대식, 전자상거래 보안, 오성미디어, 2006.

이성근, 계층적 분석과정을 이용한 광고매체 인터넷 평가 및 수요전망에 관한 연구, 광고연구, 1997, 가을호.

이상렬, 제3자 물류의 이론적 고찰과 한국에 있어서의 발전 방안에 관한 연구, 서울대학교 석사학위논문, 1999.

이상동, "Visions on Clouds 2010: 2010년도 클라우드 컴퓨팅 전망분석", 한국과학기술정보연구원, 2010. 2.

이성근, "스마트 TV가 그리는 미래," LG Business Insight, 2010.

이위현, 스마트 TV의 교육 콘텐츠 현황과 활성화방안에 관한 연구, 영남대학교

석사학위논문, 2010.
이영수, 전자상거래론, 형설출판사, 2002.
이은곤, RFID 확산 추진현황 및 전망, 정보통신정책 제 16 권 6호 통권 344호, 2004.
이은민, 모바일 상거래 이용의도의 결정요인에 관한 연구, 계명대학교 대학원 석사학위논문, 2006. 6
이재구, 구글TV 맘같지 않네, 미4대방송 "콘텐츠 안돼", zdnet Korea, 2010. 11.
이충열, 국내 스마트카드형 전자화폐 도입 성공을 위한 제언: 선진국 실험의 교훈, 금융연구, 제15권 1호, 2001, 8.
이태언, 사이버공간의 형법상의 과제, 부산외국어대 출판부,1999.
이호 · 박상용 · 고영국, 전자상거래 실습, 학문사, 2000.
이현우, 인터넷의 경제적 가치에 대한 연구, 광고연구, 1997, 여름호.
이현미, 애플 값 크게 내린 새 TV 공개: 잡스, 아이팟 신제품도 선봬, 문화일보, 2010. 9.
이호배, 사이버 마케팅으로 인한 패러다임 변화, 마케팅, 1997, 4월호.
왕숙희, 전자상거래 이론과 시스템 구축의 실제, 글로벌, 2007.
임성기, 돈 버는 쇼핑몰 돈 버리는 쇼핑몰, 비비컴, 2005.4.
윤종훈 · 김용민, 전자상거래 이해, 삼영사, 2006.
윤종훈 · 김용민, 전자상거래, 학현사, 2009.
양일모, 효율적인 물류관리를 위한 정보시스템 구축방안, 건국대학교 석사학위논문, 1995.
유윤수 · 윤상진, 소셜커머스, 더숲, 2011.
유지은, "An Empirical Study on the adoption of T-commerce; extending thetechnology acceptance model," 한국정보통신대학원 석사학위논문, 2004.
엄성용, 기업의 소셜커머스 활용실태 및 향후 전망 조사, 대한상공회의소, 2011. 4. 13.
야코 도모노리, 김정환 역, 클라우드, 새로운 제안, 2011.
조원길, 전자상거래 입문, 두남, 2001.
조병인, 하이데크 범죄에 관한 연구, 「형사정책연구」제10권 제3호(통권 제39호), 한국형사정책연구원, 1999년 가을.
정광현, 트위터 무작정 따라하기, 길벗, 2010.
정연승, 파이브 포스: 미래에 대응하는 다섯 가지 힘, 한스미디어, 2011.
정진섭, 인터넷과 컴퓨터범죄 동향변화, 「정보사회와 법칙」, 한국형사정책연구원 제18회 형사정책세미나자료집, 1996년 5월.
전자정보센터(www.eic.re.kr), Cloud Computing 개념 및 동향, 2009. 06
전지연, 사이버범죄의 과거, 현재 그리고 미래, 형사법연구 제19권 제3호, 한국 형사법학회, 2007.
정보통신산업진흥원, "스마트 TV 시장 진입을 둘러싼 IT 기업들의 전략,"주간 기술동향, 1464호, 2010.
정보통신부, 2001년 7월 10일 보도자료.
정보통신부, 2001년 4월 4일 보도자료.
정봉구, LG전자 스마트TV 더 쉽게 더 편리하게, 한국경제TV, 2011. 9.
정종석, 제3자 물류업의 중요성과 활성화 방안, 한국물류협회, 1997.
장동구, 「대학교육의 효율성재고를 위한 유비캠퍼스 모델에 관한 연구」, 연세대학교 정경대학원 박사학원 논문, 2004.
장시영 · 고영국 · 이정섭 · 이상성 · 문주호, 전자상거래 이론과 실습, 좋은소프트, 2002.
조원길, 전자상거래 이해와 활용, 두남, 2006.
주재훈 · 류시욱, 전자상거래@e-비즈니스, 삼영사, 2006.
제일금융연구원, 새로운 돈의 혁명 전자화폐, 한국경제신문사, 1997.
조회창, 광고효과 측정 기준 및 용어의 통일이 급선무, LG애드사보, 1997.
조동훈, e-Business 개론, 한올출판사, 2001.
주용완, "클라우드 컴퓨팅 서비스 동향 및 활성화 방안", 한국지역정보개발원, 『지역정보화』, 통권 제56호, 2009, 5.
조연아 외, "IT 뉴 패러다임, 클라우드 컴퓨팅", KT경제경영연구소, 2009. 2.19. p. 10
최택진, 전자상거래의 활성화 방안에 대한 연구, 건국대학교 대학원 석사학위논문, 2002. 12.
최민경 · 이욱, U-commerce에 있어서 유효한 Business Model 에 관한 연구, 한국경영정보학회 추계학술대회, 2003.
최남희, 유비쿼터스 컴퓨팅 기술과 응용과 과제: u-비즈니스를 중심으로, ICAT 학술대회, 2003.
천정미, "지식기반사회와 교육: Peter Drucker를 중심으로", 「교육철학」, 제22권, 한국교육철학회, 2002.
크리스토퍼 버넷, 윤성호 · 이경환 역, 클라우드 컴퓨팅, 미래의 창, 2011. p. 240.
KEIT , 차세대 컴퓨팅 기술로드맵 보고서, 2009. 07.
홍대형 · 강충구 · 조용수, 2.3 GHZ 휴대인터넷 기술의 국내표준화, TTA저널 제92호
하성욱, u-Commerce 현황과 전망, 큐엔솔브, 2002.
하태훈 · 강동범, 정보사회에서의 형법의 임무와 대응방안, 통신개발연구원, 1997.9.
하원규 외 2, 유비쿼터스 IT혁명과 제3공간, 전자신문사, 2002.
하원규 · 이미숙 · 홍영교, UIT 혁명 시대를 전망한 BcN의 발전방향과 조건,

Telecommunication Review, 통권 89호, 2004.
하오성, M-Payment Services of SKT, Mobile Payment World Conference, 2002, 10.
한국정보보호센터, 정보보호 통계자료, 정보보호뉴스 제14호, 1998.
한국전자거래진흥원, 전자상거래관리사 교재, 2002.
한국인터넷진흥원, 스마트폰 시장의 확산에 따른 모바일 생태계 변화, 인터넷 & 시큐리티 이슈, 2010. 4. p. 8.
한국인터넷기업협회, 소셜커머스 소비자보호 자율준수 규약, 2011. 8.
한국인터넷백서, 한국전산원, 2003
한국과학기술원, 감성디자인 기반기술 개발에 관한 연구, 1993.
한국소비자보호원, 전자상거래 이용실태 및 피해 유형, 보도자료, 1999.
한국소비자원, 전자상거래 소비자피해, 2012. 05. 보도자료.
한국사이버범죄백서, 한국사이버감시단, 2001.
한국소비자원, 소비넷 2005.1.1 - 2006.12.31 자료
한국경영정보학회, 인터넷 콘텐츠 비즈니스 모델 발굴, 한국소프트웨어 진흥원, 2000.
한영수, "구글 TV와 애플 TV로 미리본 스마트 TV 시장의 경쟁", LG Business Insight, 2010.
한상용 · 김경숙, "모바일 컴퓨팅 환경의 교육적 활용방안의 연구", 「한국교육학술정보원 연구보고 KR-2003-2」, 2003.
허일태, 사이버범죄의 현황과 대책, 동아대학교 법학연구소 세미나 발표 논문, 2000. 4.
홍승희, 정보통신망의 전망, 형사정책 제19권 제1호, 한국형사정책학회, 2007.
홍일유, 전자상거래, 법문사, 2008.
홍원순, LTE(Long Term Evolution), 한국인터넷 진흥원, 인터넷 & 시큐리티 이슈, 2011. 4.
황하진 외, 전자상거래와 e-비즈니스, 경문사, 2003.

외국문헌

Bowersox Donald J., David J. Closs, Logistics Management: The intergrated supply chain process, NY: Mcgraw-Hill, 1996.
Chris Gardner, Automotive Aftermarket RFID, MEMA Information Services Council White Paper, 2004, p. 4.
Cheung, C, and M, Lee., "Trust in Internet Shopping: A Proposed Model and

Measurement Instrument", Proceeding of Americans Conference on Information Systems, 2000, pp. 681-689.

Dawn Jutla, Peter Bodorik, Catherine Hajnal, Charles Davis, "Making Business Sense of Electronic Commerce", IEEE, March 1999.

David L. Brock, "The Electronic Product Code: A Naming Scheme for Physical Objects", tech. report MIT Auto-ID Center, Jan, 2001.

Elgamal, Taher, "CREDIT CARD PAYMENT APPLICATION OVER THE INTERNET" July 14, 1995.

Ernst and Whinney, Warehouse accounting and control: Guidelines for distribution and financial managers, Oak Brook, IL: National Council of Physical Distribution Management, 1985.

Erick, Dahlstron, The Comment Future of Wallets and ATMs Mobile Phone!, ePSO Newsletter Vol. 02, Sep 2001.

Forrester Research, Tarketing Consumer for Mobile Payment, 2001, 5.

Gregory T. Huang, "Tracking's New Standard," Technology Review, Oct. 2003.

Internet Maketing & Technology Report, 1996, February.

J. G. Longenecker & C. W. Moore, Small Business Management, South-Western Publish Co, 1987.

Jupit Communication, The 1996 Online Advertising Report.

Kenneth Berryman, Lorraine Harrington, Dennis Layton-Rodin, Vincent Rerolle,"Electronic commerce : Three emerging strategies," The McKINSEY Quarterly , 1998 Number 1.

Lee, M. K., and E. Turban, "A trust model for consumer internet shipping", International Journal of Electronic Commerce, 6(1), 2001, pp. 75-91.

Michael Rappa, Business models on the Web, 1999.

Margaret Jane Radin, John Rothchild, and Gregory M. Silverman, Internet Commerce: Doing Business In A Networked World, 2001, p. 3.

Paul Timmers, "Business Models for Electronic Markets," European Commission, Directorate- General Ⅲ, Vol. 8, No. 2, April 1998.

New Media Markets 2001.

Resolution 2205(XXI) of 17 December 1966.

- http://www.uncitral.org/english/commiss/geninfo.pdf.

UNCITRAL, Recommendation on the Legal Value of Computer Records, A/CN.9/265, 11 December 1985.

UNCITRAL Model Law on International Credit Transfers,
- http://www.uncitral.org/english/texts/payments/mlict.htm#TOP.
Weiser, M., Some Computer Science Problems in Ubiquitous Computing, Communication of the ACM, 1993: 137-143.
Weiser, M., The World is Not a Desktop, Inter-action, 1994: 7-8.
Weiser, M., Hot Topics: Ubiquitous Computing, IEEE Computer, 1993.
Weiser, M., The Computer for the Twenty-First Century, Scientific American, Vol. 25, No.9, 1991: 94-100.
Willam P. Walsh, Research and application of RFID Technology to enhance aviation security, IEEE, 2000.
'Evolution to LTE Report', www.gsacom.com, GSA, 2011년 1월 12일.
'Status of the LTE osystem Report', www.gsacom.com, GSA, 2011년 2월 9일.
http://sookmyung.ac.kr/~u0011043/term/ADSL&VDSL.html.
http://www.kisia.or.kr/
http://blog.naver.com/maxlee70/100003442766.
http://www.logophliia.com/wordspy/t-commerce.asp.
http://www.uncitral.org/english/texts/electcom/legval.htm.
http://www.dfat.gov.au/apec/index.html#contacts.
http://www.dfat.gov.au/apec/ecom/apec_news2.html.
http://www.netan.go.kr/cyber/prevention02.jsp.
http://www.fleurop.com.
http://www.fedex.com.
http://www.etrade.com.
http://www.terms.co.kr/SET.htm.
http://www.logistics21.com/5rest/ABC/logis03.htm.

부 록

Ⅰ. 전자문서 및 전자거래 기본법

[시행 2013.3.23.] [법률 제11690호, 2013.3.23., 타법개정]

제1장 총 칙

제1조(목적) 이 법은 전자문서 및 전자거래의 법률관계를 명확히 하고 전자문서 및 전자거래의 안전성과 신뢰성을 확보하며 그 이용을 촉진할 수 있는 기반을 조성함으로써 국민경제의 발전에 이바지함을 목적으로 한다.
[전문개정 2012.6.1.]

제2조(정의) 이 법에서 사용하는 용어의 뜻은 다음과 같다.

1. "전자문서"란 정보처리시스템에 의하여 전자적 형태로 작성, 송신·수신 또는 저장된 정보를 말한다.
2. "정보처리시스템"이란 전자문서의 작성·변환, 송신·수신 또는 저장을 위하여 이용되는 정보처리능력을 가진 전자적 장치 또는 체계를 말한다.
3. "작성자"란 전자문서를 작성하여 송신하는 자를 말한다.
4. "수신자"란 작성자가 전자문서를 송신하는 상대방을 말한다.
5. "전자거래"란 재화나 용역을 거래할 때 그 전부 또는 일부가 전자문서에 의하여 처리되는 거래를 말한다.
6. "전자거래사업자"란 전자거래를 업(業)으로 하는 자를 말한다.
7. "전자거래이용자"란 전자거래를 이용하는 자로서 전자거래사업자 외의 자를 말한다.
8. "공인전자주소"란 전자문서를 송신하거나 수신하는 자를 식별하기 위하여 문자·숫자 등으로 구성되는 정보로서 제18조의4에 따라 등록된 주소를 말한다.
9. "공인전자문서센터"란 타인을 위하여 다음 각 목의 업무(이하 "전자문서보관등"이라 한다)를 하는 자로서 제31조의2제1항에 따라 지정받은 자를 말한다.
   가. 전자문서의 보관 또는 증명
   나. 그 밖에 전자문서 관련 업무
10. "공인전자문서중계자"란 타인을 위하여 전자문서의 송신·수신 또는 중계(이하 "전자문서유통"이라 한다)를 하는 자로서 제31조의18에 따라 지정받은 자를 말한다.

[전문개정 2012.6.1.]

제3조(적용범위) 이 법은 다른 법률에 특별한 규정이 있는 경우를 제외하고 모든 전자문서 및 전자거래에 적용한다.
[전문개정 2012.6.1.]

제2장 전자문서

제4조(전자문서의 효력) ① 전자문서는 다른 법률에 특별한 규정이 있는 경우를 제외하고는 전자적 형태로 되어 있다는 이유로 문서로서의 효력이 부인되지 아니한다.
② 별표에서 정하고 있는 법률에 따른 기록·보고·보관·비치 또는 작성 등의 행위가 전자문서로 행하여진 경우 해당 법률에 따른 행위가 이루어진 것으로 본다.
[전문개정 2012.6.1.]

제5조(전자문서의 보관) ① 전자문서가 다음 각 호의 요건을 모두 갖춘 경우에는 그 전자문서를 보관함으로써 관계 법령에서

정하는 문서의 보관을 갈음할 수 있다.

1. 전자문서의 내용을 열람할 수 있을 것
2. 전자문서가 작성 및 송신·수신된 때의 형태 또는 그와 같이 재현될 수 있는 형태로 보존되어 있을 것
3. 전자문서의 작성자, 수신자 및 송신·수신 일시에 관한 사항이 포함되어 있는 경우에는 그 부분이 보존되어 있을 것

② 종이문서나 그 밖에 전자적 형태로 작성되지 아니한 문서(이하 "전자화대상문서"라 한다)를 정보처리시스템이 처리할 수 있는 형태로 변환한 문서(이하 "전자화문서"라 한다)가 다음 각 호의 요건을 모두 갖춘 경우에는 그 전자화문서를 보관함으로써 관계 법령에서 정하는 문서의 보관을 갈음할 수 있다. 다만, 다른 법령에 특별한 규정이 있는 경우에는 그러하지 아니하다.

1. 전자화문서가 전자화대상문서와 그 내용 및 형태가 동일할 것
2. 제1항 각 호의 요건을 모두 갖출 것

③ 전자화대상문서와 전자화문서의 내용 및 형태의 동일성에 관한 요건, 전자화문서의 작성 방법 및 절차, 그 밖에 필요한 사항은 미래창조과학부장관이 정하여 고시한다. 〈개정 2013.3.23.〉

④ 제1항과 제2항을 적용할 때 송신 또는 수신만을 위하여 필요한 부분은 전자문서 또는 전자화문서로 보지 아니할 수 있다.

[전문개정 2012.6.1.]

제6조(송신·수신의 시기 및 장소) ① 전자문서(전자화문서를 포함한다. 이하 같다)는 수신자 또는 그 대리인이 해당 전자문서를 수신할 수 있는 정보처리시스템에 입력한 때에 송신된 것으로 본다.

② 전자문서는 다음 각 호의 어느 하나에 해당하는 때에 수신된 것으로 본다.

1. 수신자가 전자문서를 수신할 정보처리시스템을 지정한 경우: 지정된 정보처리시스템에 입력된 때. 다만, 전자문서가 지정된 정보처리시스템이 아닌 정보처리시스템에 입력된 경우에는 수신자가 이를 출력한 때를 말한다.
2. 수신자가 전자문서를 수신할 정보처리시스템을 지정하지 아니한 경우: 수신자가 관리하는 정보처리시스템에 입력된 때

③ 전자문서는 작성자 또는 수신자의 영업소 소재지에서 각각 송신 또는 수신된 것으로 보며, 영업소가 둘 이상일 때에는 해당 전자문서를 주로 관리하는 영업소 소재지에서 송신·수신된 것으로 본다. 다만, 작성자 또는 수신자가 영업소를 가지고 있지 아니한 경우에는 그의 상거소(常居所)에서 송신·수신된 것으로 본다.

[전문개정 2012.6.1.]

제7조(작성자가 송신한 것으로 보는 경우) ① 다음 각 호의 어느 하나에 해당하는 전자문서에 포함된 의사표시는 작성자가 송신한 것으로 본다.

1. 작성자의 대리인에 의하여 송신된 전자문서
2. 자동으로 전자문서를 송신·수신하도록 구성된 컴퓨터프로그램이나 그 밖의 전자적 수단에 의하여 송신된 전자문서

② 전자문서의 수신자는 다음 각 호의 어느 하나에 해당하는 경우에는 전자문서에 포함된 의사표시를 작성자의 것으로 보아 행위할 수 있다.

1. 전자문서가 작성자의 것이었는지를 확인하기 위하여 수신자가 미리 작성자와 합의한 절차를 따른 경우
2. 수신된 전자문서가 작성자 또는 그

대리인과의 관계에 의하여 수신자가 그것이 작성자 또는 그 대리인의 의사에 기한 것이라고 믿을 만한 정당한 이유가 있는 자에 의하여 송신된 경우

③ 다음 각 호의 어느 하나에 해당하는 경우에는 제2항을 적용하지 아니한다.

1. 수신자가 작성자로부터 전자문서가 작성자의 것이 아님을 통지받고 그에 따라 필요한 조치를 할 상당한 시간이 있었던 경우
2. 제2항제2호의 경우에 전자문서가 작성자의 것이 아님을 수신자가 알았던 경우 또는 상당한 주의를 하였거나 작성자와 합의된 절차를 따랐으면 알 수 있었을 경우

[전문개정 2012.6.1.]

제8조(수신한 전자문서의 독립성) 수신한 전자문서는 문서마다 독립된 것으로 본다. 다만, 수신자가 작성자와 합의된 확인절차를 따르거나 상당한 주의를 하였더라면 동일한 전자문서가 반복되어 송신된 것임을 알 수 있었을 경우에는 그러하지 아니하다.

제9조(수신 확인) ① 작성자가 수신 확인을 조건으로 전자문서를 송신한 경우 작성자가 수신 확인 통지를 받기 전까지는 그 전자문서는 송신되지 아니한 것으로 본다. 이 경우 「민법」 제534조는 적용하지 아니한다.

② 작성자가 수신 확인을 조건으로 명시하지 아니하고 수신 확인 통지를 요구한 경우에 상당한 기간(작성자가 지정한 기간 또는 작성자와 수신자 간에 약정한 기간이 있는 경우에는 그 기간을 말한다) 내에 작성자가 수신 확인 통지를 받지 못하였을 때에는 작성자는 그 전자문서의 송신을 철회할 수 있다.

[전문개정 2012.6.1.]

제10조(작성자와 수신자 간의 약정에 의한 변경) 작성자와 수신자는 다른 법령에 특별한 규정이 있는 경우를 제외하고는 제6조부터 제9조까지의 규정과 다른 약정을 할 수 있다.

[전문개정 2012.6.1.]

제11조(전자서명에 관한 사항) 전자거래 중에서 전자서명에 관한 사항은 「전자서명법」에서 정하는 바에 따른다.

[전문개정 2012.6.1.]

제3장 전자거래의 안전성 확보 및 소비자 보호 〈개정 2012.6.1.〉

제12조(개인정보 보호) ① 정부는 전자거래의 안전성과 신뢰성을 확보하기 위하여 전자거래이용자의 개인정보를 보호하기 위한 시책을 수립·시행하여야 한다.

② 전자거래사업자는 전자거래이용자의 개인정보를 수집·이용 또는 제공하거나 관리할 때 「정보통신망 이용촉진 및 정보보호 등에 관한 법률」 등 관계 규정을 준수하여야 한다.

[전문개정 2012.6.1.]

제13조(영업비밀 보호) ① 정부는 전자거래의 안전성과 신뢰성을 확보하기 위하여 전자거래이용자의 영업비밀을 보호하기 위한 시책을 수립·시행하여야 한다.

② 전자거래사업자(정보처리시스템의 운영을 위탁받은 자를 포함한다. 이하 이 조에서 같다)는 전자거래이용자의 영업비밀을 보호하기 위한 조치를 마련하여야 한다.

③ 전자거래사업자는 전자거래이용자의 동의를 받지 아니하고는 해당 이용자의 영업비밀을 타인에게 제공하거나 누설하여서는 아니 된다.

④ 제1항부터 제3항까지의 규정에 따른 영업비밀의 범위, 보호조치 등에 관하여 필요한 사항은 대통령령으로 정한다.

[전문개정 2012.6.1.]

제14조(암호제품의 사용) ① 전자거래사업자는 전자거래의 안전성과 신뢰성을 확보하기 위하여 암호제품을 사용할 수 있다.

② 정부는 국가안전보장을 위하여 필요하다고 인정하면 암호제품의 사용을 제한하고, 암호화된 정보의 원문 또는 암호기술에의 접근에 필요한 조치를 할 수 있다.

[전문개정 2012.6.1.]

제15조(소비자보호시책의 수립·시행 등) ① 정부는 「소비자기본법」·「전자상거래 등에서의 소비자보호에 관한 법률」 등 관계 법령에 따라 전자거래와 관련되는 소비자의 기본권익을 보호하고 전자거래에 관한 소비자의 신뢰성을 확보하기 위한 시책을 수립·시행하여야 한다.

② 정부는 전자거래와 관련된 부당행위가 발생하지 아니하도록 전자거래사업자 및 사업자단체가 자율적으로 행동규범을 제정할 것을 권장할 수 있다.

[전문개정 2012.6.1.]

제16조(소비자 피해의 예방과 구제) ① 정부는 전자거래와 관련되는 소비자 피해의 발생을 예방하기 위하여 소비자에 대한 정보의 제공, 교육의 확대 등에 관한 시책을 수립·시행하여야 한다.

② 정부는 전자거래와 관련되는 소비자의 불만과 피해를 신속하고 공정하게 처리할 수 있도록 필요한 조치를 수립·시행하여야 한다.

[전문개정 2012.6.1.]

제17조(전자거래사업자의 일반적 준수사항) 전자거래사업자는 전자거래와 관련되는 소비자를 보호하고 전자거래의 안전성과 신뢰성을 확보하기 위하여 다음 각 호의 사항을 준수하여야 한다.

1. 상호(법인인 경우에는 대표자의 성명을 포함한다)와 그 밖에 자신에 관한 정보와 재화, 용역, 계약 조건 등에 관한 정확한 정보의 제공
2. 소비자가 쉽게 접근·인지할 수 있도록 약관의 제공 및 보존
3. 소비자가 자신의 주문을 취소 또는 변경할 수 있는 절차의 마련
4. 청약의 철회, 계약의 해제 또는 해지, 교환, 반품 및 대금환급 등을 쉽게 할 수 있는 절차의 마련
5. 소비자의 불만과 요구사항을 신속하고 공정하게 처리하기 위한 절차의 마련
6. 거래의 증명 등에 필요한 거래기록의 일정기간 보존

[전문개정 2012.6.1.]

제18조(전자거래사업자에 대한 인증) ① 미래창조과학부장관은 전자거래 촉진 및 전자거래이용자 보호를 위하여 우수한 전자거래사업자에 대하여 인증을 할 수 있다. 〈개정 2013.3.23.〉

② 미래창조과학부장관은 제1항에 따른 인증을 신청한 자로부터 수수료를 받을 수 있다. 〈개정 2013.3.23.〉

③ 제1항에 따른 인증의 기준·절차와 제2항에 따른 수수료 등에 관하여 필요한 사항은 대통령령으로 정한다.

[전문개정 2012.6.1.]

제18조의2(인증의 표시) ① 제18조제1항에 따른 인증을 받은 전자거래사업자(이하 "우수전자거래사업자"라 한다)는 대통령령으로 정하는 바에 따라 우수전자거래사업자임을 표시(인터넷 등 전자적 방식에 의한 표시를 포함한다. 이하 같다)할 수 있다.

② 우수전자거래사업자가 아닌 자는 제1항의 표시 또는 이와 유사한 표시를 하거나 홍보를 하여서는 아니 된다.

[본조신설 2012.6.1.]

제18조의3(인증의 취소) 미래창조과학부장관

은 전자거래사업자가 다음 각 호의 어느 하나에 해당하면 제18조제1항에 따른 인증을 취소할 수 있다. 다만, 제1호에 해당하는 경우에는 인증을 취소하여야 한다. 〈개정 2013.3.23.〉

1. 거짓이나 그 밖의 부정한 방법으로 인증을 받은 경우
2. 제17조에 따른 전자거래사업자의 일반적 준수사항을 위반한 경우
3. 제18조제3항에 따른 인증의 기준을 갖추지 못하게 된 경우

[본조신설 2012.6.1.]

제18조의4(공인전자주소의 등록) ① 공인전자주소를 이용하여 전자문서를 송신하거나 수신하려는 자는 제22조제1항에 따른 전담기관에 공인전자주소를 등록하여야 한다.

② 제22조제1항에 따른 전담기관은 제1항에 따라 등록의 신청을 받은 경우에는 신청된 공인전자주소가 국제표준방식 등에 맞는지를 확인하고, 그 내용을 정보처리시스템에 입력하고 보관하여야 한다.

③ 제22조제1항에 따른 전담기관은 제1항에 따라 등록을 신청한 자로부터 수수료를 받을 수 있다.

④ 제1항부터 제3항까지의 규정에 따른 공인전자주소의 등록, 보관 및 수수료에 관하여 필요한 사항은 미래창조과학부령으로 정한다. 〈개정 2013.3.23.〉

[본조신설 2012.6.1.]

제18조의5(유통증명서의 생성 및 발급 등) ① 제22조제1항에 따른 전담기관은 공인전자주소를 통하여 전자문서가 송신 또는 수신되거나 열람된 경우 다음 각 호의 사항이 포함된 정보(이하 "유통정보"라 한다)를 생성·보관한다.

1. 전자문서의 송신 및 수신 일시
2. 전자문서의 송신자 및 수신자
3. 그 밖에 전자문서의 송신 및 수신에 관한 사항으로서 대통령령으로 정하는 사항

② 작성자 및 송신자는 유통정보를 보관하고 있는 제22조제1항에 따른 전담기관으로부터 유통증명서를 발급받을 수 있다.

③ 제22조제1항에 따른 전담기관이 유통증명서를 대통령령으로 정하는 방법과 절차에 따라 발급한 경우에 그 유통증명서는 진정한 것으로 추정한다.

④ 제1항과 제2항에 따른 유통증명서의 생성·보관 및 발급에 필요한 사항은 대통령령으로 정한다.

[본조신설 2012.6.1.]

제18조의6(자동프로그램 등을 이용한 공인전자주소의 수집 등 금지) ① 누구든지 자동으로 공인전자주소를 수집하는 프로그램이나 기술적 장치를 이용하여 공인전자주소를 수집하여서는 아니 된다.

② 누구든지 제1항을 위반하여 수집된 공인전자주소를 판매하거나 제공하여서는 아니 된다.

[본조신설 2012.6.1.]

제18조의7(광고 송신의 금지) 누구든지 수신자의 공인전자주소에 영리 또는 홍보를 목적으로 광고를 송신할 수 없다.

[본조신설 2012.6.1.]

제4장 전자문서·전자거래기본정책의 수립 및 추진체계 〈개정 2012.6.1.〉

제19조(전자문서·전자거래기본정책의 원칙과 정부의 책무) 정부는 전자문서 이용 및 전자거래를 촉진하기 위하여 다음 각 호의 원칙에 따라 전자문서 및 전자거래에 관한 기본정책을 수립·시행하여야 한다.

1. 민간 주도에 의한 추진
2. 규제의 최소화
3. 전자문서 및 전자거래의 안전성과 신뢰성 확보

4. 국제협력의 강화
[전문개정 2012.6.1.]

제20조(전자문서·전자거래촉진계획의 수립·시행) ① 정부는 제19조에 따른 전자문서·전자거래기본정책의 원칙에 따라 다음 각 호의 사항이 포함된 계획(이하 "전자문서·전자거래촉진계획"이라 한다)을 수립·시행하여야 한다.

1. 전자문서·전자거래촉진계획의 기본방향
2. 전자문서 및 전자거래와 관련된 국제규범에 관한 사항
3. 전자결제제도에 관한 사항
4. 지식재산권의 보호에 관한 사항
5. 전자문서 및 전자거래 당사자의 권익보호에 관한 사항
6. 전자문서 및 전자거래의 안전성과 신뢰성 확보에 관한 사항
7. 전자문서 및 전자거래에 관한 기술의 개발 및 표준화에 관한 사항
8. 전자문서 이용 및 전자거래의 촉진에 필요한 환경조성 및 수요창출에 관한 사항
9. 전자문서 및 전자거래와 관련된 국제협력에 관한 사항
10. 전자문서 이용 및 전자거래의 촉진에 필요한 기반조성의 지원에 관한 사항
11. 초고속정보통신망의 구축 및 이용활성화에 관한 사항
12. 그 밖에 전자문서 이용 및 전자거래를 촉진하기 위하여 필요한 사항

② 전자문서·전자거래촉진계획과 관련된 중앙행정기관(이하 "관계중앙행정기관"이라 한다)의 장은 제1항 각 호의 사항에 관한 소관별 부문계획을 수립하고 주요 정책을 수립·집행할 때 이를 고려하여야 한다.

③ 전자문서·전자거래촉진계획은 미래창조과학부장관이 관계중앙행정기관별 부문계획을 종합하여 수립한다. 〈개정 2013.3.23.〉

[전문개정 2012.6.1.]

제21조 삭제 〈2009.3.18.〉

제22조(전자문서·전자거래 진흥 전담기관) ① 정부는 「정보통신산업 진흥법」 제26조에 따른 정보통신산업진흥원(이하 "전담기관"이라 한다)으로 하여금 전자문서 이용 및 전자거래의 촉진을 위한 사업을 효율적·체계적으로 추진하고 관련 정책을 개발할 수 있도록 지원하기 위하여 다음 각 호의 사업을 하게 할 수 있다.

1. 제23조제3항에 따른 전자화문서 작성 시설 또는 장비의 인증에 대한 지원
2. 제24조에 따른 전자문서 및 전자거래와 관련된 표준의 연구개발·보급사업 및 국제표준화 활동
3. 제25조에 따른 기술개발의 지원
4. 제28조에 따른 전자문서 및 전자거래 통계의 실태조사의 지원
5. 제31조의2에 따른 공인전자문서센터의 지정업무의 지원
6. 제31조의8에 따른 전자문서보관등 업무준칙의 신고업무에 대한 지원
7. 제31조의9제3항에 따른 공인전자문서센터의 전자문서 보호를 위한 조치에 대한 기술 등의 지원
8. 제31조의15제3항에 따른 보관문서등의 인수
9. 제31조의18에 따른 공인전자문서중계자 지정업무의 지원
10. 제32조에 따른 전자문서·전자거래 분쟁조정위원회의 운영

② 전담기관은 제1항제1호에 따른 인증을 신청한 자로부터 미래창조과학부령으로 정하는 바에 따라 수수료를 받을 수 있다. 〈개정 2013.3.23.〉

③ 정부는 예산 또는 「정보통신산업 진

흥법」 제41조에 따른 정보통신진흥기금의 범위에서 전담기관이 전자거래의 촉진과 전자문서의 이용활성화를 위한 사업에 필요한 경비의 전부 또는 일부를 출연할 수 있다.
[전문개정 2012.6.1.]

제5장 전자문서 이용 및 전자거래의 촉진과 그 기반 조성 〈개정 2012.6.1.〉

제23조(전자문서 이용의 촉진 등) ① 정부는 전자문서의 이용을 촉진하기 위하여 각종 법령의 정비 등 필요한 시책을 수립·시행하여야 한다.
② 미래창조과학부장관은 전자문서의 이용을 촉진하기 위하여 전자문서의 작성·송신·수신·보관에 필요한 요건·방법·절차에 관한 표준지침을 정하여 고시할 수 있다. 〈개정 2013.3.23.〉
③ 미래창조과학부장관은 전자화문서의 신뢰성을 확보하기 위하여 전자화문서의 작성에 사용되는 시설 또는 장비에 대하여 인증을 부여할 수 있다. 〈개정 2013.3.23.〉
④ 제3항에 따른 시설 또는 장비에 대한 인증과 관련하여 인증 대상·기준·절차 및 관리방법과 그 밖에 필요한 사항은 미래창조과학부령으로 정한다. 〈개정 2013.3.23.〉
⑤ 미래창조과학부장관은 제3항에 따라 인증을 부여한 시설 또는 장비에 대하여 그 운영 실태와 사후관리 상태를 조사하여야 하며, 조사 결과 인증기준에 적합하지 아니하다고 인정할 때에는 시정을 요구할 수 있다. 〈개정 2013.3.23.〉
⑥ 미래창조과학부장관은 제3항에 따라 인증을 부여한 시설 또는 장비가 다음 각 호의 어느 하나에 해당하면 인증을 취소할 수 있다. 다만, 제1호에 해당하면 인증을 취소하여야 한다. 〈개정 2013.3.23.〉
1. 거짓이나 그 밖의 부정한 방법으로 인증을 받은 경우
2. 시설 또는 장비가 인증기준에 현저히 미달하여 전자화문서의 신뢰성을 훼손할 우려가 있는 경우
3. 제5항에 따른 시정 요구를 이행하지 아니한 경우

[전문개정 2012.6.1.]

제24조(전자문서 및 전자거래의 표준화) ① 정부는 전자문서 및 전자거래의 효율적 운용과 관련 기술의 호환성(互換性) 확보를 위하여 다음 각 호의 사업을 추진하여야 한다.
1. 전자문서 및 전자거래와 관련된 표준의 제정·개정 및 폐지와 그 보급
2. 전자문서 및 전자거래와 관련된 국내외 표준의 조사·연구·개발
3. 그 밖에 전자문서 및 전자거래와 관련된 표준화에 관하여 필요한 사업

③ 정부는 제1항 각 호의 사업을 효율적으로 추진하기 위하여 필요한 경우에는 관련 기관 및 민간단체로 하여금 이를 대행하게 할 수 있다. 이 경우 대통령령으로 정하는 바에 따라 대행에 드는 비용을 지원할 수 있다.
[전문개정 2012.6.1.]

제25조(전자문서 및 전자거래 기술개발의 추진) 정부는 전자문서 이용 및 전자거래의 촉진에 필요한 기술의 개발과 기술수준의 향상을 위하여 다음 각 호의 사항을 추진하여야 한다.
1. 전자문서 및 전자거래에 관한 기술수준의 조사, 기술의 연구개발, 개발된 기술의 활용에 관한 사항
2. 전자문서 및 전자거래에 관한 기술협력·기술지도 및 기술이전에 관한 사항
3. 전자문서 및 전자거래에 관한 기술정보의 원활한 유통 및 산학연(産學硏) 협력에 관한 사항

4. 그 밖에 전자문서 및 전자거래에 관한 기술개발과 관련하여 필요한 사항

[전문개정 2012.6.1.]

제26조(전자문서 및 전자거래 전문인력의 양성) ① 정부는 전자문서 이용 및 전자거래를 촉진하기 위하여 필요한 전문인력을 양성하는 데 노력하여야 한다.

② 정부는 제1항에 따라 전문인력을 양성하기 위하여 「정부출연연구기관 등의 설립·운영 및 육성에 관한 법률」에 따른 정부출연연구기관 등 연구소, 「고등교육법」에 따른 학교, 민간교육기관, 그 밖의 관련 기관에 대하여 그 사업 수행에 필요한 경비의 전부 또는 일부를 지원할 수 있다.

③ 제2항에 따른 전문인력 양성기관에 대한 경비 지원 등에 필요한 사항은 대통령령으로 정한다.

[전문개정 2012.6.1.]

제27조(공공부문의 전자거래 추진) 국가기관, 지방자치단체, 「공공기관의 운영에 관한 법률」 제4조에 따른 공공기관 및 공공단체 등(이하 "국가기관등"이라 한다)은 그 기관의 운영에 필요한 재화 또는 용역의 조달이나 기관의 사업을 전자거래로 수행하기 위한 계획을 수립하여 추진하여야 한다.

[전문개정 2012.6.1.]

제28조(전자문서 및 전자거래 통계의 실태조사) ① 미래창조과학부장관은 전자문서·전자거래촉진정책의 효과적인 수립·시행을 위하여 전자문서 및 전자거래 통계의 실태조사를 실시할 수 있다. 이 경우 전자문서 및 전자거래 통계의 작성에 관하여는 「통계법」을 준용한다. 〈개정 2013.3.23.〉

② 미래창조과학부장관은 제1항에 따른 전자문서 및 전자거래 통계의 실태조사를 위하여 필요한 경우에는 다음 각 호의 어느 하나에 해당하는 자에 대하여 자료의 제출이나 의견의 진술 등을 요구할 수 있다. 〈개정 2013.3.23.〉

1. 국가기관등
2. 전자거래사업자
3. 전자문서 또는 전자거래 관련 법인·단체

③ 제2항에 따라 자료의 제출 등을 요구받은 자는 이에 협조하여야 한다.

④ 전자문서 및 전자거래 통계의 실태조사에 필요한 사항은 대통령령으로 정한다.

[전문개정 2012.6.1.]

제29조(전자문서 및 전자거래의 국제화) ① 정부는 전자문서 및 전자거래에 관한 국제협력을 촉진하기 위하여 전자문서 및 전자거래에 관한 정보·기술·인력의 교류, 공동조사·연구 및 기술협력, 국제표준화 등의 사업을 지원할 수 있다.

② 정부는 국제기구에서의 전자문서 및 전자거래에 관련된 논의에 적극적으로 참여하여 대응하고, 전자거래사업자 및 전자문서 관련 사업자의 국외시장 진출을 활성화하기 위하여 노력하여야 한다.

[전문개정 2012.6.1.]

제30조(전자상거래지원센터) ① 정부는 중소기업의 전자거래를 촉진하기 위하여 필요한 시책을 마련하여 추진하여야 한다.

② 미래창조과학부장관은 중소기업의 전자거래를 촉진하기 위하여 전자거래와 관련한 교육훈련, 기술지도, 경영자문, 정보제공 등을 지원하는 기관을 전자상거래지원센터(이하 "지원센터"라 한다)로 지정할 수 있다. 〈개정 2013.3.23.〉

③ 지원센터의 지정기준, 사업추진실적 보고 및 경비지원 등에 필요한 사항은 대통령령으로 정한다.

[전문개정 2012.6.1.]

제30조의2(지원센터의 지정취소) 미래창조과학부장관은 지원센터가 다음 각 호의 어

느 하나에 해당하면 그 지정을 취소할 수 있다. 다만, 제1호에 해당하면 지정을 취소하여야 한다. 〈개정 2013.3.23.〉

1. 거짓이나 그 밖의 부정한 방법으로 지원센터 지정을 받은 경우
2. 정당한 사유 없이 계속하여 2년 이상 사업추진실적이 없는 경우
3. 제30조제3항에 따른 지정기준에 적합하지 아니하게 된 경우

[전문개정 2012.6.1.]

제31조(전자문서 이용 및 전자거래의 촉진을 위한 지원) ① 국가 또는 지방자치단체는 전자문서 이용 및 전자거래를 촉진하기 위하여 「조세특례제한법」·「지방세특례제한법」 등 조세 관계 법률에서 정하는 바에 따라 조세 감면 등 세제상의 지원과 금융상의 지원, 그 밖에 필요한 행정상의 지원을 할 수 있다.

② 정부는 전자문서 및 전자거래와 관련된 법인 또는 단체가 전자문서·전자거래촉진계획에서 정하는 사업을 실시하는 경우 예산의 범위에서 해당 사업비의 전부 또는 일부를 지원할 수 있다.

[전문개정 2012.6.1.]

제5장의2 공인전자문서센터와 공인전자문서중계자 〈개정 2012.6.1.〉

제1절 공인전자문서센터 〈신설 2012.6.1.〉

제31조의2(공인전자문서센터의 지정) ① 미래창조과학부장관은 전자문서보관등의 안전성과 정확성을 확보하기 위하여 전자문서보관등에 관하여 전문성이 있는 자를 공인전자문서센터로 지정하여 전자문서보관등을 하게 할 수 있다. 〈개정 2013.3.23.〉

② 공인전자문서센터로 지정받을 수 있는 자는 법인 또는 대통령령으로 정하는 국가기관등으로 한정한다.

③ 공인전자문서센터로 지정을 받으려는 자는 전자문서보관등에 필요한 인력·기술능력·재정능력과 제31조의9제6항에 따른 인적·물적 측면에서 독립성 및 그 밖의 시설·장비 등을 갖추어 미래창조과학부장관에게 지정을 신청하여야 한다. 〈개정 2013.3.23.〉

④ 제1항과 제3항에 따른 공인전자문서센터의 인력·기술능력·재정능력과 그 밖의 시설·장비 등의 지정기준, 지정방법 및 지정절차에 관하여 필요한 사항은 대통령령으로 정한다.

[전문개정 2012.6.1.]

제31조의3(공인전자문서센터의 결격사유) 다음 각 호의 어느 하나에 해당하는 자는 공인전자문서센터로 지정을 받을 수 없다.

1. 임원 및 전자문서보관등을 직접 수행하는 직원으로서 대통령령으로 정하는 직원(이하 "임원등"이라 한다) 중 다음 각 목의 어느 하나에 해당하는 사람이 있는 자
   가. 금치산자 또는 한정치산자
   나. 파산선고를 받고 복권되지 아니한 사람
   다. 금고 이상의 실형을 선고받고 그 집행이 끝나거나(집행이 끝난 것으로 보는 경우를 포함한다) 집행이 면제된 날부터 2년이 지나지 아니한 사람
   라. 금고 이상의 형의 집행유예를 선고받고 그 유예기간 중에 있는 사람
   마. 법원의 판결 또는 다른 법률에 따라 자격이 상실되거나 정지된 사람
   바. 제31조의5제1항 및 제31조의22에 따라 지정이 취소된 자의 임원등이었던 사람(그 취소사유의 발생에 관하여 직접 또는 이에 상응하는 책임이 있는 사람으로서 대통령령으로 정하는 사람으로 한정한

다)으로서 해당 공인전자문서센터 또는 공인전자문서중계자 지정이 취소된 날부터 2년이 지나지 아니한 사람
2. 제31조의5제1항 및 제31조의22에 따라 지정이 취소된 후 2년이 지나지 아니한 자

[전문개정 2012.6.1.]

제31조의4(시정명령) 미래창조과학부장관은 공인전자문서센터가 다음 각 호의 어느 하나에 해당하면 6개월 이내의 기간을 정하여 그 시정을 명할 수 있다. 〈개정 2013.3.23.〉

1. 제31조의2제4항에 따른 공인전자문서센터의 지정기준에 적합하지 아니하게 된 경우
2. 임원등이 제31조의3제1호 각 목의 어느 하나에 해당하게 된 경우
3. 제31조의8제1항을 위반하여 전자문서보관등 업무준칙의 신고를 하지 아니한 경우
4. 제31조의8제2항을 위반하여 전자문서보관등 업무준칙의 변경신고를 하지 아니한 경우
5. 제31조의9제1항을 위반하여 전자문서보관등의 서비스의 제공을 거부한 경우
6. 제31조의9제2항을 위반하여 이용자를 부당하게 차별한 경우
7. 제31조의9제3항을 위반하여 보관된 전자문서의 내용이 훼손되거나 변경되지 아니하도록 필요한 조치를 하지 아니한 경우
8. 공인전자문서센터의 업무수행의 방법 또는 절차가 부적절하여 전자문서의 보관·송신 또는 수신의 안전성이나 전자문서에 관한 증명의 정확성을 저해할 우려가 있는 경우
9. 제31조의16제2항을 위반하여 보험에 가입하지 아니한 경우

[전문개정 2012.6.1.]

제31조의5(지정취소 및 과징금) ① 미래창조과학부장관은 제31조의2에 따라 공인전자문서센터로 지정을 받은 자가 다음 각 호의 어느 하나에 해당하면 미래창조과학부령으로 정하는 바에 따라 그 지정을 취소하거나 1년 이내의 기간을 정하여 그 업무의 전부 또는 일부의 정지를 명할 수 있다. 다만, 제1호나 제2호에 해당하는 경우에는 그 지정을 취소하여야 한다. 〈개정 2013.3.23.〉

1. 거짓이나 그 밖의 부정한 방법으로 제31조의2제1항에 따른 지정을 받은 경우
2. 업무정지기간에 업무를 계속하여 수행한 경우
3. 제31조의2제1항에 따른 지정을 받은 날부터 1년 이상 업무를 시작하지 아니하거나 업무 시작 후 1년 이상 계속하여 전자문서보관등의 업무를 하지 아니한 경우
4. 제31조의4에 따른 시정명령을 그 정하여진 기간 이내에 이행하지 아니한 경우

② 미래창조과학부장관은 제1항제3호 또는 제4호에 해당하여 업무정지처분을 하여야 하는 경우로서 그 업무정지가 공인전자문서센터를 이용하는 자에게 심한 불편을 주거나 공익을 해칠 우려가 있다고 인정하는 경우에는 업무정지를 갈음하여 1억원 이하의 과징금을 부과할 수 있다. 〈개정 2013.3.23.〉

③ 제2항에 따라 과징금을 부과하는 위반행위의 종류와 위반 정도 등에 따른 과징금의 금액 및 과징금의 산정방법과 그 밖에 필요한 사항은 대통령령으로 정한다.

④ 미래창조과학부장관은 제2항에 따른

과징금을 내야 할 자가 납부기한까지 이를 내지 아니하면 국세 체납처분의 예에 따라 징수한다. 〈개정 2013.3.23.〉

[전문개정 2012.6.1.]

제31조의6(공인전자문서센터를 통한 보관의 효력) 공인전자문서센터가 전자문서를 보관하는 경우에는 제5조제1항 또는 제2항에 따른 전자문서의 보관이 행하여진 것으로 본다.

[전문개정 2012.6.1.]

제31조의7(전자문서 내용의 추정 등) ① 공인전자문서센터에 보관된 전자문서는 보관기간에는 그 내용이 변경되지 아니한 것으로 추정한다.

② 공인전자문서센터가 해당 공인전자문서센터에 보관된 전자문서의 보관 사실, 작성자, 수신자 및 송신·수신 일시 등에 관한 사항에 대한 증명서를 대통령령으로 정하는 방법 및 절차에 따라 발급한 경우에 그 증명서에 적힌 사항은 진정한 것으로 추정한다.

[전문개정 2012.6.1.]

제31조의8(전자문서보관등 업무준칙의 신고 등) ① 공인전자문서센터는 업무를 시작하기 전에 전자문서보관등에 관한 업무준칙(이하 "전자문서보관등 업무준칙"이라 한다)을 미래창조과학부령으로 정하는 바에 따라 작성하여 미래창조과학부장관에게 신고하여야 한다. 이 경우 전자문서보관등 업무준칙에는 다음 각 호의 사항이 포함되어야 한다. 〈개정 2013.3.23.〉

1. 업무의 종류
2. 업무의 수행방법 및 수행절차
3. 전자문서보관등의 서비스의 이용조건 및 이용요금
4. 그 밖에 업무수행에 필요한 것으로서 미래창조과학부령으로 정하는 사항

② 공인전자문서센터는 제1항에 따라 신고한 사항을 변경하려는 경우에는 미래창조과학부령으로 정하는 바에 따라 미래창조과학부장관에게 신고하여야 한다. 〈개정 2013.3.23.〉

③ 미래창조과학부장관은 제1항에 따라 신고된 전자문서보관등 업무준칙의 내용이 전자문서보관등의 업무의 안전성과 정확성을 확보하는 데 지장을 주거나 전자문서보관등의 서비스를 이용하는 자(이하 "이용자"라 한다)의 이익을 저해할 우려가 있다고 인정하는 경우에는 상당한 기간을 정하여 해당 공인전자문서센터에 전자문서보관등 업무준칙의 변경을 명할 수 있다. 〈개정 2013.3.23.〉

④ 공인전자문서센터는 전자문서보관등에 사용되는 시설 또는 장비를 변경하였을 때에는 미래창조과학부령으로 정하는 바에 따라 미래창조과학부장관에게 신고하여야 한다. 〈개정 2013.3.23.〉

[전문개정 2012.6.1.]

제31조의9(준수사항) ① 공인전자문서센터는 정당한 사유 없이 전자문서보관등의 서비스의 제공을 거부하여서는 아니 된다.

② 공인전자문서센터는 이용자를 부당하게 차별하여서는 아니 된다.

③ 공인전자문서센터는 보관된 전자문서의 내용이 훼손되거나 변경되지 아니하도록 대통령령으로 정하는 바에 따라 필요한 조치를 하여야 한다.

④ 공인전자문서센터는 해당 정보처리시스템에 보관된 전자문서나 그 밖의 관련 정보를 적법한 절차에 의하지 아니하거나 전자문서의 작성자, 수신자 및 해당 이용자의 동의 없이 타인에게 제공·공개 등을 하여서는 아니 된다.

⑤ 공인전자문서센터는 전자문서보관등을 신뢰성있게 수행하기 위하여 이용자와의 관계에서 인적·물적 측면에서 독립성을 유지하여야 하며, 그 구체적인

기준은 대통령령으로 정한다.
[전문개정 2012.6.1.]

제31조의10(정기점검 등) ① 공인전자문서센터는 보유한 시설 및 장비의 안전성에 대하여 미래창조과학부장관으로부터 정기적으로 점검을 받아야 한다. 〈개정 2013.3.23.〉
② 공인전자문서센터는 제31조의8제4항에 따른 변경신고를 하거나 제31조의14제3항에 따른 승계신고를 한 경우에는 미래창조과학부장관으로부터 해당 시설 또는 장비의 안전성에 대하여 점검을 받아야 한다. 〈개정 2013.3.23.〉
③ 제1항과 제2항에 따른 점검의 기준·시기·대상·절차와 그 밖에 필요한 사항은 미래창조과학부령으로 정한다. 〈개정 2013.3.23.〉
[전문개정 2012.6.1.]

제31조의11(보고 및 검사 등) ① 미래창조과학부장관은 필요하다고 인정하면 공인전자문서센터로 하여금 대통령령으로 정하는 바에 따라 관계 자료를 제출하게 하거나 서면 또는 전자문서로 보고하게 할 수 있으며, 관계 공무원으로 하여금 공인전자문서센터의 사무실·사업장과 그 밖의 관련 장소에 출입하여 전자문서보관등에 관한 시설·장비·서류 또는 그 밖의 관련 물건을 검사하게 할 수 있다. 〈개정 2013.3.23.〉
② 제1항에 따라 검사를 하는 공무원은 그 권한을 나타내는 증표를 지니고 이를 관계인에게 보여주어야 한다.
[전문개정 2012.6.1.]

제31조의12(전자문서 등 관련 정보의 보안) ① 누구든지 공인전자문서센터에 보관된 전자문서나 그 밖의 관련 정보를 위조 또는 변조하거나 위조 또는 변조된 정보를 행사하여서는 아니 된다.
② 누구든지 공인전자문서센터의 정보처리시스템에 거짓 정보나 부정한 명령을 입력하는 등의 방법으로 제31조의7제2항에 따른 증명서가 거짓으로 발급되게 하여서는 아니 된다.
③ 누구든지 공인전자문서센터에 보관된 전자문서나 그 밖의 관련 정보를 멸실 또는 훼손하거나 그 비밀을 침해하여서는 아니 된다.
④ 공인전자문서센터의 임원 또는 직원이거나 임원 또는 직원이었던 사람은 직무상 알게 된 전자문서의 내용이나 그 밖의 관련 정보의 내용을 누설하거나 자신이 이용하거나 제3자로 하여금 이용하게 하여서는 아니 된다.
[전문개정 2012.6.1.]

제31조의13(이용자의 정보 보호) 공인전자문서센터 및 공인전자문서중계자는 전자문서보관등 및 전자문서유통과 관련하여 관계 법령에서 정하는 바에 따라 이용자의 개인정보를 보호하여야 한다.
[전문개정 2012.6.1.]

제31조의14(공인전자문서센터 영업의 양도·양수 등) ① 공인전자문서센터는 다른 공인전자문서센터에 영업의 전부 또는 일부를 양도하거나 다른 공인전자문서센터와 합병할 수 있다. 이 경우 양도 또는 합병하려는 날의 60일 전까지 미래창조과학부령으로 정하는 바에 따라 이용자에게 통지하여야 한다. 〈개정 2013.3.23.〉
② 제1항에 따라 영업을 양수한 공인전자문서센터 또는 합병 후에 존속하거나 설립되는 공인전자문서센터는 종전의 공인전자문서센터의 지위를 승계한다.
③ 제2항에 따라 종전의 공인전자문서센터의 지위를 승계한 자는 1개월 이내에 미래창조과학부령으로 정하는 바에 따라 미래창조과학부장관에게 신고하여야 한다. 〈개정 2013.3.23.〉
[전문개정 2012.6.1.]

제31조의15(전자문서보관등 영업의 폐지) ① 공인전자문서센터가 전자문서보관등의 영업을 폐지하려는 경우에는 폐지하려는 날의 60일 전까지 미래창조과학부령으로 정하는 바에 따라 이용자에게 통지하고 그 사실을 미래창조과학부장관에게 신고하여야 한다. 〈개정 2013.3.23.〉

② 제1항에 따라 신고한 공인전자문서센터는 보관하고 있는 전자문서와 그 밖에 전자문서보관등에 관한 기록(이하 "보관문서등"이라 한다)을 다른 공인전자문서센터에 인계하여야 한다. 다만, 다른 공인전자문서센터가 인수를 거부하는 등 부득이한 사유로 인계할 수 없는 경우에는 그 사실을 미래창조과학부장관에게 지체 없이 신고하여야 한다. 〈개정 2013.3.23.〉

③ 미래창조과학부장관은 다음 각 호의 어느 하나에 해당하는 경우로서 전자문서보관등 업무의 계속성과 안전성을 보장하기 위하여 긴급한 조치가 필요하다고 인정할 때에는 전담기관으로 하여금 해당 보관문서등을 인수하게 하거나 그 밖에 필요한 조치를 명할 수 있다. 〈개정 2013.3.23.〉

1. 제2항 단서에 따른 신고를 받은 경우
2. 제31조의5에 따라 공인전자문서센터의 지정을 취소한 경우
3. 그 밖에 공인전자문서센터가 전자문서보관등의 업무를 수행하지 못할 부득이한 사유가 발생한 경우

④ 제1항부터 제3항까지의 규정에 따른 영업의 폐지신고 및 보관문서등의 인계·인수 등에 필요한 사항은 미래창조과학부령으로 정한다. 〈개정 2013.3.23.〉

[전문개정 2012.6.1.]

제31조의16(배상책임 및 보험 가입) ① 공인전자문서센터는 전자문서보관등과 관련하여 이용자에게 손해를 입혔을 때에는 그 손해를 배상하여야 한다. 다만, 공인전자문서센터가 고의 또는 과실이 없음을 증명한 경우에는 그러하지 아니하다.

② 공인전자문서센터는 제1항에 따른 손해를 배상하기 위하여 대통령령으로 정하는 바에 따라 보험에 가입하여야 한다.

[전문개정 2012.6.1.]

제31조의17(수수료 등) 공인전자문서센터는 증명서의 발급을 신청하는 자 또는 이용자에게 수수료 등 필요한 요금을 부과할 수 있다.

[전문개정 2012.6.1.]

제2절 공인전자문서중계자 〈신설 2012.6.1.〉

제31조의18(공인전자문서중계자의 지정 등) ① 미래창조과학부장관은 전자문서유통의 안정성과 신뢰성을 확보하기 위하여 전자문서유통에 관하여 전문성이 있는 자를 공인전자문서중계자로 지정하여 전자문서유통을 하게 할 수 있다. 이 경우 개인정보 또는 영업비밀 보호를 위하여 필요한 경우에는 금융·의료·국방 등 분야별로 대표성이 있는 자를 우선하여 지정할 수 있다. 〈개정 2013.3.23.〉

② 공인전자문서중계자로 지정을 받을 수 있는 자는 법인 또는 대통령령으로 정하는 국가기관등으로 한정한다.

③ 공인전자문서중계자로 지정을 받으려는 자는 전자문서유통에 필요한 인력·시설·장비와 재정능력 및 기술능력(이하 "공인전자문서중계자요건"이라 한다. 이하 이 조에서 같다)을 갖추어 미래창조과학부장관에게 지정을 신청하여야 한다. 다만, 제31조의2에 따라 공인전자문서센터로 지정받은 자는 공인전자문서중계자요건 중 인력·재정능력을 갖춘 것으로 본다. 〈개정 2013.3.23.〉

④ 미래창조과학부장관은 전자문서유통

의 안정성과 신뢰성 확보를 위하여 공인전자문서중계자 업무준칙을 고시할 수 있다. 〈개정 2013.3.23.〉

⑤ 미래창조과학부장관은 제1항 후단에 따라 공인전자문서중계자를 지정하는 경우에는 전자문서유통의 안정성과 신뢰성 확보에 필요한 조건을 붙일 수 있다. 〈개정 2013.3.23.〉

⑥ 제1항과 제3항에 따른 공인전자문서중계자요건 및 지정절차 등에 관하여 필요한 사항은 대통령령으로 정한다.

[본조신설 2012.6.1.]

제31조의19(공인전자문서중계자의 결격사유) 다음 각 호의 어느 하나에 해당하는 자는 공인전자문서중계자로 지정을 받을 수 없다.

1. 임원 중 제31조의3제1호 각 목의 어느 하나에 해당하는 사람이 있는 자
2. 제31조의5제1항이나 제31조의22에 따라 지정이 취소된 후 2년이 지나지 아니한 자

[본조신설 2012.6.1.]

제31조의20(공인전자문서중계자의 변경신고) 공인전자문서중계자는 전자문서유통에 사용되는 시설 또는 장비를 변경하였을 때에는 미래창조과학부령으로 정하는 바에 따라 미래창조과학부장관에게 신고하여야 한다. 〈개정 2013.3.23.〉

[본조신설 2012.6.1.]

제31조의21(정기점검 등) ① 공인전자문서중계자는 보유한 시설 및 장비의 안전성에 대하여 미래창조과학부장관으로부터 정기적으로 점검을 받아야 한다. 〈개정 2013.3.23.〉

② 공인전자문서중계자는 제31조의20에 따른 변경신고를 하였을 때에는 미래창조과학부장관으로부터 해당 시설 또는 장비의 안전성에 대하여 점검을 받아야 한다. 〈개정 2013.3.23.〉

③ 제1항과 제2항에 따른 점검의 기준·시기·대상 및 절차에 관하여 필요한 사항은 미래창조과학부령으로 정한다. 〈개정 2013.3.23.〉

[본조신설 2012.6.1.]

제31조의22(공인전자문서중계자의 지정취소) 미래창조과학부장관은 공인전자문서중계자가 다음 각 호의 어느 하나에 해당하면 미래창조과학부령으로 정하는 바에 따라 그 지정을 취소할 수 있다. 다만, 제1호에 해당하는 경우에는 지정을 취소하여야 한다. 〈개정 2013.3.23.〉

1. 거짓이나 그 밖의 부정한 방법으로 제31조의18에 따른 지정을 받은 경우
2. 제31조의18제3항에 따른 공인전자문서중계자요건을 갖추지 못하게 된 경우
3. 임원이 제31조의19제1호에 해당하게 된 경우. 다만, 3개월 이내에 그 임원을 바꾸어 임명한 경우에는 그러하지 아니하다.
4. 제31조의23에 따른 시정명령을 정하여진 기간 이내에 이행하지 아니한 경우

[본조신설 2012.6.1.]

제31조의23(시정명령) 미래창조과학부장관은 공인전자문서중계자가 다음 각 호의 어느 하나에 해당하면 6개월 이내의 기간을 정하여 그 시정을 명할 수 있다. 〈개정 2013.3.23.〉

1. 제31조의18제4항에 따른 업무준칙을 위반한 경우
2. 제31조의18제5항에 따라 붙인 조건을 이행하지 아니한 경우
3. 공인전자문서중계자의 업무수행의 방법 또는 절차가 부적절하여 전자문서유통의 안정성과 신뢰성을 현저하게 해칠 우려가 있는 경우

[본조신설 2012.6.1.]

제6장 전자문서 · 전자거래분쟁조정위원회 〈개정 2012.6.1.〉

제32조(전자문서·전자거래분쟁조정위원회의 설치 및 구성 등) ① 전자문서 및 전자거래에 관한 분쟁을 조정하기 위하여 전자문서 · 전자거래분쟁조정위원회(이하 이 장에서 "위원회"라 한다)를 둔다.

② 위원회는 위원장 1명을 포함하여 15명 이상 50명 이하의 위원으로 구성한다.

③ 위원은 다음 각 호의 어느 하나에 해당하는 사람 중에서 미래창조과학부장관이 임명하거나 위촉하며, 위원장은 위원 중에서 호선(互選)한다. 〈개정 2013.3.23.〉

1. 대학이나 공인된 연구기관에서 부교수급 이상 또는 이에 상당하는 직(職)에 있거나 있었던 사람으로서 전자문서 또는 전자거래 관련 분야를 전공한 사람
2. 4급 이상 공무원(고위공무원단에 속하는 일반직공무원을 포함한다) 또는 이에 상당하는 공공기관의 직에 있거나 있었던 사람으로서 전자문서 또는 전자거래 업무에 관한 경험이 있는 사람
3. 판사 · 검사 또는 변호사의 자격이 있는 사람
4. 「비영리민간단체 지원법」 제2조에 따른 비영리민간단체에서 추천한 사람
5. 그 밖에 전자문서 또는 전자거래와 분쟁조정에 관한 학식과 경험이 있는 사람

④ 위원은 비상임으로 하고, 위원의 임기는 3년으로 하며, 한차례만 연임할 수 있다.

⑤ 위원은 자격정지 이상의 형을 선고받거나 심신상의 장애로 직무를 수행할 수 없는 경우를 제외하고는 그의 의사에 반하여 면직 또는 해촉되지 아니한다.

⑥ 위원회의 업무를 지원하기 위하여 전담기관에 사무국을 둔다.

⑦ 제1항부터 제6항까지에서 규정한 사항 외에 위원회의 운영 등에 필요한 사항은 대통령령으로 정한다.

[전문개정 2012.6.1.]

제32조의2(위원의 제척·기피·회피) ① 위원회의 위원은 다음 각 호의 어느 하나에 해당하는 경우에는 해당 조정사건의 조정에서 제척(除斥)된다.

1. 위원이나 그 배우자 또는 배우자였던 사람이 사건의 당사자가 되거나 사건의 당사자와 공동권리자 · 공동의무자의 관계에 있는 경우
2. 위원이 사건의 당사자와 친족이거나 친족이었던 경우
3. 위원이 해당 사건에 관하여 증언이나 감정(鑑定)을 한 경우
4. 위원이 해당 사건에 관하여 당사자의 대리인으로서 관여하거나 관여하였던 경우

② 당사자는 위원에게 공정한 조정을 기대하기 어려운 사정이 있는 경우에는 위원회에 기피신청을 할 수 있다. 이 경우 위원장은 기피신청이 타당하다고 인정하면 기피의 결정을 한다.

③ 위원이 제1항이나 제2항의 사유에 해당하는 경우에는 위원장의 허가를 받아 스스로 해당 사건의 조정을 회피할 수 있다.

[본조신설 2012.6.1.]

제33조(분쟁의 조정) ① 전자문서 및 전자거래와 관련한 피해의 구제와 분쟁의 조정을 받으려는 자는 위원회에 분쟁의 조정을 신청할 수 있다. 다만, 다른 법률에 따라 분쟁조정이 완료된 경우는 제외한다.

② 조정은 3명 이내의 위원으로 구성된 조정부(이하 "조정부"라 한다)에서 행한다. 다만, 위원회에서 조정하기로 의결

한 사건의 경우에는 위원회에서 행한다.

③ 조정부의 위원은 사건마다 각각 위원회의 위원 중에서 위원장이 지명하되, 제32조제3항제3호에 해당하는 사람이 1명 이상 포함되어야 한다.

④ 위원회 또는 조정부는 제1항에 따른 분쟁조정 신청을 받은 날부터 45일 이내에 조정안을 작성하여 분쟁당사자(이하 "당사자"라 한다)에게 권고하여야 한다. 다만, 부득이한 사정으로 그 기한을 연장하려는 경우에는 그 사유와 기한을 명시하여 당사자에게 통지하여야 한다.

⑤ 제4항 본문에 따른 권고를 받은 당사자는 권고를 받은 날부터 15일 이내에 조정안에 대한 동의 여부를 위원회 또는 조정부에 알려야 한다. 이 경우 15일 이내에 의사표시가 없는 때에는 수락한 것으로 본다.

⑥ 제1항부터 제5항까지에서 규정한 사항 외에 조정절차에 관하여 필요한 사항은 대통령령으로 정한다.

[전문개정 2012.6.1.]

제34조(자료 요청 등) ① 위원회는 분쟁조정을 위하여 필요한 자료의 제공을 당사자 또는 참고인에게 요청할 수 있다. 이 경우 해당 당사자는 정당한 사유가 없으면 요청에 따라야 한다.

② 위원회는 필요하다고 인정하는 경우에는 당사자 또는 참고인으로 하여금 위원회에 출석하게 하여 그 의견을 들을 수 있다.

[전문개정 2012.6.1.]

제34조의2(조정의 거부와 중지) ① 위원회는 다음 각 호의 어느 하나에 해당하는 경우에는 조정을 거부할 수 있다.

1. 다른 법률에 따라 분쟁조정이 완료된 경우
2. 사건의 성질상 위원회에서 조정하는 것이 적합하지 아니하다고 인정되는 경우
3. 부정한 목적으로 분쟁의 조정을 신청한 것으로 인정되는 경우

② 위원회는 분쟁의 조정이 끝나기 전에 당사자가 소(訴)를 제기한 경우에는 조정을 중지할 수 있다.

③ 위원회는 제1항과 제2항에 따라 조정을 거부하거나 중지하는 경우에는 그 사실과 사유를 당사자에게 통지하여야 한다.

[본조신설 2012.6.1.]

제35조(조정의 성립) ① 조정은 다음 각 호의 어느 하나의 경우에 성립한다.

1. 제33조제4항에 따른 조정안에 대하여 당사자가 동의한 경우
2. 당사자가 위원회에 조정합의서를 제출한 경우

② 위원회는 제1항에 따라 조정이 성립한 경우에는 위원회의 위원장과 각 당사자가 기명·날인한 조정조서를 당사자에게 보내야 한다.

③ 제2항에 따른 조정조서는 「민사소송법」에 따른 재판상 화해와 동일한 효력을 갖는다.

[전문개정 2012.6.1.]

제36조(조정의 불성립) 위원회는 다음 각 호의 어느 하나에 해당하는 경우에는 조정이 성립하지 아니하였음을 당사자에게 통지하여야 한다.

1. 분쟁조정의 신청이 취하되거나 당사자 어느 한 쪽이 분쟁의 조정에 응하지 아니하는 경우
2. 당사자가 위원회의 조정안을 거부한 경우

[전문개정 2012.6.1.]

제37조(조정비용 등) ① 위원회는 분쟁의 조정을 신청한 자에게 대통령령으로 정하는 바에 따라 조정비용을 부담하게 할 수 있다.

② 정부는 예산의 범위에서 위원회의 운

영에 필요한 경비를 출연할 수 있다.
[전문개정 2012.6.1.]

제37조의2(비밀 유지) 위원회의 분쟁조정 업무에 종사하는 자 또는 종사하였던 자는 그 직무상 알게 된 비밀을 타인에게 누설하거나 직무상 목적 외의 용도로 사용하여서는 아니 된다. 다만, 다른 법률에 특별한 규정이 있는 경우에는 그러하지 아니하다.
[본조신설 2012.6.1.]

제7장 보칙 〈신설 2012.6.1.〉

제38조(유사명칭의 사용금지) ① 공인전자문서센터로 지정을 받지 아니한 자는 공인전자문서센터 또는 이와 유사한 명칭을 사용하여서는 아니 된다.
② 공인전자문서중계자로 지정을 받지 아니한 자는 공인전자문서중계자 또는 이와 유사한 명칭을 사용하여서는 아니 된다.
③ 누구든지 공인전자주소가 아닌 것에 공인전자주소 또는 이와 유사한 명칭을 사용하여서는 아니 된다.
[전문개정 2012.6.1.]

제39조(권한의 위임·위탁) 이 법에 따른 미래창조과학부장관의 권한은 대통령령으로 정하는 바에 따라 그 일부를 소속 기관의 장 또는 지방자치단체의 장에게 위임하거나 관계 중앙행정기관의 장 또는 전문기관에 위탁할 수 있다. 〈개정 2013.3.23.〉
[전문개정 2012.6.1.]

제40조(상호주의) 외국인 및 외국 법인에 대하여도 이 법을 적용한다. 다만, 대한민국 국민 또는 대한민국 법인에 대하여 이 법에 준하는 보호를 하지 아니하는 국가의 외국인 또는 외국 법인에 대하여는 그에 상응하게 이 법 또는 대한민국이 가입 또는 체결한 조약에 따른 보호를 제한할 수 있다.
[전문개정 2012.6.1.]

제41조(청문) 미래창조과학부장관은 다음 각 호의 어느 하나에 해당하는 경우에는 청문을 하여야 한다. 〈개정 2013.3.23.〉
1. 제30조의2에 따라 지원센터의 지정을 취소하려는 경우
2. 제31조의5제1항에 따라 공인전자문서센터의 지정을 취소하려는 경우
3. 제31조의22에 따라 공인전자문서중계자의 지정을 취소하려는 경우

[전문개정 2012.6.1.]

제42조(벌칙 적용 시의 공무원 의제) 다음 각 호의 어느 하나에 해당하는 사람은 그 업무에 관하여 「형법」 제129조부터 제132조까지의 규정을 적용할 때에는 공무원으로 본다.
1. 공인전자문서센터의 임원 또는 직원
2. 공인전자문서중계자의 임원
3. 위원회의 위원 중 공무원이 아닌 위원

[전문개정 2012.6.1.]

제8장 벌칙 〈개정 2012.6.1.〉

제43조(벌칙) ① 다음 각 호의 어느 하나에 해당하는 자는 10년 이하의 징역 또는 1억원 이하의 벌금에 처한다.
1. 제31조의12제1항을 위반하여 공인전자문서센터에 보관된 전자문서나 그 밖의 관련 정보를 위조 또는 변조하거나 위조 또는 변조된 정보를 행사한 자
2. 제31조의12제2항을 위반하여 공인전자문서센터의 정보처리시스템에 거짓 정보나 부정한 명령을 입력하는 등의 방법으로 제31조의7제2항에 따른 증명서가 거짓으로 발급되게 한 자

② 제1항의 미수범은 처벌한다.
[전문개정 2012.6.1.]

제44조(벌칙) 다음 각 호의 어느 하나에 해

당하는 자는 5년 이하의 징역 또는 5천만원 이하의 벌금에 처한다.

1. 제31조의12제3항을 위반하여 공인전자문서센터에 보관된 전자문서나 그 밖의 관련 정보를 멸실 또는 훼손하거나 그 비밀을 침해한 자
2. 제31조의12제4항을 위반하여 직무상 알게 된 전자문서의 내용이나 그 밖의 관련 정보의 내용을 누설하거나 자신이 이용하거나 제3자로 하여금 이용하게 한 공인전자문서센터의 임원 또는 직원이거나 임원 또는 직원이었던 자
3. 제37조의2를 위반하여 직무상 알게 된 비밀을 타인에게 누설하거나 직무상 목적 외의 용도로 사용한 자

[전문개정 2012.6.1.]

제45조(양벌규정) 법인의 대표자나 법인 또는 개인의 대리인, 사용인, 그 밖의 종업원이 그 법인 또는 개인의 업무에 관하여 제43조 또는 제44조의 위반행위를 하면 그 행위자를 벌하는 외에 그 법인 또는 개인에게도 해당 조문의 벌금형을 과(科)한다. 다만, 법인 또는 개인이 그 위반행위를 방지하기 위하여 해당 업무에 관하여 상당한 주의와 감독을 게을리하지 아니한 경우에는 그러하지 아니하다.
[전문개정 2008.12.26.]

제46조(과태료) ① 다음 각 호의 어느 하나에 해당하는 자에게는 3천만원 이하의 과태료를 부과한다.

1. 제18조의6을 위반하여 공인전자주소를 수집·판매하거나 제공한 자
2. 제18조의7을 위반하여 수신자의 공인전자주소에 영리 또는 홍보를 목적으로 광고를 송신한 자
3. 제31조의9제4항을 위반하여 전자문서나 그 밖의 관련 정보를 제공·공개 등을 한 공인전자문서센터

② 다음 각 호의 어느 하나에 해당하는 자에게는 1천만원 이하의 과태료를 부과한다. 〈개정 2013.3.23.〉

1. 제18조의2제2항을 위반하여 우수전자거래사업자의 표시 또는 이와 유사한 표시를 하거나 홍보를 한 자
2. 제31조의8제1항을 위반하여 전자문서보관등 업무준칙의 신고를 하지 아니한 자
3. 제31조의8제2항을 위반하여 전자문서보관등 업무준칙의 변경신고를 하지 아니한 자
4. 제31조의8제3항에 따른 전자문서보관등 업무준칙의 변경에 관한 명령을 이행하지 아니한 자
5. 제31조의8제4항을 위반하여 시설 또는 장비의 변경신고를 하지 아니한 자
6. 제31조의9제1항을 위반하여 정당한 사유 없이 전자문서보관등의 서비스의 제공을 거부한 자
7. 제31조의9제2항을 위반하여 이용자를 부당하게 차별한 자
8. 제31조의9제3항을 위반하여 공인전자문서센터에 보관된 전자문서의 내용이 훼손되거나 변경되지 아니하도록 필요한 조치를 하지 아니한 자
9. 제31조의10제1항 또는 제2항을 위반하여 점검을 받지 아니한 자
10. 제31조의11제1항에 따른 자료제출이나 보고를 하지 아니한 자, 거짓 자료를 제출하거나 거짓 보고를 한 자 또는 관계 공무원의 출입이나 검사를 거부·방해 또는 기피한 자
11. 제31조의14제1항 후단을 위반하여 전자문서보관등 영업의 양도 또는 합병을 이용자에게 통지하지 아니한 자
12. 제31조의14제3항을 위반하여 공인전자문서센터의 지위승계 사실을 신고하지 아니한 자

13. 제31조의15제1항을 위반하여 전자문서보관등 영업의 폐지를 이용자에게 통지하지 아니하거나 그 사실을 미래창조과학부장관에게 신고하지 아니한 자
14. 제31조의15제2항을 위반하여 보관문서등을 인계하지 아니하거나 신고하지 아니한 자
15. 제31조의16제2항을 위반하여 보험에 가입하지 아니한 자
16. 제31조의20을 위반하여 시설 또는 장비의 변경신고를 하지 아니한 자
17. 제31조의21을 위반하여 점검을 받지 아니한 자
18. 제38조제1항을 위반하여 공인전자문서센터 또는 이와 유사한 명칭을 사용한 자
19. 제38조제2항을 위반하여 공인전자문서중계자 또는 이와 유사한 명칭을 사용한 자
20. 제38조제3항을 위반하여 공인전자주소 또는 이와 유사한 명칭을 사용한 자

③ 제1항과 제2항에 따른 과태료는 대통령령으로 정하는 바에 따라 미래창조과학부장관이 부과·징수한다. 〈개정 2013.3.23.〉

[전문개정 2012.6.1.]

부 칙 〈제11690호, 2013.3.23.〉 (정부조직법)

제1조(시행일) ① 이 법은 공포한 날부터 시행한다.

② 생략

제2조부터 **제5조**까지 생략

제6조(다른 법률의 개정) ①부터 〈423〉까지 생략

〈424〉 전자문서 및 전자거래 기본법 일부를 다음과 같이 개정한다.

제5조제3항, 제18조제1항·제2항, 제18조의3 각 호 외의 부분 본문, 제20조제3항, 제23조제2항·제3항·제5항, 같은 조 제6항 각 호 외의 부분 본문, 제28조제1항 전단, 같은 조 제2항 각 호 외의 부분, 제30조제2항, 제30조의2 각 호 외의 부분 본문, 제31조의2제1항·제3항, 제31조의4 각 호 외의 부분, 제31조의5제1항 각 호 외의 부분 본문, 같은 조 제2항·제4항, 제31조의8제1항 각 호 외의 부분 전단, 같은 조 제2항부터 제4항까지, 제31조의10제1항·제2항, 제31조의11제1항, 제31조의14제3항, 제31조의15제1항, 같은 조 제2항 단서, 같은 조 제3항 각 호 외의 부분, 제31조의18제1항 전단, 같은 조 제3항 본문, 같은 조 제4항·제5항, 제31조의20, 제31조의21제1항·제2항, 제31조의22 각 호 외의 부분 본문, 제31조의23 각 호 외의 부분, 제32조제3항 각 호 외의 부분, 제39조, 제41조 각 호 외의 부분, 제46조제2항제13호 및 같은 조 제3항 중 "지식경제부장관"을 각각 "미래창조과학부장관"으로 한다.

제18조의4제4항, 제22조제2항, 제23조제4항, 제31조의5제1항 각 호 외의 부분 본문, 제31조의8제1항 각 호 외의 부분 전단, 같은 항 제4호, 같은 조 제2항·제4항, 제31조의10제3항, 제31조의14제1항 후단, 같은 조 제3항, 제31조의15제1항·제4항, 제31조의20, 제31조의21제3항 및 제31조의22 각 호 외의 부분 본문 중 "지식경제부령"을 각각 "미래창조과학부령"으로 한다.

〈425〉부터 〈710〉까지 생략

제7조 생략

Ⅱ. 전자상거래 등에서의 소비자보호에 관한 법률 시행규칙

[시행 2012.8.18] [총리령 제991호, 2012.8.17, 일부개정]

제1조(목적) 이 규칙은 「전자상거래 등에서의 소비자보호에 관한 법률」 및 같은 법 시행령에서 위임된 사항과 그 시행에 필요한 사항을 규정함을 목적으로 한다.
[전문개정 2012.8.17]

제2조(통신판매에 관한 정보의 제공방법 등) 「전자상거래 등에서의 소비자보호에 관한 법률」(이하 "법"이라 한다) 제2조제2호 본문에서 "총리령으로 정하는 방법"이란 다음 각 호의 방법을 말한다.
1. 광고물 · 광고시설물 · 전단지 · 방송 · 신문 및 잡지 등을 이용하는 방법
2. 판매자와 직접 대면하지 아니하고 우편환 · 우편대체 · 지로 및 계좌이체 등을 이용하는 방법

[전문개정 2012.8.17]

제3조(통신판매 거래의 알선 방법) 법 제2조제4호에서 "총리령으로 정하는 방법"이란 자신의 명의로 통신판매를 위한 광고수단을 제공하거나 그 광고수단에 자신의 이름을 표시하여 통신판매에 관한 정보의 제공이나 청약의 접수 등 통신판매의 일부를 수행하는 것을 말한다.
[전문개정 2012.8.17]

제4조(정형화된 거래방법에 따른 수시 거래) ① 법 제3조제2항제1호에서 "총리령으로 정하는 거래"란 유 · 무선 전화기 등으로 전화정보서비스를 이용하는 경우 등과 같이 법 제13조제2항에 따른 계약내용에 관한 서면(「전자문서 및 전자거래 기본법」 제2조제1호에 따른 전자문서를 포함한다. 이하 같다) 교부가 곤란한 거래를 말한다.
② 제1항에 따른 거래의 경우에는 거래 전에 미리 재화 또는 용역(이하 "재화등"이라 한다)의 제공자의 성명 · 연락처 및 재화등의 내용 · 이용요금 등을 밝히고, 거래 후에 거래대금 결제내용을 통보하여야 한다.
[전문개정 2012.8.17]

제5조(소비자에 대한 전자적 대금지급 사실의 통지) 법 제8조제3항에서 "전자문서의 송신 등 총리령으로 정하는 방법"이란 전화 · 팩스 · 휴대전화 등을 이용하여 소비자에게 신속하게 전자적 대금지급 사실을 알리고, 매월 정해진 날짜에 이용요금을 고지할 때 재화등을 공급한 사업자별로 거래내용과 이용요금, 연락처(전화번호 · 전자우편주소 등)를 표시하는 것을 말한다. 다만, 소비자의 동의를 받은 경우에는 통지 또는 표시를 생략할 수 있다.
[전문개정 2012.8.17]

제6조(결제수단 발행자의 고지) 법 제8조제4항에 따른 결제수단의 발행자는 다음 각 호의 사항을 소비자에게 고지하여야 한다.
1. 대표자의 성명, 주된 사무소의 주소, 전화번호, 전자우편주소, 자본금의 규모 및 자기자본 현황 등
2. 법 제24조제1항에 따른 소비자피해보상보험계약등(이하 "소비자피해보상보험계약등"이라 한다)의 체결사실 및 계약내용(채무지급보증 범위를 포함한다)과 그 확인에 필요한 사항

3. 남은 금액의 현금 반환과 관련된 사항
4. 반품 시 처리기준 및 현금화와 관련된 사항
5. 해당 결제수단을 사용할 수 있는 사이버몰 현황
6. 해당 결제수단의 사용상 제한 및 주의사항
7. 그 밖에 소비자에게 표시 또는 고지를 하지 아니하는 경우 해당 결제수단을 사용하는 소비자에게 피해를 줄 우려가 있다고 인정되는 사항

[전문개정 2012.8.17]

제7조(사이버몰 운영자의 표시방법) ① 전자상거래를 하는 사이버몰의 운영자는 법 제10조제1항제1호부터 제6호까지의 사항을 소비자가 알아보기 쉽도록 사이버몰의 초기 화면에 표시하여야 한다. 다만, 법 제10조제1항제5호의 사항은 소비자가 연결 화면을 통하여 볼 수 있도록 할 수 있다.

② 전자상거래를 하는 사이버몰의 운영자는 제1항에 따라 표시한 사항의 진위 여부를 소비자가 쉽게 확인할 수 있도록 공정거래위원회가 법 제12조제4항 및 「전자상거래 등에서의 소비자보호에 관한 법률 시행령」(이하 "영"이라 한다) 제19조에 따라 정보를 공개하는 사업자정보 공개페이지를 사이버몰의 초기 화면에 연결하여야 한다.

③ 전자상거래를 하는 사이버몰의 운영자로서 출력에 제한이 있는 휴대전화 등과 같은 기기를 이용하여 거래하는 사업자는 법 제10조제1항제1호부터 제6호까지의 사항이 사이버몰의 화면에 순차적으로 나타나도록 할 수 있다. 이 경우 대표자 성명, 사업자등록번호 및 사이버몰의 이용약관은 그 내용을 확인할 수 있는 방법을 화면에 나타나게 하는 것으로 대신할 수 있다.

[전문개정 2012.8.17]

제8조(통신판매업자의 신고) ① 법 제12조제1항 및 영 제13조제1항 각 호 외의 부분 전단에 따라 신고하려는 통신판매업자는 별지 제1호서식의 통신판매업 신고서를 공정거래위원회 또는 특별자치도지사 · 시장 · 군수 · 구청장(자치구의 구청장을 말한다. 이하 같다)에게 제출하여야 한다. 다만, 신규로 신고하는 경우로서 인터넷도메인 이름 및 호스트서버 소재지를 적을 수 없는 경우에는 제3항에 따른 신고증의 교부일부터 30일 이내에 이를 보완하여야 한다.

② 영 제13조제1항제1호에서 "총리령으로 정하는 양식의 서류"란 별지 제2호서식의 구매안전서비스 이용 확인증을 말한다.

③ 제1항에 따른 신고를 받은 공정거래위원회 또는 특별자치도지사 · 시장 · 군수 · 구청장은 별지 제3호서식의 통신판매업 신고증을 교부하여야 한다.

[전문개정 2012.8.17]

제9조(신고사항의 변경신고) 법 제12조제2항 및 영 제16조제1항에 따라 변경신고를 하려는 통신판매업자는 별지 제4호서식의 통신판매업 변경신고서에 그 변경사항을 증명하는 서류를 첨부하여 공정거래위원회 또는 특별자치도지사 · 시장 · 군수 · 구청장에게 제출하여야 한다.

[전문개정 2012.8.17]

제10조(휴업 · 폐업 등의 신고) 법 제12조제3항 및 영 제17조에 따라 영업을 휴업 또는 폐업하거나 휴업한 후 영업을 다시 시작하려는 통신판매업자는 별지 제5호서식의 통신판매업 휴업 · 폐업 · 영업재개 신고서를 영업의 휴업 · 폐업 또는 영업재개 5일 전에 공정거래위원회 또는 특별자치도지사 · 시장 · 군수 · 구청장에게 제출하여야 한다.

[전문개정 2012.8.17]

제11조(전자문서에 의한 신고업무) ① 영 제18조제1항에 따라 전자문서로 신고하려는 자는 「전자서명법」 제2조제3호에 따른 공인전자서명 또는 이에 준하는 암호화 및 전자서명 기술을 사용한 인증시스템을 통한 전자서명을 이용할 수 있다.

② 특별자치도지사 · 시장 · 군수 또는 구청장은 제1항에 따른 전자문서에 의한 신고를 처리하기 위하여 자신이 운영하는 홈페이지에서 공정거래위원회가 정한 정보처리시스템으로 쉽게 연결될 수 있도록 하여야 한다.

[전문개정 2012.8.17]

제11조의2(통신판매 당사자가 아니라는 사실의 고지방법) ① 법 제20조제1항에서 "총리령으로 정하는 방법"이란 통신판매중개자가 운영하는 사이버몰의 초기 화면에 알리는 한편, 다음 각 호의 구분에 따라 추가적으로 알리는 방법을 말한다.

1. 통신판매중개자가 자신의 명의로 표시 · 광고를 하는 경우: 그 표시 · 광고를 하는 매체의 첫 번째 면에 알릴 것
2. 통신판매중개자가 법 제13조제2항에 따른 계약내용에 관한 서면을 교부하는 경우: 그 서면에 알릴 것
3. 통신판매중개자가 청약의 방법을 제공하는 경우: 법 제14조에 따른 청약내용의 확인 · 정정 · 취소에 대한 절차에서 알릴 것

② 통신판매중개자가 제1항제2호 및 제3호의 사항을 알릴 때 그 글씨의 크기는 계약 당사자를 고지하는 글씨와 같거나 그보다 더 크게 하여야 한다.

[본조신설 2012.8.17]

제11조의3(컴퓨터프로그램 등의 설치 시 소비자에 대한 설명 · 고지) 법 제21조제1항제7호에서 "총리령으로 정하는 방법"이란 컴퓨터프로그램이 설치되기 전에 컴퓨터프로그램의 용량, 기능, 기존의 컴퓨터프로그램에 미치는 영향, 제거방법 등의 중요사항을 소비자에게 알리는 것을 말한다.

[본조신설 2012.8.17]

제12조(소비자피해보상보험계약등) ① 법 제24조제1항 각 호 외의 부분 본문에 따라 공정거래위원회가 체결하도록 권장하는 소비자피해보상보험계약등의 구체적인 기준은 다음 각 호와 같다.

1. 보험금은 해당 소비자피해보상보험계약등을 체결한 자가 판매하는 재화등의 구매자가 직접 수령할 수 있도록 할 것
2. 소비자피해보상보험계약등을 체결한 자는 보험계약 성립 후 재화등의 구매자가 지체 없이 보험계약등을 체결한 사실 및 그 내용을 쉽게 알 수 있도록 할 것

② 법 제24조제1항 각 호 외의 부분 단서에 따라 전자결제수단의 발행자가 체결하여야 하는 소비자피해보상보험계약등의 구체적인 기준은 다음 각 호와 같다.

1. 전자결제수단 발행잔액의 변동으로 영 제28조제3항제3호에 따른 계약금액의 변경이 필요한 경우에는 보험계약을 지체 없이 조정할 것. 다만, 전자결제수단 발행잔액의 변동이 잦은 등의 이유로 계약금액을 수시로 변경하는 것이 현실적으로 곤란한 경우에는 매월 말일의 전자결제수단 발행잔액을 기준으로 보험계약을 지체 없이 조정할 것
2. 보험금은 해당 소비자피해보상보험계약등을 체결한 자가 발행하는 전자결제수단의 구매자(전자결제수단이 전자결제수단의 구매자로부터 다른 소비자에게 권리 이전된 경우에는 최종적으로 권리 이전된 소비자를 말한

다)가 직접 수령할 수 있도록 할 것

③ 법 제24조제1항 각 호 외의 부분 단서에 따라 전자결제수단의 발행자가 체결하여야 하는 소비자피해보상보험계약등의 피해보상 내용 및 절차는 다음 각 호와 같다.

1. 전자결제수단 발행자가 소비자에 대한 대금 환급의무를 이행하지 아니하거나 이행할 수 없어서 해당 전자결제수단을 소지한 소비자가 결제수단에서 정한 권리를 행사할 수 없게 된 경우: 그 전자결제수단 발행자와 소비자피해보상보험계약등을 체결한 「보험업법」 제2조제6호에 따른 보험회사 또는 「은행법」 제2조제1항제2호에 따른 은행(이하 이 항에서 "보험회사 또는 은행"이라 한다)은 30일 이상의 채권 신고기간을 두어 소비자로 하여금 채권 신고를 할 수 있도록 할 것
2. 제1호에 따른 채권 신고기간 중 접수된 정당한 소비자의 채권 신고금액이 소비자피해보상보험계약등의 계약금액을 초과하는 경우: 보험회사 또는 은행은 계약금액을 한도로 각 소비자의 정당한 채권신고금액을 기준으로 비례하여 균등하게 나누어 소비자의 피해를 보상할 것

[전문개정 2012.8.17]

제13조(사업자단체의 등록) 법 제37조제1항 및 영 제39조제1항에 따라 등록하려는 사업자단체는 별지 제6호서식의 사업자단체 등록신청서를 공정거래위원회에 제출하여야 한다.

[전문개정 2012.8.17]

부 칙 <제991호, 2012.8.17>

제1조(시행일) 이 규칙은 2012년 8월 18일부터 시행한다.

제2조(법률 개정에 따른 경과조치) 2012년 9월 1일까지는 제4조제1항의 개정규정 중 "「전자문서 및 전자거래 기본법」"은 "「전자거래기본법」"으로 본다.

Ⅲ. 전자서명법

[시행 2013.3.23.] [법률 제11690호, 2013.3.23., 타법개정]

제1장 총 칙

제1조(목적) 이 법은 전자문서의 안전성과 신뢰성을 확보하고 그 이용을 활성화하기 위하여 전자서명에 관한 기본적인 사항을 정함으로써 국가사회의 정보화를 촉진하고 국민생활의 편익을 증진함을 목적으로 한다.

제2조(정의) 이 법에서 사용하는 용어의 정의는 다음과 같다.

1. "전자문서"라 함은 정보처리시스템에 의하여 전자적 형태로 작성되어 송신 또는 수신되거나 저장된 정보를 말한다.
2. "전자서명"이라 함은 서명자를 확인하고 서명자가 당해 전자문서에 서명을 하였음을 나타내는데 이용하기 위하여 당해 전자문서에 첨부되거나 논리적으로 결합된 전자적 형태의 정보를 말한다.
3. "공인전자서명"이라 함은 다음 각목의 요건을 갖추고 공인인증서에 기초한 전자서명을 말한다.
   가. 전자서명생성정보가 가입자에게 유일하게 속할 것
   나. 서명 당시 가입자가 전자서명생성정보를 지배·관리하고 있을 것
   다. 전자서명이 있은 후에 당해 전자서명에 대한 변경여부를 확인할 수 있을 것
   라. 전자서명이 있은 후에 당해 전자문서의 변경여부를 확인할 수 있을 것
4. "전자서명생성정보"라 함은 전자서명을 생성하기 위하여 이용하는 전자적 정보를 말한다.
5. "전자서명검증정보"라 함은 전자서명을 검증하기 위하여 이용하는 전자적 정보를 말한다.
6. "인증"이라 함은 전자서명생성정보가 가입자에게 유일하게 속한다는 사실을 확인하고 이를 증명하는 행위를 말한다.
7. "인증서"라 함은 전자서명생성정보가 가입자에게 유일하게 속한다는 사실 등을 확인하고 이를 증명하는 전자적 정보를 말한다.
8. "공인인증서"라 함은 제15조의 규정에 따라 공인인증기관이 발급하는 인증서를 말한다.
9. "공인인증업무"라 함은 공인인증서의 발급, 인증관련 기록의 관리등 공인인증역무를 제공하는 업무를 말한다.
10. "공인인증기관"이라 함은 공인인증역무를 제공하기 위하여 제4조의 규정에 의하여 지정된 자를 말한다.
11. "가입자"라 함은 공인인증기관으로부터 전자서명생성정보를 인증받은 자를 말한다.
12. "서명자"라 함은 전자서명생성정보를 보유하고 자신이 직접 또는 타인을 대리하여 서명을 하는 자를 말한다.
13. "개인정보"라 함은 생존하고 있는 개인에 관한 정보로서 성명·주민등록번호 등에 의하여 당해 개인을 알아볼 수 있는 부호·문자·음성·음향·영상 및 생체특성 등에 관한 정

보(당해 정보만으로는 특정 개인을 알아볼 수 없는 경우에도 다른 정보와 용이하게 결합하여 알아볼 수 있는 것을 포함한다)를 말한다.

[전문개정 2001.12.31.]

제3조(전자서명의 효력 등) ① 다른 법령에서 문서 또는 서면에 서명, 서명날인 또는 기명날인을 요하는 경우 전자문서에 공인전자서명이 있는 때에는 이를 충족한 것으로 본다. 〈개정 2001.12.31.〉

② 공인전자서명이 있는 경우에는 당해 전자서명이 서명자의 서명, 서명날인 또는 기명날인이고, 당해 전자문서가 전자서명된 후 그 내용이 변경되지 아니하였다고 추정한다. 〈개정 2001.12.31.〉

③공인전자서명외의 전자서명은 당사자간의 약정에 따른 서명, 서명날인 또는 기명날인으로서의 효력을 가진다. 〈신설 2001.12.31.〉

[제목개정 2001.12.31.]

제2장 공인인증기관

제4조(공인인증기관의 지정) ① 미래창조과학부장관은 공인인증업무(이하 "인증업무"라 한다)를 안전하고 신뢰성있게 수행할 능력이 있다고 인정되는 자를 공인인증기관으로 지정할 수 있다. 〈개정 2001.12.31., 2008.2.29., 2013.3.23.〉

② 공인인증기관으로 지정받을 수 있는 자는 국가기관 · 지방자치단체 또는 법인에 한한다.

③ 공인인증기관으로 지정받고자 하는 자는 대통령령이 정하는 기술능력 · 재정능력 · 시설 및 장비 기타 필요한 사항을 갖추어야 한다.

④ 미래창조과학부장관은 제1항에 따라 공인인증기관을 지정하는 경우 공인인증시장의 건전한 발전 등을 위하여 국가기관, 지방자치단체 또는 비영리법인과 특별법에 의하여 설립된 법인에 대하여는 설립목적에 따라 인증업무의 영역을 구분하여 지정할 수 있다. 〈신설 2005.12.30., 2008.2.29., 2013.3.23.〉

⑤ 공인인증기관의 지정절차 기타 필요한 사항은 대통령령으로 정한다. 〈개정 2005.12.30.〉

제5조(결격사유) 다음 각호의 1에 해당하는 자는 공인인증기관으로 지정받을 수 없다. 〈개정 2005.3.31.〉

1. 임원중 다음 각목의 1에 해당하는 자가 있는 법인
   가. 금치산자 · 한정치산자 또는 파산선고를 받은 자로서 복권되지 아니한 자
   나. 금고 이상의 실형의 선고를 받고 그 집행이 종료(집행이 종료된 것으로 보는 경우를 포함한다)되거나 집행이 면제된 날부터 2년이 경과되지 아니한 자
   다. 금고 이상의 형의 집행유예의 선고를 받고 그 집행유예기간중에 있는 자
   라. 법원의 판결 또는 다른 법률에 의하여 자격이 상실 또는 정지된 자
   마. 제12조의 규정에 의하여 지정이 취소된 법인의 취소당시의 임원이었던 자(취소된 날부터 2년이 경과되지 아니한 자에 한한다)
2. 제12조의 규정에 의하여 지정이 취소된 후 2년이 경과되지 아니한 법인

제6조(공인인증업무준칙 등) ① 공인인증기관은 인증업무를 개시하기 전에 다음 각호의 사항이 포함된 공인인증업무준칙(이하 "인증업무준칙"이라 한다)을 작성하여 미래창조과학부장관에게 신고하여야 한다. 〈개정 2001.12.31., 2005.12.30., 2008.2.29., 2013.3.23.〉

1. 인증업무의 종류
2. 인증업무의 수행방법 및 절차
3. 공인인증역무(이하 "인증역무"라 한다)의 이용조건
4. 기타 인증업무의 수행에 관하여 필요한 사항

② 공인인증기관은 인증업무준칙을 미래창조과학부장관이 정하여 고시하는 공인인증업무준칙 작성표준과 제8조의 규정에 의한 전자서명인증업무지침에 따라 작성하여야 한다. 〈신설 2005.12.30., 2008.2.29., 2013.3.23.〉

③ 공인인증기관은 제1항의 규정에 의하여 신고한 사항을 변경하는 경우 미래창조과학부령이 정하는 기간내에 이를 미래창조과학부장관에게 신고하여야 한다. 〈신설 2001.12.31., 2005.12.30., 2008.2.29., 2013.3.23.〉

④ 미래창조과학부장관은 인증업무의 안전성과 신뢰성 확보 및 가입자의 이익보호를 위하여 제1항의 규정에 따라 신고한 인증업무준칙의 내용이 미래창조과학부장관이 정하여 고시하는 공인인증업무준칙 작성표준과 제8조제1항의 규정에 따른 전자서명인증업무지침에 위반되는 경우 상당한 기간을 정하여 당해공인인증기관에게 인증업무준칙의 변경을 명할 수 있다. 〈개정 2001.12.31., 2005.12.30., 2008.2.29., 2013.3.23.〉

⑤ 공인인증기관은 인증업무준칙이 정한 사항을 성실히 준수하여야 한다. 〈신설 2001.12.31., 2005.12.30.〉

[제목개정 2001.12.31.]

제7조(인증역무의 제공등) ① 공인인증기관은 정당한 사유없이 인증역무의 제공을 거부하여서는 아니된다.

② 공인인증기관은 가입자 또는 인증역무 이용자를 부당하게 차별하여서는 아니된다.

제8조(공인인증기관의 업무수행) ① 미래창조과학부장관은 인증업무의 안전성과 신뢰성 확보를 위하여 공인인증기관이 인증업무수행에 있어 지키어야 할 구체적 사항을 전자서명인증업무지침으로 정하여 고시할 수 있다. 〈개정 2008.2.29., 2013.3.23.〉

② 제1항의 규정에 의한 전자서명인증업무지침에는 다음 각 호의 사항이 포함되어야 한다. 〈신설 2005.12.30.〉

1. 공인인증서의 관리에 관한 사항
2. 전자서명생성정보의 관리에 관한 사항
3. 공인인증기관 시설의 보호에 관한 사항
4. 그 밖에 인증업무 및 운영관리에 관한 사항

[전문개정 2001.12.31.]

제9조(인증업무의 양수등) ① 공인인증기관은 다른 공인인증기관의 인증업무를 양수하거나 다른 공인인증기관인 법인을 합병하고자 하는 경우에는 미래창조과학부령이 정하는 바에 따라 미래창조과학부장관에게 신고하여야 한다. 〈개정 2008.2.29., 2013.3.23.〉

② 제1항의 규정에 의하여 인증업무를 양수한 공인인증기관 또는 합병한 경우의 합병후 존속하는 법인이나 합병으로 설립된 법인은 종전의 공인인증기관의 지위를 승계한다.

제10조(인증업무의 휴지·폐지등) ① 공인인증기관이 인증업무의 전부 또는 일부를 휴지하고자 하는 때에는 휴지기간을 정하여 휴지하고자 하는 날의 30일전까지 이를 가입자에게 통보하고 미래창조과학부장관에게 신고하여야 한다. 이 경우 휴지기간은 6월을 초과할 수 없다. 〈개정 2008.2.29., 2013.3.23.〉

② 공인인증기관이 인증업무를 폐지하고자 하는 때에는 폐지하고자 하는 날의 60일전까지 이를 가입자에게 통보하고

미래창조과학부장관에게 신고하여야 한다. 〈개정 2008.2.29., 2013.3.23.〉

③ 제2항의 규정에 의하여 신고한 공인인증기관은 가입자의 공인인증서와 그 효력정지 및 폐지에 관한 기록(이하 "가입자인증서등"이라 한다)을 다른 공인인증기관에게 인계하여야 한다. 다만, 부득이한 사유로 인하여 가입자인증서등을 인계할 수 없는 경우에는 그 사실을 미래창조과학부장관에게 지체없이 신고하여야 한다. 〈개정 2001.12.31., 2008.2.29., 2013.3.23.〉

④ 미래창조과학부장관은 제3항 단서의 규정에 의하여 신고를 받은 때에는 「정보통신망 이용촉진 및 정보보호 등에 관한 법률」 제52조의 규정에 의한 한국인터넷진흥원(이하 "인터넷진흥원"이라 한다)에 대하여 당해 공인인증기관의 가입자인증서등을 인수하도록 명할 수 있다. 〈개정 2001.1.16., 2001.12.31., 2005.12.30., 2008.2.29., 2013.3.23.〉

⑤ 제1항 내지 제4항의 규정에 의한 인증업무의 휴지 또는 폐지의 신고 및 가입자인증서등의 인계·인수 등에 관하여 필요한 사항은 미래창조과학부령으로 정한다. 〈개정 2008.2.29., 2013.3.23.〉

제11조(시정명령) 미래창조과학부장관은 공인인증기관이 다음 각 호의 어느 하나에 해당하는 경우에는 기간을 정하여 시정조치를 명할 수 있다. 〈개정 2001.12.31., 2005.12.30., 2008.2.29., 2013.3.23.〉

1. 삭제 〈2005.12.30.〉
2. 공인인증기관으로 지정을 받은 후 제4조제3항의 규정에 의하여 공인인증기관이 갖추어야 할 사항을 갖추지 아니한 경우
3. 임원이 제5조제1호 각목에 해당하게 된 경우
4. 제6조의 규정에 의한 신고 또는 변경신고를 하지 아니하거나 신고한 인증업무준칙을 준수하지 아니한 경우
5. 제7조의 규정에 위반하여 인증역무의 제공을 거부하거나 가입자 또는 인증역무 이용자를 부당하게 차별한 경우

5의2. 제8조의 규정에 위반하여 전자서명인증업무지침에서 정한 사항을 준수하지 아니한 경우

6. 제9조제1항의 규정에 위반하여 인증업무의 양수나 공인인증기관 합병의 신고를 하지 아니한 경우
7. 제10조의 규정에 위반하여 인증업무 휴지 또는 폐지의 통보나 신고를 하지 아니하거나 인증업무폐지시 가입자인증서등을 인계하지 아니한 경우
8. 제12조제2항의 규정에 위반하여 지정이 취소된 공인인증기관이 가입자인증서등을 인계하지 아니하거나 신고하지 아니한 경우
9. 제14조제1항의 규정에 의한 자료를 제출하지 아니한 경우

9의2. 제15조제1항 후단의 규정에 따른 신원확인을 하지 아니한 경우

10. 제17조의 규정에 위반하여 공인인증서의 효력을 정지 또는 회복하지 아니하거나 그 사실을 확인할 수 있는 조치를 취하지 아니한 경우
11. 제18조의 규정에 위반하여 공인인증서를 폐지하지 아니하거나 그 사실을 확인할 수 있는 조치를 취하지 아니한 경우

11의2. 제18조의3의 규정에 위반하여 인증업무와 관련된 시설의 안전성 확보를 위한 보호조치를 취하지 아니한 경우

12. 제22조의3제1항의 규정에 따른 인증업무를 제공하는 정보처리시스템의 장애발생 신고를 하지 아니한 경우
13. 제26조제2항의 규정에 따른 보험에

가입하지 아니한 경우

제12조(인증업무의 정지 및 지정취소등) ① 미래창조과학부장관은 공인인증기관이 다음 각호의 1에 해당하는 경우에는 6월 이내의 기간을 정하여 인증업무의 전부 또는 일부의 정지를 명하거나 지정을 취소할 수 있다. 다만, 제1호 및 제2호의 경우에는 지정을 취소하여야 한다. 〈개정 2001.12.31., 2005.12.30., 2008.2.29., 2013.3.23.〉

1. 사위 기타 부정한 방법으로 제4조의 규정에 의한 지정을 받은 경우
2. 인증업무의 정지명령을 받은 자가 그 명령에 위반하여 인증업무를 정지하지 아니한 경우
3. 제4조의 규정에 의한 지정을 받은 날부터 6월 이내에 인증업무를 개시하지 아니하거나 6월 이상 계속하여 인증업무를 휴지한 경우
4. 제6조제4항의 규정에 의한 인증업무준칙 변경명령에 위반한 경우
5. 제11조의 규정에 의한 시정명령을 정당한 사유없이 이행하지 아니한 경우

② 제1항의 규정에 의하여 지정이 취소된 공인인증기관은 가입자인증서등을 다른 공인인증기관에게 인계하여야 한다. 다만, 부득이한 사유로 인하여 가입자인증서등을 인계할 수 없는 때에는 그 사실을 미래창조과학부장관에게 지체없이 신고하여야 한다. 〈개정 2008.2.29., 2013.3.23.〉

③ 제10조제4항의 규정은 지정이 취소된 공인인증기관에 관하여 이를 준용한다.

④ 제1항의 규정에 의한 처분의 기준 및 절차와 제2항 및 제3항의 규정에 의한 인계·인수 등에 관하여 필요한 사항은 미래창조과학부령으로 정한다. 〈개정 2008.2.29., 2013.3.23.〉

제13조(과징금의 부과) ① 미래창조과학부장관은 제12조제1항 각호의 1에 해당하는 경우로서 그 업무정지가 가입자등에게 심한 불편을 주거나 기타 공익을 해할 우려가 있는 때에는 그 업무정지처분에 갈음하여 2천만원 이하의 과징금을 부과할 수 있다. 〈개정 2008.2.29., 2013.3.23.〉

② 제1항의 규정에 의한 과징금을 부과하는 위반행위의 종별과 그 정도에 따른 과징금의 금액 기타 필요한 사항은 대통령령으로 정한다. 〈개정 2005.12.30.〉

③ 미래창조과학부장관은 제1항의 규정에 의한 과징금을 납부하여야 할 자가 납부기한까지 이를 납부하지 아니하는 때에는 국세체납처분의 예에 의하여 이를 징수한다. 〈개정 2008.2.29., 2013.3.23.〉

제14조(검사등) ① 미래창조과학부장관은 인증업무의 안전성과 신뢰성 확보 및 가입자의 보호 등을 위한 다음 각 호의 사항을 확인하기 위하여 공인인증기관에 대하여 자료를 제출하게 할 수 있으며, 관계공무원으로 하여금 공인인증기관의 사무실·사업장 기타 필요한 장소에 출입하여 인증업무에 관한 시설 및 장비·장부·서류 기타 물건을 검사하게 할 수 있다. 〈개정 2001.12.31., 2005.12.30., 2008.2.29., 2013.3.23.〉

1. 제15조의 규정에 따른 공인인증기관의 신원확인 절차 및 방법의 적정 여부
2. 제18조의3, 제19조 내지 제22조, 제22조의2, 제23조 및 제24조의 규정에서 정하는 인증업무의 안전성 및 신뢰성 확보 여부

② 미래창조과학부장관은 제1항의 규정에 따라 관계 공무원으로 하여금 검사하게 하는 경우에는 검사 개시 7일 전까지 검사의 일시·이유 및 내용 등에 관한 검사계획을 해당 공인인증기관에 통지하여야 한다. 〈신설 2005.12.30., 2008.2.29., 2013.3.23.〉

③ 제1항의 규정에 의하여 출입 · 검사를 하는 공무원은 그 권한을 나타내는 증표를 관계인에게 내보여야 하며, 출입시 성명 · 출입시간 · 출입목적 등이 표시된 문서를 관계인에게 교부하여야 한다. 〈개정 2005.12.30.〉

제3장 공인인증서 〈개정 2001.12.31.〉

제15조(공인인증서의 발급) ① 공인인증기관은 공인인증서를 발급받고자 하는 자에게 공인인증서를 발급한다. 이 경우 공인인증기관은 공인인증서를 발급받고자 하는 자의 신원을 확인하여야 한다. 〈개정 2001.12.31.〉

② 공인인증기관이 발급하는 공인인증서에는 다음 각호의 사항이 포함되어야 한다. 〈개정 2001.12.31.〉

1. 가입자의 이름(법인의 경우에는 명칭을 말한다)
2. 가입자의 전자서명검증정보
3. 가입자와 공인인증기관이 이용하는 전자서명 방식
4. 공인인증서의 일련번호
5. 공인인증서의 유효기간
6. 공인인증기관의 명칭 등 공인인증기관임을 확인할 수 있는 정보
7. 공인인증서의 이용범위 또는 용도를 제한하는 경우 이에 관한 사항
8. 가입자가 제3자를 위한 대리권 등을 갖는 경우 또는 직업상 자격등의 표시를 요청한 경우 이에 관한 사항
9. 공인인증서임을 나타내는 표시

③ 삭제 〈2001.12.31.〉

④ 공인인증기관은 공인인증서를 발급받고자 하는 자의 신청이 있는 경우에는 공인인증서의 이용범위 또는 용도를 제한하는 공인인증서를 발급할 수 있다. 〈개정 2001.12.31.〉

⑤ 공인인증기관은 공인인증서의 이용범위 및 용도, 이용된 기술의 안전성과 신뢰성 등을 고려하여 공인인증서의 유효기간을 적정하게 정하여야 한다. 〈개정 2001.12.31.〉

⑥ 공인인증서 발급에 따른 신원확인 절차 및 방법 등에 관하여 필요한 사항은 미래창조과학부령으로 정한다. 〈신설 2001.12.31., 2008.2.29., 2013.3.23.〉

[제목개정 2001.12.31.]

제16조(공인인증서의 효력의 소멸 등) ① 공인인증기관이 발급한 공인인증서는 다음 각호의 1에 해당하는 사유가 발생한 경우에는 그 사유가 발생한 때에 그 효력이 소멸된다. 〈개정 2001.1.16., 2001.12.31.〉

1. 공인인증서의 유효기간이 경과한 경우
2. 제12조제1항의 규정에 의하여 공인인증기관의 지정이 취소된 경우
3. 제17조의 규정에 의하여 공인인증서의 효력이 정지된 경우
4. 제18조의 규정에 의하여 공인인증서가 폐지된 경우
5. 삭제 〈2001.12.31.〉

② 미래창조과학부장관은 제10조의 규정에 따라 인증업무를 휴지 또는 폐지하였거나 제12조의 규정에 따라 인증업무가 정지된 공인인증기관의 전자서명생성정보가 분실 · 훼손 또는 도난 · 유출되는 등의 경우에는 인증업무의 안전성과 신뢰성 확보를 위하여 해당 공인인증기관이 발급한 모든 공인인증서의 효력을 정지할 수 있다. 〈개정 2005.12.30., 2008.2.29., 2013.3.23.〉

③ 미래창조과학부장관은 제2항의 규정에 의하여 공인인증서의 효력을 정지한 때에는 그 사실을 항상 확인할 수 있도록 지체없이 인터넷진흥원으로 하여금 필요한 조치를 하게 하여야 한다. 제1항제2호의 규정에 의하여 공인인증서의 효력이 소멸된 경우에도 또한 같다. 〈개정

2001.12.31., 2008.2.29., 2013.3.23.〉
[제목개정 2001.12.31.]

제17조(공인인증서의 효력정지 등) ① 공인인증기관은 가입자 또는 그 대리인의 신청이 있는 경우에는 공인인증서의 효력을 정지하거나 정지된 공인인증서의 효력을 회복하여야 한다. 이 경우 공인인증서 효력회복의 신청은 공인인증서의 효력이 정지된 날부터 6월 이내에 하여야 한다. 〈개정 2001.12.31.〉

② 공인인증기관이 제1항의 규정에 의하여 공인인증서의 효력을 정지하거나 회복한 경우에는 그 사실을 항상 확인할 수 있도록 지체없이 필요한 조치를 취하여야 한다. 〈개정 2001.12.31.〉
[제목개정 2001.12.31.]

제18조(공인인증서의 폐지) ① 공인인증기관은 공인인증서에 관하여 다음 각호의 1에 해당하는 사유가 발생한 경우에는 당해 공인인증서를 폐지하여야 한다. 〈개정 2001.12.31.〉

1. 가입자 또는 그 대리인이 공인인증서의 폐지를 신청한 경우
2. 가입자가 사위 기타 부정한 방법으로 공인인증서를 발급받은 사실을 인지한 경우
3. 가입자의 사망 · 실종선고 또는 해산 사실을 인지한 경우
4. 가입자의 전자서명생성정보가 분실 · 훼손 또는 도난 · 유출된 사실을 인지한 경우

② 공인인증기관은 제1항의 규정에 의하여 공인인증서를 폐지한 경우에는 그 사실을 항상 확인할 수 있도록 지체없이 필요한 조치를 취하여야 한다. 〈개정 2001.12.31.〉
[제목개정 2001.12.31.]

제18조의2(공인인증서를 이용한 본인확인) 다른 법률에서 공인인증서를 이용하여 본인임을 확인하는 것을 제한 또는 배제하고 있지 아니한 경우에는 이 법의 규정에 따라 공인인증기관이 발급한 공인인증서에 의하여 본인임을 확인할 수 있다.
[본조신설 2001.12.31.]

제4장 인증업무의 안전성 및 신뢰성 확보 〈개정 2001.12.31.〉

제18조의3(공인인증기관의 안전성 확보) 공인인증기관은 인증업무에 관한 시설의 안전성 확보를 위하여 미래창조과학부령이 정하는 보호조치를 취하여야 한다. 〈개정 2008.2.29., 2013.3.23.〉
[본조신설 2001.12.31.]

제19조(인증업무에 관한 설비의 운영) ① 공인인증기관은 자신이 발급한 공인인증서가 유효한지의 여부를 누구든지 항상 확인할 수 있도록 하는 설비 등 인증업무에 관한 시설 및 장비를 안전하게 운영하여야 한다.

② 공인인증기관은 제1항의 시설 및 장비의 안전운영 여부를 인터넷진흥원으로부터 정기적으로 점검받아야 한다. 〈개정 2013.3.23.〉

③ 공인인증기관은 공인인증기관으로 지정된 후 제1항의 규정에 의한 시설 및 장비를 변경하는 경우 지체없이 미래창조과학부장관에게 이를 신고하여야 한다. 이 경우 미래창조과학부장관은 인터넷진흥원으로 하여금 당해 시설 및 장비의 안전성 여부를 점검하게 할 수 있다. 〈개정 2008.2.29., 2013.3.23.〉
[전문개정 2001.12.31.]

제20조(전자문서의 시점확인) 공인인증기관은 가입자 또는 공인인증서를 이용하는 자(이하 "이용자"라 한다)의 신청이 있는 경우에는 전자문서가 당해 공인인증기관에 제시된 시점을 공인전자서명하여 확인할 수 있다. 〈개정 2001.12.31., 2005.

12.30.〉

제21조(전자서명생성정보의 관리) ① 가입자는 자신의 전자서명생성정보를 안전하게 보관·관리하고, 이를 분실·훼손 또는 도난·유출되거나 훼손될 수 있는 위험을 인지한 때에는 그 사실을 공인인증기관에 통보하여야 한다. 이 경우 가입자는 지체없이 이용자에게 공인인증기관에 통보한 내용을 고지하여야 한다.

② 공인인증기관은 제1항의 규정에 의한 사실을 통보하거나 고지할 수 있는 수단을 제공하여야 한다.

③ 공인인증기관은 가입자의 신청이 있는 경우외에는 가입자의 전자서명생성정보를 보관하여서는 아니되며, 가입자의 신청에 의하여 그의 전자서명생성정보를 보관하는 경우 당해 가입자의 동의없이 이를 이용하거나 유출하여서는 아니된다.

④ 공인인증기관은 자신이 이용하는 전자서명생성정보를 안전하게 보관·관리하여야 한다. 이 경우 당해 전자서명생성정보가 분실·훼손 또는 도난·유출되거나 훼손될 수 있는 위험을 인지한 때에는 지체없이 그 사실을 인터넷진흥원에 통보하고 인증업무의 안전성과 신뢰성을 확보할 수 있는 대책을 마련하여야 한다. 〈개정 2013.3.23.〉

[전문개정 2001.12.31.]

제22조(인증업무에 관한 기록의 관리) ① 공인인증기관은 가입자의 공인인증서와 인증업무에 관한 기록을 안전하게 보관·관리하여야 한다. 〈개정 2001.12.31.〉

② 공인인증기관은 가입자인증서등을 당해 공인인증서의 효력이 소멸된 날부터 10년동안 보관하여야 한다. 〈개정 2001. 12.31.〉

제22조의2(공인인증서의 관리 등) ① 공인인증기관 및 가입자는 공인인증서의 유효기간 이내에 당해 공인인증서의 기재사항 또는 공인인증서와 결부된 정보가 정확하고 완전하게 유지되도록 상당한 주의를 기울여야 한다.

② 공인인증기관은 이용자가 공인인증서에 의하여 다음 각호의 사항을 확인할 수 있도록 쉬운 수단을 제공하여야 한다.

1. 공인인증기관의 명칭 등 공인인증기관임을 확인할 수 있는 정보
2. 가입자가 당해 공인인증서가 발행된 당시에 전자서명생성정보를 지배·관리하고 있는 사실
3. 공인인증서의 발행 전에 전자서명생성정보가 유효한 사실

③ 공인인증기관은 이용자가 다음 각호의 사실을 확인할 수 있도록 쉬운 수단을 제공하여야 한다.

1. 서명자의 신원을 확인할 수 있는 방법
2. 전자서명생성정보 또는 공인인증서의 사용목적이나 사용금액에 대한 제한
3. 공인인증기관이 부담하는 책임의 범위 또는 정도

[본조신설 2001.12.31.]

제22조의3(인증업무의 장애발생 신고) ① 공인인증기관은 인증업무를 제공하는 정보처리시스템에 장애가 발생한 경우에는 지체 없이 그 사실을 미래창조과학부장관 또는 한국인터넷진흥원장에게 신고하고 신속히 장애를 복구할 수 있는 대책을 마련하여야 한다. 〈개정 2008.2.29., 2013. 3.23.〉

② 미래창조과학부장관 또는 한국인터넷진흥원장은 제1항의 규정에 의하여 인증업무의 장애를 신고받은 때에는 다음 각 호의 조치를 취하여야 한다. 〈개정 2008. 2.29., 2013.3.23.〉

1. 장애에 관한 정보 수집과 전파
2. 장애복구에 관한 기술지원과 협력

[본조신설 2005.12.30.]

제23조(전자서명생성정보의 보호 등) ① 누구든지 타인의 전자서명생성정보를 도용 또는 누설하여서는 아니된다. 〈개정 2001.12.31.〉

② 누구든지 타인의 명의로 공인인증서를 발급받거나 발급받을 수 있도록 하여서는 아니된다. 〈개정 2001.12.31.〉

③ 누구든지 공인인증서가 아닌 인증서 등을 공인인증서로 혼동하게 하거나 혼동할 우려가 있는 유사한 표시를 사용하거나 허위로 공인인증서의 사용을 표시하여서는 아니된다. 〈신설 2001.12.31.〉

④ 누구든지 공인인증서를 이용범위 또는 용도에서 벗어나 부정하게 사용하여서는 아니된다. 〈신설 2005.12.30.〉

⑤ 누구든지 행사하게 할 목적으로 다른 사람에게 공인인증서를 양도 또는 대여하거나 행사할 목적으로 다른 사람의 공인인증서를 양도 또는 대여 받아서는 아니된다. 〈신설 2005.12.30.〉

[제목개정 2001.12.31.]

제24조(개인정보의 보호) ① 공인인증기관은 인증업무 수행과 관련하여 개인정보를 보호하여야 한다.

② 삭제 〈2011.3.29.〉

[전문개정 2001.12.31.]

제25조(전자서명인증관리업무) ① 인터넷진흥원은 전자서명을 안전하고 신뢰성있게 이용할 수 있는 환경을 조성하고 공인인증기관을 효율적으로 관리하기 위하여 다음 각호의 업무를 수행한다. 〈개정 2013.3.23.〉

1. 제4조의 규정에 의하여 공인인증기관을 지정하는 경우 공인인증기관으로 지정받고자 하는 자가 갖추어야 할 시설 및 장비에 대한 심사 지원
2. 제14조제1항의 규정에 의한 공인인증기관에 대한 검사 지원
3. 제18조의3의 규정에 의한 보호조치에 대한 심사 및 기술 지원
4. 제19조제2항의 규정에 의한 시설 및 장비의 안전운영 여부에 관한 점검
5. 공인인증기관에 대한 공인인증서 발급·관리 등 인증업무
6. 전자서명인증 관련 기술개발·보급 및 표준화 연구
7. 전자서명인증 관련 제도 연구 및 상호인정 등 국제협력 지원
8. 그 밖에 전자서명인증관리업무와 관련하여 필요한 사항

② 제6조, 제7조, 제15조 내지 제18조, 제18조의2, 제18조의3, 제19조제1항 및 제22조의 규정은 인터넷진흥원의 전자서명인증관리업무에 관하여 이를 준용한다. 이 경우 "공인인증기관"은 "인터넷진흥원"으로, "가입자"는 "공인인증기관"으로 본다. 〈개정 2005.12.30., 2013.3.23.〉

③ 인터넷진흥원은 제1항의 규정에 의한 심사·기술지원·점검 및 공인인증서 발급 등 전자서명인증관리업무와 관련하여 수수료 등을 부과할 수 있다. 〈개정 2013.3.23.〉

[전문개정 2001.12.31.]

제25조의2(이용자의 준수사항) 이용자는 제15조제2항제1호 내지 제6호의 공인인증서 기재사항 등에 의하여 공인전자서명의 진위여부를 확인하기 위하여 다음 각목의 조치를 취하여야 한다.

가. 공인인증서의 유효 여부의 확인

나. 공인인증서의 정지 또는 폐지 여부의 확인

다. 제15조제2항제7호 및 제8호 사항의 확인

[본조신설 2001.12.31.]

제25조의3(특정 공인인증서 요구 금지) 누구든지 공인인증서를 이용하여 전자서명을 확인하는 경우 정당한 이유없이 특정 공인인증기관의 공인인증서만을 요구하여

서는 아니된다.
[본조신설 2001.12.31.]

제26조(배상책임) ① 공인인증기관은 인증업무 수행과 관련하여 가입자 또는 공인인증서를 신뢰한 이용자에게 손해를 입힌 때에는 그 손해를 배상하여야 한다. 다만, 공인인증기관이 과실 없음을 입증하면 그 배상책임이 면제된다.
② 공인인증기관은 제1항의 규정에 따른 손해를 배상하기 위한 보험에 가입하여야 한다.
[전문개정 2005.12.30.]

제5장 전자서명인증정책의 추진 등
〈신설 2001.12.31.〉

제26조의2(전자서명인증제도의 발전을 위한 시책의 수립 등) 정부는 전자서명의 안전성과 신뢰성을 확보하고 그 이용을 활성화하는 등 전자서명 및 인증업무의 발전을 위하여 다음 각호의 시책을 수립·시행한다.

1. 전자서명의 안전성과 신뢰성 확보 및 이용활성화를 위한 기본정책에 관한 사항
2. 전자서명의 원활한 상호연동을 위한 정책 및 기술표준화에 관한 사항
3. 전자서명 관련 기술개발
4. 전자서명의 이용활성화를 위한 교육 및 홍보에 관한 사항
5. 전자서명의 이용확산을 위한 제도의 개선 및 관계 법령의 정비에 관한 사항
6. 전자서명 관련 단체의 지원 및 관련 정보의 제공에 관한 사항
7. 인증업무와 관련된 가입자와 이용자의 권익보호에 관한 사항
8. 외국의 전자서명 및 인증서에 대한 상호인정 및 국제협력에 관한 사항
9. 전자서명관련 산업육성 및 인력양성에 관한 사항
10. 공인인증기관의 안전성 확보를 위한 보호조치에 관한 사항
11. 전자서명 이용활성화를 위한 시범사업의 추진 및 통계·실태조사에 관한 사항
12. 전자문서의 안전성과 신뢰성 확보를 위한 암호사용에 관한 사항
13. 그 밖에 전자서명의 안전성과 신뢰성 확보 및 이용촉진을 위해 필요한 사항

[본조신설 2001.12.31.]

제26조의3(전자서명의 상호연동) ① 미래창조과학부장관은 전자서명의 원활한 상호연동을 위하여 다음 각호의 사항을 추진한다. 〈개정 2008.2.29., 2013.3.23.〉

1. 전자서명의 상호연동을 위한 국내외 표준의 조사연구 및 개발
2. 전자서명의 상호연동과 관련한 표준의 제정 및 보급
3. 전자서명의 상호연동을 위한 전자서명 및 인증정책의 조정
4. 그 밖에 전자서명의 상호연동과 관련한 사항

② 미래창조과학부장관은 제1항 각호의 사항을 추진하기 위하여 필요한 경우 관련기관 및 단체로 하여금 이를 대행하게 할 수 있다. 이 경우 미래창조과학부령이 정하는 바에 의하여 이에 소요되는 비용을 지원할 수 있다. 〈개정 2008.2.29., 2013.3.23.〉
[본조신설 2001.12.31.]

제26조의4(전자서명 기술개발 및 인력양성) 미래창조과학부장관은 전자서명의 이용촉진에 필요한 기술개발 및 전문인력양성을 위하여 다음 각호의 사항을 추진한다. 〈개정 2008.2.29., 2013.3.23.〉

1. 전자서명 관련 기술수준의 조사, 기술의 연구·개발 및 활용에 관한 사항

2. 전자서명 관련 기술협력 및 기술이전에 관한 사항
3. 전자서명에 관한 기술정보의 제공 및 관련 기관·단체와의 협력에 관한 사항
4. 전자서명 관련 전문인력의 수급실태 조사 및 전문인력양성을 위한 지원 사항
5. 그 밖에 전자서명에 관한 기술개발 및 인력양성에 필요한 사항

[본조신설 2001.12.31.]

제26조의5(전자서명 시범사업의 추진) ① 미래창조과학부장관은 전자서명의 이용확산을 위하여 미래창조과학부령이 정하는 바에 따라 시범사업을 실시할 수 있다. 〈개정 2008.2.29., 2013.3.23.〉

② 정부는 제1항의 규정에 의한 시범사업에 대하여 행정적·재정적·기술적 지원을 할 수 있다.

[본조신설 2001.12.31.]

제26조의6(전자서명이용촉진을 위한 지원) ① 국가 또는 지방자치단체는 전자서명의 이용촉진을 위하여 금융지원을 할 수 있다.

② 정부는 전자거래의 안전성과 신뢰성 확보를 위하여 공인전자서명을 사용하는 경우 전자거래에 수반하는 수수료 등을 감면하는 시책을 수립·시행할 수 있다.

③ 정부는 전자서명과 관련된 법인 또는 단체가 전자서명 이용촉진을 위한 사업을 실시하는 경우 예산의 범위안에서 당해 사업비의 전부 또는 일부를 지원할 수 있다.

[본조신설 2001.12.31.]

제26조의7 삭제 〈2010.2.4.〉

제6장 보칙 〈개정 2001.12.31.〉

제27조(가입자 및 이용자의 보호) ① 정부는 가입자 및 이용자의 불만 및 피해를 신속하고 공정하게 처리할 수 있도록 필요한 조치를 마련하여야 한다.

② 제1항의 조치에 관한 구체적 사항은 미래창조과학부령으로 정한다. 〈개정 2008.2.29., 2013.3.23.〉

[본조신설 2001.12.31.]

[종전 제27조는 제27조의2로 이동 〈2001.12.31.〉]

제27조의2(상호인정) ① 정부는 전자서명의 상호인정을 위하여 외국정부와 협정을 체결할 수 있다.

② 제1항의 규정에 의하여 협정을 체결하는 경우에는 외국의 인증기관 또는 외국의 인증기관이 발급한 인증서에 대하여 이 법에 의한 공인인증기관 또는 공인인증서와 동일한 법적 지위 또는 법적 효력을 부여하는 것을 그 협정의 내용으로 할 수 있다. 〈개정 2001.12.31.〉

③ 미래창조과학부장관은 제1항의 규정에 의하여 외국정부와 전자서명의 상호인정에 관한 협정을 체결한 경우에는 그 내용을 고시하여야 한다. 〈개정 2008.2.29., 2013.3.23.〉

④ 제1항의 규정에 따라 외국정부와 협정이 체결된 경우 외국의 전자서명 또는 인증서는 공인전자서명 또는 공인인증서와 동등한 효력을 가진 것으로 본다. 〈신설 2001.12.31.〉

[제27조에서 이동〈2001.12.31.〉]

제28조(요금 부과) 공인인증기관은 공인인증서의 발급을 신청하는 자 또는 인증역무를 제공받는 자에게 수수료 등 필요한 요금을 부과할 수 있다. 〈개정 2001.12.31.〉

제29조(청문) 미래창조과학부장관은 제12조제1항의 규정에 의하여 지정취소를 하고자 하는 경우에는 청문을 실시하여야 한다. 〈개정 2008.2.29., 2013.3.23.〉

제30조(권한의 위임) 이 법에 의한 미래창조과학부장관의 권한은 대통령령이 정하는

바에 의하여 그 일부를 소속기관의 장 또는 체신청장에게 위임 · 위탁할 수 있다. 〈개정 2008.2.29., 2013.3.23.〉

제7장 벌칙 〈개정 2001.12.31.〉

제31조(벌칙) 다음 각호의 1에 해당하는 자는 3년 이하의 징역 또는 3천만원 이하의 벌금에 처한다. 〈개정 2001.12.31.〉

1. 제21조제3항의 규정에 위반하여 가입자의 신청없이 가입자의 전자서명생성정보를 보관하거나 전자서명생성정보의 보관을 신청한 가입자의 승낙없이 이를 이용하거나 유출한 자
2. 제23조제1항의 규정에 위반하여 타인의 전자서명생성정보를 도용 또는 누설한 자
3. 제23조제2항의 규정에 위반하여 타인의 명의로 공인인증서를 발급받거나 발급받을 수 있도록 한 자

제32조(벌칙) 다음 각 호의 어느 하나에 해당하는 자는 1년 이하의 징역 또는 1천만원 이하의 벌금에 처한다. 〈개정 2005.12.30.〉

1. 제22조제2항의 규정에 위반하여 가입자인증서등을 보관하지 아니한 자
2. 삭제 〈2005.12.30.〉
3. 제23조제4항의 규정을 위반하여 공인인증서를 이용범위 또는 용도에서 벗어나 부정하게 사용한 자
4. 제23조제5항의 규정을 위반하여 행사하게 할 목적으로 다른 사람에게 공인인증서를 양도 또는 대여하거나 행사할 목적으로 다른 사람의 공인인증서를 양도 또는 대여 받은 자

[전문개정 2001.12.31.]

제33조(양벌규정) 법인의 대표자나 법인 또는 개인의 대리인, 사용인, 그 밖의 종업원이 그 법인 또는 개인의 업무에 관하여 제31조 또는 제32조의 위반행위를 하면 그 행위자를 벌하는 외에 그 법인 또는 개인에게도 해당 조문의 벌금형을 과(科)한다. 다만, 법인 또는 개인이 그 위반행위를 방지하기 위하여 해당 업무에 관하여 상당한 주의와 감독을 게을리하지 아니한 경우에는 그러하지 아니하다.
[전문개정 2008.12.26.]

제34조(과태료) ① 다음 각 호의 어느 하나에 해당하는 자는 500만원 이하의 과태료에 처한다. 〈개정 2001.12.31., 2005.12.30., 2008.2.29., 2013.3.23.〉

1. 제6조제1항 또는 제3항(제25조제2항에 의하여 준용되는 경우를 포함한다)의 규정에 위반하여 인증업무준칙의 신고 또는 변경신고를 하지 아니하거나 동조제4항(제25조제2항에 의하여 준용되는 경우를 포함한다)의 규정에 의한 인증업무준칙의 변경에 관한 명령을 이행하지 아니한 자
2. 제7조(제25조제2항에 의하여 준용되는 경우를 포함한다)의 규정에 위반하여 정당한 사유없이 인증역무의 제공을 거부하거나 가입자 또는 이용자를 부당하게 차별한 자
3. 제9조제1항의 규정에 의한 신고를 하지 아니한 자
4. 제10조제1항의 규정에 의한 인증업무의 휴지 또는 동조제2항의 규정에 의한 인증업무의 폐지 사실을 가입자에게 통보하지 아니하거나 미래창조과학부장관에게 신고하지 아니한 자
5. 제10조제3항 또는 제12조제2항의 규정에 위반하여 정당한 사유없이 다른 공인인증기관에게 가입자인증서 등을 인계하지 아니하거나 신고하지 아니한 자
6. 제14조제1항의 규정에 의한 자료를 제출하지 아니하거나 허위의 자료를

제출한 자 또는 관계 공무원의 출입·검사를 거부·방해 또는 기피한 자
7. 제21조제4항의 규정에 의한 통보를 하지 아니한 자
7의2. 제22조의3제1항의 규정에 의한 인증업무를 제공하는 정보처리시스템의 장애발생 신고를 하지 아니한 자
8. 제23조제3항의 규정에 위반하여 공인인증서가 아닌 인증서 등을 공인인증서로 혼동하게 하거나 혼동할 우려가 있는 유사한 표시를 사용하거나 허위로 공인인증서의 사용을 표시한 자
9. 제25조의3의 규정을 위반하여 특정공인인증기관의 공인인증서만을 요구한 자
10. 제26조제2항의 규정을 위반하여 보험에 가입하지 아니한 자

② 제1항의 규정에 의한 과태료는 대통령령이 정하는 바에 의하여 미래창조과학부장관이 부과·징수한다. 〈개정 2008. 2.29., 2013.3.23.〉

③ 제2항의 규정에 의한 과태료처분에 불복이 있는 자는 그 처분의 고지를 받은 날부터 30일 이내에 미래창조과학부장관에게 이의를 제기할 수 있다. 〈개정 2008.2.29., 2013.3.23.〉

④ 제2항의 규정에 의한 과태료처분을 받은 자가 제3항의 규정에 의하여 이의를 제기한 때에는 미래창조과학부장관은 지체없이 관할법원에 그 사실을 통보하여야 하며, 그 통보를 받은 관할법원은 「비송사건절차법」에 의한 과태료의 재판을 한다. 〈개정 2005.12.30., 2008.2. 29., 2013.3.23.〉

⑤ 제3항의 규정에 의한 기간내에 이의를 제기하지 아니하고 과태료를 납부하지 아니한 때에는 국세체납처분의 예에 의하여 이를 징수한다.

부 칙 〈제11690호, 2013.3.23.〉 (정부조직법)

제1조(시행일) ① 이 법은 공포한 날부터 시행한다.

② 생략

제2조부터 **제5조**까지 생략

제6조(다른 법률의 개정) ①부터 〈188〉까지 생략

〈189〉 전자서명법 일부를 다음과 같이 개정한다.

제4조제1항·제4항, 제6조제1항 각 호 외의 부분, 같은 조 제2항부터 제4항까지, 제8조제1항, 제9조제1항, 제10조제1항 전단, 같은 조 제2항, 같은 조 제3항 단서, 같은 조 제4항, 제11조 각 호 외의 부분, 제12조제1항 각 호 외의 부분 본문, 같은 조 제2항 단서, 제13조제1항·제3항, 제14조제1항 각 호 외의 부분, 같은 조 제2항, 제16조제2항, 같은 조 제3항 전단, 제19조제3항 전단·후단, 제22조의3제1항, 같은 조 제2항 각 호 외의 부분, 제26조의3제1항 각 호 외의 부분, 같은 조 제2항 전단, 제26조의4 각 호 외의 부분, 제26조의5제1항, 제27조의2제3항, 제29조, 제30조, 제34조제1항제4호 및 같은 조 제2항부터 제4항까지 중 "행정안전부장관"을 각각 "미래창조과학부장관"으로 한다.

제6조제3항, 제9조제1항, 제10조제5항, 제12조제4항, 제15조제6항, 제18조의3, 제26조의3제2항 후단, 제26조의5제1항 및 제27조제2항 중 "행정안전부령"을 각각 "미래창조과학부령"으로 한다.

제10조제4항 중 "한국정보보호진흥원(이하 "보호진흥원"이라 한다)"을 "한국인터넷진흥원(이하 "인터넷진흥원"이라 한다)"으로 한다.

제16조제3항 전단, 제19조제2항, 같은

조 제3항 후단, 제21조제4항 후단, 제25조제1항 각 호 외의 부분, 같은 조 제2항 전단·후단 및 같은 조 제3항 중 "보호진흥원"을 각각 "인터넷진흥원"으로 한다.

제22조의3제1항 및 같은 조 제2항 각 호 외의 부분 중 "보호진흥원장"을 각각 "한국인터넷진흥원장"으로 한다.

〈190〉부터 〈710〉까지 생략

제7조 생략

Ⅳ. 정보통신망 이용촉진 및 정보보호 등에 관한 법률 시행규칙

[시행 2013.12.31.] [미래창조과학부령 제14호, 2013.12.31., 타법개정]

제1조(목적) 이 규칙은 「정보통신망 이용촉진 및 정보보호 등에 관한 법률」 및 같은 법 시행령에서 위임된 사항과 그 시행에 필요한 사항을 규정함을 목적으로 한다.

제2조 삭제 〈2009.8.28.〉

제3조(전자문서중계자 지정신청 등) ① 「정보통신망 이용촉진 및 정보보호 등에 관한 법률 시행령」(이하 "영"이라 한다) 제9조제2항에 따라 전자문서중계자로 지정받으려는 자는 별지 서식의 전자문서중계자 지정신청서에 다음 각 호의 서류를 첨부하여 국가기관 또는 지방자치단체의 장에게 제출(전자문서를 통한 제출을 포함한다)하여야 한다.

1. 사업계획서 1부
2. 기간통신사업자 허가서 또는 부가통신사업자로 신고하였음을 확인할 수 있는 서류 사본 1부

② 제1항에 따라 지정신청을 받은 담당 공무원은 「전자정부법」 제21조제1항에 따른 행정정보의 공동이용을 통하여 법인등기부 등본을 확인하여야 한다. 다만, 신청인이 확인에 동의하지 아니하는 경우에는 신청인에게 직접 그 서류를 제출하게 하여야 한다.

제4조(조정부의 구성 및 운영) ① 법 제33조의2에 따른 조정부(이하 "조정부"라 한다)는 법 제33조에 따른 개인정보분쟁조정위원회의 위원장(이하 "위원장"이라 한다)이 지명하는 5명 이내의 위원으로 구성한다.

② 위원장은 조정부의 회의를 소집한다.

③ 위원장은 조정부의 회의를 소집하려면 회의 일시 · 장소 및 심사 안건을 정하여 부득이한 사유가 있는 경우를 제외하고는 회의 개시 7일 전까지 각 위원에게 알려야 한다.

④ 조정부의 회의는 재적위원 과반수의 출석으로 개의(開議)하며 출석위원 과반수의 찬성으로 의결한다.

⑤ 조정부의 장은 위원 중에서 호선(互選)한다.

제5조(운영세칙) 이 규칙에서 정한 것 외에 조정부의 구성 및 운영에 필요한 사항은 개인정보분쟁조정위원회의 의결을 거쳐 위원장이 정한다.

제6조(정보통신서비스 제공자 외의 자의 범위) 영 제71조제4호에서 "행정안전부령으로 정하는 자"란 다음 각 호의 어느 하나에 해당하는 자를 말한다. 〈개정 2008.12.31.〉

1. 「관광진흥법」 제3조제1항제2호나목에 따른 휴양 콘도미니엄업을 경영하는 자
2. 「유통산업발전법」 제2조제3호에 따른 대규모점포 중 대형마트 · 백화점 또는 쇼핑센터를 운영하는 자
3. 「유통산업발전법」 제2조제5호에 따른 체인사업을 운영하는 자
4. 「주택법」 제2조제5호에 따른 사업주체 중 주택건설사업을 시행하는 자
5. 「주택법」 제53조제1항에 따라 등록한 주택관리업자
6. 「건설기계관리법」 제2조제3호부터 제6호까지의 규정에 따른 건설기계대

여업 · 건설기계정비업 · 건설기계매매업 및 건설기계폐기업을 하는 자
7. 「공인중개사의 업무 및 부동산 거래신고에 관한 법률」 제2조제4호에 따른 중개업자
8. 「자동차관리법」 제2조제7호에 따른 자동차매매업을 하는 자와 신조차의 매매 및 등록신청의 대행을 업으로 하는 자
9. 「여객자동차운수사업법」 제2조제4호에 따른 자동차대여사업을 하는 자
10. 「결혼중개업의 관리에 관한 법률」 제2조제5호에 따른 결혼중개업자
11. 「의료법」 제3조제1항에 따른 의료기관을 개설하여 의료업을 하는 자
12. 「직업안정법」 제4조제5호에 따른 유료직업소개사업을 하는 자
13. 「석유 및 석유대체연료 사업법」 제5조제1항에 따라 등록하여 석유정제업을 하는 자 중 같은 법 시행령 제9조제1항제1호 각 목의 석유정제시설을 모두 갖춘 자
14. 「체육시설의 설치 · 이용에 관한 법률」 제2조제3호에 따른 체육시설업자
15. 「영화 및 비디오물의 진흥에 관한 법률」 제2조제12호에 따른 비디오물의 대여업을 하는 자
16. 「출판문화산업 진흥법」 제2조제9호에 따른 출판문화산업의 종사자 중 서점을 운영하는 자
17. 「영화 및 비디오물의 진흥에 관한 법률」 제36조제1항에 따라 등록한 영화상영관 설치 · 경영자

제7조(개인정보 관리책임자의 자격요건 등) ① 법 제67조에 따른 정보통신서비스 제공자 외의 자로서 영 제71조에서 정하는 자(이하 "정보통신서비스 제공자 외의 자"라 한다)가 법 제27조제1항 본문 및 법 제67조제1항에 따라 지정하는 개인정보 관리책임자는 다음 각 호의 어느 하나에 해당하는 지위에 있는 사람으로 하여야 한다.
1. 임원
2. 개인정보와 관련하여 이용자의 고충처리를 담당하는 부서의 장

② 상시 종업원 수가 5명 미만인 정보통신서비스 제공자 외의 자는 법 제27조제1항 단서 및 법 제67조제1항에 따라 개인정보 관리책임자를 지정하지 아니할 수 있다.

제8조(개인정보 취급방침의 공개 방법 등) ① 정보통신서비스 제공자 외의 자는 법 제27조의2제1항 및 제67조제1항에 따라 개인정보의 수집 장소와 매체 등을 고려하여 다음 각 호 중 어느 하나 이상의 방법으로 개인정보 취급방침을 공개하되, 그 명칭을 '개인정보 취급방침'이라고 표시하여야 한다.
1. 인터넷 홈페이지의 첫 화면 또는 첫 화면과의 연결화면을 통하여 법 제27조의2제2항 각 호의 사항을 재화 또는 용역을 제공받는 자가 볼 수 있게 하는 방법. 이 경우 글자 크기, 색상 등을 활용하여 개인정보 취급방침을 쉽게 확인할 수 있도록 표시하여야 한다.
2. 점포 · 사무소 안의 보기 쉬운 장소에 써서 붙이거나 갖춰 놓고 열람하게 하는 방법
3. 같은 제목으로 연 2회 이상 계속적으로 발행하여 이용자에게 배포하는 간행물 · 소식지 · 홍보지 · 청구서 등에 지속적으로 게재하는 방법
4. 재화 또는 용역을 제공하기 위한 이용계약서에 게재하여 배포하는 방법

② 법 제27조의2제3항 및 제67조제1항에 따른 개인정보 취급방침의 변경 이유 및 내용은 다음 각 호 중 어느 하나 이상

의 방법으로 공지한다.

1. 정보통신서비스 제공자 외의 자가 운영하는 인터넷 홈페이지의 첫 화면의 공지사항란 또는 별도의 창을 통하여 공지하는 방법
2. 서면 · 모사전송 · 전자우편 또는 이와 비슷한 방법으로 재화 또는 용역을 제공받는 자에게 공지하는 방법
3. 점포 · 사무소 안의 보기 쉬운 장소에 써서 붙이거나 갖춰 놓는 방법
4. 재화 또는 용역을 제공하기 위한 이용계약서에 게재하여 배포하는 방법

제9조(개인정보의 보호조치) ① 법 제28조제1항 및 제67조제1항에 따른 개인정보의 안전성 확보에 필요한 관리적 조치는 다음 각 호와 같다.

1. 개인정보의 안전한 취급을 위한 내부 관리계획의 수립 및 시행
2. 개인정보 관리책임자의 의무와 책임을 규정한 내부 지침 마련
3. 개인정보의 안전한 보관을 위한 잠금장치 등 물리적 접근방지 조치
4. 개인정보보호를 위한 정기적인 자체감사 실시
5. 그 밖에 개인정보의 안전성 확보에 필요한 관리적 보호조치

② 법 제28조제1항 및 제67조제1항에 따른 개인정보의 안전성 확보에 필요한 기술적 조치는 다음 각 호와 같다.

1. 개인정보에 대한 접근 권한을 확인하기 위한 식별 및 인증 조치
2. 개인정보에 대한 권한 없는 접근을 차단하기 위한 암호화와 방화벽 설치 등의 조치
3. 접속기록의 위조 · 변조 방지를 위한 조치
4. 침해사고 방지를 위한 보안프로그램의 설치 및 운영
5. 그 밖에 개인정보의 안전성 확보에 필요한 기술적 보호조치

③ 행정안전부장관은 업종별 특성을 반영하여 제1항 및 제2항 각 호에 따른 보호조치의 구체적인 기준을 정하여 고시할 수 있다.

제10조(규제의 재검토) 미래창조과학부장관은 제3조에 따른 전자문서중계자의 지정신청 등에 대하여 2014년 1월 1일을 기준으로 3년마다(매 3년이 되는 해의 1월 1일 전까지를 말한다) 그 타당성을 검토하여 개선 등의 조치를 하여야 한다.
[본조신설 2013.12.31.]

한글색인

ㄱ

ㄴ

ㄷ

ㅅ

ㅇ

ㅈ

ㅊ

ㅋ

ㅌ

영문색인

A

B

C

D

E

M

N

O

P

R

S

저자약력

□ 구교봉(具教鳳)

경남대학교 대학원 경영학박사
(MIS전공)
한국마케팅과학회 이사
마산상공회의소 ECRC 전문위원
(주)헤드컴 전문위원
경상남도 공무원 연수원 전문강사
경남지방 중소기업청 창업/벤처 전문위원
창원전문대학 경영과 연구교수
현)마산여성인력개발센터 전문강사
현)경남대학교 e-비즈니스학과
강의전담 교수

[저서]
유비쿼터스 시대의 전자상거래와 창업(공저), 탑북스, 2011.

[논문]
지식경영시스템의 운용효과에 영향을 주는 요인에 관한 연구 외 다수
E-mail: kbkoo@kyungnam.ac.kr

□ 이종호(李宗虎)

경남대학교 대학원 경제학박사
한국국민경제학회 이사
창원전문대학 부설 중소기업연구소 소장
창원전문대학 경상학부장
현) 산업인력공단 우편원격훈련과정심사위원
경영지도사
(사)한국중소기업융합연합회 전문위원
(사)한국중소기업융합경남연합회 자문교수
창원문성대학 경상학부 경영과 교수

[저서]
중소기업론, 도서출판 아미원, 1989.
창업경영(공저), 도서출판 아미원, 2004.
마케팅, 동양문화사, 2005.
경제학의 이해(공저), 도서출판 삼우사, 2006.
창업경영관리(공저), 문영사, 2007.
유비쿼터스 시대의 전자상거래와 창업(공저), 탑북스, 2011.

[논문]
환태평양지역의 경제통합에 관한 연구 외 다수

소셜네트워크를 활용한
전자상거래 [제2판]

2012년 8월 20일 1판 1쇄 발행
2014년 8월 20일 2판 1쇄 발행
2015년 8월 25일 2판 2쇄 발행

저 자 구 교 봉 · 이 종 호
발행인 김 광 식
조 판 아 람 기 획

121-876
발행처 서울특별시 마포구 대흥로2길 5, 202호
도서출판 **탑 북 스**
등 록 2009.12.21 제 2013-000101 호
전 화 02)365-2223 팩스 02)365-2224

정가 25,000 원
ISBN 979-11-85647-18-0-93320